Kapellmann | Langen

Einführung in die VOB/B
Basiswissen für die Praxis

D1671705

EINFÜHRUNG IN DIE
VOB/B
BASISWISSEN FÜR DIE PRAXIS

Rechtsanwalt Prof. Dr. jur. Klaus D. Kapellmann
Honorarprofessor an der Rheinisch-Westfälischen
Technischen Hochschule Aachen

Rechtsanwalt Prof. Dr. jur. Werner Langen
Honorarprofessor an der Universität zu Köln

– Fachanwälte für Bau- und Architektenrecht

18., neu bearbeitete Auflage

Werner Verlag 2009

1. Auflage 1991	10. Auflage 2001
2. Auflage 1993	11. Auflage 2002
3. Auflage 1994	12. Auflage 2003
4. Auflage 1995	13. Auflage 2004
5. Auflage 1996	14. Auflage 2005
6. Auflage 1997	15. Auflage 2006
7. Auflage 1998	16. Auflage 2007
8. Auflage 1999	17. Auflage 2008
9. Auflage 2000	18. Auflage 2009

Bibliografische Information Der Deutschen Bibliothek
Die Deutsche Bibliothek verzeichnet diese Publikation in der Deutschen
Nationalbibliografie; detaillierte bibliografische Daten sind im Internet
über **http://dnb.ddb.de** abrufbar.

ISBN 978-3-8041-5197-0

Die DIN-Normen sind wiedergegeben mit Erlaubnis des Deutschen
Instituts für Normung e.V. Maßgebend für das Anwenden der Norm
ist deren Fassung mit dem neuesten Ausgabedatum, die im
Beuth Verlag GmbH, Burggrafenstraße 6, 10787 Berlin, erhältlich ist.

www.werner-verlag.de
www.wolterskluwer.de

© 2009 Wolters Kluwer Deutschland GmbH, Köln.
Werner Verlag – eine Marke von Wolters Kluwer Deutschland.
Alle Rechte vorbehalten.

Umschlag: futurweiss kommunikationen, Wiesbaden
Satz: Satz-Offizin Hümmer GmbH, Waldbüttelbrunn
Druck: betz-druck GmbH, Darmstadt

Vorwort zur 18. Auflage

Die jährliche Erscheinungsweise der Einführung in die VOB/B garantiert höchste Aktualität.

Für die Ausgabe 2009 stellt uns diese Aktualität allerdings vor ein Dilemma:

Unproblematisch konnten wir das »Forderungssicherungsgesetz«, das zum 01.10.2008 in Kraft getreten ist, einarbeiten. Es hat wesentliche Neuregelungen gebracht, dabei ohne inneren Zusammenhang gleich auch die neue AGB-Festigkeit der VOB/B eingeführt.

Das »Gesetz zur Modernisierung des Vergaberechts« ist im Jahre 2009 in Kraft getreten, auch das ist noch unproblematisch. Aber anlässlich dieses Gesetzes wird auch die VOB/A inhaltlich geändert und zudem als Maßnahme der Entbürokratisierung um zehn Paragraphen in der Form gekürzt, dass deren Inhalt jetzt als zusätzliche Absätze in vorhandene Paragraphen einfließen. Aber: Zum Zeitpunkt der Drucklegung ist der vorgesehene Text der VOB/A veröffentlicht, aber vom Vergabe- und Vertragsausschuss noch nicht endgültig beschlossen. Drei Einzelpunkte bedürfen noch der endgültigen Klärung, die aber alle für unsere Einführung in die VOB/B ohne Bedeutung sind: Einmal muss der Wortlaut der VOB/A an die Neufassung des Auftraggeberbegriffes in § 97 Abs. 3 GWB n.F. angepasst werden. Zum anderen ist noch umstritten, ob und wie § 8 Nr. 6 VOB/A ggf. geändert werden soll; es geht um Justizvollzugsanstalten, Einrichtungen der Jugendhilfe ... sowie Betriebe der öffentlichen Hand, die nach bisheriger Fassung »zum Wettbewerb mit gewerblichen Unternehmen« nicht zugelassen sind. Und endlich ist das letzte Wort noch nicht darüber gesprochen, ob die VOB/A noch mit Abschnitt 3 (b-Paragraphen) und mit Abschnitt 4 (SKR) veröffentlicht wird; das ist eher unwahrscheinlich, weil die Begründung zum Gesetz zur Modernisierung des Vergaberechts vorsieht, dass insoweit eine Verordnung der Bundesregierung hindeutet. Nach dem Stand zum Zeitpunkt der Drucklegung ist damit zu rechnen, dass die endgültigen Entscheidungen im Mai 2009 fallen und dann der neue Text zum 01.07. oder 01.08.2009 in Kraft tritt.

Bei dieser Gelegenheit werden in der VOB/A und in der VOB/B Ausgabe 2009 alle Bezeichnungen geändert: Was bisher in einem Paragraphen Absatz war, wird jetzt Nummer, und was Nummer war, wird jetzt Absatz.

Wir standen vor der Frage, ob wir noch die alten Texte abdrucken, die dann zwei Monate nach Erscheinen veraltet sind – oder ob wir die voraussichtlichen neuen Texte verwenden, wobei ja die noch unklaren Punkte unsere Einführung gar nicht berühren. Wir haben uns für die letzte Möglichkeit entschieden. Das bedeutet, dass wir in diesem Text schon die neuen Bezeichnungen der VOB/B und der VOB/A verwenden, die aber, wie erwähnt, voraussichtlich erst ab 01.07. oder 01.08.2009 gelten.

Dass wir wie immer alle wichtigen BGH-Entscheidungen eingearbeitet haben, versteht sich von selbst.

Die vielen Neuigkeiten und Änderungen haben wir zum Anlass genommen, die »Einführung« grundlegend zu überarbeiten.

Für Kritik und Anregungen sind wir wie immer dankbar.

Mönchengladbach, April 2009

Prof. Dr. Klaus D. Kapellmann
Rechtsanwalt
Fachanwalt für Bau- und Architektenrecht
Honorarprofessor an der Rheinisch-Westfälischen Technischen Hochschule Aachen

Prof. Dr. Werner Langen
Rechtsanwalt
Fachanwalt für Bau- und Architektenrecht
Honorarprofessor an der Universität zu Köln

Bearbeiter

Prof. Dr. jur. Klaus D. Kapellmann
Rechtsanwalt seit 1969,
Seniorpartner der Anwaltskanzlei
Kapellmann und Partner, Mönchengladbach
Honorarprofessor an der
Rheinisch-Westfälischen
Technischen Hochschule Aachen

Prof. Dr. jur. Werner Langen
Rechtsanwalt seit 1984,
Seniorpartner der Anwaltskanzlei
Kapellmann und Partner, Mönchengladbach
Honorarprofessor an der Universität zu Köln

Inhaltsverzeichnis

Abkürzungsverzeichnis

a.a.O.	am angegebenen Ort
a.F.	alte Fassung
AG	Auftraggeber
AGB	Allgemeine Geschäftsbedingungen
AN	Auftragnehmer
BauR	Zeitschrift für das gesamte öffentliche und zivile Baurecht
BB	Der Betriebsberater, Zeitschrift
BGB	Bürgerliches Gesetzbuch
BGH	Bundesgerichtshof
BGHZ	Entscheidungen des Bundesgerichtshofs in Zivilsachen
DIN	Normen des Deutschen Instituts für Normung e.V.
GU	Generalunternehmer
GÜ	Generalübernehmer
GWB	Gesetz gegen Wettbewerbsbeschränkungen
HOAI	Honorarordnung für Architekten und Ingenieure
IBR	Immobilien und Baurecht, Zeitschrift
LV	Leistungsverzeichnis
n.F.	neue Fassung
NJW	Neue Juristische Wochenschrift
NJW-RR	Neue Juristische Wochenschrift, NJW-Rechtsprechungsreport Zivilrecht
NZBau	Neue Zeitschrift für Baurecht und Vergaberecht
OLG	Oberlandesgericht
Schäfer/Finnern	Schäfer/Finnern, Rechtsprechung der Bauausführung, abgeschlossene Loseblattsammlung
Schäfer/Finnern/Hochstein	
	Rechtsprechung zum privaten Baurecht, Loseblattsammlung
VersR	Versicherungsrecht, Zeitschrift
VOB	Verdingungsordnung für Bauleistungen
WM	Wertpapiermitteilungen (Teil IV), Zeitschrift
ZfBR	Zeitschrift für deutsches und internationales Bau- und Vergaberecht

Literaturverzeichnis

Beck'scher VOB-Kommentar, VOB Teil B, 2. Auflage, München 2008

Heiermann/Riedl/Rusam, Handkommentar zur VOB, 11. Auflage, Wiesbaden 2008

Ingenstau/Korbion, VOB-Kommentar, Teile A und B, 16. Auflage, Düsseldorf 2007

Kapellmann, Schlüsselfertiges Bauen, Düsseldorf, 2. Auflage 2004

Kapellmann/Messerschmidt, VOB Teile A und B, 2. Auflage, München 2007

Kapellmann/Schiffers, Vergütung, Nachträge und Behinderungsfolgen beim Bauvertrag. Rechtliche und baubetriebliche Darstellung der geschuldeten Leistung und Vergütung sowie der Ansprüche des Auftragnehmers aus unklarer Ausschreibung, Mengenänderung, geänderter oder zusätzlicher Leistung und aus Behinderung gemäß VOB/B und BGB
Band 1: Einheitspreisvertrag, 5. Auflage, München 2006
Band 2: Pauschalvertrag einschließlich Schlüsselfertigbau, 4. Auflage, München 2006

Kniffka/Koeble, Kompendium des Baurechts, 3. Auflage, München 2008

Langen/Schiffers, Bauplanung und Bauausführung, Eine juristische, baubetriebliche und organisatorische Gesamtdarstellung der Baudurchführung einschließlich des Schlüsselfertigbaus, München 2005

Leinemann, VOB/B, 3. Auflage, Köln/München 2008

Markus/Kaiser/Kapellmann, AGB-Handbuch Bauvertragsklauseln, 2. Auflage, München 2008

Palandt, Kommentar zum BGB, 68. Auflage, München 2009

Werner/Pastor, Der Bauprozess, 12. Auflage, München 2008

Kurzkommentar:
Die 10 wichtigsten Urteile des Jahres 2008

Wie in jeder Auflage stellen wir die nach unserer Einschätzung wichtigsten, im **1** Jahr 2008 in der Zeitschrift BauR veröffentlichten Urteile vor, und zwar acht Entscheidungen des Bundesgerichtshofs und zwei Entscheidungen von Oberlandesgerichten.

1 **1. Auch nach der Änderung des § 633 Abs. 2 BGB durch das Gesetz zur Modernisierung des Schuldrechts entspricht ein Werk nicht der vereinbarten Beschaffenheit, wenn es nicht die vereinbarte Funktionstauglichkeit aufweist.**
2. Beruht der Mangel der Funktionstauglichkeit auf einer unzureichenden Vorleistung eines anderen Unternehmers, wird der Unternehmer auch nach dem durch das Gesetz zur Modernisierung des Schuldrechts geänderten Werkvertragsrecht von der Mängelhaftung frei, wenn er seine Prüfungs- und Hinweispflichten erfüllt hat.
3. Der Unternehmer trägt die Darlegungs- und Beweislast für die Erfüllung der Prüfungs- und Hinweispflicht.
4. Zur Mängelhaftung des Unternehmers für eine Heizungsanlage, die deshalb nicht funktioniert, weil das von einem anderen Unternehmer errichtete Blockheizkraftwerk keine ausreichende Wärme erzeugt.

BGH »Blockheizkraftwerk«, Urteil vom 08.11.2007, VII ZR 183/05, BauR 2008, 344 = NZBau 2008, 109

Der Beklagte bewohnt das nicht an das öffentliche Stromnetz angeschlossene Forsthaus D. Die Firma G macht ihm ein Angebot über ein Blockheizkraftwerk mit einer thermischen Leistung von 30 kW zur Deckung des gesamten Strom-, Wärme- und Warmwasserbedarfs. Die Klägerin gibt ein Angebot über die Errichtung einer Heizungsanlage (u.a. Rohrleitungen, Armaturen, Heizkörper) und deren Anschluss an das Blockheizkraftwerk ab; sie errechnet einen Wärmebedarf von 25 kW. Der Beklagte beauftragt die Klägerin mit dem Bau der Heizung und die Firma G mit der Errichtung eines Blockheizkraftwerkes mit einer thermischen Leistung von 12 kW, das errichtet wird. Das Forsthaus wird nicht warm (!), unter anderem deshalb lehnt der Beklagte die Abnahme der Heizungsanlage ab, die Klägerin klagt Restvergütung ein. Die Beheizung des Forsthauses allein durch das Blockheizkraftwerk ist auch dann nicht möglich, wenn dessen thermische Leistung erhöht würde, weil der Beklagte die angesichts der Kraft-Wärme-Kopplung notwendige Menge Strom nicht verbrauchen (abrufen) kann.

Die Klägerin hatte sich mit der Firma G abgestimmt, dass ein Wärmebedarf von 25 kW zu decken sei.

War die Leistung der Klägerin mangelhaft?

Das Oberlandesgericht München sagt »Nein«, der BGH sagt »Ja«, bejaht aber keineswegs die Mängelhaftung des Heizungsbauers, sondern verweist zur weiteren Aufklärung zurück.

Das Urteil des Bundesgerichtshofs ist ein Lehrstück in Schuldrechtsdogmatik.

1. Die Heizung funktioniert nicht. Ist das ein Mangel, wenn die Ursache a) in der fehlenden thermischen Leistung des Blockheizkraftwerks und b) in der grundsätzlichen Ungeeignetheit des Blockheizkraftwerks mangels ausreichenden Stromverbrauchs liegt?

   Der Bundesgerichtshof **bejaht** den Mangel, denn es sei stillschweigend als »Beschaffenheit« vereinbart, dass mit der Errichtung der Heizanlage **und dem Anschluss** an das Blockheizkraftwerk das Forsthaus ausreichend beheizt werden könne (was sonst auch?), die so vereinbarte Funktion werde aber nicht erfüllt. Ein Werk sei auch dann mangelhaft, wenn es die vereinbarte Funktion deshalb nicht erfülle, weil die vom Besteller zur Verfügung gestellten Leistungen anderer Unternehmer, von denen die Funktionsfähigkeit des Werkes abhänge, unzureichend seien.

   Bei dieser Schlussfolgerung muss man zuerst durchatmen; um sie zu verstehen, darf man nicht vergessen, dass der Heizungsbauer auch den Anschluss an das Blockheizkraftwerk schuldet. Jedenfalls muss man den Begriff des Mangels schon mit einem Höchstmaß an Abstraktion definieren, aber man kann das akzeptieren, weil es von dieser Mängelhaftung eine entscheidende **Ausnahme** gibt, die nur dogmatisch nicht schon im Begriff des Mangels untergebracht wird (als Verneinung), sondern die als Regel-Ausnahme-Verhältnis ausgebildet ist.

2. Der Unternehmer ist nämlich dann für den Mangel **nicht** verantwortlich, wenn er seiner Prüfungs- und Hinweispflicht nachgekommen ist. Es leuchtet ein, dass der Heizungsbauer seine Anlage, von der er ja weiß, dass sie an ein Blockheizkraftwerk angeschlossen wird, nicht »drauflos« bauen darf, er muss vielmehr im Rahmen des Zumutbaren prüfen, ob die für den »Heizerfolg« notwendigen technischen Voraussetzungen überhaupt gegeben sind. Die Klägerin hätte sich laut BGH nach der abschließenden Planung der Firma G für das Blockheizkraftwerk erkundigen müssen und hätte dann aufgrund eigener Prüfung ggf. erforderliche Hinweise geben müssen. Zur Aufklärung der Prüfmöglichkeiten hat der BGH zurückverwiesen, dabei allerdings schon darauf hingewiesen, es liege laut eingeholtem Sachverständigengutachten nahe, dass die Klägerin jedenfalls die konzeptionelle Ungeeignetheit des Blockheizkraftwerkes nicht habe erkennen können. Soweit die Klägerin die zu geringe thermische Leistung habe feststellen können, komme es darauf an, ob der Beklagte sich gegen die Errichtung eines funktionstauglichen Blockheizkraftwerks entschieden habe; habe er das, so

schade das der Klägerin nicht, sie hafte dann nicht für den Mangel. Diese Überlegungen sind alle nachvollziehbar und richtig.

3. Die Erfüllung der Prüf- und Hinweispflichten müsse die Klägerin, der Heizungsbauer, beweisen. Das ist der Grund der Aufhebung und Zurückverweisung, denn das Oberlandesgericht München hatte gemeint, der Beklagte habe beweisen müssen, dass die Klägerin ihre Hinweispflicht verletzt habe und nicht umgekehrt.

Auch hier hat der Bundesgerichtshof Recht: Einen Ausnahmetatbestand muss der beweisen, der sich darauf beruft, hier also die Klägerin (anderer Ansicht *Peters* NZBau 2008, 609).

4. Ohne die Mitwirkung des Beklagten kann die Klägerin allerdings kein mangelfreies Werk errichten. Der Beklagte muss ein funktionsfähiges Blockheizkraftwerk – oder eine andere Energiequelle – installieren, denn sonst kann die Klägerin keine funktionsfähige Heizung herstellen. Erfüllt der Beklagte diese Mitwirkungspflicht nicht, lehnt er das – wie im Prozess angedeutet ist – sogar endgültig ab, macht der Beklagte der Klägerin eine mangelfreie Leistung unmöglich. Dann muss der Beklagte die ausstehende (Rest-)Vergütung gemäß § 326 Abs. 2 oder § 649 Satz 2 BGB zahlen.

5. Ganz wichtig: Muss der Unternehmer, um die vereinbarte Funktionstauglichkeit zu erreichen, seinerseits noch Leistungen erbringen, die von der vereinbarten Leistung oder der vereinbarten Ausführungsart nicht erfasst sind, ist er dazu nur dann verpflichtet, wenn der Beklagte die **Mehrkosten unter dem Aspekt der Sowiesokosten bezahlt**. Der BGH verweist dazu auf seine frühere Entscheidung BGH BauR 2007, 700 = NZBau 2007, 243.

Insgesamt schwere Kost, aber richtig und wichtig.

---

2   Die gemäß § 649 Satz 2 BGB oder § 8 Nr. 1 Abs. 2 VOB/B nach freier Kündigung eines Bauvertrages zu zahlende Vergütung ist nur insoweit Entgelt im Sinne von § 10 Abs. 1 UStG und damit Bemessungsgrundlage für den gemäß § 1 Abs. 1 Nr. 1 UStG steuerbaren Umsatz, als sie auf schon erbrachte Leistungsteile entfällt.

BGH, Versäumnisurteil vom 22.11.2007, VII ZR 83/05 = NZBau 2008, 247

Der Bundesgerichtshof entscheidet: Für die Vergütung nach **freier Kündigung**, die auf den **nicht** erbrachten Teil entfällt, ist keine Umsatzsteuer zu zahlen. Bisher hatte der Bundesgerichtshof im Hinblick auf ungeklärte Fragen zum EU-Recht die Auffassung vertreten, es sei eine Entscheidung des Gerichtshofs der Europäischen Gemeinschaft abzuwarten (BauR 1999, 1294). Der Bundesgerichtshof urteilt jetzt, zwischenzeitlich habe der Europäische Gerichtshof in einem Urteil vom 18.07.2007 – C 277/05 – genau diese ausstehende Entscheidung getroffen.

Für die Praxis ist die Sache damit entschieden.

Nur unser wissenschaftliches Interesse veranlasst uns, darauf hinzuweisen, dass der Bundesgerichtshof sich irrt. Das Urteil des Europäischen Gerichtshofs vom 18.07.2007 enthält mit keinem Wort irgendeine Neuigkeit. Es wiederholt lediglich ältere und zum Zeitpunkt des Urteils des BGH BauR 1999, 1294 längst bekannte Rechtsgrundsätze des EuGH.

3 **1. Eine Klausel in Allgemeinen Geschäftsbedingungen des Auftrag-gebers, nach der der Auftragnehmer für den Fall, dass er mit der Fer-tigstellung des Bauvorhabens in Verzug gerät, eine Vertragsstrafe in Höhe von 0,3 % der Auftragssumme pro Werktag zu zahlen hat, be-nachteiligt den Auftragnehmer nicht allein deswegen unangemes-sen.**
2. Eine Klausel in Allgemeinen Geschäftsbedingungen des Auftrag-gebers, die im Anschluss an die Vereinbarung einer kalendermäßig bestimmten Fertigstellungsfrist folgende Regelung enthält:
»Die Frist gilt als verbindlich und verlängert sich auch nicht durch witterungsbedingte Beeinträchtigungen.
Nach Überschreitung der Ausführungsfrist hat der Auftragneh-mer eine Vertragsstrafe von 0,3 % der Auftragssumme pro Werk-tag des Verzuges zu zahlen, höchstens jedoch 10 % der Schluss-rechnungssumme.«,
ist wegen unangemessener Benachteiligung des Auftragnehmers unwirksam.

BGH, Urteil vom 06.12.2007, VII ZR 28/07, BauR 2008, 508 = NZBau 2008, 376

1. Dass eine Vertragsstrafenklausel über 0,3 % der Auftragssumme pro Werk-tag in Allgemeinen Geschäftsbedingungen nicht zu beanstanden ist, bestä-tigt der Bundesgerichtshof. Dennoch erklärt er mit Recht die Klausel wegen AGB-rechtlicher Verstöße für unwirksam.
Die Klausel knüpft nämlich einmal indirekt daran an, dass die Vertrags-strafe auch ohne Verschulden verwirkt sein könnte. Es ist wenigstens denk-bar, dass witterungsbedingte Beeinträchtigungen bei besonderer Schwere zur Fristverlängerung führen können, ohne dass das etwas mit Verschulden zu tun hätte. Vertragsstrafen ohne Anknüpfung an Verschulden sind in All-gemeinen Geschäftsbedingungen aber immer unwirksam.
2. Noch viel mehr Beachtung verdient das Urteil wegen der ergänzenden Be-gründung. Die Klausel verstößt nämlich nach zutreffender Ansicht des Bundesgerichtshofs gegen das Transparenzgebot des AGB-Rechts. Einmal knüpft die Klausel an 0,3 % der »Auftragssumme« an, zum anderen aber an »10 % der Schlussrechnungssumme«. Laut BGH kann »unter diesen Umständen die Auftragssumme auch als ein Wert verstanden werden, der

sich nach der von den Parteien vor der Ausführung des Vertrages vereinbarten Vergütung der Beklagten bemisst«. Es bestünden deshalb zwei verschiedene gleichwertige Möglichkeiten, den Begriff »Auftragssumme« auszulegen. Das führt zur Unwirksamkeit.

Der BGH hat Recht.

---

4 **1. Der gemäß § 642 BGB zu zahlenden Entschädigung liegt eine steuerbare Leistung des Unternehmers zugrunde. Diese Entschädigung ist Entgelt im Sinne von § 10 Abs. 1 UStG und damit Bemessungsgrundlage für den Umsatz.**
2. Die gemäß § 2 Nr. 5 VOB/B zu zahlende geänderte Vergütung ist Entgelt im Sinne von § 10 Abs. 1 UStG für die geänderte Leistung des Auftragnehmers und damit Bemessungsgrundlage für den Umsatz.
3. § 6 Nr. 6 VOB/B gewährt dem Auftragnehmer einen Schadenersatzanspruch, dem keine steuerbare Leistung zugrundeliegt, so dass hierfür eine Umsatzsteuerpflicht ausscheidet.

BGH, Urteil vom 24.01.2008, VII ZR 280/05, BauR 2008, 821 = NZBau 2008, 318

Das Urteil des BGH sorgt für eine Klarstellung. Dass die gemäß § 642 BGB bei Annahmeverzug des Auftraggebers zu zahlende Entschädigung als vergütungsähnliche Leistung der Umsatzsteuer unterliegt, ist ebenso selbstverständlich wie bei der Nachtragsvergütung des § 2 Nr. 5 VOB/B.

Dagegen ist § 6 Abs. 6 VOB/B formal ein Schadenersatzanspruch, so dass die Schlussfolgerung des BGH, in diesem Fall falle keine Umsatzsteuer an, durchaus nachvollziehbar ist. In der Praxis ergeben sich aber unlösbare Probleme: Nach heutiger Rechtslage kann sich der Auftragnehmer bei identischem Sachverhalt aussuchen, ob er den Anspruch auf § 642 BGB oder § 6 Abs. 6 Satz 1 VOB/B stützt, er kann sogar für einzelne Anspruchsteile die eine und für andere die andere Begründung wählen – also je nach Wahl mit oder ohne Umsatzsteuer. Dass der Schadenersatzanspruch des § 6 Abs. 6 Satz 1 VOB/B nicht »vergütungsgleich« (so die frühere Rechtsprechung des Bundesgerichtshofs) und damit umsatzsteuerpflichtig ist, ist bei dieser Konstellation schwer erklärbar; der Bundesgerichtshof hält jedenfalls an dieser früheren Entscheidung (BGHZ 50, 25, 29) ausdrücklich nicht mehr fest.

---

5 **Die Fälligkeit der Forderung aus einer selbstschuldnerischen Bürgschaft tritt, sofern die Parteien nichts anderes vereinbaren, mit der Fälligkeit der Hauptschuld ein und ist nicht von einer Leistungsaufforderung des Gläubigers abhängig.**

BGH, Urteil vom 29.01.2008, XI ZR 160/07, BauR 2008, 986 = NZBau 2008, 377

Wann wird der Anspruch aus einer (selbstschuldnerischen) Bürgschaft fällig, ist es sogar möglich, dass der Anspruch aus der Bürgschaft verjährt, obwohl der gesicherte Anspruch noch nicht verjährt ist?

Die Verjährungsfrist für die Bürgschaft beträgt drei Jahre, sie beginnt mit dem 1. Januar des Jahres, das auf das Jahr folgt, in dem die Forderung aus der Bürgschaft **fällig** geworden ist. Wird sie erst fällig, wenn der Gläubiger zur Leistung aus der Bürgschaft auffordert oder wird sie schon fällig mit der Fälligkeit der gesicherten Hauptschuld?

Das war alles heftig umstritten, der für das Bürgschaftsrecht zuständige Senat legt sich fest: Es kommt für die Fälligkeit des Anspruchs aus der Bürgschaft nicht darauf an, dass der Gläubiger zur Leistung aus der Bürgschaft aufgefordert hat, die Fälligkeit des Bürgschaftsanspruchs tritt mit der Fälligkeit der Hauptschuld ein. Den Parteien steht es allerdings frei, die Geltendmachung der Forderung durch den Bürgschaftsgläubiger als vertragliche Fälligkeitsvoraussetzung zu vereinbaren, um die unliebsame Folge zu vermeiden, dass der Bürgschaftsanspruch »unter der Hand« verjährt.

Der Bundesgerichtshof hat seine Rechtsauffassung wenig später im Urteil vom 08.07.2008, XI ZR 230/07, BauR 2008, 1885, bestätigt. Zuvor hatte schon das OLG Koblenz durch Urteil vom 26.10.2007, 10 U 1704/06, NZBau 2008, 718, genauso entschieden.

---

6   Das Verwendungsrecht des Auftraggebers nach § 8 Nr. 3 Abs. 3 VOB/B begründet keine Befugnis zu eigenmächtigem Handeln. Der Auftraggeber, der in Ausübung seines Verwendungsrechts die auf der Baustelle verbrachten Geräte und Materialien des Auftragnehmers ohne dessen Willen in Besitz nimmt, begeht verbotene Eigenmacht im Sinne des § 858 BGB.

OLG Düsseldorf, Urteil vom 28.11.2007, 11 U 19/07, BauR 2008, 998

Der Auftraggeber kündigt den mit dem Auftragnehmer geschlossenen Bauvertrag aus wichtigem Grund gemäß § 8 Nr. 3 VOB/B. Er erteilt dem Auftragnehmer »Hausverbot« und nimmt die auf der Baustelle lagernden Geräte und Materialien des Auftragnehmers mit der Begründung an sich, er wolle sie gemäß § 8 Nr. 3 Abs. 3 »gegen angemessene Vergütung in Anspruch nehmen«. Mit dem »Hausverbot« hatte der Auftraggeber dem Auftragnehmer verboten, Material und Bauteile von der Baustelle zu entfernen, die Baustelle durfte der Auftragnehmer nur zur Feststellung des Leistungsstandes betreten. Dagegen erwirkt der Auftragnehmer eine einstweilige Verfügung wegen verbotener Eigenmacht. Das Oberlandesgericht Düsseldorf bestätigt im Ergebnis die einstweilige Verfügung. § 8 Nr. 3 Abs. 3 VOB/B gebe dem Auftraggeber lediglich ein ggf. seinerseits durch einstweilige Verfügung durchsetzbares Recht, vom Auftragnehmer die Überlassung bestimmter Geräte und Materialien zu verlangen, begründe aber keine Befugnis zu eigenmächtigem Handeln und greife als »petitorische Einrede« gegen den »possessorischen« Anspruch nicht durch.

Man fragt sich, wie der Auftraggeber denn im konkreten Fall das Entfernen z.B. von Materialien von der Baustelle verhindern soll – hätte ein Gericht **seinem** Antrag auf einstweilige Verfügung auf »Belassen der Materialien auf der Baustelle« stattgegeben? Muss er warten, bis der Auftragnehmer »zu räumen« beginnt?

7 1. **Fordert der Auftraggeber ein funktionales Angebot des Auftragnehmers zur Erstellung einer technischen Anlage für ein Bauwerk unter Vorlage der von ihm bis zu diesem Zeitpunkt erstellten Bauwerksplanung, so wird diese grundsätzlich Gegenstand des Angebots.**
2. **Soweit nach Vertragsschluss vom Auftraggeber angeordnete Änderungen der Bauwerksplanung Änderungen der technischen Leistung zur Folge haben, ist das als Änderung des Bauentwurfs anzusehen, § 1 Nr. 3 VOB/B, und kann zu einem geänderten Vergütungsanspruch des Auftragnehmers führen, § 2 Nr. 5 VOB/B.**
3. **Die Parteien können vereinbaren, dass der Auftragnehmer auch solche Mehrleistungen ohne Anspruch auf Mehrvergütung zu erbringen hat, die dadurch entstehen, dass der Auftraggeber nach Vertragsschluss die dem Vertrag zugrundeliegende Planung ändert. Wegen der damit übernommenen Risiken sind an die Annahme einer solchen Vereinbarung *strenge* Anforderungen zu stellen.**
4. **Mit der bei einer Ausschreibung technischer Leistungen üblichen Formulierung »nach Erfordernis« wird regelmäßig zum Ausdruck gebracht, dass es Sache des Auftragnehmers ist, auf der Grundlage der dem Vertrag zugrundeliegenden Planung die für eine funktionierende und zweckentsprechende Technik notwendigen Einzelheiten zu ermitteln. Damit wird der funktionale Charakter der Ausschreibung zum Ausdruck gebracht.**
5. **Es besteht *keine* Auslegungsregel, dass ein Vertrag mit einer unklaren Leistungsbeschreibung allein deshalb zulasten des Auftragnehmers auszulegen ist, weil dieser die Unklarheiten vor der Abgabe seines Angebots nicht aufgeklärt hat.**
6. **Zur Bestimmung der Anforderung an eine Lüftungsanlage, wenn sich aus der zugrundeliegenden Planung weder die vereinbarte Beschaffenheit der zu belüftenden Räumlichkeiten noch die nach dem Vertrag vorausgesetzte Verwendung ergibt.**

> BGH »Bistroküche«, Urteil vom 13.03.2008, VII ZR 194/06, BauR
> 2008, 1131 = NZBau 2008, 437

Die vielleicht wichtigste (und sehr zu begrüßende) Entscheidung des Bundesgerichtshofs im Jahre 2008!

Ein Auftraggeber unterbreitete einem Unternehmen der technischen Gebäudeausrüstung ein Leistungsverzeichnis, in dem unter Punkt »075 Lüftung« geregelt war: ». . . *Planung, Lieferung und Einbau einer mechanischen Lüftungsanlage je nach Erfordernis für Bistro und Bistroküche*«. Der Unternehmer bot auf der Grundlage dieses Leistungsverzeichnisses und der vorgelegten Pläne zu einem Preis von 214.419,22 € zzgl. Umsatzsteuer an; unter 2.10 des Angebots hieß es: »*Bistro und Bistrobereich komplett inklusive Hygieneausstattung*«. Der vorliegende Grundriss des Objekts wies ein Bistro, eine Bistroküche und Bistrolager aus, die Küche hatte eine Fläche von ca. 16 m², das Bistro von ca. 30 m². Ein Küchenausstattungsplan lag noch nicht vor. Bei einer Besprechung vom 17.10.2002 einigten sich die Parteien auf pauschal 200.000,00 € zzgl. Mehrwertsteuer, Vertragsbestandteil waren das vorerwähnte Leistungsverzeichnis, das vom Auftragnehmer am 17.10.2002 preislich modifizierte Angebot und die VOB/B. Nach Vertragsschluss legte der Auftraggeber einen geänderten Grundriss und gleichzeitig die Küchenplanung vor. Danach waren im vergrößerten Bistro ein Dönergrill, ein Toaster, ein Gaslavasteingrill und eine Doppelfriteuse vorgesehen, in der Küche ein Gasherd. Der Auftraggeber verlangte von dem Unternehmer, ohne Mehrvergütung die gemäß letzter Planung erforderliche Lüftungsanlage einzubauen. Der Auftragnehmer stellte sich auf den Standpunkt, die Lüftung für die Küche sei nicht geschuldet, weil in dem Angebot nicht enthalten, er habe das auch mündlich erläutert. Die Lüftung für das Bistro sei verändert, weil nunmehr eine gesamte Lüftung für beide Räume gefordert sei; darüber hinaus sei die vom Auftraggeber vorgegebene Küchenausstattung auch eine Planungsänderung, die eine Veränderung der Lüftung verursache.

Es kam zur Auseinandersetzung, der Auftraggeber kündigte und machte Vertragsstrafe geltend, der Unternehmer verlangte Restwerklohn, der Auftraggeber verrechnete mit Mehrkosten.

Das OLG Brandenburg hatte geurteilt, der Unternehmer habe die Herstellung der Lüftungsanlage unberechtigt verweigert. Zum Leistungsumfang habe eine Lüftung für den gesamten Bereich gehört, der Begriff »Bistrobereich« sei umfassend. Der Bundesgerichtshof verneint zu Recht, dass der Unternehmer eine geänderte Lüftung ohne Mehrvergütung geschuldet hätte.

1. Der Unternehmer hatte behauptet, mündlich sei vereinbart worden, die Küchenlüftung sei nicht enthalten. Zeugen konnten dazu keine wirklich überzeugenden Auskünfte geben. Der Bundesgerichtshof entscheidet mit Recht, dass die Vermutung der Richtigkeit und Vollständigkeit für die Ver-

tragsurkunde spricht (»für Bistro und Bistroküche«). Die Feststellung ist absolut richtig, hat aber auch eine umgekehrte Bedeutung: Es wird vermutet, dass das, was in der Urkunde steht, maßgeblich ist – und ebenso wird vermutet, dass alles, was nicht in ihr steht, nicht als Leistung vereinbart ist. Letzteres spielt in der Praxis die weit überwiegende Rolle.

2. Eine funktionale Ausschreibung, der eine **auftraggeberseitige** Planung zugrundeliegt, ist für den geschuldeten Leistungsumfang (das Bausoll) nicht allumfassend, maßgebend ist vielmehr die Planung, so der BGH.

Der Auftragnehmer schuldet also nicht beziehungslos »eine geeignete Lüftung«, vielmehr gilt: »*Ist eine technische Leistung nach einer vorgegebenen Bauwerksplanung funktional ausgeschrieben, ist die Leistung vertragsgerecht, wenn sie die sich **aus der Bauwerksplanung** zu stellenden Anforderungen erfüllt. Maßgeblich ist dabei die dem Vertrag zugrundegelegte **Beschaffenheit des Bauwerks**, wie sie sich **aus der Planung** ergibt.*« Für den konkreten Fall bedeutete das: »*Die Möglichkeit, dass Küchengeräte auch im Bistro selbst untergebracht sind und damit das Bistro zum Bestandteil der Küche wird, lässt sich der dem Vertrag zugrundeliegenden Planung nicht entnehmen.*«

Übersetzt ist das der Grundsatz: Was im Detail geregelt ist, ist maßgebend, auch bei funktionaler Leistungsbeschreibung.

3. Ändert die Vertragsregelung nichts, dass der Auftragnehmer die Lüftung »je nach Erfordernis« liefern soll?

Der Bundesgerichtshof sagt zutreffend: »*Mit der Formulierung ›nach Erfordernis‹ und auch mit der Formulierung ›komplett‹ wird der funktionale Charakter der Leistungsbeschreibung zum Ausdruck gebracht. Das heißt: Der Unternehmer muss **auf der Grundlage der dem Vertrag zugrundeliegenden Planung** die für eine funktionierende und zweckentsprechende Technik notwendigen Einzelheiten selbst ermitteln. Das heißt aber nicht, dass aus dem ›je nach Erfordernis‹ zu schließen wäre, dass der Auftraggeber die Vertragsgrundlagen (nämlich den Plan) **ändern darf**, ohne dass daraus ein Anspruch auf Mehrvergütung entstünde.*« Genau das ist richtig: Kern einer funktionalen Leistungsbeschreibung ist, dass – soweit auftraggeberseitige Einzelheiten nicht genannt sind – die notwendigen Leistungen vom Unternehmer zu entwickeln und zu realisieren sind. Wie die Lüftungsanlage aussehen sollte, war nicht beschrieben, also war sie »nach Erfordernis« zu bauen. Aber sie war nur »nach Erfordernis des Vertrages« zu bauen und damit auch nach Erfordernis der Planung.

4. Das Argument des Oberlandesgerichts, die Leistungsbeschreibung sei lückenhaft gewesen, der Auftragnehmer habe das merken müssen und die Lücke auf eigene Kosten füllen müssen, weist der Bundesgerichtshof zurück. Er distanziert sich ausdrücklich von früheren Entscheidungen »Kammerschleuse« (BGH BauR 1997, 126) und »Universitätsbibliothek« (BGH BauR 1987, 683). Wie immer korrigiert der Bundesgerichtshof sich nicht, sondern »stellt nur klar«: Wenn eine Leistungsbeschreibung lückenhaft sei, heiße das nicht, dass der Auftragnehmer zur Aufklärung und Lückenfüllung verpflichtet sei. Es bestehe **keine** Auslegungsregel, dass ein Vertrag

mit einer unklaren Leistungsbeschreibung allein deshalb zulasten des Auftragnehmers auszulegen sei, weil dieser die Unklarheiten vor Abgabe seines Angebots nicht aufgeklärt habe. Dazu kann man nur sagen: Stimmt.

5. Wie ist die laut Vertrag zu erstellende Lüftungsanlage beschaffen?

Maßgeblich ist die Planung; hinsichtlich der Raumaufteilung ist demzufolge auch die Planung heranzuziehen, dasselbe gilt auch für die Aufteilung der Geräte. Es kann kein Zweifel bestehen, dass Küchengeräte nur in der Bistroküche vorgesehen waren. Dem Plan war nicht zu entnehmen, dass Küchengeräte auch im Bistro selbst untergebracht werden und damit das Bistro zum Bestandteil der Küche wird.

Soweit es um die Ausstattung der Küche mit Küchengeräten geht, kommt es darauf an, wie eine Bistroküche gewöhnlich genutzt wird.

Der gewöhnliche Gebrauch ist nach allgemeiner gewerblicher Verkehrssitte und unter Berücksichtigung von Treu und Glauben zu ermitteln; dass in der Planung keine Küchengeräte eingezeichnet waren, würde demgemäß nichts ändern.

Der Bundesgerichtshof hebt das Berufungsurteil auf und verweist zurück zur Klärung, welche Anforderungen an die Lüftung nach der dem Vertrag zugrundeliegenden Planung zu stellen waren und ob die Änderung der neuen Planung zu solchen Anforderungen an die jetzt verlangte Lüftung geführt habe, dass es sich um eine geänderte Leistung handelte, bei der der Unternehmer berechtigt war, sie zu verweigern, wenn ihm keine zusätzliche Vergütung gewährt wurde.

Alles zusammen ist das eine sehr gute, die bisherige Linie des Bundesgerichtshofs fortsetzende und bestätigende Entscheidung. Schon mit Urteil vom 26.07.2007 »Hauptbahnhof Berlin/Lehrter Bahnhof« (NZBau 2007, 653) und zuvor in der Entscheidung »Dachdeckergerüste« (NZBau 2006, 777) hatte der BGH entschieden, selbst (wenn) wie im späteren Fall »Blockheizkraftwerk« (Entscheidung Nr. 1) aufgrund einer fehlerhaften oder lückenhaften Planung eine Ergänzung der Leistung des Auftragnehmers notwendig werde, um die vereinbarte Funktion zu schaffen, so schulde ein Auftragnehmer dann, wenn **der Auftraggeber** eine bestimmte Ausführungsart vorgegeben hat, die Erstellung der ergänzenden Leistung **nicht ohne Vergütung.**

---

8   **1. Ob ein Werkvertrag aufgrund einer Ohne-Rechnung-Abrede insgesamt nichtig ist, richtet sich nach § 139 BGB.**
2. Hat der Unternehmer seine Bauleistungen mangelhaft erbracht, so handelt er regelmäßig treuwidrig, wenn er sich zur Abwehr von Mängelansprüchen des Bestellers darauf beruft, die Gesetzwidrigkeit der Ohne-Rechnung-Abrede führe zur Gesamtnichtigkeit des Bauvertrages.

BGH, Urteil vom 24.04.2008, VII ZR 42/07, BauR 2008, 1301 = NZBau 2008, 434

Auch diese Entscheidung des Bundesgerichtshofs ist nicht einfach zu verstehen.

Die Steuerhinterziehung war nicht Hauptzweck des Vertrages, Hauptzweck war die Errichtung eines Bauwerks. Deshalb ist nicht der ganze Vertrag gemäß §§ 134, 138 BGB nichtig, sondern nur die der »Steuerhinterziehung« dienende Ohne-Rechnung-Abrede. Der ganze Vertrag wäre allerdings laut BGH dann nichtig, wenn er bei ordnungsgemäßer Rechnungslegung und Steuerabführung nicht zu denselben Konditionen, insbesondere nicht mit derselben Vergütungsregelung, geschlossen worden wäre. Im konkreten Fall lässt der BGH das offen, weil es für seine Entscheidung auf diese Frage nicht ankommt. Es dürfte allerdings lebensnah sein anzunehmen, dass ein Vertrag nie mit derselben Vergütungsregelung geschlossen wird, wenn die Schwarzgeldabrede wegfällt.

Ob der jedenfalls verbleibende Teil des Bauvertrages wirksam ist, hängt von § 139 BGB ab. Diese Vorschrift enthalte, so der BGH, dispositives Recht, die Parteien hätten daher jedenfalls vereinbaren können, dass die Nichtigkeit der Ohne-Rechnung-Abrede sich nicht auf die anderen Vertragsbestandteile erstreckt. Dann wäre der Unternehmer gewährleistungspflichtig.

Wenn das aber so sei, entscheidet der BGH, handele ein Unternehmer, der die Bauleistung erbracht habe, aber die Mängelansprüche leugne, gegen Treu und Glauben, weil der Besteller das mangelhafte Werk typischerweise behalten wolle; handele es sich nicht um einen Bauvertrag, könnten ja die jeweiligen Leistungen zurückgewährt werden, hier gehe das aber nicht.

Im Ergebnis ist also der Auftraggeber fein heraus.

9 **1. Überschreitet die tatsächlich ausgeführte Menge bei einem Einheitspreisvertrag die ausgeschriebene Menge um ein Vielfaches (hier 4028 m³ statt 100 m³ bei Erdarbeiten), so bedarf es zur Ermittlung des neuen Einheitspreises für die über 10 % hinausgehende Menge gemäß § 2 Nr. 3 VOB/B bei Fehlen einer Urkalkulation für den vereinbarten Einheitspreis zunächst einer nachvollziehbaren Kalkulation des Einheitspreises für die ausgeschriebene Menge bezüglich der Selbstkosten und des danach kalkulierten Gewinns einschließlich Wagnis und der Selbstkosten für die tatsächlich ausgeführte größere Menge. Diesen letzteren Selbstkosten je Einheit ist dann der ursprünglich kalkulierte bzw. ermittelte Gewinn einschließlich Wagnis in absoluter, nicht prozentualer Höhe zuzuschlagen, woraus sich der neue Einheitspreis für die 110 % übersteigende Menge ergibt.**
2. Auch wenn der Gewinnanteil außergewöhnlich hoch ist, sei es aus spekulativen Gründen, sei es aufgrund eines Kalkulationsfehlers, kann der im vereinbarten Einheitspreis enthaltene Gewinn bei einer

Nachtragsberechnung nach § 2 Nr. 3 VOB/B nicht korrigiert werden.

OLG Koblenz, Urteil vom 24.05.2006, 6 U 1273/03, rechtskräftig durch Beschluss des BGH vom 19.06.2008, VII ZR 128/06, BauR 2008, 1893

Wir gehen auf die sehr detailreiche Entscheidung nur wegen einiger Grundsatzfeststellungen ein:

Die Klägerin konnte keine schriftliche Urkalkulation als Basis ihres Mehrvergütungsanspruchs vorlegen; es ist ihr aber erlaubt, die Kalkulation nachträglich zu erstellen, durch einen Sachverständigen kann dann die innere Plausibilität gemäß § 287 ZPO festgestellt werden. Bei einer entsprechenden Schätzung wird der Sachverständige die Kosten an der Obergrenze und Gewinn und Wagnis an der Untergrenze festlegen, um die Beklagte nicht den Nachteil der Schätzung tragen zu lassen.

Im konkreten Fall enthielt der Einheitspreis von 117,50 DM Kosten in Höhe von 66,74 DM und für Wagnis und Gewinn 50,76 DM. Das ist zwar positionsweise gesehen ein sehr hoher Gewinnanteil, sagt aber nichts über den Gewinnanteil des Vertrages insgesamt. Grundsätzlich wird daher bei einer Nachtragsberechnung, die ja auch auf kalkulativer Basis erfolgt, der Gewinn fortgeschrieben, auch wenn er hoch ist – genau wie der Verlust.

In diesem Zusammenhang ist eine Entscheidung des Bundesgerichtshofs BauR 2009, 491, von Interesse: Ausnahmsweise hat der BGH die Sittenwidrigkeit der Gewinnfortschreibung einer Einzelposition bejaht, weil diese Position das 800fache (!) des Durchschnitts der angebotenen Preise anderer Bieter war; richtigerweise hätte dieser Fall über die Störung der Geschäftsgrundlage entschieden werden müssen.

Im konkreten Fall ergab sich durch die Verminderung der Kosten wegen der erhöhten Menge ein Selbstkostenbetrag von nur 9,17 DM/m³, den das Gericht dann mit dem festgestellten Gewinn von 50,76 DM/m³ beaufschlagt hat. Nicht geboten sei es gewesen, den Gewinnanteil prozentual zu errechnen und folglich einen entsprechenden prozentualen Aufschlag zu machen statt des Aufschlages mit absolutem Betrag. Wir würden den Prozentualaufschlag als gerechtere Lösung ansehen, wobei sich das hier zulasten des Unternehmers auswirken würde, in anderen Fällen aber natürlich auch zu seinen Gunsten.

10 **1. Bessert der Auftragnehmer nach Abnahme nach, wird bei Vereinbarung der VOB/B die Gewährleistungsfrist grundsätzlich gehemmt, bis die Mängelbeseitigungsarbeiten abgenommen sind.**
Die Hemmung endet auch, wenn der Auftraggeber die Abnahme endgültig verweigert, weil er eine weitere Erfüllung des Vertrages ablehnt. Sie endet ferner, wenn der Auftraggeber die Abnahme

der Mängelbeseitigungsleistung verweigert und der Auftragnehmer seinerseits die weitere Mängelbeseitigung ablehnt.

2. Erbringt der Auftragnehmer Mängelbeseitigungsleistungen und werden diese abgenommen, beginnt mit der Abnahme die neue Gewährleistungsfrist des § 13 Nr. 5 Satz 3 VOB/B.

BGH, Urteil vom 25.09.2008, BauR 2008, 2039 = NZBau 2008, 764

Das ist eine Entscheidung, die praktisch keiner Kommentierung bedarf, weil sie schon aus dem Leitsatz heraus verständlich ist.

Der Bundesgerichtshof hält zutreffend fest, dass es nicht gerechtfertigt wäre, wenn ein Auftragnehmer durch einfache Erklärung, er habe die Mängel beseitigt, obwohl das gar nicht der Fall ist, die Hemmung der Verjährung beenden könnte, ohne dass eine neue Gewährleistungsfrist beginnt. Wichtig ist die Entscheidung u.a. auch deshalb, weil sie bestätigt, dass selbst dann, wenn für die »Hauptleistung« ein förmliches Abnahmeverfahren vorgesehen ist, dieses Verfahren nicht für die Abnahme der Mängelbeseitigungsarbeiten notwendig ist.

Prinzipien

2 Diese »Einführung in die VOB/B« ist der Versuch der Quadratur des Kreises, wobei jedenfalls unsere ingenieur-gebildeten Leser sofort wissen, dass das bisher noch nie gelungen ist. Aber wenigstens wird deutlich, was die Zielsetzung und gleichzeitig die Problematik ist:

- Eine »Einführung« muss alles Wichtige enthalten, um den Leser in die Lage zu versetzen, mit dem »Handwerkszeug VOB« sicher umzugehen. Aber zu entscheiden, was wichtig ist, ist schwierig. Unsere Leser können sich auf unser langjährig praxisgehärtetes Urteil verlassen.
  Sinn einer Einführung ist es nicht, wie ein Kommentar oder ein Lehrbuch jeden Paragraphen zu bearbeiten. In der Praxis gibt es Paragraphen, denen man so gut wie nie begegnet, z.B. § 10 VOB/B.
- Eine »Einführung« muss kurz sein. Wenn ein Werk wie dieses jedes Jahr erscheint, ist die Versuchung groß, mit jeder neuen Auflage alles wichtige Neue mitzuteilen, was zwangsläufig zu einem stetigen Anschwellen führen müsste. Wir widerstehen der Versuchung; wir bringen alles Neue, aber wir streichen auch viel Altes.
- Unsere »Einführung« soll einerseits praktische Alltagshilfe sein, aber sie soll genauso jedem wissenschaftlichen Anspruch standhalten. Das ist ein Spagat: Wir müssen unsere Leser auch auf juristische Ausflüge mitnehmen, aber das ist unumgänglich, um tagesbrauchbaren und tagesrichtigen Rat zu geben.
- Unsere »Einführung« gibt auch in Zweifelsfragen eindeutigen Rat. Sie muss eine klare Sprache sprechen, nur so erreicht sie alle, die sich mit diesem Werk in ein fachliches Spezialgebiet **einführen** lassen, seien es Ingenieure, seien es Juristen, aber auch alle Profis – Rechtsanwälte, Richter, Auftraggeber und Bauindustrie, Sachverständige und Projektsteuerer – sollten mit noch übersehbarem Zeitaufwand auf den definitiv neuesten Stand kommen können.

Unsere Leser, insbesondere die Ingenieure, sollen mit dieser »Einführung« auch sehen, dass das gerade für sie mühsame »**Lesen**« der VOB und der Erläuterungen unabdingbar ist – genauso wie es unabdingbar ist, **Vertragstexte ganz zu lesen.** Wer z.B. den Text eines Vertrags mit Anlagen nicht (ganz!) liest, erlebt beim Bau oft eine Welt voller Wunder, allerdings äußerst unliebsamer.

Um die Mischung aus rechtlicher Information und praktischer Erfahrung zu verdeutlichen, beginnen wir mit

den »**big points**«,

die am häufigsten falsch gemacht werden und die alle nichts mit baurechtlichen Spezialkenntnissen zu tun haben:

- Das A und O ist die **Eindeutigkeit** und **Klarheit** der **vertraglichen Regelungen**. Mindestens 70 % der Rechtsstreitigkeiten entstehen daraus, dass – insbesondere bei teilfunktionalen Leistungsbeschreibungen – zwischen den Vertragspartnern später streitig wird, was sie eigentlich geregelt haben: Was muss der Auftragnehmer ohne Mehrvergütung bauen und was nicht? Es gibt sehr einfache Regeln, die trotzdem größte Bedeutung haben: Zu einem Vertragstext gehören meistens Anlagen. Diese Anlagen müssen nummeriert werden, und sie müssen wirklich beigefügt sein. Alle Anlagen müssen ihrerseits darauf geprüft werden, ob sie nicht wieder auf weitere Anlagen verweisen; wenn ja, müssen auch diese Anlagen beigefügt werden und natürlich muss geprüft werden, ob sich die alten und die neuen Anlagen nicht widersprechen. Der Vertrag darf keine Begriffe verwenden, die nur die Vertragsbeteiligten zu verstehen glauben, die aber später niemand mehr nachvollziehen kann. Wenn es zu mehreren Verhandlungsrunden gekommen ist, baut sich auch leider der Vertrag oft »baumkuchenartig« in Protokollen entsprechend den jeweiligen Verhandlungsschichten auf, die sich dann oft widersprechen. Wohltuende Unklarheit schadet immer: Wer sich beim Vertragsschluss vor der Regelung erkannter Probleme drückt in der Hoffnung, er werde schon während der Ausführung irgendwie seine Position durchbringen, handelt ökonomisch abwegig und schafft sich rechtlich Ärger ohne Ende.

Es hat auch keinen Sinn, bei einer teilfunktionalen Leistungsbeschreibung den Beteiligten Planungsaufgaben zuzuteilen, ohne konkret zu definieren, wie Schnittstellen zu behandeln sind. Eine ganz verbreitete Unsitte ist es, ungeprüfte oder undefinierte Begriffe zu verwenden (z.B. Vorstatik). Alle diese scheinbar kleinen Fehler haben große Wirkung.

- Der zweite Grundsatz ist der, dass relevante Tatbestände

  beweisbar und dokumentiert

sein müssen. Ob der Vertrag für Änderungsanordnungen Schriftform vorsieht oder nicht, spielt keine Rolle, weil ohne schriftliches Dokument sich im Regelfall eine Anordnung nicht beweisen lässt. Alles, was an Tatsachen für die Durchsetzung oder Abwehr von Behauptungen eine Rolle spielt, muss dokumentiert sein. »Nachträgliche Dokumente« oder Zeugenaussagen haben wenig Überzeugungskraft. Dokumentation ist Arbeit; unterlassene Dokumentation ist Dummheit.

Ganz unterschätzt wird die Bedeutung eines ordnungsgemäß geführten Bautagebuchs zur Information und zu Beweiszwecken.

- Bei der Ausführung des Vertrages sollte sich keine Vertragspartei auf irgendwelche juristischen Spiegelfechtereien einlassen oder hoffen, dass schon alles gutgeht. Insbesondere der Auftragnehmer muss immer

  den sichersten Weg

gehen. Gerade wenn also Zweifel an einer Planung bestehen, muss er Bedenken gemäß § 4 Abs. 3 VOB/B anmelden, und zwar unmittelbar beim Auftraggeber und nicht nur beim Architekten. Wenn der Auftragnehmer sich »behindert glaubt«, muss er jetzt eine Behinderungsanzeige machen und nicht auf sein Glück vertrauen, dass die Behinderung sich doch nicht auswirkt.

Auch die schriftliche Dokumentation ist nichts anderes als das Beschreiten des sichersten Wegs.

- Und schließlich, dass man etwas nicht weiß, ist nicht schlimm; wenn man aber Entscheidungen trotz Halbwissen trifft, ist das ein schwerer Fehler. Also:

Halbwissen vermeiden!

Das heißt, dass alle Beteiligten einen Vertragstext lesen und kennen müssen. Niemand kann auf Anhieb sagen, wie man einen Auftragnehmer »in Verzug setzt«, aber dazu dient gerade die »Einführung in die VOB«, das nachzusehen und richtig zu machen. Wer aufgrund »alter Erfahrung« handelt, ohne sich zu informieren, macht Fehler, die nie mehr zu korrigieren sind.

Und zu diesen Einführungshinweisen noch eine Schlussbemerkung: Einem Juristen muss klar sein – und einem Ingenieur sollte klar sein –, dass sich die Begriffs- und Erfahrungswelten von Ingenieuren und Juristen **sehr** unterscheiden. Dass, was dem Ingenieur selbstverständlich ist, ist dem Juristen unbekannt. Probleme kann man nur richtig beurteilen, wenn man – insbesondere als Jurist – den Sachverhalt in allen Einzelheiten erforscht, keine Behauptung als selbstverständlich nimmt und eine Dokumentation auch selbst prüft.

Wer bei einer zweifelhaften Frage zur Feststellung des Bausolls darauf verzichtet, die Regeln einer vereinbarten VOB/C-Norm zu prüfen, macht einen Fehler.

I. Das Baurecht und die am Bau Beteiligten

1. Verhältnis öffentliches Baurecht/ziviles Baurecht

3 Im **öffentlichen** Baurecht geht es um die öffentlich-rechtliche Zulässigkeit von Bauvorhaben und deren ordnungsgemäße Errichtung im Interesse der Allgemeinheit und der Nachbarn. Man unterscheidet zwischen dem Bauplanungsrecht (im Baugesetzbuch des Bundes geregelt) und dem Bauordnungsrecht (z.B. in der Bauordnung Nordrhein-Westfalen geregelt).

Im **zivilen oder privaten** Baurecht geht es dagegen um das (gleichberechtigte) Rechtsverhältnis der am Bau Beteiligten zueinander, also Verhältnis Auftraggeber/Auftragnehmer oder Generalunternehmer/Nachunternehmer, insbesondere also um das **Bauvertragsrecht**. Das **zivile** Baurecht ist in §§ 631 ff. BGB und vor allem auch in ergänzenden Allgemeinen Geschäftsbedingungen, insbesondere der VOB/**B** (Vergabe- und Vertragsordnung, zum Begriff Rdn. 17 ff.), geregelt, die rechtlich das Baugeschehen beherrschen. Nur mit ihr befassen wir uns in dieser Einführung.

2. Die am Bau Beteiligten innerhalb des Vertragsgefüges

Abweichend beispielsweise zum Kaufvertrag, bei dem sich in der Regel über- **4**
sichtlich nur zwei beteiligte Parteien gegenüberstehen, begegnen sich in der
Baupraxis beim **Werkvertrag** viele wie auch immer »Beteiligte«, z.B. **Auftraggeber** – das ist die Formulierung der VOB/B, die wir verwenden. »Bauherr« ist
die Bezeichnung eines Auftraggebers im öffentlichen Recht, z.B. bei der Baugenehmigung, wobei sich aber die Begriffe (natürlich) nicht vollständig decken; das BGB nennt in § 631 Abs.1 den Auftraggeber »Besteller« –, **Auftragnehmer** (laut VOB/B; im BGB lautet die Bezeichnung »Unternehmer«), Architekt (nach dem Sprachgebrauch der HOAI der »Objektplaner«), der
Statiker (der »Tragwerksplaner«), vielleicht ein Projektsteuerer, ein geotechni-
scher Sachverständiger usw. Oft werden Beteiligte auch nach ihrer Funktion
benannt, z.B. der »Generalunternehmer« (dazu Rdn. 5).

Wir halten den Sprachgebrauch der VOB bei: **Auftraggeber** und **Auftragnehmer.**

Wenn man sich über ein Bauprojekt orientieren will, gibt es drei Bereiche, die
man auf jeden Fall kennen muss:

a) Wer hat mit wem Verträge?
b) Wer darf für wen diesen verpflichtende Erklärungen abgeben (Vollmacht)?
c) Wer haftet vertraglich für wen?

a) Vertragsbeziehungen bestehen logischerweise nur zwischen solchen Betei- **5**
ligten, die einen Vertrag miteinander geschlossen haben, nicht mit »Dritten«:
Dabei gibt es sozusagen übliche Konstellationen, aber es gibt eben auch viele
abweichende, so dass man zur Beantwortung dieser Frage den jeweiligen Vertrag genau prüfen muss.

»Beauftragt« z.B. der Auftraggeber einen Architekten – d.h., schließt er mit ihm
einen Architektenvertrag –, so bestehen Vertragsbeziehungen zwischen Auftraggeber und Architekt. Der Statiker kann vom Auftraggeber »beauftragt«
werden, dann bestehen aber keine Vertragsbeziehungen zwischen Architekt
und Statiker: Genauso gut kann – in Absprache mit dem Auftraggeber – der
Architekt seinerseits den Statiker im Namen des Auftraggebers »beauftragen«,
dann bestehen keine Vertragsbeziehungen zwischen Auftraggeber und Statiker.

Für Juristen ist das selbstverständlich, für Ingenieure nicht immer.

Die Klärung der Vertragsbeziehungen spielt eine große Rolle bei komplizierte-
ren **Organisationsformen**:

Generalunternehmer (GU) ist ein »Hauptunternehmer, der sämtliche für die
Herstellung eines Bauwerks erforderlichen Bauleistungen zu erbringen hat
und wesentliche Teile hiervon **selbst** ausführt« (Vergabehandbuch des Bundes)
und im Übrigen Nachunternehmer (NU) einsetzt.

Generalübernehmer ist der Hauptunternehmer, der sämtliche für die Herstellung eines Bauwerks »erforderlichen Bauleistungen zu erbringen hat, diese jedoch nicht selbst ausführt«, der also nur Nachunternehmer einsetzt.

Totalunternehmer oder **Totalübernehmer**, die in der Baupraxis höchst selten vorkommen, sind Generalunternehmer bzw. -übernehmer, die über die Bauleistung hinaus auch in fast vollständigem Umfang alle Planungsleistungen, z.B. die Entwurfsplanung (Typ: Ausschreibung nach Leistungsprogramm, rein funktionale Ausschreibung), erbringen.

Alle diese Organisationsformen sind im Regelfall mit einem Pauschalvertrag verbunden.

Ein Generalunternehmer, Generalübernehmer, Totalunternehmer oder Totalübernehmer setzt seinerseits also weitere Unternehmer ein, so genannte **Nachunternehmer** (NU), so der Sprachgebrauch der VOB, z.B. § 4 Abs. 8 VOB/B (veraltet: Subunternehmer).

Der **typische** »**Schlüsselfertigbau**« ist z.B. regelmäßig GU-Vertrag mit Pauschalvergütung und der zusätzlichen, vertraglich vereinbarten Leistungspflicht des Auftraggebers »Übernahme der Ausführungs**planung**«.[1] Eine viel diskutierte, aber bisher nicht unbedingt bewährte weitere Abwicklungsform ist z.B. der »GMP-Vertrag – Garantierter Maximumpreis«. Dabei wird ein Maximumpreis als Pauschale festgelegt; AG und GU vergeben die Nachunternehmerleistungen gemeinsam und versuchen, hierbei Verbilligungen gegenüber den kalkulierten NU-Kosten zu erreichen; die erzielte »Verbilligung« teilen sich AG und GU; ähnlich ist ein »Construction Management Vertrag«,[2] der ein sehr frühzeitiges Zusammenwirken von AG, seinen Planern und einem GU schon in der Planungsphase vorsieht.

Für das Verhältnis Auftraggeber → Hauptunternehmer (GU) → Nachunternehmer (NU) ist charakteristisch, dass es grundsätzlich keine »Durchstellung der Vertragsbeziehungen« und z.B. deshalb auch keine »Durchgriffshaftung« gibt: Der Vertrag Auftraggeber-GU ist das eine, der Vertrag GU-NU das andere. Ein GU ist damit gleichzeitig Auftragnehmer (gegenüber dem Auftraggeber) und Auftraggeber (gegenüber dem NU). Wenn also beispielsweise der Auftraggeber einen Mangel rügen will, den der NU »produziert« hat, muss der Auftraggeber die Rüge an seinen Vertragspartner richten, den GU. Dieser muss seinerseits aktiv werden, natürlich sofort gegenüber seinem Vertragspartner rügen, dem NU. Mängelhaftungsansprüche hat der Auftraggeber gegen den GU und der GU gegen den NU, aber nicht der Auftraggeber gegen den NU. Allerdings gibt es doch einen **Zusammenhang**: Der Hauptunternehmer kann wegen eines Mangels nicht den Nachunternehmer in Anspruch nehmen, wenn sicher ist, das der Auftraggeber seinerseits den Hauptunternehmer nicht

---

1 Einzelheiten, Kapellmann, Schlüsselfertiges Bauen, Rdn. 22 ff.
2 Näher Kapellmann, NZBau 2001, 592.

mehr belangt, so genannter »Vorteilsausgleich«.[3] Hinsichtlich der Zahlungsverpflichtung gibt es durch das neue »Forderungssicherungsgesetz« einen gesetzgeberisch verbesserten »Durchgriff« in § 641 Abs. 2 BGB; danach wird der Zahlungsanspruch des NU gegen den GU spätestens dann fällig, 1.) wenn der GU von seinem Auftraggeber »seine Vergütung oder Teile davon« erhalten hat (aber **welchem** NU steht der Anspruch auf welche Teile der Vergütung zu?), 2.) wenn das Werk des GU von seinem Auftraggeber abgenommen ist (oder als abgenommen gilt) oder 3.) wenn der NU dem GU erfolglos eine angemessene Frist zur Auskunft über die in den Nummern 1 und 2 bezeichneten Umstände bestimmt hat. Gerade Letzteres ist, wenn es um Eile geht, keine wirkliche Problemlösung, eine unrichtige Auskunft soll nämlich nicht zur Fälligkeit führen.

Geht der Hauptunternehmer in Insolvenz, hat der NU wegen der strikten Trennung der Vertragsverhältnisse keinen Vergütungsanspruch gegen den Auftraggeber seines GU.

Aus der »Doppelfunktion« des GU ergibt sich auf den ersten Blick, dass der GU sich besonders aufmerksam und gut organisieren muss.

Eine **Arbeitsgemeinschaft (ARGE)** ist nach richtiger, vom BGH bestätigter Auffassung im Regelfall eine BGB-Gesellschaft (nach anderer Meinung: eine OHG), in der sich mehrere Unternehmer zur Errichtung eines Objekts zusammengeschlossen haben; alle ARGE-Mitglieder haften nach außen (dem Auftraggeber) zu 100 % (gesamtschuldnerisch). Der Vertrag wird also geschlossen zwischen dem Auftraggeber und der ARGE.

b) Da es unterschiedliche Vertragsverhältnisse gibt, muss die Frage geregelt **6** werden, **wer für wen haftet**.

Bei einem Vertrag, also auch beim Bauvertrag, haftet jeder für solche Dritte, die »nach den tatsächlichen Umständen mit dem Willen des anderen bei der **Erfüllung** einer **diesem** obliegenden Verpflichtung als dessen Hilfsperson tätig werden« (§ 278 Satz 1 BGB). Eine solche Hilfsperson nennt man **Erfüllungsgehilfen**. Für ihren Erfüllungsgehilfen haftet innerhalb eines Vertrages jede Vertragspartei uneingeschränkt und ohne Rücksicht auf eigenes Verschulden – das ist der Preis für eine arbeitsteilige Wirtschaft.

Es liegt auf der Hand, dass die Beurteilung der Frage, wer für wen vertraglich haftet, von größter Wichtigkeit ist. Wenn ein Auftraggeber vertraglich die **Pflicht** hat, dem Auftragnehmer die »für die Ausführung nötigen Unterlagen«, z.B. Ausführungspläne, zu stellen (so, wenn nichts Gegenteiliges vereinbart ist, beim VOB/B-Vertrag gemäß § 3 Nr. 1) und wenn er sich zur **Erfüllung** dieser Pflicht des von ihm »beauftragten« Architekten bedient, so ist der Architekt insoweit Erfüllungsgehilfe des Auftraggebers im Verhältnis zum Auftragnehmer. Plant der Architekt falsch, haftet dafür der Auftraggeber dem Auftragnehmer uneingeschränkt.

---

3 BGH NZBau 2008, 580, näher Rdn. 257.

Wer wessen Erfüllungsgehilfe ist, richtet sich also nach dem Vertrag der Parteien und den darin übernommenen Pflichten, die dabei genau analysiert werden müssen.

Beispiele:

- Im Rahmen der **Planung** ist der Architekt – wie erörtert – Erfüllungsgehilfe des Auftraggebers gegenüber dem Auftragnehmer.
  Im Rahmen der **örtlichen Bauaufsicht** ist der Architekt **nicht** Erfüllungsgehilfe des Auftraggebers. Die notwendige Analyse der Vertrags**pflicht** des Auftraggebers gegenüber dem Auftragnehmer zeigt, warum: Der Auftraggeber schuldet dem Auftragnehmer keine Überwachung. Diese Überwachung lässt der Auftraggeber ausschließlich in seinem Interesse ausführen, der Auftragnehmer hat keinen vertraglichen Anspruch, überwacht zu werden.[4]
- Wird der Statiker (Tragwerksplaner) vom Auftraggeber »beauftragt«, so ist auch der Statiker hinsichtlich der Planung Erfüllungsgehilfe des Auftraggebers gegenüber dem Auftragnehmer.
  Hat ein Generalplaner intern einen Statiker als Nachunternehmer (NU) beauftragt, so ist der Statiker Erfüllungsgehilfe des Generalplaners im Verhältnis zum Auftraggeber und der Generalplaner Erfüllungsgehilfe des Auftraggebers im Verhältnis zum Auftragnehmer. Über diese Kette haftet also der Auftraggeber dem Auftragnehmer für Mängel der Tragwerksplanung, aber der Auftragnehmer hat deswegen nur Ansprüche gegen seinen Vertragspartner, aber nicht gegen den Generalplaner und schon gar nicht gegen den Statiker.
- Der Nachunternehmer (NU) ist Erfüllungsgehilfe des Generalunternehmers (GU), also des Hauptauftragnehmers gegenüber dem Auftraggeber.
- Der vorleistende Unternehmer ist im Verhältnis des Auftraggebers zu einem von diesem »beauftragten« nachleistenden Unternehmer Erfüllungsgehilfe des Auftraggebers.
  Beispiel: Der vom Auftraggeber »beauftragte« Erdbauer schachtet verspätet aus. Der vom Auftraggeber »beauftragte« Rohbauer kann deshalb nicht, wie vertraglich vorgesehen, mit der Arbeit beginnen und erleidet dadurch einen Behinderungsschaden.
  Die Frage, ob dieser »Vorunternehmer« (der Erdbauer) wirklich Erfüllungsgehilfe des Auftragnehmers ist, ist zwischen Lehre und Bundesgerichtshof heftig umstritten; die Lehre bejaht das, der Bundesgerichtshof verneint es – wobei keiner weiß, warum –, bejaht dann aber doch auf einem Umweg über eine so genannte »Obliegenheitsgehilfenhaftung« die Haftung des Auftraggebers (näher Rdn. 85) – also warum einfach, wenn es auch kompliziert geht?
- Der Baustofflieferant ist im Regelfall kein Erfüllungsgehilfe des Auftragnehmers gegenüber dem Auftraggeber.[5]

---

4 Unbestritten, z.B. BGH »Schürmann/Hagedorn II«, BauR 1997, 1022.
5 BGH BauR 2002, 945. Der Vertrag zwischen Baustofflieferant und Bauunternehmer ist Kaufvertrag, nicht Werkvertrag. Der Verkäufer haftet aber wie beim Werkvertrag 5 Jahre für Mängel von Sachen, die »entsprechend ihrer üblichen Verwen-

c) Die Beurteilung der Frage, wer Erfüllungsgehilfe ist, beantwortet nur die **7** Frage, wer für wen haftet, aber nicht, **wer für wen verpflichtende Erklärungen abgeben darf.** So haftet zwar der Auftraggeber für seinen Architekten, aber keineswegs heißt das »automatisch«, dass auch der Architekt gegenüber dem Auftragnehmer Vertragserklärungen abgeben darf, die den Auftraggeber binden.

Ob man für einen anderen diesen bindende Erklärungen abgeben darf, ist eine Frage der Vertretungsmacht. Es gibt eine vom Gesetz verliehene Vertretungsmacht, und es gibt eine rechtsgeschäftliche Vertretungsmacht (**Vollmacht**).

Kraft Gesetzes vertreten z.B. die Eltern ihr unmündiges Kind; der Vorstand vertritt die Aktiengesellschaft, der Geschäftsführer die GmbH, der Prokurist sein jeweiliges Unternehmen.

Rechtsgeschäftlich entsteht eine Vertretungsmacht durch Erteilung einer **Vollmacht.** Wenn also der Auftraggeber den Architekten bevollmächtigt, für ihn Nachtragsleistungen anzuordnen oder z.B. (auch) Nachtragsvereinbarungen zu schließen, so binden entsprechende Erklärungen des Architekten gegenüber einem Auftragnehmer den Auftraggeber. Ob ein Architekt nicht auch ohne ausdrückliche Vollmacht schon durch den Abschluss des Architektenvertrages eine »originäre« Vollmacht erhält, erörtern wir wegen der Bedeutung gesondert unter Rdn. 24 ff.

II. Der Abschluss des Bauvertrages

1. Zustandekommen

Der **Bauvertrag** ist nach dem Muster des Bürgerlichen Gesetzbuches (BGB) **8** ein Werkvertrag. Der Auftragnehmer schuldet einen Erfolg, nämlich die Herstellung des versprochenen Werks. Wie viel Mühe er dafür aufwendet, ist seine Sache. Er muss sich eben überlegen, dass er die passende Vergütung, den Werklohn, vereinbart. Das ist der Unterschied zum Dienstvertrag (z.B.: der Arbeitsvertrag); der Mitarbeiter im Unternehmen wird – in der Regel – für seine Arbeitsleistung bezahlt, aber nicht für den erzielten Erfolg.

Dass der Auftragnehmer beim Bauvertrag einen Erfolg schuldet, kann zu Missverständnissen führen. Der Auftragnehmer schuldet als Erfolg die Herstellung der **vereinbarten** Leistung, eben des **versprochenen** Werks (§ 631 Abs. 1 BGB).

---

dungsweise für ein Bauwerk verwendet worden sind und die Mangelhaftigkeit (des Bauwerks) verursacht haben«, § 438 Abs. 1 Satz 1 lit b BGB. Beim Verkauf an einen Verbraucher darf der Händler die Verjährungsfrist durch Vereinbarung höchstens auf 2 Jahre verkürzen, § 475 Abs. 2 BGB.
Ausnahmsweise ist der Baustofflieferant Erfüllungsgehilfe des Auftragnehmers, wenn er einen Teil des vom Auftragnehmer geschuldeten Herstellungsprozesses übernimmt, z.B. maßgefertigte Teile liefert (BGH BauR 1979, 324).

Die VOB/B enthält keine allgemeinen vertragsrechtlichen Bestimmungen, wie ein Vertrag zustande kommt.

Ein Vertrag kommt durch **Angebot** und **Annahme** zustande.

Die Versendung von Angebotsblanketten durch den Auftraggeber stellt kein **Angebot** an den Bieterkreis dar, sondern lediglich die Aufforderung an den Bieter (im Falle des Vertragsschlusses: Auftragnehmer), ein Angebot im Rechtssinn abzugeben. Die Abgabe eines Angebotes erfolgt durch die unterschriebene Rücksendung des ausgefüllten Blanketts (also z.B. mit Preisen ausgefülltes Leistungsverzeichnis (LV) nebst Vorbemerkungen). Dadurch »bindet« sich (nur) der Bieter, weil es dem Auftraggeber freisteht, zu dem Angebot »ja« oder »nein« zu sagen.

Oft finden sich in solchen Angeboten ausdrückliche Bindungsfristen, innerhalb derer der Auftraggeber sich entscheiden kann, ob er das Angebot annimmt. Ist keine Bindefrist genannt, so gilt bei einem Angebot gegenüber einem »Abwesenden«, dass es nur bis zu dem Zeitpunkt bindet, bis zu dem der Anbietende den »Eingang der Antwort unter regelmäßigen Umständen erwarten darf« (§ 147 Abs. 2 BGB); dieser Zeitpunkt ist schwerlich genau zu bestimmen. Deshalb: **Kein** Angebot ohne Bindefristbestimmung!

Unangemessen lange Bindefristen (ggf. schon mehr als 30 Kalendertage, vgl. § 10 Abs. 6 VOB/A Abschnitt 1) in **Allgemeinen Geschäftsbedingungen des Auftraggebers** (zum Begriff Rdn. 20) können im Einzelfall wegen Verstoßes gegen § 307 BGB unwirksam sein; dann gilt eine angemessene Bindefrist (nämlich normalerweise 30 Kalendertage). Der Bundesgerichtshof hält aber z.B. bei Gemeinden wegen der Mitwirkung ehrenamtlich tätiger Gremien längere Fristen für zulässig (was für staatliche Bauverwaltungen nicht gilt!), aber auch wegen Umfang und Schwierigkeit des Bauwerks.[6] Immerhin hat aber das OLG Düsseldorf[7] eine Bindefrist von 50 Kalendertagen in der Ausschreibung einer Gemeinde für eine Kindertagesstätte für zu lang und damit unwirksam gehalten.

Beim öffentlichen Auftraggeber heißt die Annahmeerklärung »Zuschlag«. Der öffentliche Auftraggeber muss die Bieter darüber informieren, dass »der Zuschlag erteilt werden soll«. Der Auftraggeber muss dann 14 Kalendertage abwarten (damit die anderen Bieter gegebenenfalls noch ein Nachprüfungsverfahren gegen den beabsichtigten Zuschlag einleiten können) und darf erst dann den »Zuschlag« erteilen; ein vorzeitiger Zuschlag ist unwirksam.

9 Sagt der Auftraggeber zu dem Angebot des Unternehmers (innerhalb der Bindefrist für das Angebot) nicht »ja«, sondern »ja, aber«, ist der Vertrag nicht zustande gekommen, der Auftraggeber bietet aber seinerseits damit dem Unternehmer kraft Gesetzes einen Vertrag mit geändertem Inhalt an (›aber‹), § 150

---

6 BGH BauR 1992, 221.
7 BauR 1999, 1288.

Abs. 2 BGB. Es steht dann dem Unternehmer frei, ob er auf diese abändernden Bedingungen eingeht oder nicht (vgl. Arbeitsbeispiele 1, 2 und 3, Rdn. 13, 14, 15).

2. Verhandlungsprotokoll

Oft werden Änderungen gegenüber dem ursprünglichen Angebot in einer so **10** genannten Auftragsverhandlung besprochen, über die ein gemeinsam unterschriebenes Protokoll erstellt wird. Eventuelle Änderungen, die in diesem Protokoll enthalten sind, werden damit zum Gegenstand des Angebotes, sodass der Auftraggeber das Angebot dann nach Maßgabe des Verhandlungsprotokolls annehmen kann.

Der **öffentliche** Auftraggeber, dessen Vergabe den förmlichen Vorschriften der VOB/A unterliegt, darf allerdings nach der Eröffnung der Angebote über Preis und konkreten Leistungsinhalt nicht nachverhandeln; dort darf es also keine Änderungen des künftigen Vertragsinhalts »per Verhandlungsprotokoll« geben, ausgenommen auszufüllende Details, z.b. Arbeitsbeginn. Wenn entgegen dem Verhandlungsprotokoll doch nachträglich verhandelt wird, führt das nach unserer Auffassung[8] gemäß § 134 BGB zur (Teil-)Nichtigkeit – das ist aber von der Rechtsprechung **noch nicht** entschieden.

Auch beim **privaten** Auftraggeber werden Unterlagen, die erst ganz kurz vor der Vertragsverhandlung (gewissermaßen heimlich) vom Auftraggeber vorgelegt werden, jedenfalls dann nicht (mehr) Vertragsinhalt, wenn sie gegenüber den bisherigen Unterlagen des Angebotsblanketts »versteckte« Änderungen enthalten, die der Bieter nicht zu erkennen braucht und auf die der Auftraggeber auch nicht hinweist.[9]

Gibt es einen schriftlichen Vertrag und ein im Vertrag als Vertragsbestandteil erwähntes, **früheres** schriftliches Verhandlungsprotokoll, wird im Regelfall bei Widersprüchen der Vertrag als **spätere**, endgültige Vereinbarung vorgehen; im Einzelfall kann es davon aber Ausnahmen geben. **Auf jeden Fall** sollte der Vertrag diese **Geltungsreihenfolge regeln**, also: Was geht vor?

Ein Verhandlungsprotokoll kann sich als Allgemeine Geschäftsbedingungen (des AG, zum Begriff Rdn. 20) darstellen, auch dann, wenn einzelne Texte handschriftlich eingesetzt werden, der AG sie aber so mehrfach verwendet.[10]

---

8 Kapellmann, in: Kapellmann/Messerschmidt, VOB/B § 2, Rdn. 68.
9 OLG Stuttgart BauR 1992, 639; Kapellmann/Schiffers, Band 2, Rdn. 659.
10 BGH BauR 1999, 1290.

3. Sonstige Grundsätze

a) Grundsätzlich Abschlussfreiheit

11 Es steht jedem frei, ob er einen Vertrag abschließen will oder nicht, niemand ist dazu gezwungen. Scheinbare Ausnahme beim VOB-Vertrag: Erforderliche Zusatzleistungen gemäß § 1 Nr. 4 Satz 1 VOB/B oder Änderungen gemäß § 1 Nr. 3 VOB/B; diese kann der Auftraggeber aufgrund eines vertraglichen Änderungsvorbehalts einseitig anordnen (entsprechende »einseitige« Vergütungsfolge: § 2 Nr. 6 bzw. § 2 Nr. 5 VOB/B) – dazu näher Rdn. 41 ff.

b) Grundsätzlich Gestaltungsfreiheit

Der Vertrag kann mit beliebigem Inhalt ausgestattet werden. Grenzen zum Beispiel: Indirekt das für öffentliche Auftraggeber in §§ 97 ff. GWB, der VergabeVO und in der VOB/A vorgeschriebene Vergabeverfahren sowie die für Verwender von Allgemeinen Geschäftsbedingungen geltenden AGB-rechtlichen Vorschriften, §§ 305 ff. BGB (dazu Rdn. 20 ff.), im Einzelfall auch Sittenwidrigkeit (§ 138 BGB).[11]

c) Grundsätzlich Formfreiheit

Jeder Bauvertrag kann formfrei, also auch mündlich, abgeschlossen werden, sogar nur durch »schlüssiges Handeln« (konkludent);[12] Nachteil: Beweisbarkeit, denken Sie an die »Prinzipien«. Ausnahmen von der Formfreiheit: Rdn. 12.

4. Grenzen der Formfreiheit (Schriftform)

12 In bestimmten Fällen müssen Bauverträge, um wirksam zu sein, in bestimmter Form abgeschlossen werden; das kann auch z.B. für Nachtragsvereinbarungen oder sogar für bloße einseitige Erklärungen gelten, z.B. für die bloße Anordnung des Auftraggebers.

a) Notarielle Beurkundung zwingend

Insbesondere für Grundstückskaufverträge gilt gemäß § 311b BGB zwingende notarielle Form. Wenn Grundstückskauf und Bauerrichtung wirtschaftlich eng zusammenhängen, muss das ganze Vertragswerk (auch der Bauvertrag) notariell beurkundet werden. Beispiel: Bauträgervertrag.

---

11 Beispiel: BGH BauR 2009, 491, bei einer 800fach teureren Position gegenüber dem Durchschnittspreis anderer Bieter. Der Fall ist allerdings richtigerweise über die Störung der Geschäftsgrundlage zu lösen.

12 Beispiel: OLG Düsseldorf IBR 2001, 1.

b) Gesetzliche Schriftform

Beispiele:

§ 4 HOAI: Überschreitungen des Mindesthonorars beim Architekten müssen **bei** Auftragserteilung schriftlich vereinbart werden.

Oder:

Schriftform für Verpflichtungserklärungen von Kommunen und Kreisen laut Gemeindeordnung bzw. Kreisordnung – sehr gefährlich![13]

c) Vereinbarte Schriftform (Schriftformklauseln)

Beispiel im Vertrag: »Vertragsänderungen bedürfen der Schriftform, mündliche Nebenabreden sind ungültig.« Die Gültigkeit solcher Schriftformklauseln in Allgemeinen Geschäftsbedingungen des Auftraggebers ist äußerst umstritten. Jedenfalls: Wenn die Vertragsparteien **selbst** nach Vertragsschluss Vertragsänderungen mündlich vereinbaren, ist dies trotz Schriftformklausel wirksam (aber schwer beweisbar!); eine Schriftformklausel können die Vertragsparteien nämlich auch mündlich abändern; eine solche Abänderung der Schriftformklausel wird im Regelfall unterstellt, wenn die Parteien überhaupt mündliche Vereinbarungen treffen, deshalb ist eine entgegenstehende Klausel in AGB des Auftraggebers unwirksam.[14]

Auf »mündliche **Ausnahmen**« von der Schriftform soll man sich generell **nie verlassen**: Schriftform prüfen und wahren, schon wegen der Beweisbarkeit.[15]

Der Architekt ist zu mündlichen Änderungen der Vertragsbedingungen oder zu einem Abweichen davon **nicht** befugt.

Arbeitsbeispiel 1: Fehlende Einigung über Nachlass?

Die Hochbau GmbH schickt dem Nachunternehmer Josef Maurer ein Leistungs- **13**
verzeichnis. Maurer setzt Preise ein und unterbreitet ein Angebot für die Durchführung von Rohbauarbeiten zum Preis von 100.000,– €; zuzüglich Mehrwertsteuer. Die Hochbau GmbH schreibt, Maurer könne die Arbeiten ausführen, müsse aber einen Preisnachlass von 10 % gewähren.
Da die Arbeiten äußerst eilbedürftig sind, beantwortet Maurer dieses Schreiben nicht, sondern beginnt schon am nächsten Tag mit den Arbeiten und führt diese zur Zufriedenheit aller aus.
Bei der Schlussabrechnung berechnet Maurer den vollen Preis und verweist da-

---

13 Beispiel: BGH BauR 2004, 495 = NZBau 2004, 207; s. aber BGH BauR 2005, 1918.

14 BGH »ECE-Bedingungen«, BauR 1997, 1036, Klausel Nr. 10.

15 Einzelheiten zu Schriftformklauseln in AGB Kapellmann/Schiffers, Band 1, Rdn. 948 ff., Band 2, Rdn. 1136 ff., und zur Unwirksamkeit von Schriftform-**Nachtragsklauseln:** BGH BauR 2004, 488 = NZBau 2004, 146.

rauf, er habe in einem Seminar gelernt, dass ein Vertrag Angebot und Annahme voraussetze und deshalb volle Übereinstimmung über alle wesentlichen Vertragsinhalte. Er habe sich mit dem Preisnachlass aber nicht einverstanden erklärt.

Lösung:

*Die Hochbau GmbH hat Maurer zur Abgabe eines Angebotes aufgefordert. Maurer hat ein entsprechendes Angebot auch abgegeben zum Preis von 100.000,– €. Dieses Angebot hat die Hochbau GmbH **nicht** angenommen, sondern einen Preisnachlass von 10 % gefordert. Damit ist ein Vertrag noch nicht zustande gekommen, sondern umgekehrt ein Angebot der Hochbau GmbH an Maurer, auf den Preis einen Nachlass von 10 % zu gewähren.*

Es lag an Maurer, dieses neue Angebot von der Hochbau GmbH anzunehmen oder abzulehnen.

Eine Annahme muss jedoch nicht ausdrücklich erklärt werden, sondern sie kann auch stillschweigend erfolgen oder durch schlüssiges Handeln (vgl. Rdn. 11).

Da Maurer am nächsten Tag kommentarlos mit den Arbeiten begonnen hat, ist er »schlüssig« auf die Forderung der Hochbau GmbH eingegangen, auf seinen Preis 10 % Nachlass zu gewähren.

Es kommt nicht darauf an, was Maurer heimlich denkt. Maßgeblich ist sein nach außen erkennbares Verhalten.

Der Vertrag ist also »mit Nachlass« zustande gekommen.

Arbeitsbeispiel 2: Ersatz von Projektierungskosten

14 *Die Moneta-Bank AG errichtet schlüsselfertig einen bescheidenen Verwaltungsneubau für 130 Mio. €. Sie vergibt die Arbeiten an die Herkensrath GmbH, die Generalunternehmer wird.*

Mit formularmäßigem Schreiben wendet sich der Generalunternehmer an die Firma Warm GmbH, um sich ein Angebot für eine Fußbodenheizung erstellen zu lassen. Da das Vergabeverfahren so lange gedauert hat, war wie so oft keine Zeit mehr für die Ausarbeitung vernünftiger Pläne der Sonderfachleute; deshalb fügt der GU nur die Entwurfspläne bei.

Die Warm GmbH bietet Leistungen für 510.000,– € an, in diesem Betrag sind ausgewiesenermaßen Projektierungskosten in Höhe von 16.000,– € enthalten.

Der GU hat mit demselben Anliegen insgesamt drei Bieter angeschrieben; die Warm GmbH erhält den Auftrag nicht, wohl aber einer der anderen Bieter. Die Warm GmbH meint, ihr müssten dann wenigstens die Projektierungskosten in Höhe von 16.000,– € ersetzt werden. Trifft das zu?

Lösung:

Gemäß § 632 Abs. 3 BGB ist ein Kostenanschlag »im Zweifel« nicht zu vergüten. Bestehen »Zweifel«?

Die Frage ist streng nach dem Schema Angebot/Annahme zu beantworten (vgl. Rdn. 9). Waren die Parteien sich einig (Vertrag), dass jedenfalls (nur bzw. gesondert) die Projektierungskosten bei Nichterteilung des Auftrages ersetzt würden?

Wenn nicht: Dann gibt es keine Vergütung. Bleiben »Zweifel«, gibt es ebenfalls keine. Ein »Angebot« des GU, bei Nichterteilung des Auftrages Projektierungskosten zu bezahlen, liegt nicht vor. Ob die Firma Warm GmbH sich deshalb vorgestellt hat, bei Nichterteilung des Auftrages werde sie die Projektierungskosten erhalten, ist unerheblich.

Eine Ausnahme könnte dann gelten, wenn »der Verkehr« davon ausginge, dass solche Projektierungsarbeiten immer gesondert bezahlt werden. Dann wäre die Aufforderung zur Abgabe eines Angebots gleichzeitig die stillschweigende oder konkludente Erklärung des Auftraggebers, die Projektierungskosten zu bezahlen, also ein Angebot, das »konkludent« von der Warm GmbH durch Vorlage des Angebots über die Heizung angenommen **worden** *wäre.*

Eine solche allgemeine Übung gibt es aber nicht. Ein Angebot ist normalerweise kostenlos (vgl. – wie erwähnt – § 632 Abs. 3 BGB). Wenn der Bieter der Auffassung ist, die Projektierungskosten seien zu aufwendig, muss er das Angebot unterlassen oder vorher eindeutig klären, dass bei Nichterteilung des Auftrages die Kosten ersetzt werden.

Der BGH hat schon 1979[16] klargestellt: Wer im Rahmen eines Auftragswettbewerbs ein Angebot abgibt, erhält in der Regel keine Vergütung, und zwar auch dann nicht, wenn es überhaupt nicht zu der Ausführung des angebotenen Entwurfs kommt. Wer sich in einem Wettbewerb um einen Auftrag bemüht, muss nicht nur damit rechnen, dass er bei der Erteilung des Zuschlags unberücksichtigt bleibt, er muss auch wissen, dass der Auftraggeber grundsätzlich nicht bereit ist, Projektierungskosten zu ersetzen.

Entgegen der damaligen Ansicht des BGH sind aber **Ausnahmen möglich:**
1. Der Auftraggeber schreibt beispielsweise eine Fußbodenheizung aus, entschließt sich aber, eine Radiatorenheizung einzubauen. Die Projektierungsarbeiten sind also vergeblich.

Da der Auftraggeber hier in Wirklichkeit gar nicht Angebote im Rahmen eines Wettbewerbs zur Ausschreibung einer künftigen Leistung eingeholt hat, schuldet er allen Bietern, jedenfalls unter dem Aspekt des Verschuldens bei Vertragsverhandlungen (§ 311 Abs. 2 BGB), Ersatz der Projektierungskosten.[17]
2. Wenn der Auftraggeber nur einen ›Bieter‹ mit der Projektierung beauftragt und dann dessen Ausarbeitung im Rahmen einer späteren allgemeinen Ausschreibung verwendet, hat er den »Bieter« in Wirklichkeit als planenden Sonderfachmann eingesetzt. Dann schuldet er im Normalfall Vergütung, wenn dieser Bieter den Auftrag nicht bekommt.[18]

Das ist auch aus einem anderen Grund streitig: Nach der unzutreffenden Meinung des OLG Köln[19] hat ein solcher Bieter jedenfalls keinen »Schaden«, da er

---

16 BGH BauR 1979, 509.
17 Vgl. Kapellmann, in: Kapellmann/Messerschmidt, VOB/B § 2, Rdn. 17, streitig.
18 Kapellmann, in: Kapellmann/Messerschmidt, VOB/B § 2, Rdn. 17; Ingenstau/Korbion/Kratzenberg, VOB/A § 20, Rdn. 23, 24, streitig.
19 OLG Köln BauR 1992, 98.

seine Leute ja ohnehin beschäftigte (!), aber: Er beschäftigt sie nur mit Arbeiten, für die er wenigstens die Chance hat, einen Auftrag zu bekommen (»Rentabilitätsvermutung«).

Also: Als Bieter vorher klare Absprachen zur Vergütung von Projektierungsleistungen treffen!

Arbeitsbeispiel 3[20]

15 *Ein Auftragnehmer gibt Arbeiten auf der BAB 3 Regensburg–Passau in Auftrag. Er übersendet einem Nachunternehmer die Planunterlagen und bittet um ein Angebot. Der Nachunternehmer gibt ein solches Angebot ab, benennt aber keinen konkreten Leistungszeitpunkt. Der Auftragnehmer nimmt das Angebot an mit folgendem Zusatz: »Beginn 23.04.2001, Fertigstellung muss am 27.04.2001 gewährleistet sein.« Der Nachunternehmer antwortet, er könne erst am 07.05.2001 beginnen. Ist ein Vertrag zustande gekommen?*

Lösung:

Nein, das Auftragsschreiben des Auftragnehmers war keine Annahme, sondern ein Ja, aber. Nur wenn der Nachunternehmer dem zugestimmt hätte, wäre ein Vertrag zustande gekommen.

III. Die Bedeutung der VOB DIN 1960/1961

1. VOB/A (DIN 1960)

16 Die drei Teile A, B und C der VOB (Vergabe- und Vertragsordnung) sind kein Gesetz, sondern Regelungen, die ein aus Auftraggebern und Auftragnehmern sowie weiteren Beteiligten gebildeter »Vergabe- und Vertragsausschuss« erlässt.

17 Die VOB/A (derzeit Ausgabe 2009, in Kraft ab Mai 2009) enthält die »Allgemeinen Bestimmungen für die **Vergabe** von Bauleistungen«, regelt also als materielles Vergaberecht den Geschehensablauf bei einer Vergabe durch **öffentliche** Auftraggeber bis zum Abschluss des Bauvertrages. Teil A enthält darüber hinaus wesentliche Begriffsbestimmungen, die auch für Teil B der VOB von Bedeutung sind.

Die Fassung 2009 bringt neben einigen inhaltlichen Veränderungen in Anpassung an das am 01.01.2009 in Kraft getretene Gesetz zur Modernisierung des Vergaberechts eine Zusammenstreichung von bisher 32 bzw. 33 Paragraphen auf 22 Paragraphen und eine Änderung der Bezeichnung: Bisherige Nummern werden zu Absätzen und Absätze zu Nummern. Die Vorschriften für sog. »Sektorenauftraggeber« (die »b-Paragraphen« und die SKR-Paragraphen) entfallen. Sie werden in einer eigenen Verordnung des Gesetzgebers geregelt.

---

20 OLG Naumburg IBR 2004, 479, Nichtzulassungsbeschwerde vom BGH zurückgewiesen.

Die VOB/A ist in 2 Abschnitte eingeteilt. **Abschnitt 1** bilden die Basisparagraphen, die die nationale Bauvergabe durch **öffentliche** Auftraggeber unterhalb des »Schwellenwerts« von derzeit 5 Mio. € betreffen. **Abschnitt 2** enthält die Basisparagraphen und die »a-Paragraphen«; er gilt für Aufträge **öffentlicher** Auftraggeber, die den Schwellenwert von 5 Mio. € überschreiten. Insoweit wird das Vergaberecht durch zwingende Europäische Richtlinien bestimmt.

Das Vergabe**verfahren** regeln die §§ 97 ff. GWB und die VergabeVO.

Im öffentlich-rechtlichen Bereich oberhalb der Schwellenwerte hat der Bieter einen klagbaren Anspruch auf »richtige« Behandlung seines Angebots.

Bestimmte Vorschriften der VOB/A gelten als Auslegungshilfe auch im Verhältnis zu privaten Auftraggebern, insbesondere § 7 VOB/A: Das dort enthaltene Gebot der Klarheit und Vollständigkeit der Leistungsbeschreibung gilt z.B. als vorvertragliche Pflicht für **jeden** Auftraggeber.

Die VOB/A hat nicht nur für die Vergabe Bedeutung: Die VOB/A begründet bei **öffentlichen** Auftraggebern **vertragsrechtlich** im Rahmen der Auslegung des Bausolls (zum Begriff Rdn. 28) auch und vor allem »eine Konkretisierung der Grundsätze von Treu und Glauben als Verbot treuwidrigen widersprüchlichen Verhaltens«.[21] Der öffentliche Auftraggeber muss also auch zivilrechtlich im Verhältnis zum Bieter bzw. Auftragnehmer die VOB/A beachten. Wird dieser Grundsatz verletzt, so kommen Abweichungen des »Bauist« vom entsprechend ausgelegten »Bausoll« und damit zusätzliche Vergütungsansprüche (Beispiel Rdn. 45), nach veralteter Meinung stattdessen Schadensersatzansprüche des Auftraggebers wegen Verschuldens bei Vertragsverhandlungen, infrage. Ein Mitverschulden des Auftragnehmers spielt evtl. eine Rolle, wenn er die Fehler erkennen und darauf hinweisen konnte.[22]

2. VOB/B (DIN 1961)

Die VOB/B (derzeitige Fassung 2009) enthält die »**Allgemeinen Vertragsbe-** **18** **dingungen** für die Ausführung von Bauleistungen«. Die Neufassung ändert inhaltlich nichts, wohl aber die Bezeichnungen wie bei der VOB/A: Nummern werden Absätze, Absätze werden Nummern. Die Vorschriften der VOB/B gelten nicht automatisch, sondern sie müssen als Abweichung vom gesetzlichen Werkvertragsrecht des BGB (§§ 631–651) **vereinbart** werden. In vielen Vertragsbedingungen ist dies der Fall, manchmal aber eben auch nicht. Dann gelten nur die Werkvertragsvorschriften des BGB. Für öffentliche Auftraggeber muss sie kraft Gesetzes (siehe Rdn. 14) vereinbart werden und wird sie auch immer.

---

21 BGH »Wasserhaltung II«, BauR 1994, 236; BGH »Auflockerungsfaktor«, BauR 1997, 466.
22 Zum ganzen Thema »Auslegung« im Einzelnen Kapellmann/Schiffers, Band 1, Rdn. 156–282 und näher hier Rdn. 43 ff.

Hinsichtlich der VOB/B gibt es eine **gesetzliche** Neuregelung: Gemäß dem ab 01.01.2009 geltenden neuen § 310 Abs. 1 Satz 3 BGB unterliegt die VOB/B nicht mehr der Wirksamkeitskontrolle im Rahmen des Rechts der Allgemeinen Geschäftsbedingungen, wenn sie »als Ganzes« vereinbart wird (näher Rdn. 20).

3. VOB/C

19 Teil C der VOB enthält die »**Allgemeinen Technischen Vertragsbedingungen für Bauleistungen (ATV)**« in Form einzelner DIN-Normen (siehe das Verzeichnis dieser DIN-Normen im Anhang). Wenn die **VOB/B** Vertragsbestandteil ist, gelten **auch** die Vorschriften der VOB/C als **Vertrags**bestandteil. Dies regelt § 1 Abs. 1 Satz 2 VOB/B.[23]

Wesentlich ist aus der VOB/C insbesondere die **DIN 18 299** (s. **Anhang**), die eine generelle Norm für alle Gewerke ist.

Die VOB/C enthält **Vertragsrecht**, z.B. in Abschnitt 4 über »Nebenleistungen« und »Besondere Leistungen« oder in Abschnitt 5 über »Aufmaßregeln«, ansonsten und hauptsächlich technische Bestimmungen.

Die technischen Bestimmungen der VOB/C gelten auch als Teil der »anerkannten Regeln der Technik«, d.h., auch beim BGB-Werkvertrag gelten jedenfalls grundsätzlich diese technischen Bestimmungen der VOB/C.

Anmerkung in diesem Zusammenhang: Die »anerkannten Regeln der Technik« (§ 4 Abs. 2 Nr. 1 Satz 2, § 13 Abs. 1 VOB/B) werden nicht umfassend durch die DIN-Vorschriften der VOB/C geregelt. Sie können sich bereits weiterentwickelt haben, obwohl noch keine neue DIN existiert.[24]

Die **Bedeutung** der Einzelregelungen der jeweiligen **VOB/C** DIN-Norm für die Ermittlung dieses Bausolls wird von der Praxis, leider auch und insbesondere von der Praxis der Gerichte, **außerordentlich unterschätzt (vgl. dazu auch Rdn. 29)** und sogar falsch beurteilt; wenn zum Beispiel nichts Gegenteiliges besonders erwähnt ist, sind Dachdeckergerüste über 2 m Arbeitshöhe laut DIN 18 338 keine »Nebenleistung«, also nicht Bausoll.[25]

Denksport: Bei einem VOB-Vertrag über Rohbauarbeiten erklärt der Auftraggeber, ohne dass dies im Leistungsverzeichnis geregelt ist, er habe (kostenlos) Anspruch auf ungebrauchte Schalung. Hat er?

Hinterhältigerweise überlassen wir die Lösung dem Leser – aber wir wollen verraten, dass irgendwo im Text der DIN 18 299 die Lösung zu finden ist.

---

23 Näher Kapellmann, NJW 2005, 182, vgl. auch Rdn. 29.

24 BGH BauR 1998, 872, dazu näher Rdn. 213 ff.

25 BGH »Dachdeckergerüste«, BauR 2006, 2040 = NZBau 2006, 777 in »Klarstellung« zu der früheren, unzutreffenden Entscheidung BGH »Konsoltraggerüste«, BauR 2002, 935, dazu Kapellmann, NJW 2005, 182.

IV. Die Bedeutung der AGB-rechtlichen Regelungen der §§ 305 ff. BGB (AGB-Recht) und der §§ 97 ff. GWB (Vergaberecht) für den Bauvertrag

1. AGB-Recht

Das Recht der »Allgemeinen Geschäftsbedingungen« war seit 1977 durch ein **20** eigenes Gesetz geregelt, das »AGB-Gesetz«. Durch das Schuldrechtsmodernisierungsgesetz sind dessen Bestimmungen ab 01.01.2002 unter den §§ 305–310 in das BGB übernommen worden. Inhaltlich haben sich keine gravierenden Änderungen ergeben.

Wenn »Allgemeine Geschäftsbedingungen« gegen die §§ 306 ff. BGB verstoßen, sind sie **unwirksam,** das ist also eine sehr scharfe Sanktion. Anstelle der unwirksamen Regelung gilt dann die gesetzliche Regelung.

Nach § 305 BGB sind »Allgemeine Geschäftsbedingungen« alle für eine

Vielzahl

von Verträgen **vorformulierten** Vertragsbedingungen, die eine Vertragspartei (Verwender) der anderen Vertragspartei bei Abschluss eines Vertrages **stellt.** Bei Verträgen zwischen einem Unternehmer (zum Begriff § 14 BGB) und einem **Verbraucher** (zum Begriff § 13 BGB, Verbraucherverträge) finden gemäß § 310 Abs. 3 BGB die wesentlichen Bestimmungen der §§ 305 ff. BGB auch dann Anwendung, wenn die vorformulierten Bedingungen nur zur

einmaligen Verwendung

bestimmt sind; sie gelten als vom Unternehmer gestellt. Verbraucher ist gemäß § 13 BGB »jede natürliche Person, die ein Rechtsgeschäft zu einem Zweck abschließt, das weder ihrer gewerblichen noch ihrer selbstständigen beruflichen Tätigkeit zugerechnet werden kann«. Typisches Beispiel ist der Bauträgervertrag.

Als »Vielzahl« bei »Nicht-Verbraucherverträgen« genügt die dreimalige Verwendung; es genügt sogar, dass die Texte dreimal verwandt werden **sollen,** bei erstmaligem Gebrauch genügt also schon die **Absicht** der (mindestens zweifachen) Wiederverwendung. Nach der Rechtsprechung des Bundesgerichtshofs genügt es für die Mehrfachverwendung auch, dass ein Dritter (z.B. Rechtsanwalt) für den Verwender Klauseln formuliert, die er auch bei anderen Verträgen immer so formuliert.[26] Das ist in dieser Form sehr bedenklich, weil es dann bei komplexeren Projekten so gut wie nie mehr individuelle Regelungen gibt.

Augenfällige »Allgemeine Geschäftsbedingungen« sind Vordrucke, z.B. gedruckte Vertragsmuster oder »zusätzliche Vertragsbedingungen«. Auch »Ver-

---

26 BGH BauR 2006, 106 = NZBau 2005, 590.

handlungsprotokolle« können diese Voraussetzungen erfüllen, wenn die wesentlichen Umstände bereits vorgedruckt sind und lediglich einige Freizeilen für ergänzende Angaben enthalten (siehe oben Rdn. 8). Selbst wenn es in solchen Verhandlungsprotokollen am Ende heißt, dass alle Bedingungen ausdrücklich verhandelt und vereinbart worden seien, ändert sich an dem AGB-Charakter nichts.

Aber auch dann, wenn der äußeren Form nach ein »Individualvertrag« vorliegt, kann AGB-Recht Anwendung finden, wenn dieselben Texte immer wieder »neu« verwendet werden.

Die formularmäßige Verwendung von Texten in nur **einer** Ausschreibung (Schlüsselfertigbau), jedoch gegenüber mehreren Bietern, aber eben nur mit dem einmaligen Ziel des Abschlusses dieses **einen** Vertrages, unterfällt nicht AGB-rechtlichen Regeln;[27] dagegen kann die Verwendung in mehreren Verträgen auch gegenüber nur einem Vertragspartner ausreichen, wenn die Bedingungen für eine Vielzahl von Verträgen vorformuliert sind.[28]

Allgemeine Geschäftsbedingungen müssen in den Vertrag **einbezogen werden,** sie gelten also nicht automatisch. Regelmäßig wird die Einbeziehung der Bedingungen schriftlich im Vertrag fixiert. Auch die mündliche Einbeziehung kann aber ausreichen (Problem wieder: Beweisbarkeit). Bei Kaufleuten (auch die GmbH oder die GmbH & Co. KG sind Kaufmann) sind geringere Anforderungen an die Einbeziehung zu stellen, der bloße Hinweis auf die Geltung der eigenen AGB kann hier also unter Umständen für die Einbeziehung ausreichen.

Gelegentliches Problem: **Kollidierende AGB**

Beide Parteien wollen nur unter Einbeziehung ihrer Allgemeinen Geschäftsbedingungen abschließen. Auch wenn dann an sich keine Kongruenz zwischen Angebot und Annahme vorliegt, kommt dennoch grundsätzlich ein Vertrag zustande; soweit die AGB sich widersprechen, gelten sie nicht.

Eine nicht ganz geklärte Frage: Wenn der Auftraggeber AGB einschließlich VOB/B stellt und der Auftragnehmer seinerseits seine AGB stellt, die Parteien sich auch einigen, aber nicht über die Geltung ihrer AGB: Gilt dann die VOB/B? Nein.

Das ganze Problem spielt heute in der Praxis keine wesentliche Rolle, weil der Auftraggeber in der Regel seine AGB durchsetzen kann.

Handelt es sich um AGB und sind diese auch Vertragsbestandteil, so enthalten die §§ 305 ff. BGB zahlreiche Vorschriften **zum Schutz** des Vertrags**gegners**; Maßstab ist, wie weit die Klausel vom »gesetzlichen Leitbild« abweicht. Niemand kann sich also auf diese Vorschriften zum Schutz gegen **seine eigenen**

---

27 BGH BauR 1997, 123.
28 BGH NZBau 2004, 215.

AGB berufen, also dann, wenn es ihm nachträglich passt, plötzlich erklären, seine eigenen AGB seien wegen Verstoßes gegen §§ 305 ff. BGB unwirksam. Das kann immer nur der »Vertragsgegner«.

Verstößt eine Klausel gegen die §§ 307, 308 oder 309 BGB, so ist sie ganz unwirksam. Eine teilweise Aufrechterhaltung der Klausel scheidet aus, außer sie hat noch einen verbleibenden, vollkommen selbstständigen Inhalt.

Die AGB-rechtlichen Bestimmungen des BGB sind im Baurecht für zwei Themenkreise von großer Bedeutung:

- Einmal geht es darum, ob auch einzelne Bestimmungen **der VOB/B** unwirksam sein können.
- Zum anderen ist zu prüfen, ob **einzelne Vertragsregelungen** AGB und dann eventuell unwirksam sind (dazu Rdn. 21).

Wie erwähnt, ist (auch) die **VOB/B** kein Gesetz. Sie stellt vielmehr »Allgemeine Geschäftsbedingungen« dar, an ihrer »Mehrfachverwendung« bestehen keine Zweifel. Folglich stellt sich die Frage, ob einzelne Bestimmungen der VOB/B wegen Verstoßes gegen AGB-Recht unwirksam sind. Der Bundesgerichtshof hatte zuletzt für vor dem 31.12.2001 abgeschlossene Verträge entschieden, dass dann, wenn die VOB/B unverändert (»als Ganzes«) vereinbart wurde, kein Inhaltskontrolle stattfinde; **jede** von der VOB/B abweichende Vereinbarung, sei sie auch unbedeutend, führe aber dazu, dass dann jede Einzelbestimmung der VOB/B der AGB-Kontrolle unterliege.[29] Dass die »als Ganzes« vereinbarte VOB/B nicht der AGB-Kontrolle unterliege, begründete der Bundesgerichtshof mit der – allerdings nie von ihm einzeln untersuchten und zweifelhaften – Begründung, die VOB/B sei insgesamt »ausgewogen«; erkläre man eine Einzelregelung für unwirksam, zerstöre man diese Ausgewogenheit.

Ab dem 01.01.2002 galten ein neuer § 308 Nr. 5 und § 309 Nr. 8 BGB, die zwei bestimmte Regelungen der VOB/B für AGB-fest erklärten, woraus man den Schluss ziehen konnte, also seien die anderen jetzt kontrollfähig.

Diese Frage hat der BGH bislang nicht entschieden. Für Verträge ab 01.01.2009 braucht er das auch nicht mehr. Durch den neu eingeführten § 310 Abs. 1 Satz 3 BGB ist jetzt gesetzlich geregelt, dass dann, wenn die jeweils (!) geltende **VOB/B ohne inhaltliche Abweichungen** vereinbart ist, einzelne Bestimmungen **keiner Inhaltskontrolle** unterliegen. Dies gilt aber nur für Unternehmen und die öffentliche Hand. Bei Verwendung gegenüber Verbrauchern (§ 13 AGB) ist jede einzelne Klausel kontrollfähig.

Das führt zu folgender Dreiteilung:

- VOB/B als Ganzes vereinbart gegenüber Unternehmer:
  VOB/B bleibt unverändert.

---

29 BGH BauR 2004, 668.

- VOB/B nicht als Ganzes vereinbart gegenüber Unternehmer:
  Volle Kontrolle, einzelne Vorschriften der VOB/B sind wegen AGB-Verstoßes unwirksam, z.b. ganz sicher § 2 Abs. 8 Nr. 1 oder § 16 Abs. 3 Nr. 2, beides schon vom BGH entschieden. Welche Vorschriften im Einzelnen »scheitern«, hängt von der künftigen Entscheidungspraxis des BGH ab.

- VOB/B gegenüber Verbrauchern vereinbart:
  Volle Kontrolle, einzelne Vorschriften der VOB/B sind wegen AGB-Verstoßes unwirksam. **Möglicherweise** ist hier der Kontrollaspekt schärfer als gegenüber Unternehmen. Eine Zusammenstellung insoweit unwirksamer Klauseln ist in einem beim Kammergericht anhängigen AGB-Kontrollverfahren[30] zu erwarten.

Leider gibt es also in Zukunft möglicherweise drei Versionen der VOB/B.

21 Eine wichtigere Rolle als bei der VOB/B spielt die **AGB-rechtliche Unwirksamkeit** bei der Beurteilung von **Vertragsklauseln**.

Entscheidend ist hier vorab die Prüfung, ob die verwandte Klausel mehrfach, d.h. mindestens dreimal verwendet worden ist (oder jedenfalls zur Verwendung vorgesehen war), denn sonst handelt es sich nicht um AGB. Oft behauptet der Verwender, die Klausel sei aber besprochen und **individuell** vereinbart, womit sie ebenfalls keinen AGB-Charakter habe. Dieses Vorbringen allein nützt aber nichts; der Verwender muss nämlich beweisen, dass er die Klausel »ernsthaft zur Disposition gestellt hat«, was bedeutet, das er bereit gewesen sein muss, auf die Klausel auch zu verzichten. Dieser Nachweis gelingt so gut wie nie.

Wichtig ist: Der Baupraktiker kann in der Regel nicht beurteilen, ob eine bestimmte Klausel nach den §§ 305 ff. BGB oder der dazu ergangenen Rechtsprechung unwirksam ist. Es geht folglich für ihn darum, ein »Gespür« für Klauseln zu entwickeln, die möglicherweise unwirksam sind und auf die der Verwender sich deshalb zu Unrecht beruft, und sie dann im Zweifelsfall rechtlich prüfen zu lassen. Anhaltspunkt ist immer, ob der Verwender seinem Vertragspartner ein »unfaires« Risiko auferlegen will.

22 Beispiele:

1. Eine Klausel, wonach der Auftragnehmer entgegen § 645 BGB generell für das Baugrundrisiko einzustehen hat oder die Bodenverhältnisse ohne besondere Vergütung erkunden muss, ist jedenfalls beim Einheitspreisvertrag nach § 307 BGB unwirksam. Ebenso sind so genannte »Vorkenntnisklauseln« [»Der Bieter hat die Baustelle besichtigt ...«] unwirksam.[31]

---

30 Dazu BGH NZBau 2008, 640.
31 BGH NZBau 2004, 324; BGH »ECE-Bedingungen«, BauR 1997, 1036; Markus, in: Markus/Kaiser/Kapellmann, AGB-Handbuch Bauvertragsklauseln, Rdn. 203, 230, 231.

2. Die Klausel »Mengenänderungen berechtigen nicht zu einer Preisänderung« ist beim Einheitspreisvertrag in Abänderung von § 2 Nr. 3 VOB/B laut BGH wirksam (dazu Rdn. 39)![32]

3. Die Klausel »Der AN hat Nachtragspreise **vor** Ausführung zu vereinbaren; versäumt er dies, so setzt der AG bzw. sein Architekt die Preise nach billigem Ermessen fest« ist ebenfalls wirksam. Ein solches Preisbestimmungsrecht ist in den §§ 315, 316 BGB geregelt. Diese Frage ist aber strittig.

4. Die Klausel »Eine verwirkte Vertragsstrafe kann bis zur Schlusszahlung geltend gemacht werden« ist wirksam.[33] Das gesetzliche Erfordernis, die Vertragsstrafe bei der Abnahme vorzubehalten (§ 341 Abs. 3 BGB), wird nicht aufgehoben, sondern nur bis zur Abrechnung aufgeschoben. Lautet die Klausel aber, der AG dürfe die Vertragsstrafe auch geltend machen, wenn er sie bei der Abnahme nicht ausdrücklich vorbehalten habe, so ist sie unwirksam, weil sie das Vorbehaltserfordernis vollständig abbedingt.

5. Die Klausel »Der Auftraggeber kann Mängel ohne weiteres durch Dritte auf Kosten des Auftragnehmers beseitigen lassen« ist unwirksam, weil der Auftragnehmer grundsätzlich ein Mängelbeseitigungs**recht** hat, das ihm damit abgeschnitten würde.[34]

6. Dasselbe gilt für die häufig anzutreffende Klausel »Beseitigt der Auftragnehmer den von ihm verursachten Schutt nicht, so kann der Auftraggeber dies auf seine Kosten veranlassen«.

Auch hinsichtlich der Schuttbeseitigung muss der AN grundsätzlich zunächst unter Fristsetzung aufgefordert werden, erst dann kann der AG sie auf Kosten des AN veranlassen.

7. Zur unwirksamen »Schlitzklausel« als Beispiel vgl. Rdn. 30.

8. Einen Katalog von insgesamt **29 unzulässigen Klauseln** in den Allgemeinen Geschäftsbedingungen eines sehr bekannten Center-Investors enthält der Beschluss des BGH, »ECE-Bedingungen«.[35] Dieser Katalog ist geradezu eine Fundgrube des »Verbotenen«.

Eine Entscheidung des OLG Frankfurt aus dem Jahr 2002 erklärt gleich 37 Bedingungen einer Gemeinde für unwirksam.[36]

2. Vergaberecht

Die VOB/A hat für öffentliche Auftraggeber über die §§ 97 ff. GWB (siehe Rdn. 14) Gesetzesrang. § 8 Abs. 4–6 VOB/A sieht vor, dass der Auftraggeber in Zusätzlichen oder Besonderen Vertragsbedingungen nur in einzelnen dort **23**

---

32 BGH BauR 1993, 723; ablehnend dazu Kapellmann/Schiffers, Band 1, Rdn. 663–665; Markus, in: Markus/Kaiser/Kapellmann, AGB-Handbuch Bauvertragsklauseln, Rdn. 264.

33 BGH BauR 1984, 643.

34 BGH BauR 2005, 1021; BGH NZBau 2000, 466.

35 BauR 1997, 1036.

36 BauR 2003, 269.

geregelten Punkten von der VOB/B abweichen darf. Verstöße dagegen kann der Bieter bei Vergaben, die europaweit auszuschreiben sind, **im Vergabeverfahren** angreifen. Das ist also schon bei purer Abweichung von der VOB/A möglich, ohne dass die Regelung auch gegen die AGB-rechtlichen Bestimmungen der §§ 305 ff. BGB verstoßen muss. Verstöße im Vergabeverfahren, z.B. gegen die VOB/A, führen in der Regel nicht unmittelbar zur vertraglichen Unwirksamkeit der entgegenstehenden Vereinbarung; solche Verstöße haben aber große Bedeutung im Rahmen der Auslegung des Bausolls (vgl. oben Rdn. 14, unten Rdn. 45).

V. Die Vollmacht im Bauablauf

24 Die durch Rechtsgeschäft begründete Befugnis, einen anderen zu vertreten, heißt Vollmacht.

Der Architekt kann den Auftraggeber, der ihn beauftragt hat, seinerseits nicht uneingeschränkt vertreten; er hat **ohne** spezielle Regelung, z.B. im Architektenvertrag oder im Bauvertrag, nur folgende, aus seinen Aufgaben zwangsläufig resultierende Vertretungsmacht (Vollmacht):[37]

Er ist z.B. bevollmächtigt,

— Ausführungsunterlagen von Bauhandwerkern in technischer Sicht zu genehmigen,
— kleinere Zusatzaufträge zu erteilen (»klein« ist **sehr** vage, vgl. Rdn. 27, das Vertrauen auf eine solche Vollmacht also **äußerst riskant**, Verstoß gegen den Grundsatz des »Sichersten Wegs«),
— Leistungen den »Positionen zuzuordnen« (Abrechnung!),
— ein gemeinsames, den Bauherrn (technisch) bindendes Aufmaß aufzunehmen,
— die »technische Abnahme« zu vollziehen (vgl. Rdn. 189),
— Weisungen auf der Baustelle zu erteilen,
— Angebote und Schlussrechnung (nicht aber Mahnungen) entgegenzunehmen,
— Stundenlohnzettel entgegenzunehmen (aber nicht Stundenlohnleistungen anzuerkennen), dazu Rdn. 32,
— Bedenkenanzeigen gemäß § 4 Abs. 3 VOB/B entgegenzunehmen, aber **nur**, wenn der Architekt von dem gerügten Bedenken nicht selbst betroffen ist und wenn er sich nicht berechtigten Einwendungen verschließt, so die ständige Rechtsprechung.[38] (Praktisch bedeutet das: Man sollte **nur dem Architekten gegenüber nie die Erklärung nach § 4 Abs. 3 VOB/B abgeben**, son-

---

37 Zusammenfassungen bei Langen/Schiffers, Bauplanung und Bauausführung, Rdn. 478–481; Werner/Pastor, Bauprozess, Rdn. 1077, 1078 ff.
38 BGH BauR 1997, 301.

dern mindestens auch gegenüber dem Auftraggeber, also wiederum den »sichersten Weg« gehen!),

- Anzeigen nach **§ 2 Abs. 8 Nr. 2** VOB/B entgegenzunehmen (Vergütung nicht vereinbarter, aber notwendiger Leistungen gemäß dem mutmaßlichen Willen des Auftraggebers).

Der Architekt ist **z.B. nicht** bevollmächtigt, **25**

- eine Nachfrist mit Kündigungsandrohung zu setzen,
- die rechtsgeschäftliche Abnahme nach § 640 BGB oder nach § 12 VOB/B vorzunehmen,
- die Vertragsstrafe bei der Abnahme vorzubehalten,
- den Auftrag selbst (im Gegensatz zum kleineren Zusatzauftrag) an den Auftragnehmer oder an Sonderfachleute zu erteilen,
- auf Mängelhaftungsansprüche zu verzichten,
- eine Stundenlohnvereinbarung zu treffen,
- Stundenlohnzettel anzuerkennen,
- Rechnungen anzuerkennen,
- vertragliche Vereinbarungen zwischen Auftraggeber und Auftragnehmer zu ändern; insbesondere darf er nicht von einer vereinbarten Schriftform abweichen.

Äußerst streitig ist: Darf der Architekt **26**

- Anzeigen gemäß § 2 Abs. 6 VOB/B (Anzeige der Mehrforderung bei zusätzlichen Leistungen) entgegennehmen?[39]
- Behinderungsanzeigen gemäß § 6 Abs. 1 VOB/B entgegennehmen?
- den Vorbehalt nach § 16 Abs. 3 VOB/B entgegennehmen?

In solchen Zweifelsfällen sollte **immer** wie folgt verfahren werden:

Abgabe einer entsprechenden Erklärung **sowohl** gegenüber dem Architekten/Bauleiter **als auch** gegenüber dem Auftraggeber selbst. Dieser bürokratische Aufwand kann sich später, wenn es um Behinderungsschäden oder Mängelhaftungsansprüche geht, bezahlt machen – **immer und nur den »sichersten Weg« gehen** (vgl. Rdn. 2)! Also auch Zugangsnachweis sichern!

Selbst dann, wenn der Architekt eine umfassende Vollmacht hat, verpflichtet er den Auftraggeber nicht, wenn er mit dem Auftragnehmer unkorrekt zusammenarbeitet, z.B. bei »frisierten« Zusatzaufträgen[40] oder bei bewusst falscher Zuordnung modifizierter Leistungen zu falschen Positionen, um zu vertuschen, dass es inhaltliche Änderungen gegeben hat.

Auch der vom Auftraggeber eingesetzte unternehmenseigene »Bauleiter« hat **nicht** ohne weiteres Vollmacht, den Auftraggeber zu vertreten.

---

39 Bejahend Kapellmann/Schiffers, Band 1, Rdn. 559 mit Nachweisen.
40 BGH BauR 1991, 331.

Arbeitsbeispiel 4: Zusatzauftrag durch Architekt

27 *Die Firma Müller GmbH hat der Firma Hoffnungslos GmbH den Auftrag erteilt, die Rohbauarbeiten zu einer neuen Gewerbehalle auszuführen.*
In den Vertragsbedingungen heißt es:»Änderungs- und Zusatzleistungen können nur schriftlich durch den Auftraggeber beauftragt werden.« *Die Auftragssumme beträgt 500.000,– €. Während des Bauablaufs stellt sich heraus, dass einige zusätzliche Wände, die im ursprünglichen LV nicht erfasst sind, errichtet werden müssen. Damit sind Zusatzkosten in Höhe von 15.000,– € verbunden. Da es sich um eine Terminbaustelle handelt, erteilt der bauleitende Architekt diesen Zusatzauftrag, und die Arbeiten werden sofort von der Firma Hoffnungslos GmbH ausgeführt.*
Der Auftraggeber weigert sich später, diese Zusatzkosten zu zahlen. Wer muss zahlen?

Lösung:

Der bauleitende Architekt ist grundsätzlich berechtigt, kleinere Zusatzaufträge zu erteilen, vor allem solche, die im Sinne von § 1 Nr. 4 VOB/B notwendig sind. Bei einem Auftrag von 500.000,– € und einer Zusatzleistung von 15.000,– € ist dies vielleicht zu bejahen.

Der vorliegende Vertrag schließt jedoch die Erteilung von Änderungs- und Nachtragsaufträgen durch den Architekten **generell und ausdrücklich aus. Die Erteilung solcher Zusatzaufträge ist dem Auftraggeber vorbehalten. Deshalb war der Architekt nicht bevollmächtigt, die Zusatzarbeiten zu beauftragen.**
Der Auftraggeber haftet deshalb nicht auf Vertragsvergütung. Auch hier kommt wiederum ein Anspruch auf Vertragserfüllung gegen den Architekten gemäß § 179 BGB infrage, weil dieser ohne Vollmacht (als Vertreter ohne Vertretungsmacht) die Arbeiten beauftragt hat;[41] dieser Anspruch scheitert jedoch, wenn der Auftragnehmer z.B. aus den Vertragsbedingungen die fehlende Vollmacht des Architekten kannte.[42] Es ist sehr strittig, ob der Auftraggeber wenigstens Ersatz nach Bereicherungsgrundsätzen schuldet.

VI. Vergütungsregelungen der VOB

A. Grundsätzliche Regelung in § 2 Abs. 1 VOB/B, Vertragstypen

28 § 2 Abs. 1 VOB/B sagt ziemlich wortreich, dass »durch die **vereinbarten Preise**« (also den vereinbarten Werklohn) alle **Leistungen** abgegolten werden, die »nach der Leistungsbeschreibung, den Besonderen Vertragsbedingungen, den Zusätzlichen Vertragsbedingungen, den Zusätzlichen Technischen Vertragsbedingungen, den Allgemeinen Technischen Vertragsbedingungen für Bauleis-

---

41 OLG Düsseldorf BauR 1985, 339.
42 Kapellmann/Schiffers, Band 1, Rdn. 907.

tungen und der gewerblichen Verkehrssitte zur **vertraglichen** Leistung gehören«. Wir nennen diese **vertraglich geschuldete Leistung** des Auftragnehmers mit einem für Techniker und Juristen eingängigen Begriff »**Bausoll**«. Das »Bausoll« ergibt sich also aus der Gesamtheit (»Totalität«) aller die Leistungsdefinition betreffenden Vertragsbestandteile.[43] Die Begriffe der VOB/B stammen aus der VOB/A und hängen mit der Vertragsmethodik öffentlicher Auftraggeber zusammen: Weil der öffentliche Auftraggeber eine Vielzahl von Projekten zu errichten hat und eine organisatorisch möglichst gleichmäßige Behandlung sicherstellen will, legt er nicht einen zusammenfassenden Vertragstext vor, sondern verwendet möglichst viele »abstrakte« Vertragsbestandteile, die er in einem Vertrag »zusammenschachtelt«, wobei sich die Geltungsreihenfolge der einzelnen Bestandteile bei Widersprüchen aus § 1 Abs. 2 VOB/B wie folgt ergibt:

a) Leistungsbeschreibung
   Die ausführliche Definition dessen, was Gegenstand der Leistungsbeschreibung ist, findet sich in § 7 VOB/A. Auch wenn die Vorschrift nur für öffentliche Auftraggeber gilt, ist sie doch Ausdruck eines systemimmanenten Beschreibungsprinzips und kann daher – mit Ausnahme des Verbots der Auferlegung ungewöhnlicher Wagnisse (§ 7 Abs. 1 Nr. 3 VOB/B) – auch zur Auslegung bei Verträgen unter Privaten herangezogen werden.

b) Besondere Vertragsbedingungen (BVB)
   Sie sind (im Idealfall) gemäß § 8 Abs. 4 Nr. 2 VOB/A Bedingungen für das Einzelprojekt gemäß dessen Eigenart und seiner Ausführung.

c) Zusätzliche Vertragsbedingungen (ZVB)
   Das sind die die VOB/B ergänzenden Bedingungen für alle Projekte dieses Auftraggebers (§ 8 Abs. 4 Nr. 1 VOB/A)

d) Zusätzliche Technische Vertragsbedingungen
   Das sind für alle Projekte dieses Auftraggebers Ergänzungen zu den Allgemeinen Technischen Vertragsbedingungen = VOB/C (§ 8 Abs. 5 VOB/A).

e) Die Allgemeinen Technischen Vertragsbedingungen sind die Vorschriften der VOB/C, die allgemein in der DIN 18 299 und dazu gewerkeweise überwiegend technische Regelungen treffen, aber auch rechtliche wie z.b. über »Nebenleistungen« und »Besondere Leistungen«. Wenn die VOB/B vereinbart ist, ist damit – wie erwähnt – gemäß § 1 Abs. 1 Satz 2 die VOB/C immer **als Vertragsbestandteil** mit vereinbart.

Zur »Leistungsbeschreibung« im engeren Sinn der VOB gehören z.b. Baubeschreibung, Leistungsverzeichnis **und** Pläne, und zwar **grundsätzlich** gleichrangig (Rdn. 44). Zum Bausoll und damit zur Leistungsbeschreibung »im weiteren Sinn« gehören auch vertragliche Bestimmungen, die nicht den **Bauinhalt** (**Was?**) der Leistung selbst definieren, sondern die **Art** ihrer Erbringung (**Wie?**), also beispielsweise Vorschriften über ein anzuwendendes Verfahren,

---

43 Kapellmann/Schiffers, Band 1, Rdn. 100 und dazu auch BGH »Dachdeckergerüste«, BauR 2006, 2040 = NZBau 2006, 777. Näher Rdn. 38.

über Arbeit auch während der Nachtstunden oder über die Benutzbarkeit einer Zufahrtsstraße, die »Bauumstände« (**Bauumstände**).[44]

Der beim Werkvertrag geschuldete »Erfolg« ist nichts anderes als die Herstellung des »versprochenen« (§ 631 Abs. 1 BGB) Werks. Wenn ausnahmsweise die Herstellung des versprochenen Werks nicht ausreicht, um Mangelfreiheit zu erreichen, z.b. bei Änderungen der anerkannten Regeln der Technik **nach** Vertragsschluss, kann (und muss) der Auftraggeber die notwendigen zusätzlichen Leistungen anordnen, die der Auftraggeber auch zusätzlich (»Sowiesokosten«) bezahlen muss.[45]

29 Jede der in der **VOB/C** enthaltenen speziellen DIN-Normen, die bei vereinbarter VOB/B gemäß § 1 Abs. 1 Satz 2 VOB/B auch **Vertragsbestandteil** sind (Rdn. 28), enthält ebenso wie die allgemeine **DIN** 18 299 (siehe **Anhang**) in Abschnitt 4 eine Regelung über **Nebenleistungen**. Soweit bestimmte Leistungen dort als Nebenleistungen beschrieben sind, gehören sie **auch ohne** Erwähnung im Vertrag zum »Bausoll« und rechtfertigen keine zusätzliche Vergütung.

Besondere Leistungen sind dagegen solche, die nicht Nebenleistung sind; sie gehören nur dann zum Bausoll, wenn sie in der Leistungsbeschreibung **besonders** erwähnt sind (vgl. DIN 18 299, 4.2).[46] Sind sie nicht besonders erwähnt, werden sie dann aber nachträglich vom Auftraggeber angeordnet, so sind sie »Zusätzliche Leistungen« und werden gesondert nach § 2 Abs. 6 VOB/B vergütet[47] – vorherige Ankündigung des Mehrvergütungsanspruchs ausnahmsweise nicht erforderlich, aber auf jeden Fall sinnvoll.

30 Wenn also beispielsweise in »Zusätzlichen Vertragsbedingungen« des Auftraggebers bestimmte »Besondere« Leistungen (siehe Rdn. 29) **konkret** genannt sind, die vom Auftragnehmer »kostenfrei« zu erbringen sind, kann dieser hierfür grundsätzlich keine Vergütung verlangen, es sei denn, diese Vertragsbedingung ist nach den AGB-rechtlichen Vorschriften der §§ 305 ff. BGB unwirksam, weil z.B. der Aufwand der »Besonderen Leistung« ohne Mengenangabe oder Pläne unkalkulierbar ist. Beispiel: »Die Herstellung und das Schließen von Durchbrüchen und Schlitzen nach Angabe des Bauleiters sind einzukalkulieren« – unwirksam.[48]

---

44 Z.B. OLG Koblenz BauR 2001, 1442 = NZBau 2001, 633.

45 Zum Ganzen: BGH »Bistroküche«, BauR 2008, 1131 m. Anm. Leinemann = NZBau 2008, 437 (siehe Rdn. 1 Entscheidung Nr. 1 und vielfach (siehe Fn. 59)); Markus, Festschrift Kapellmann, 2007, Seite 291; Kapellmann, NJW 2005, 182; Motzke, NZBau 2002, 641.

46 Zur »Besonderen« Erwähnung näher Kapellmann/Schiffers, Band 1, Rdn. 134, 135.

47 OLG Stuttgart BauR 2004, 678.

48 OLG München BauR 1987, 554; Markus, in: Markus/Kaiser/Kapellmann, AGB-Handbuch Bauvertragsklauseln, Rdn. 225; Kapellmann/Schiffers, Band 1, Rdn. 134.

Beim VOB-Vertrag gibt es **zwei** Abrechnungs- und **Vertragstypen** (siehe § 4   **31**
VOB/A):

- Leistungsvertrag
  (Untertypen: **Einheitspreisvertrag**, dazu Rdn. 33–36, 39, **Pauschalvertrag**,
  dazu Rdn. 40 ff.)
- **Stundenlohnvertrag** (§ 2 Abs. 10, § 15 VOB/B), dazu Rdn. 32

Der in der VOB/B in § 2 Abs. 2 noch erwähnte Selbstkostenerstattungsvertrag
ist sehr selten, wir behandeln ihn nicht weiter.

a) Beim **Einheitspreisvertrag** (§ 2 Abs. 2 VOB/B) wird die Leistung in technische Teilleistungen (**Positionen**) aufgesplittet.

Eine Position des Leistungsverzeichnisses (LV) enthält:

- Vordersatz (voraussichtliche Leistungsmenge)
- Leistungsbeschrieb
- Einheitspreis, also
  z.B. 500 m^3 Beton B 35 à 60,– €

Abgerechnet und vergütet wird beim Einheitspreisvertrag nach **ausgeführter**
Menge, nicht nach der im Leistungsverzeichnis bei Vertragsschluss genannten
Menge (Vordersatz); die endgültige Vergütung steht also erst **nach** Ausführung
der Leistung fest.

Beim **Pauschalvertrag** steht dagegen die Vergütung schon vor Ausführung fest,
abgerechnet wird hier nämlich unabhängig von der **ausgeführten** Menge, solange der Auftrag**geber** nicht nach Vertragsschluss Mengen geändert hat (Einzelheiten Rdn. 33, 64).

b) Beim **Stundenlohnvertrag** wird nicht nach Leistung vergütet, sondern nach   **32**
aufgewandter Zeit. § 2 Abs. 10 regelt (nur), dass ein Auftragnehmer nur dann
Vergütung auf Stundenlohnbasis verlangen kann, wenn diese Vergütungsart
vor Beginn der Arbeiten **ausdrücklich** vereinbart worden ist,[49] Schriftform
ist für diese Vereinbarung aber nicht erforderlich. Der Architekt des Auftraggebers ist ohne besondere Vollmacht nicht befugt, eine Abrechnung auf Stundenlohnbasis zu vereinbaren (siehe oben Rdn. 25). Die Unterschrift unter dem
Stundenlohnzettel allein reicht nicht, um eine Stundenlohnvereinbarung zu
beweisen.[50] Ist eine Stundenlohnvereinbarung getroffen, so bestimmt § 15
VOB/B u.a., dass der Auftraggeber ihm vorgelegte Stundenlohnzettel spätestens innerhalb von 6 Werktagen nach Zugang unterschrieben zurückgeben
oder innerhalb dieser Frist Einwendungen geltend machen muss. Nicht fristgemäß zurückgegebene Stundenlohnzettel gelten als anerkannt.

---

49 BGH BauR 2003, 1892.
50 BGH a.a.O.

B. Die Abrechnung nach *ausgeführter* Menge beim Einheitspreisvertrag, § 2 Abs. 3 VOB/B

33 Zwecks Ermittlung der Vergütung: Beim Einheitspreisvertrag wird nach Fertigstellung der Leistung die ausgeführte Menge festgestellt (Rdn. 31), und zwar per »Aufmaß«, das aber nicht in der Örtlichkeit, sondern – wenn die Leistung nicht nachträglich geändert worden ist – aus vorhandenen Zeichnungen ermittelt wird (DIN 18 299 Abschnitt 5). Dabei kann es vorkommen, dass die im Leistungsverzeichnis genannte Menge (Vordersatz) mit der ausfgeführten Menge nicht übereinstimmt, z.B. weil der Auftraggeber das Leistungsverzeichnis unsorgfältig aufgestellt hat. Für diese »Mengendiskrepanz« regelt § 2 Abs. 3 VOB/A:

Die **ausgeführte** Menge weicht **ohne irgendwelche mengenbezogenen Anordnungen** des Auftraggebers von der ausgeschriebenen Menge ab. Durch diese Abweichung der ausgeführten von der ausgeschriebenen Menge ändert sich nur die Quantität, aber nicht die Qualität: Inhaltlich ist die Leistung also immer noch dieselbe (der Leistungsbeschrieb innerhalb der entsprechenden Position hat sich nicht geändert), nur war mehr oder weniger davon auszuführen:

Statt ausgeschriebener 1000 m³ Beton ergibt z.B. das Aufmaß für die ansonsten **unveränderten** Decken 1200 m³ (oder 850 m³).

Für **Mehrmengen** gilt:

Eine **Mehrmenge** von **mehr** als 10 % gegenüber dem im Vertrag vorgesehenen Vordersatz ergibt beim Einheitspreisvertrag einen Anspruch auf Bildung eines **neuen Einheitspreises** unter Berücksichtigung der Mehr- oder Minderkosten.

Für die Berechnung bei **Mehrmengen** gilt:

Für 110 % der Menge bleibt es beim alten Preis. Für die Mehrmenge über 110 % hinaus muss ein neuer Preis gebildet werden, sodass im Ergebnis jetzt zwei Preise für ein und dieselbe Leistungsposition vorhanden sind (»gespaltener Einheitspreis«).[51]

Wichtig also:

Auch die **Menge über** 100 % bis 110 % (also von 100 % bis 110 %) wird **natürlich vergütet**, und zwar zum alten Einheitspreis. Die Menge ab 110 % wird ebenfalls vergütet, aber zu einem neuen Einheitspreis. Dieser **neue** Einheitspreis muss im Normalfall **niedriger** sein als der alte Einheitspreis, weil die gesamten Baustellengemeinkosten schon vollständig auf der Basis des Einheitspreises der geringeren Menge gedeckt sind, jedenfalls in aller Regel.

Frage: Was ist, wenn der alte Einheitspreis mit Verlust kalkuliert war?

---

51 Kapellmann/Schiffers, Band 1, Rdn. 558 mit Kalkulationsbeispielen.

Dann setzt sich der Verlust auch für den neuen Einheitspreis fort. Davon gibt es **Ausnahmen, insbesondere** dann, wenn das Auftreten erheblicher Mehrmengen auf mangelhafter planerischer Sorgfalt des Auftraggebers beruht.[52]

Durch die bloße »Mehrmenge« wird die Leistung nicht zur »Zusatzleistung« im Sinne von § 2 Abs. 6 VOB/B, es gibt ja **keine Anordnung** (vgl. Rdn. 47) des Auftraggebers. Hat dagegen der Auftraggeber die Mehrung der Menge **angeordnet**, ist das ein Fall der zusätzlichen Leistung, einzuordnen unter § 2 Abs. 6 VOB/B.[53] Ist also lediglich die ausgeführte Menge bei unveränderter Ausführungsplanung größer als im LV angegeben (1200 m³ anstatt 1000 m³ für die gleiche Decke), dann gilt beim Einheitspreisvertrag § 2 Abs. 3 VOB/B. Ordnet der Auftraggeber aber an, dass für einen weiteren Teilbereich eine Decke gegossen werden soll, dann gilt hierfür **§ 2 Abs. 6 VOB/B**. Der zweite Fall wird also in eine andere juristische Schublade eingeordnet als der erste. Aber für den Auftragnehmer sind die Auswirkungen dieselben. Deshalb ist es richtig, die Vergütung im zweiten Fall genauso zu berechnen wie im ersten (dazu Rdn. 55).

§ 2 Abs. 3 VOB/B ist ausschließliche Regelung, andere Anspruchsgrundlagen können also bei Mengenmehrungen nicht herangezogen werden. Auch wenn die Mengenüberschreitung noch so groß ist, gibt es deshalb daneben nicht noch eine Berufung auf »Störung der Geschäftsgrundlage«.

Für **Mindermengen** gilt:

34

Für Mindermengen von mehr als 10 %, die **nicht auf Anordnung** des Auftraggebers zurückgehen, ist – anders als bei der Mehrmenge – **insgesamt** für die neue Menge ein neuer Einheitspreis zu vereinbaren, wobei als Bezugsgröße nur der ursprüngliche Einheitspreis für 100 % angenommen werden kann.[54]

Werden also weniger als 90 % der ursprünglich kalkulierten Menge ausgeführt, dann ist nicht nur für die Menge ab 90 % ein neuer Einheitspreis zu ermitteln, sondern für die gesamte Leistung, anders als bei der Mengenüberschreitung. Also: Bei 92 % Menge ändert sich der Einheitspreis gar nicht, bei 87 % ist **ein** neuer Einheitspreis zu ermitteln.

Bei der Mindermenge **erhöht** sich regelmäßig der Einheitspreis, d.h., im Ergebnis werden auch die Anteile für Allgemeine Geschäftskosten, Wagnis und Gewinn der **nicht ausgeführten Menge** voll vergütet; dem Auftragnehmer soll die einmal vereinbarte »Deckung« erhalten bleiben. Strukturell ist das vergleichbar mit der Berechnung bei freien Teilkündigungen des Auftraggebers (siehe Rdn. 132).

---

52 OLG Koblenz BauR 2001, 1442 = NZBau 2001, 633; Kapellmann/Schiffers, Band 1, Rdn. 602 ff.

53 Kapellmann/Schiffers, Band 1, Rdn. 514 ff., Band 2, Rdn. 1174 ff.

54 BGH BauR 1987, 217.

Frage: Was ist, wenn der Auftraggeber beispielsweise anordnet, dass von vier gleich großen Decken nur zwei ausgeführt werden sollen, also nur 50 % der ausgeschriebenen Menge erbracht werden?

Das ist keine »Veränderung« der Leistungsmenge infolge unrichtigen Vordersatzes, wie von § 2 Abs. 3 VOB/B vorausgesetzt, sondern eine Veränderung infolge **Anordnung** des Auftraggebers. Hier gilt § 8 Abs. 1 VOB/B, es handelt sich um eine (freie) Teilkündigung. Der Auftragnehmer hat also grundsätzlich Anspruch auf volle Vergütung, hinsichtlich der beiden nicht ausgeführten Decken aber abzüglich ersparter Aufwendungen (vgl. Rdn. 132). Das ist **kein Fall von § 2 Abs. 3 VOB/B** (obwohl auch das nur eine durch das System der VOB/B verursachte juristische Haarspalterei ist, das rechtliche und rechnerische Ergebnis ist nämlich **identisch**!).

35 Wird die Anpassung des Einheitspreises wegen Mehr- oder Mindermenge gemäß § 2 Abs. 3 VOB/B durch **Allgemeine Geschäftsbedingungen** des Auftraggebers ausgeschlossen, so ist eine solche Klausel laut BGH gültig, was sehr zweifelhaft ist (siehe Rdn. 22); beim öffentlichen Auftraggeber ist eine solche Klausel ein Vergabeverstoß und jedenfalls vergaberechtlich unzulässig.

36 Arbeitsbeispiel 5: Mengenänderungen beim Einheitspreisvertrag

Im LV (Leistungsverzeichnis) ist ausgeschrieben:
*Position 1: 250 m² KS-**Mauerwerk** 17,5 cm à 100,– €.*
*Position 2: 150 m² **Betondecken** à 200,– €.*
Während des Bauablaufs stellt sich Folgendes heraus:
Die tatsächlich ausgeführte Menge KS-Mauerwerk der Pos. 1 beträgt 280 m². Auf Anordnung des Auftraggebers wird außerdem noch ein zusätzlicher, ursprünglich nicht vorgesehener Kellerraum errichtet. Hier fallen weitere 60 m² KS-Mauerwerk an, so dass insgesamt 340 m² errichtet worden sind.
Auch die Abrechnungsmenge der Betondecken hat sich geändert. Der Auftraggeber hatte einen Änderungswunsch dahin, dass eine Galerie errichtet wird, so dass 40 m² Decke entfallen. Insgesamt werden also nur 110 m² Betondecken hergestellt. Wie muss abgerechnet werden?

Lösung:

1. Mauerwerk

Die tatsächlich (ohne Änderungsanordnung des Auftraggebers) ausgeführte Menge überschreitet vorab die im LV vorgesehene Menge um mehr als 10 %, nämlich 280 m² gegenüber 250 m². Bis zu 110 %, also 275 m², müssen zum alten Einheitspreis von 100,– € abgerechnet werden. Für die weiteren 5 m² (275 m² bis 280 m²) ist ein neuer Einheitspreis zu bilden, der grundsätzlich etwas unter 100,– € liegen müsste (»gespaltene Einheitspreise«, § 2 Abs. 3 Nr. 2 VOB/B). Das ist natürlich nur eine Rechnung zur Demonstration der Methodik. in der Praxis würde die minimale Differenz erst gar nicht errechnet.

*Für die zusätzlichen 60 m², die auf Anordnung des Auftraggebers errichtet worden sind, gilt nicht § 2 Abs. 3, sondern § 2 Abs. 6 VOB/B. Dieser Preis ist gemäß § 2 Abs. 6 Nr. 2 VOB/B grundsätzlich nach dem vertraglichen Preis unter Berücksichtigung der besonderen Kosten der geforderten Leistung zu ermitteln; es gilt **derselbe Berechnungsweg** wie bei § 2 Abs. 3 VOB/B.*[55] *Vorherige Ankündigung der Mehrkosten nach herrschender Meinung gemäß § 2 Abs. 6 Nr. 2 VOB/B erforderlich, nach unserer nicht (Mindermeinung!). Auf eine solche wissenschaftliche Meinung darf man nicht »praktisch« vertrauen – also vorher ankündigen!*

2. Betondecke

In der Herausnahme der 40 m² liegt eine Teilkündigung des Auftraggebers gemäß § 8 Abs. 1 VOB/B.

Das bedeutet:
Der Auftragnehmer kann für die volle vertragliche Menge von 150 m² Vergütung verlangen. Soweit er die 40 m² jedoch nicht ausgeführt hat, muss er sich ersparte Aufwendungen abziehen lassen.

C. Vergütung bei Leistungsänderungen (»Nachträge«)

1. Das System der VOB/B – Anknüpfung an den Veranlasser

Solange der Auftragnehmer genau das baut, wozu er vertraglich verpflichtet ist **37** (»Bausoll«, siehe Rdn. 28), erhält er natürlich auch (nur) die vertraglich vereinbarte Vergütung. Weicht dagegen das ausgeführte Bauwerk (»Bauist«) von dem vertraglich vorgesehenen ab, stellt sich die Frage, ob der Auftragnehmer für die Leistungsänderung auch eine geänderte Vergütung erhält (dazu Rdn. 38 ff.). Alle nachfolgenden Ausführungen gelten sowohl für Einheitspreisverträge wie für Pauschalverträge; Letzteres regelt § 2 Abs. 7 Nr. 2 VOB/B auch ausdrücklich, wenn auch dort die Anwendbarkeit von § 2 Abs. 8 VOB/B vergessen worden ist.

Die VOB/B unterscheidet danach, **wer** die Leistungsänderung **veranlasst** hat.

Das Bauist kann vom Bausoll abweichen,

- weil der Auftrag**geber** nach Vertragsschluss eine geänderte oder zusätzliche Leistung **verlangt** hat (»**Anordnung**«, § 1 Abs. 3, 4 VOB/B, Vergütung § 2 Abs. 5, 6 VOB/B) und der Auftragnehmer diese Anordnung ausgeführt hat

oder

- weil der Auftrag**nehmer eigenmächtig** vom Bausoll abgewichen ist (Vergütung ggf. § 2 Abs. 8 VOB/B – dazu Rdn. 68 ff.).

---

55 Kapellmann/Schiffers, Band 1, Rdn. 517, zustimmend Werner/Pastor, Bauprozess, Rdn. 1168, Fn. 193.

2. Voraussetzung für jeden Nachtrag: Abweichung des Bauist vom Bausoll

a) Bausoll (Bauinhalt, Bauumstände)

38 Es liegt auf der Hand, dass der Feststellung einer Bausoll-Bauist-**Abweichung** als Voraussetzung eines jeden Nachtrags die Feststellung des **Bausolls** vorausgehen muss. Dazu ist die »Totalität« aller Vertragsbestandteile heranzuziehen, wie schon unter Rdn. 28 erläutert.

Das Bausoll betrifft einmal den »**Bauinhalt**«, also die Frage, »was« der Auftragnehmer im Einzelnen bauen muss. Der Vertrag regelt aber im Regelfall auch einzelne »**Bauumstände**« (oben Rdn. 28), also die Frage, »wie« der Auftragnehmer bauen muss oder von welchen Randbedingungen er ausgehen darf, z.B. die Bauzeit, die Erstellung eines Umbaus »unter Betrieb«, die Benutzung einer bestimmten Straße für die Baulogistik oder von Schienentransport – ist die Straße nicht benutzbar, ist das eine – vergütungspflichtige – Bausoll-Bauist-Abweichung.[56] Dazu gehört auch das vom Auftraggeber gestellte geotechnische Gutachten. Wenn es die Beschaffenheit des **Baugrunds** falsch beschreibt, ist das eine Bausoll-Bauist-Abweichung.[57] Dasselbe gilt für die vom Auftraggeber anzuwendende **Baumethode**: Ohne vertragliche Regelung entscheidet über deren Einsatz alleine der Auftragnehmer. Schreibt aber der Auftraggeber die einzusetzende Methode vor, so ist deren Eignung Bausoll.[58]

b) Einheitspreisvertrag, Pauschalvertrag

39 Der Auftraggeber kann das Bausoll ganz unterschiedlich definieren. Er kann es bis in jede Kleinigkeit beschreiben, er kann es aber auch ganz global definieren (»Bau einer Heizungsanlage«). Es liegt auf der Hand, dass die Bausolldefinition bei entsprechender **Detaillierung** eindeutig ist, aber bei nur **funktionaler Definition Raum für unendliche Zweifelsfragen** lässt. **Schätzungsweise 70 % aller größeren Bauprozesse drehen sich nur um diese Frage.**

Den Prototyp der detaillierten Leistungsbeschreibung stellt der **Einheitspreisvertrag** (§ 2 Abs. 2 VOB/B) dar. Der Auftraggeber lässt durch seinen Architekten die **Ausführungsplanung** erstellen (so auch § 3 Abs. 1 VOB/B, wenn nichts Abweichendes vereinbart ist), die so genau sein muss, dass sie zur »Aus-

56 BGH »Eisenbahnbrücke«, BauR 1999, 897; Kniffka/Koeble, Kompendium, Teil 5 Rdn. 75; Kapellmann/Messerschmidt, VOB/B § 2 Rdn. 33–36.
57 Einzelheiten Kapellmann/Messerschmidt, VOB/B § 2 Rdn. 41–44. Die Bewältigung der richtig angegebenen Beschaffenheit ist alleine Sache des Auftragnehmers. Es gibt keinen allgemeinen Grundsatz, dass der Auftraggeber das sog. »Baugrundrisiko« trüge, zutreffend Kuffer, NZBau 2006, 1.
58 BGH »Bistroküche«, BauR 2008, 1131 m. Anm. Leinemann = NZBau 2008, 437 (siehe Rdn. 1 Entscheidung Nr. 1); BGH »Dachdeckergerüste«, NJW 2006, 3416 m. Anm. Kapellmann; BGH »Ausführungsart«, BauR 1999, 37.

führungsreife« führt (§ 15 Abs. 2 Nr. 5 HOAI); sie wird in ein entsprechend detailliertes **Leistungsverzeichnis** mit einzelnen **Positionen** umgesetzt.

Was im Detail geregelt ist, ist maßgebend; **was fehlt, ist auch nicht Bausoll** und braucht ohne zusätzliche Anordnung und Vergütung nicht gebaut zu werden. **Sowohl für die Richtigkeit wie auch die Vollständigkeit spricht eine Vermutung.** Sie entspricht der Funktionsverantwortung des Auftraggebers für das von ihm gewählte System, das eine **vollständige** Leistungsbeschreibung verlangt und erwarten lässt.[59]

Der Auftraggeber muss beweisen, dass eine Leistung von der Detaillierung umfasst ist, wenn das streitig ist.

Beim Einheitspreisvertrag wird – wie erwähnt – nach tatsächlicher (ausgeführter) Menge bezahlt (oben Rdn. 33).

Beim **Pauschalvertrag** wird dagegen nach einer vorher festgelegten Summe, dem Pauschalpreis, gezahlt (§ 2 Abs. 7 Nr. 1 Satz 1 VOB/B). Aber hinsichtlich der **Definition des Bausolls** kann ein **Pauschalvertrag ganz unterschiedlich** aufgebaut sein: **40**

Er kann die Leistung genauso detailliert mit allen Einzelheiten beschreiben wie beim Einheitspreisvertrag, wobei die Detaillierung nicht unbedingt per Text erfolgen muss; genauso genügt die Ausführungsplanung.

In einer groben Einteilung nennen wir diesen Typ des Pauschalvertrags

Detail-Pauschalvertrag.

Da ihn nur die Vergütungsmethodik vom Einheitspreisvertrag unterscheidet, aber nicht die Art der Bausoll-Definition, gelten bei ihm für die Feststellung des Bausolls dieselben Regeln wie beim Einheitspreisvertrag: **Für die Richtigkeit und Vollständigkeit** spricht eine **Vermutung**. Was **nicht detailliert** geregelt ist, braucht ohne Anordnung und zusätzliche Vergütung auch **nicht ausgeführt** zu werden.[60] Auch hier trägt der Auftraggeber die Beweislast für die Behauptung, eine Leistung sei von der Detaillierung umfasst.[61]

Auftraggeber versuchen oft, den Auftragnehmer über die Detaillierung hinaus zu allen »erforderlichen« Leistungen ohne Mehrvergütung durch eine sog. »**Komplettheitsklausel**« zu verpflichten. Das verstößt gegen die Funktionsver-

---

59 BGH »Dachdeckergerüste«, NJW 2006, 777 m. Anm. Kapellmann; Leupertz, in: Messerschmidt/Voit, Privates Baurecht, K Rdn. 10; Markus, BauR 2004, 180; Werner/Pastor, Bauprozess, Rdn. 1132; Kapellmann/Messerschmidt, VOB/B § 2 Rdn. 105–108.

60 Speziell zum Detail-Pauschalvertrag, Kapellmann/Schiffers, Band 2, Rdn. 238 ff.; Kuffer, in: Heiermann/Riedl/Rusam, VOB/B § 2 Rdn. 225; Leinemann, VOB/B § 2 Rdn. 405

61 BGH BauR 1971, 124; OLG Düsseldorf IBR 2008, 633; Jansen, in: Beck'scher VOB-Kommentar zur VOB, Teil B § 2 Nr. 7 Rdn. 107; Kuffer, a.a.O Rdn. 231.

antwortung des Auftraggebers und ist in »Allgemeinen Geschäftsbedingungen« unwirksam.[62]

41 Der Auftraggeber kann aber auch eine andere Methode der Leistungsbeschreibung beim Pauschalvertrag wählen, er kann die Vertragsleistung auch nur funktional – im Prinzip also ohne Detaillierung – beschreiben, also eben als »eine Heizungsanlage«.

Diesen Vertragstyp nennen wir

Global-Pauschalvertrag.

Beim **Typ Global-Pauschalvertrag** ist die Leistung jedenfalls in Teilbereichen global, d.h. nur durch allgemeine Beschreibungen bestimmt. Prototyp: Ausschreibung »nach Leistungsprogramm« (funktionale Ausschreibung), § 7 Abs. 13–15 VOB/A.

Beispiel: Vereinbart ist »Wasserhaltung« ohne nähere Differenzierung. Dann schuldet der Auftragnehmer die Leistung, die zur Erzielung des vereinbarten Leistungserfolgs nötig ist – welche, kann er aussuchen;[63] also gibt es insoweit praktisch kaum Leistungsänderungen oder zusätzliche Leistungen, also auch keine zusätzliche Vergütung. Aber selbst dann umfasst das Bausoll beim **öffentlichen** Auftraggeber (!) wegen § 7 Abs. 1 Nr. 3 VOB/A **nicht** solche Leistungen, die für den Auftragnehmer bei Angebotsprüfung ›nach Empfängerhorizont‹ nicht als normales Wagnis erkennbar waren, sondern die nur aus einem »**ungewöhnlichen Wagnis**« resultieren.[64] Beim **privaten** Auftraggeber kann in solchen Fällen u.U. wenigstens eine »Störung der Geschäftsgrundlage« in Betracht kommen (siehe Rdn. 69).

Da ein Global-Pauschalvertrag notwendigerweise, um bauen zu können, eine (nach Vertragsschluss zu treffende) Entscheidung verlangt, was **im Einzelnen** gebaut werden soll, führt ein solcher Vertragstyp dazu, dass **planerische** Aufgaben und damit Bausoll-Festlegungen (Ausführungsplanung!) auf den **Auftragnehmer** übertragen werden, wenn der Vertrag nichts Gegenteiliges regelt. In solchen Fällen hat deshalb der **Auftragnehmer** das Recht (und die Pflicht), die Detaillierung der im Vertrag nur global beschriebenen Inhalte festzulegen. Natürlich muss der Auftragnehmer dabei – schon wegen der Mängelhaftung – die anerkannten Regeln der Technik wahren und zwingende öffentlich-rechtliche Vorschriften beachten, aber im Übrigen **entscheidet** er, also z.B. über ungeregelte Ausstattungsdetails. Er muss dabei lediglich den »Gesamtstandard« des Objekts wahren. Seine Entscheidungen begründen das Bausoll.

---

62 Allgemeine Meinung, z.B. OLG München BauR 1990, 776; Leupertz, in: Messerschmidt/Voit, Privates Baurecht, K Rdn. 22; Markus, in: Markus/Kaiser/Kapellmann, AGB-Handbuch Bauvertragsklauseln, Rdn. 194 ff.

63 BGH »Wasserhaltung I«, BauR 1992, 759.

64 BGH »Wasserhaltung II«, BauR 1994, 236; BGH »Auflockerungsfaktor«, BauR 1997, 466, s. auch oben Rdn. 35.

Nachträgliche Abweichungen des Auftrag**gebers** von diesen vom Auftragnehmer vertragsgemäß entschiedenen Details sind Anordnungen über geänderte oder zusätzliche Leistungen und können zur Mehrvergütung führen.

Ein Prototyp des Global-Pauschalvertrags ist der **Schlüsselfertigbau,** der in vielen Varianten vorkommt. Typisch: Auftraggeberseitig werden Entwurfspläne und Baugenehmigung vorgelegt und eine knappe Baubeschreibung. Der Auftragnehmer muss vertragsgemäß die Ausführungsplanung selbst erstellen und danach bauen.[65] In diesem Fall ist eine **Komplettheitsklausel** auch in AGB des Auftragnehmers unbedenklich, denn das ist ja genau das, was mit dem Begriff »schlüsselfertig« vereinbart ist: volle Funktionsfähigkeit.

In **reiner Form**, also einer nur funktionalen Leistungsbeschreibung ohne jegliche auftraggeberseitige Detaillierung, kommt ein Global-Pauschalvertrag nicht sehr häufig vor. Meistens enthält der Vertrag auftraggeberseitig teils globale, teils detaillierte Angaben. Für die **Bausollbestimmung bei einer solchen teil-funktionalen Systematik** gilt: Für den jeweiligen Teil gelten die jeweiligen Regeln. Soweit also beim Schlüsselfertigbau die Teilleistung »Heizung« nur so ausgeschrieben ist, gelten die unter Rdn. 41 dargestellten Grundsätze. Soweit beim selben Schlüsselfertigbau für den Rohbau auftraggeberseitig ein detailliertes Leistungsverzeichnis (und/oder eine Ausführungsplanung) vorgelegt wird, gelten die Regeln des Detail-Pauschalvertrages: Was im Detail geregelt ist, ist maßgebend; was fehlt, was der Auftraggeber also im Rahmen der Detaillierung vergessen hat, braucht der Auftragnehmer nicht ohne zusätzliche Vergütung zu erstellen. **Insoweit** ist es also unerheblich, ob die fehlende Leistung für das Gesamtvorhaben notwendig ist oder nicht – für den detaillierten Bereich spricht auch hier wegen der insoweit vom Auftraggeber zu tragenden Funktionsverantwortung eine **Richtigkeits-** und **Vollständigkeits**vermutung. In früheren Entscheidungen hatte die Rechtsprechung hier gemeint, die Leistungsbeschreibung enthalte **eine erkennbare Lücke,** die der Auftragnehmer vor Vertragsschluss aufklären müsse; tue er das nicht, müsse er auf seine Kosten vervollständigen. Dieses Begründungsmuster hat der Bundesgerichtshof **ausdrücklich aufgegeben.**[66]

Überhaupt hat der Bundesgerichtshof zu diesem Themenbereich mehrere grundsätzliche Entscheidungen im vorerwähnten Sinn getroffen: **Geregelte Details entscheiden.** Wenn also über die VOB/B die VOB/C Vertragsinhalt geworden ist, sind die Bestimmungen der VOB/C über Nebenleistungen und Besondere Leistungen maßgeblich.[67] Oder: Wenn der Vertrag zur Definition fachlich eingeführte Begriffe verwendet, z.B. »Ausführungsplanung«, so ist der Leistungsumfang anhand der Definition der HOAI zu entscheiden und

42

---

65 Einzelheiten Kapellmann, Schlüsselfertiges Bauen.

66 BGH »Bistroküche«, BauR 2008, 1131 m. Anm. Leinemann = NZBau 2008, 437 (siehe Rdn. 1 Entscheidung Nr. 1).

67 BGH »Dachdeckergerüste«, NJW 2006, 3416 m. Anm. Kapellmann.

nicht nach im Vertrag nicht benannten generellen Notwendigkeiten des Projekts.[68] Wenn der Bestandteil einer funktionalen Leistungsbeschreibung ein beigefügter Grundrissplan ist, so ist er für die Bearbeitung des Leistungsumfangs maßgeblich, auch dann, wenn der Vertrag die Errichtung einer zugehörigen Lüftungsanlage »je nach Erfordernis« verlangt; nachträgliche Änderungen führen zur Bausoll-Bauist-Abweichung, wenn sich dadurch die Dimensionierung der Lüftungsanlage ändert.[69]

Auch hier trifft hinsichtlich der detaillierten Bereiche den Auftraggeber die Beweislast dafür, dass die Leistung, die er verlangt, Bestandteil der Detaillierung ist.

Soweit der Auftrag**nehmer** die Funktionsverantwortung trägt, soweit **er** also beispielsweise ausnahmsweise die Ausführungsplanung erstellt hat, muss er auch eine vollständige Leistung erbringen; wenn etwas fehlt, muss deshalb er beweisen, warum diese Leistung ausgeschlossen sein soll.

c) Auslegung nach dem Empfängerhorizont bei Unklarheit oder Widersprüchen

43 Unabhängig vom Vertragstyp sind einzelne Begriffe der Leistungsbeschreibung oft **unklar** oder **widersprüchlich** zu anderen Vertragsbestandteilen.

Wie eine Ausschreibung und damit ein Vertrag aussehen soll, regelt durchaus modellhaft § 7 VOB/A als Vergabevorschrift für den öffentlichen Auftraggeber, die als Auslegungshilfe auch bei Verträgen privater Auftraggeber herangezogen werden darf, ausgenommen § 7 Abs. 1 Nr. 3 VOB/A, der nur dem **öffentlichen** Auftraggeber verbietet, dem Auftragnehmer ein »ungewöhnliches Wagnis« aufzuerlegen.

§ 7 VOB/A Abs. 1 bis 8 bezieht sich dabei auf die Ausschreibungsmethodik unabhängig vom gewählten Typ des Leistungsvertrages, § 7 VOB/A Abs. 9 bis 12 enthält Vorgaben für eine Ausschreibung »mit Leistungsverzeichnis« (= Einheitspreisvertrag), Abs. 13 bis 15 Vorgaben für eine Ausschreibung »mit Leistungsprogramm« (= Global-Pauschalvertrag).

44 **Widersprechen** sich einzelne Vertragsbestandteile, z.B. die »Zusätzlichen Vertragsbedingungen ZVB« und die »Besonderen Vertragsbedingungen BVB«, so legt § 1 Abs. 2 VOB/B für unterschiedliche Vertragskategorien eine **Geltungsreihenfolge** fest. So gehen z.B. »Zusätzliche Vertragsbedingungen« den »Allgemeinen Vertragsbedingungen für die Ausführung von Bauleistungen (= VOB/B)« vor; vorrangig ist die speziellere Regelung.

Innerhalb der **Leistungsbeschreibung** gibt es (oft) die »Baubeschreibung« und das »Leistungsverzeichnis (LV)«, ebenso gegebenenfalls für die Ausfüh-

---

68 BGH »Hauptbahn Lehrter Bahnhof/Berlin«, NZBau 2007, 653.
69 BGH »Bistroküche«, siehe Fn. 67.

rung maßgebende Zeichnungen (Pläne). LV und Zeichnungen gehören also in dieselbe Kategorie »Leistungsbeschreibung«, deshalb nützt z.b. bei Widersprüchen zwischen Text des LV und Zeichnungen die Reihenfolgeregel des § 1 Abs. 2 VOB/B nichts. Grundsätzlich gilt hier, dass entsprechend § 7 Abs. 10 VOB/A die für die Ausführung **maßgebenden** Pläne **eindeutig zu bezeichnen** sind, d.h. insbesondere auch, dass sie an der richtigen Stelle zu erwähnen sind, nämlich dort im Text des LV, wo es für die Bestimmung des Bausolls auf diese Pläne ankommen soll. Sind die Pläne so als maßgebend erkennbar, enthalten sie die vorrangige, speziellere Regelung z.b. gegenüber den Vorbemerkungen eines LV. Sind dagegen Zeichnungen (Pläne) ohne besondere Erwähnung an **passender** Stelle beigefügt und widersprechen sich der Inhalt der Vertragstexte (z.B. LV) und der Pläne, so geht (auch) beim **Einheitspreisvertrag** der formulierte Text vor,[70] solange nicht **greifbare**, mit durchschnittlicher Sorgfalt der Bieter erkennbare Anhaltspunkte für ein Misstrauen in den Text bestehen (eben wegen der »Vollständigkeitsvermutung«, Rdn. 40). Beim »**Detail-Pauschalvertrag**« (siehe Rdn. 40) gilt dasselbe,[71] beim »**Global-Pauschalvertrag**« (siehe Rdn. 41) geht der Text ohnehin im Zweifel den Plänen vor.[72]

Der Bieter darf bei **jedem** Vertragstyp von der **Richtigkeit** der auftrag**geber**seitigen Angaben in der Ausschreibung ausgehen, z.b. hinsichtlich der vorzufindenden Bodenklassen. **45**

Ansonsten gibt es für die Auslegung eines »unklaren« Vertragswerks und für die Prüfpflichten des Bieters, insbesondere die Behandlung von Widersprüchen, eine ganze Reihe von Kriterien.[73]

Das maßgebliche, »richtige« Bausoll ist **durch Auslegung** »nach dem Empfängerhorizont der Bieter« zu bestimmen. »Empfängerhorizont der Bieter« bedeutet, dass der Vertrag so auszulegen ist, wie die Bieter ihn bei durchschnittlicher Sorgfalt unter Berücksichtigung eines ja nur relativ kurzen Angebotsbearbeitungszeitraumes verstehen können; was z.b. nur ein Sachverständiger nach monatelangem Aktenstudium als Auslegung eines technischen Textes herausfindet, braucht ein Bieter nicht zu erkennen. Was der Bieter **nicht** zu erkennen braucht, wird erst gar **nicht** »Bausoll«.

---

70 BGH »Text vor Plänen«, NZBau 2003, 149; Kapellmann/Schiffers, Band 1, Rdn. 201–205. Die Begründung liegt darin, dass der Text aus den Plänen entwickelt wird und somit die »aktuellere« Darstellung der verlangten Leistung ist.
71 Kapellmann/Schiffers, Band 2, Rdn. 248–250, 253 ff.
72 A.a.O., Rdn. 493.
73 Zum Beispiel: »Der **Wortlaut** bleibt maßgebend« (BGH »Auflockerungsfaktor«, BauR 1997, 466); »**Speziell vor Allgemein**«; maßgebend ist der »**Empfängerhorizont**« aller angesprochenen Bieter (BGH »Wasserhaltung II«, BauR 1994, 236 und ständig); »**Zweifel gehen zu Lasten des Ausschreibenden**« – Einzelheiten Kapellmann/Messerschmidt, VOB/B, § 2 Rdn. 123.

Beispiele:

BGH »Auflockerungsfaktor«, BauR 1997, 466: Ist »zu lieferndes Tonmaterial« abzurechnen nach einer Position für »Boden«?

Nein, sagt der Bundesgerichtshof mit Recht: Unter »Bodenposition« – also einer Abrechnungsposition für **Boden** (der folglich noch »als Boden« **vorhanden** sein muss) – kann nicht die Anlieferung von **lose** zu **lieferndem** Material abgerechnet werden.

Oder:

Wird unter Verwendung des Standard-Leistungsbuches ausgeschrieben, das für Sonderformen von Schalung auch Sonderpositionen vorsieht, und lautet die ausgeschriebene Position nur »Wandschalung«, so ist damit nicht die Sonderform »einhäuptige Schalung« erfasst.[74]

Für **öffentliche Auftraggeber**, die die **VOB/A** anwenden und anwenden müssen, gilt:

a) Wenn eine Ausschreibung unklar oder ungenau ist, muss sie so ausgelegt werden, dass sich eine VOB/A-konforme Ausschreibung ergibt (also zu Lasten des Auftraggebers).[75]

b) Ungewöhnliche Wagnisse werden (wegen § 7 Abs. 1 Nr. 3 VOB/A) nicht Bausoll, BGH »Wasserhaltung II«, BauR 1997, 466.

46 Ergibt somit die Auslegung des Vertrages, dass das Bausoll nur **den** Leistungsinhalt (Bausoll) umfasst, den der Bieter berechtigterweise zugrunde gelegt hat, will aber der Auftraggeber dennoch ein »**Mehr**« durchsetzen, so weicht er damit vom Bausoll ab und veranlasst eine geänderte oder zusätzliche Leistung, die gemäß § 2 Abs. 5, 6 VOB/B (gegebenenfalls auch nach § 2 Abs. 8 VOB/B bei fehlender Anordnung) zu vergüten ist; nach heute überholter Auffassung gab die Rechtsprechung früher statt dieses zusätzlichen Vergütungsanspruches einen Schadensersatzanspruch gegen den Auftraggeber aus Verschulden bei Vertragsverhandlungen (§ 311 Abs. 2 BGB).

Kann der Auftragnehmer die Unklarheit im Rahmen seiner nur auf »greifbare Fehler« gerichteten Angebotsprüfung (Rdn. 44) erkennen, muss er nachfragen. Hat er **positive Kenntnis** von den Unklarheiten oder Lücken, so hat er keine Mehrvergütungsansprüche gegen den Auftraggeber, wenn er das Bausoll ohne Berücksichtigung der Fehler bestimmt; hat er von den Unklarheiten oder Widersprüchen nur fahrlässig keine Kenntnis, hat der Auftragnehmer Ansprüche auf Mehrvergütung wegen Abweichung vom Bausoll,[76] die aber unter Umständen analog § 254 BGB eingeschränkt sein können.

---

74 Kapellmann/Schiffers, Band 1, Rdn. 207.

75 BGH »Eisenbahnbrücke«, BauR 1999, 897; Kniffka/Koeble, Kompendium, Teil 5 Rdn. 75.

76 OLG Koblenz BauR 2001, 1442 = NZBau 2001, 633; Kapellmann/Schiffers, Band 1, Rdn. 246 ff., 255–264.

Bei der Auslegung von Unklarheiten im Vertrag und bei der Beurteilung der Prüfpflichten des Bieters kommt es immer nur auf »**durchschnittliche Sorgfalt**« der Bieter an; die Prüfung ist »kalkulationsbezogen«, keine Neuplanung.[77]

d) Leistungsänderungen auf Anordnung des Auftraggebers

Laut BGB kann eine Vertragspartei grundsätzlich einen einmal geschlossenen **47** Vertrag **nicht** nachträglich **einseitig** verändern. Die VOB/B gibt nur dem **Auftraggeber** – nicht dem Auftragnehmer! – aufgrund eines in § 1 Abs. 3, 4 VOB/B enthaltenen **Änderungsvorbehalts** dagegen ein vertragliches Recht, nachträglich die Erstellung geänderter oder zusätzlicher Leistungen – also eine Bausoll-Bauist-Abweichung – einseitig anzuordnen und durchzusetzen; der Auftragnehmer **muss** dieser Anordnung folgen.

Die VOB/B unterscheidet insoweit zwischen geänderten und zusätzlichen Leistungen.

aa) Geänderte Leistungen

§ 1 Abs. 3 VOB/B lautet:

> »*Änderungen des Bauentwurfs anzuordnen, bleibt dem Auftraggeber vorbehalten.*«

Das ist eine sprachlich missverständliche Vorschrift. Gemeint ist: Der Auftraggeber darf seine Planung ändern **und** die daraus folgende **Änderung der Ausführung** auch ohne Zustimmung des Auftragnehmers von diesem verlangen. Die daraus resultierende »geänderte Leistung« führt allerdings konsequenterweise auch zu einer geänderten Vergütung; dieser Anspruch auf geänderte Vergütung ist ebenso »einseitig« wie das Anordnungsrecht des Auftraggebers; der Vergütungsanspruch entsteht bei Ausführung der geänderten Leistung also, **ohne** dass sich die Parteien auf eine Mehrvergütung dem Grunde oder der Höhe nach geeinigt hätten müssen – ungeachtet des Wortlauts, wonach **vor** Ausführung ein neuer Preis vereinbart werden soll. Diese Vergütung regelt **§ 2 Abs. 5 VOB/B.**

§ 1 Abs. 3 VOB/B gibt dem Auftraggeber **nur** das Recht, Änderungen des **Bau-** **48** **entwurfs** anzuordnen. Der Begriff ist eindeutig: Er betrifft **nur den Bauinhalt**, das »Was« des Bauens, aber nicht die Bauumstände, das »Wie« des Bauens.[78] Wenn der Auftraggeber die Änderung einer Fenstergestaltung anordnet, verän-

---

77 Kapellmann/Schiffers, Band 1, Rdn. 210.

78 Kapellmann/Schiffers, Band 1, Rdn. 784, 785; insoweit auch Thode, ZfBR 2004, 214; von Rintelen, in: Kapellmann/Messerschmidt, VOB/B § 1, Rdn. 53–59 ff.; Leinemann, VOB/B § 6, Rdn. 6; Kimmich, BauR 2008, 263; Markus, NJW 2007, 545.

dert er den Bauentwurf. Wenn er aber einen Baustopp von 3 Wochen anordnet, bleibt der Bauentwurf unverändert, es ändert sich nur das »Wie« des Bauens. Das Anordnungsrecht des § 1 Abs. 3 VOB/B generell auf Änderungen der Bauumstände auszudehnen, ist deshalb eine unzulässige Vergewaltigung des Wortlauts (dazu Rdn. 50, Fn. 81).

Anordnungen des Auftraggebers zum **Bauinhalt** sind also gemäß § 1 Abs. 3 VOB/B vertraglich erlaubt, somit rechtmäßig.

49 Wenn § 1 Abs. 3 VOB/B dem Auftraggeber also auch **kein** Recht gibt, **generelle** Anordnungen zu **Bauumständen** anzuordnen, so bleibt doch insoweit ein schmaler Bereich, in dem der Auftraggeber auch hinsichtlich des »Wie« ein Anordnungs**recht** hat, nämlich hinsichtlich **technisch zwingend notwendiger** Entscheidungen: Wenn vertraglich vorgesehen ist, dass der Auftragnehmer die öffentliche Durchfahrtsstraße x benutzt und die Gemeinde diese sperrt, dann ist der Auftragnehmer unter dem Gesichtspunkt der **Kooperationspflicht** eben verpflichtet, einer Anordnung des Auftraggebers zu folgen, die Straße y zu benutzen.

Oder anders ausgedrückt: Es kann nicht vertragswidrig sein, wenn der Auftraggeber vom Auftragnehmer verlangt, sich einer technisch **unabänderlichen** Situation anzupassen.[79]

50 Allerdings bildet dieses auf technisch zwingender Notwendigkeit beruhende Anordnungsrecht zu Bauumständen die Ausnahme: Es gibt keine Kooperationspflicht des Auftragnehmers, **beliebige** Anordnungen des Auftraggebers zu Bauumständen auszuführen, mit denen der Auftraggeber lediglich sein Investitions-Risiko auf den Auftragnehmer abwälzen will.[80] Insbesondere hat deshalb der Auftraggeber **kein** Recht, **einseitig die vereinbarte Bauzeit zu verändern,** insbesondere hat er also auch **kein Recht,** eine **Beschleunigung** anzuordnen.[81] Insoweit ist über den eindeutigen Wortlaut (»Bauentwurf«) hinaus von Bedeutung, dass der Entwurf zur VOB/B 2006 die Einführung eines zeit-

---

Anderer Ansicht, aber aus den genannten Gründen nicht überzeugend: Zanner/Keller, NZBau 2004, 353.

Zum Begriff »Bauumstände« oben Rdn. 38.

79 Deshalb ist es nicht richtig, mit Thode, ZfBR 2004, 214 **jede** andere als die bloße Inhaltsänderung für vertragswidrig zu halten. Wie hier Kimmich, BauR 2008, 263; Armbrüster/Wickert, NZBau 2006, 153, 159.

80 Deshalb geht es umgekehrt viel zu weit, unter Missachtung des Wortlauts des § 1 Abs. 3 VOB/B dem Auftraggeber ein (praktisch) unbegrenztes Recht zu beliebigen Änderungen hinsichtlich der Bauumstände einzuräumen, so aber Zanner/Keller, NZBau 2004, 353; Kniffka, IBR Online-Kommentar, § 631, Rdn. 232.

81 Ganz h.L., z.B. BGH NJW 1968, 1234; OLG Jena NZBau 2005, 341; Kapellmann/Schiffers, Band 1, Rdn. 787, 800, 1333; Leinemann, VOB/B § 6, Rdn. 50; Locher/Sienz, in: Ingenstau/Korbion, VOB/B Anhang 1, Rdn. 13; Leinemann/Schoofs, VOB/B § 2, Rdn. 95; Markus (s. Fn. 82); Kimmich, BauR 2008, 263; anders Kniffka, a.a.O., Rdn. 235, 236 »nach Treu und Glauben«.

lichen Anordnungsrechts des Auftraggebers vorsah. Der Vergabe- und Vertragsausschuss hat diese Änderung abgelehnt. Die Schlussfolgerungen sind eindeutig: Wenn die bisherige Fassung von § 1 Abs. 3 VOB/B schon ein zeitliches Anordnungsrecht des Auftraggebers ermöglicht hätte, hätte keine Neuregelung eingeführt werden müssen. Nachdem der Vergabe- und Vertragsausschuss die Einführung dieser Neuregelung ausdrücklich abgelehnt hat, gibt es erst recht keinen Zweifel, dass die VOB/B ein zeitliches Anordnungsrecht **nicht** vorsieht.[82]

Die Unterscheidung zwischen **erlaubter** und **nicht erlaubter** Anordnung des **51** Auftraggebers ist in doppelter Hinsicht von Bedeutung:

- Vertraglich erlaubte Anordnungen **muss** der Auftragnehmer ausführen (Vergütung: § 2 Abs. 5 VOB/B, s. Rdn. 60 ff.).
- Vertraglich **nicht** erlaubte Anordnungen braucht der Auftragnehmer **nicht** auszuführen: Er kann also z.B. eine angeordnete Beschleunigung verweigern. Praktisch bedeutet das, dass er mit dem Auftraggeber Einzelheiten einer gewünschten Beschleunigung und die entsprechende Mehrvergütung auf jeden Fall **ohne** Bindung an die bisherigen Grundlagen der Preisermittlung aushandeln kann und nur bei Einigung dann auch beschleunigen muss.

Die Vergütungspflicht folgt dann aus der Beschleunigungs**vereinbarung**.

Aber: Es kommt ständig vor, dass der Auftragnehmer eine vertraglich nicht erlaubte Anordnung ausführt, **ohne** an ein Leistungsverweigerungsrecht auch nur zu denken und/oder ohne (ausdrücklich) eine neue Vergütungsvereinbarung zu schließen – den subtilen Unterschied zwischen vertraglich erlaubter und vertraglich nicht erlaubter Anordnung wird der Auftragnehmer gar nicht kennen oder sich jedenfalls nicht auf Diskussionen dazu einlassen.[83] Die VOB/B hält für diesen Fall eine höchst sachgerechte **Sonderregelung** bereit: Der Auftraggeber muss auch in dem Fall, dass die Anordnung »rechtswidrig« war, dennoch kraft Sonderbestimmung des § 2 Abs. 5 für seine Anordnung als so genannte »andere Anordnung« gerade stehen und **Vergütung** zahlen, **wahlweise** kann der Auftragnehmer aber in diesem Fall auch Schadensersatz nach § 6 Abs. 6 Satz 1 VOB/B oder Entschädigung gemäß § 6 Abs. 6 Satz 2 VOB/B, § 642 BGB verlangen.[84]

---

82 Näher Markus, NJW 2007, 545 und NZBau 2006, 537.
83 Wenn der Auftraggeber **in Kenntnis** der Tatsache, dass der Auftragnehmer behinderungsbedingt eine Fristverlängerung beantragt, von diesem verlangt, er müsse »termingerecht« fertig werden, so ist das entgegen OLG Koblenz NZBau 2007, 517 und OLG Schleswig IBR 2007, 358 eine Beschleunigungsanordnung; zutreffend Kimmich, BauR 2008, 263; Kniffka, Online Kommentar, BGB § 631, Rdn. 423; Motzke, in: Beck'scher VOB-Kommentar, Teil B § 6 Abs. 1 Rdn. 68.
84 Herrschende Lehre: KG BauR 2008, 837; Kapellmann, in: Kapellmann/Messerschmidt, VOB/B § 6 Rdn. 57; Langen/Schiffers, Bauplanung, Rdn. 78; Kimmich, BauR 2008, 263.

52 Soweit der Auftraggeber nach den vorstehenden Ausführungen ein Recht auf Änderungsanordnungen hat, gibt es dafür bei § 1 Abs. 3 VOB/B nur eine Grenze: Es muss sich immer noch um eine Änderung der Planung und nicht um eine Neuplanung handeln.[85]

bb) Zusätzliche Leistungen

53 § 1 Nr. 3 VOB/B behandelt das Anordnungsrecht des Auftraggebers auf **geänderte** Leistungen; **§ 1 Abs. 4** regelt das Anordnungsrecht auf **zusätzliche** Leistungen:

> »4. Nicht vereinbarte Leistungen, die zur Ausführung der vertraglichen Leistung erforderlich werden, hat der Auftragnehmer auf Verlangen des Auftraggebers mit auszuführen, außer wenn sein Betrieb auf derartige Leistungen nicht eingerichtet ist. Andere Leistungen können dem Auftragnehmer nur mit seiner Zustimmung übertragen werden.«

Der Auftraggeber darf also zusätzliche Leistungen anordnen, sofern sie »zur Ausführung der Leistung **erforderlich** werden« (Vergütungsfolge: § 2 Abs. 6 VOB/B, s. Rdn. 60 ff.). Zum Unterschied zwischen geänderten und zusätzlichen Leistungen näher nachfolgend Rdn. 54. »Zusätzliche Leistungen« betreffen immer nur **bauinhaltliche** Ergänzungen und nicht etwa zeitliche Regelungen. **Erforderlich** sind solche Leistungen, wenn sie mit dem ursprünglichen Entwurf noch in technischem Zusammenhang stehen und – aus Sicht des Auftraggebers! – sinnvoll sind (1. Variante). Ordnet der Auftraggeber Leistungen, die zwar noch mit dem Entwurf in technischem Zusammenhang stehen, aber ansonsten **nicht erforderlich** (»andere Leistungen«) sind, an, so braucht der Auftragnehmer sie nicht auszuführen (2. Variante).

Diese Unterscheidung spielt in der Praxis keinerlei Rolle. Als 3. Variante kommt in Betracht, dass der Auftraggeber Leistungen anordnet, die weder erforderlich sind noch mit dem Entwurf in Verbindung stehen; das sind »**Anschlussaufträge**«.[86] Auch sie braucht der Auftragnehmer nicht auszuführen; wenn der Auftraggeber sie also realisiert haben will, muss er sich mit dem Auftragnehmer – auch über die Vergütung! – neu einigen. Führt der Auftragnehmer allerdings ohne neue Einigung auch solche Leistungen aus, wird er nach

---

85 Keldungs, in: Ingenstau/Korbion, VOB/B § 1 Abs. 3, Rdn. 9; Kapellmann/Schiffers, Band 1, Rdn. 791. Die Anordnung braucht nicht »billig« im Sinn von § 315 BGB zu sein, unrichtig Quack, ZfBR 2004, 107, dazu Kapellmann/Schiffers, a.a.O., Rdn. 790.

86 Beispiele für »Anschlussaufträge« bei Kapellmann/Schiffers, Band 1, Rdn. 796, 798, etwa Aufstockung um ein Dachgeschoss, BGH BauR 2002, 618.

§ 2 Abs. 6 VOB/B vergütet mit der Möglichkeit der Vergütungskorrektur wegen fehlerhafter Planung.[87]

Ansonsten gelten dieselben Grenzen wie bei § 1 Abs. 3 VOB/B (oben Rdn. 52).

cc) Abgrenzung zwischen geänderter und zusätzlicher Leistung und Bedeutung für die Praxis

Auf Anhieb kommt man nicht auf den Gedanken, dass es schwierig sei, zwischen **geänderter** und **zusätzlicher** Leistung zu unterscheiden. Tatsächlich ist das aber so: Wenn eine LV-Position Fliesen bis 1,40 m Höhe enthält und der Auftraggeber dann Fliesen bis zur Höhe von 1,80 m anordnet – ist das zusätzliche Leistung oder geänderte Leistung? (Antwort: Nach meiner Meinung zusätzliche Leistung, nämlich »angeordnete Mehrmenge«, siehe Rdn. 33, 55). **54**

Wenn der Auftraggeber eine Holztreppenkonstruktion durch eine Stahltreppe ersetzt – ist das geänderte Leistung »Holztreppe« oder kombiniert »zusätzliche Leistung Stahltreppe mit Teilkündigung Holztreppe«? (Antwort: Letzteres.[88])

Im Zweifelsfall ist für die Abgrenzung darauf abzustellen, ob sich die neue Leistung noch technisch-kalkulatorisch aus einer schon als Bausoll vorhandenen Leistung entwickeln lässt (dann geänderte Leistung) oder ob das z.B. angesichts eines völlig geänderten Produktionsverfahrens nicht mehr möglich ist (dann zusätzliche Leistung)[89].

Wenn anstelle der im Vertrag vorgesehenen Bodenklasse sich eine andere Bodenklasse an Ort und Stelle zeigt (z.B. schwerer Fels statt leichter Fels), ist das deshalb (wegen der völlig geänderten Arbeitsmethode) ein Fall von § 2 Abs. 6 VOB/B und nicht von § 2 Abs. 5 VOB/B.[90]

Wenn der Auftraggeber eine zusätzliche Leistung anordnet, die sich als »bloße Vermehrung« schon vorhandener Leistungen und Positionen darstellt (Parkplatz wird um 100 m² vergrößert), beurteilt sich – wie erwähnt – diese »angeordnete Mengenmehrung« nach § 2 Abs. 6 VOB/B, nicht nach § 2 Abs. 5 VOB/B und auch nicht nach § 2 Abs. 3 VOB/B – s.o. Rdn. 33, 54. **55**

Die (an sich nicht sinnvolle) Abgrenzung zwischen § 2 Abs. 5 und § 2 Abs. 6 ist (für den Praktiker) **nur** deshalb von **Bedeutung,** weil **§ 2 Abs. 6 VOB/B** verlangt, dass der zusätzliche Vergütungsanspruch **vor** Ausführung der zusätzlichen Leistung **angekündigt** wird. Die Ankündigung ist also **Voraussetzung** der Mehrvergütung für zusätzliche Leistungen. **56**

---

87 Kapellmann/Schiffers, a.a.O., Rdn. 797, Fn. 884, Rdn. 1039.
88 Kapellmann/Schiffers, Band 1, Rdn. 840.
89 Einzelheiten Kapellmann/Schiffers, Band 1, Rdn. 831 ff.
90 So auch BGH Schäfer/Finnern, Z 2.300, Bl. 12.

Kündigt der Auftragnehmer also den Anspruch auf Mehrvergütung nicht an, so erhält er grundsätzlich überhaupt **keine Vergütung** für die **Zusatz**leistung – anders bei § 2 Abs. 5: Bei **geänderten** Leistungen ist keine Ankündigung erforderlich, dort erhält der Auftragnehmer also auch Mehrvergütung, ohne davon vor Ausführung etwas gesagt zu haben.

57 Von dieser Ankündigungspflicht bei § 2 Abs. 6 VOB/B gibt es aber im Einzelfall eine Fülle schwer vorauszusagender **Ausnahmen,** so wenn die »Ankündigung im konkreten Fall für den Schutz des Auftraggebers entbehrlich ist« oder wenn »ihr Versäumnis ausnahmsweise entschuldigt ist«;[91] das sind problematische, in Rechtsprechung und Literatur unterschiedlich diskutierte Voraussetzungen, auf die man sich als Unternehmer **nicht verlassen** darf. Praktisch spielt die Ankündigungspflicht in § 2 Abs. 6 VOB/B zwar **kaum noch eine Rolle,** weil die Ausnahmen die Vorschrift durchlöchern wie Schweizer Käse; zudem muss der Auftraggeber nachweisen, dass er dann, wenn ihm die auszuführende zusätzliche Leistung angekündigt worden wäre, er (preisgünstigere) Alternativen angeordnet hätte.[92] Aber es ist immer eine außerordentlich aufwendige Arbeit, die Ausnahmen zu belegen und zu **beweisen** – und außerdem weiß niemand, was einem Gericht dazu gerade einfällt. Wir sind der Auffassung, dass die Einführung der Ankündigungspflicht in § 2 Abs. 6 VOB/B bei nicht »als Ganzes« vereinbarter VOB/B ohnehin AGB-rechtlich unwirksam ist, aber auch darauf darf man sich als Auftragnehmer nicht verlassen.[93]

58 Die **Empfehlung** lautet daher:

Gerade weil die Unterscheidung zwischen § 2 Abs. 5 und § 2 Abs. 6 VOB/B so schwierig und nahezu nicht prognostizierbar ist, bei § 2 Abs. 6 VOB/B aber die Ankündigung der Vergütungspflicht Voraussetzung für den Vergütungsanspruch ist – anders als bei § 2 Abs. 5 –, muss der Auftragnehmer sicherheitshalber **unbedingt** dafür sorgen, dass **unterschiedslos** sowohl bei **Änderungen** als auch bei **Zusatz**leistungen **immer** schriftlich ein Mehrvergütungsanspruch vor Ausführung angekündigt wird. **Dann** kann nichts passieren (also immer den »sichersten Weg« gehen, siehe Rdn. 2). Das sicherzustellen ist eine Frage der ordnungsgemäßen Baustellenorganisation.

Außerdem: In vielen Zusätzlichen Vertragsbedingungen findet sich die Regelung, dass **auch bei § 2 Abs. 5 VOB/B** ein Anspruch auf Mehrvergütung angekündigt werden muss. Solche Bedingungen sind **wirksam,** wenn der Ausschluss der Vergütung ohne vorherige Ankündigung ganz eindeutig geregelt ist.[94] Schon deshalb: **Nichts riskieren – ankündigen!**

---

91 BGH BauR 1996, 542.
92 BGH BauR 2002, 312.
93 Für Unwirksamkeit: Kapellmann, in: Kapellmann/Messerschmidt, VOB/B § 2, Rdn. 200; gegen Unwirksamkeit: Markus, in: Markus/Kaiser/Kapellmann, AGB-Handbuch Bauvertragsklauseln, Rdn. 72.
94 BGH BauR 1996, 542.

Es genügt die bloße Ankündigung, **dass** zusätzliche Vergütung verlangt wird, nicht genannt werden muss, wie viel. Ein »Preisangebot« ist für eine solche Ankündigung ohne besondere vertragliche Regelung trotz des Wortlauts des § 2 Abs. 5, 6 VOB/B nach unbestrittener Auffassung nicht erforderlich.

Das **Bautagebuch** bietet sich als Informationsmittel an (vgl. Rdn. 2), vorausgesetzt, dem Auftraggeber werden immer unverzüglich Kopien zugeleitet und Zugangsnachweise werden gesichert.

dd) Die Anordnung des Auftraggebers im Sinne von § 1 Abs. 3, 4 VOB/B

Sowohl § 1 Abs. 3 wie auch § 1 Abs. 4 VOB/B setzen eine **Anordnung** des Auf- **59** traggebers voraus. Die Anordnung ist eine einseitige, empfangsbedürftige Willenserklärung; sie bedarf, wenn nicht vom Auftraggeber ausgesprochen, zur Wirksamkeit einer Vollmacht. Geänderte Pläne sind z.b. ausdrückliche Anordnung, übrigens sogar schriftliche Anordnung.[95] Der Auftraggeber kann die Anordnung auch konkludent (durch schlüssige Handlung) geben. Auch wenn die Parteien sich über eine bestimmte Vorgehensweise einigen, genügt das als »Anordnung«, sofern es angesichts der Einigung noch darauf ankommt.

Ob es sich um eine Anordnung handelt, beurteilt sich alleine danach, ob der Auftraggeber den Auftragnehmer auffordert, eine bestimmte Leistung auszuführen. Der Auftraggeber braucht keinen »Vertragsänderungswillen« zu haben. Auch wenn er z.b. irrtümlich meint, auf die verlangte Leistung Anspruch auf kostenlose Ausführung zu haben, weil sie zum Bausoll gehöre, ändert das nichts; es kommt nicht auf die Motivation des Auftraggebers an.[96]

Da die Anordnung »einseitig« ist, kommt es auf eine Zustimmung des Auftragnehmers nicht an.

ee) Die Vergütung für angeordnete geänderte oder zusätzliche Leistungen, § 2 Abs. 5, 6 VOB/B

Wenn die VOB/B dem Auftraggeber ein **einseitiges**, also nicht von der Zustim- **60** mung des Auftragnehmers abhängiges Anordnungsrecht (oben Rdn. 59) auf Ausführung modifizierter Leistungen gibt, muss sie konsequenterweise dem Auftragnehmer für die Ausführung solcher Leistungen einen ebenso einseitigen, also nicht von der Zustimmung des Auftraggebers abhängigen Vergütungsanspruch einräumen und sie muss, weil die Parteien sich ja bei diesem System zwar auf einen Preis einigen können, aber nicht müssen, ein System

---

95 BGH BauR 1998, 874.
96 Beispiel: BGH »Bistroküche«, BauR 2008, 1131 = NZBau 2008, 437 (siehe oben Rdn. 1 Entscheidung Nr. 1); weiter OLG Dresden IBR 2006, 127; Merkens, in: Kapellmann/Messerschmidt, VOB/B § 4 Rdn. 25.

für die »Berechnung« einer solchen Vergütung einführen. Das tut sie in § 2 Abs. 5 für geänderte Leistungen:

> »5. Werden durch Änderung des Bauentwurfs oder andere Anordnungen des Auftraggebers die Grundlagen des Preises für eine im Vertrag vorgesehene Leistung geändert, so ist ein neuer Preis unter Berücksichtigung der Mehr- oder Minderkosten zu vereinbaren. Die Vereinbarung soll vor der Ausführung getroffen werden.«

Auf den ersten Blick wird deutlich, dass sich § 1 Abs. 3 VOB/B und § 2 Abs. 5 VOB/B nur **teilweise** decken: Werden durch »**Änderungen des Bauentwurfs**« (§ 1 Abs. 3 VOB/B) die Grundlagen des Preises für eine im Vertrag vorgesehene Leistung geändert, so greift § 2 Abs. 5 Satz 1 VOB/B Alternative 1 (»Änderung des Bauentwurfs«) ein: Die Vergütung wird angepasst. **Das** ist also das Pendant zu § 1 Abs. 3 VOB/B, der Anordnung **bauinhaltlicher** Änderungen.

Aber § 2 Abs. 5 Satz 1 hat auch noch eine 2. Alternative, das sind die »**anderen Anordnungen**« des Auftraggebers, mithin alle Anordnungen, die a) den Bauinhalt betreffen, aber wegen Überschreitung der Befugnisse nicht erlaubt sind, b) die **nicht** den Bauinhalt betreffen, also Anordnungen zu Bauumständen, seien sie ausnahmsweise als zwingend technisch notwendig erlaubt, seien sie – wie z.B. eine Beschleunigungsanordnung – nicht erlaubt. Dass also die VOB/B gerade auch für diese Anordnungen dennoch **Vergütung** gewährt, entspricht dem System der VOB/B, möglichst baupraktische Regelungen zu treffen.

Soweit der Auftraggeber vertraglich nicht erlaubte Anordnungen gegeben hat (die durch die dennoch erfolgte Ausführung der Leistung nur nachträglich hinsichtlich einer Vergütungsregelung gewissermaßen »legitimiert« wurden), kommen parallel auch Schadensersatzansprüche aus § 6 Abs. 6 Satz 1 VOB/B und Entschädigungsansprüche aus § 6 Abs. 6 Satz 2 VOB/B, § 642 BGB in Betracht (s. Rdn. 51, 100).[97]

61 § 1 Abs. 4 VOB/B und § 2 Abs. 6 VOB/B entsprechen sich dagegen vollständig: Für vom Auftraggeber gemäß § 1 Abs. 4 VOB/B angeordnete **zusätzliche** Leistungen erhält der Auftragnehmer gemäß § 2 Abs. 6 VOB/B zusätzliches Entgelt:

> »6. (1) Wird eine im Vertrag nicht vorgesehene Leistung gefordert, so hat der Auftragnehmer Anspruch auf besondere Vergütung. Er muss jedoch den Anspruch dem Auftraggeber ankündigen, bevor er mit der Ausführung der Leistung beginnt.

---

97 Parallele für die Vergütung »rechtmäßiger« wie auch »rechtswidriger« Anordnungen: §§ 4 Nr. 1 Abs. 4, 8 Nr. 2 Sätze 1 und 3 VOB/B, Einzelheiten Kapellmann/Schiffers, Band 1, Rdn. 799; s. im Übrigen Fn. 84.

(2) Die Vergütung bestimmt sich nach den Grundlagen der Preisermittlung für die vertragliche Leistung und den besonderen Kosten der geforderten Leistung. Sie ist möglichst vor Beginn der Ausführung zu vereinbaren.«

Anspruchsvoraussetzungen für die Vergütung geänderter oder zusätzlicher **62** Leistung gemäß § 2 Abs. 5, 6 VOB/B sind somit:

- Abweichung Bauist/Bausoll,
- Anordnung des Auftraggebers,
- Ursache der Anordnung im Risikobereich des Auftraggebers

– mehr nicht. Der »neue Preis« soll zwar gemäß § 2 Abs. 5 VOB/B vereinbart werden oder **ist** sogar gemäß § 2 Abs. 6 vor Ausführung zu vereinbaren, aber eine fehlende Vereinbarung hindert den Anspruch nicht.

Allerdings verlangt **§ 2 Abs. 6** abweichend von § 2 Abs. 5 VOB/B, dass der Vergütungsanspruch für zusätzliche Leistungen **vor** Ausführung **angekündigt** wird (dazu Rdn. 56, 57).

Ändern sich für die **geänderte** Leistung die Kosten des Auftragnehmers gegen- **63** über der ursprünglichen Leistung, so hat der Auftragnehmer Anspruch auf Bildung eines neuen Preises unter Berücksichtigung der Mehr- oder Minderkosten. Der neue Preis ist unter **Fortschreibung** der **Auftragskalkulation** zu bilden.[98]

Auch hier gilt: Soweit der alte Einheitspreis mit Verlust gebildet worden ist, setzt sich dieser Verlust auch im neuen Einheitspreis grundsätzlich fort, dazu gibt es aber Ausnahmen.[99]

Soweit in Allgemeinen Geschäftsbedingungen des Auftraggebers geregelt ist, dass eine Preisänderung für geänderte Leistungen entgegen § 2 Abs. 5 ausgeschlossen ist, ist eine solche Klausel unwirksam.

Die Mehrvergütung für **zusätzliche** Leistungen gemäß § 2 Abs. 6 VOB/B ist entsprechend der Berechnung bei § 2 Abs. 5 VOB/B möglichst **auf der Grundlage der Auftragskalkulation zu entwickeln,** was hier allerdings im Einzelfall deshalb schwierig sein kann, weil ja eine »neue« Leistung abzurechnen ist, für die es nur zum Teil verwendbare Kalkulationselemente aus der bisherigen Kalkulation geben wird.[100] Die »Struktur« der Kalkulation muss aber jedenfalls beibehalten werden; für neue Leistungen ohne Vergleichsbasis müssen für

---

98 Einzelheiten und Kalkulationsbeispiele Kapellmann/Schiffers, Band 1, Rdn. 1000 ff.; Band 2, Rdn. 1146 ff.

99 U.a. Verschiebung in einen späteren Ausführungszeitraum als vereinbart; Änderungen wegen mangelhafter planerischer Sorgfalt; OLG Koblenz BauR 2001, 1442 = NZBau 2001, 633; Kapellmann/Schiffers, Band 1, Rdn. 620 ff.

100 Einzelheiten Kapellmann/Schiffers, Band 1, Rdn. 1009–1011.

die Direkten Kosten ggf. »Marktpreise« gemäß § 632 Abs. 2 BGB eingesetzt werden, aber die Deckungsbeiträge bleiben wie in der Auftragskalkulation.

64 Speziell für den **Pauschalvertrag** noch einige Erläuterungen:

Fall 1: Der Leistungsbeschrieb ändert sich nicht, nur die ausgeführten Mengen

Der qualitative Leistungsinhalt ändert sich nicht, nur sind die ausgeführten Mengen größer oder kleiner als die »Vordersätze«, aber **ohne** dass das auf Eingriffe des Auftraggebers zurückzuführen wäre.

Beispiel: In einem LV sind (fälschlich, Ursache: nachlässige Mengenermittlung) 1000 m³ Beton vorgegeben, tatsächlich fallen 1150 m³ an, **ohne dass der AG neue** Anordnungen getroffen hätte. Das LV hatte also falsch berechnete Vordersätze. Dies führt im Regelfall nicht zu einem zusätzlichen Vergütungsanspruch des Auftragnehmers. Der Pauschalpreis **bleibt bindend** (Ausnahme je nach Fall: Vordersätze sind vom Auftraggeber vorgegeben und für den Auftragnehmer trotz Rückfrage unüberprüfbar, z.B. keine Ausführungsplanung vorhanden, die Mengen sind also vom Auftraggeber nur grob geschätzt).

Beim Einheitspreisvertrag wäre das der Fall des § 2 Abs. 3 VOB/B; die Mehrmenge würde bezahlt, da nach **ausgeführter** Menge abgerechnet wird, der Einheitspreis würde sich aber für die Menge über 10 % Abweichung ändern. § 2 Abs. 3 VOB/B ist aber beim Pauschalvertrag nicht anwendbar. Beim Pauschalvertrag wird vergütet **ohne Rücksicht auf ausgeführte Mengen – Ausnahme:** Änderung der Mengenermittlungsparameter durch den Auftraggeber und damit Anordnung des Auftraggebers, Mehrmengen auszuführen, dann § 2 Abs. 6 VOB/B.

Fall 2: Der Leistungsinhalt ändert sich

65 Auch beim Pauschalvertrag gilt: Wenn das Bauist vom Bausoll **abweicht**, ist das die Grundlage für Mehrvergütung.

Das erwähnt **§ 2 Abs. 7 Nr. 2 VOB/B** besonders:

§ 2 Abs. 4, Abs. 5 und **Abs. 6 VOB/B** gelten auch bei Vereinbarung einer Pauschalvergütung, d.h., die Mehrvergütung richtet sich auch beim Pauschalvertrag nach § 2 Abs. 5, § 2 Abs. 6 VOB/B, die Mindervergütung nach § 2 Abs. 4 VOB/B.

Im Einzelnen:

- **Entfällt** eine Leistung, weil der Auftraggeber die Nichtausführung anordnet, so gilt § 8 Abs. 1 VOB/B oder § 2 Abs. 4 VOB/B; das ist eine »freie Teilkündigung«.
  Die erbrachte Leistung wird nach der sie betreffenden Teilpauschale voll abgerechnet; die nicht erbrachte Leistung auch, jedoch insoweit abzüglich er-

sparter Aufwendungen. Allgemeine Geschäftskosten, Wagnis (str.) und Gewinn bleiben erhalten, **näher** Rdn. 134.

- **Ordnet** der Auftraggeber eine Abweichung gegenüber dem Leistungsbeschrieb **an**, verlangt er also eine Bausoll-/Bauist-Abweichung, so führt das auch beim Pauschalvertrag zur geänderten oder zusätzlichen Leistung und damit zur geänderten Vergütung. Beim Global-Pauschalvertrag kommt das hinsichtlich der globalen Elemente nicht so häufig vor, wohl aber z.B. hinsichtlich der auch im Global-Pauschalvertrag möglichen Detailbereiche. Führt die Anordnung zur **geänderten** Leistung, greift § 2 Abs. 5 VOB/B ein. Nach einer unrichtigen überholten Mindermeinung sollte dann Voraussetzung für die Mehrvergütung sein, dass der geplante Bau in **wesentlichem Umfang** anders als ursprünglich vorgesehen errichtet wird und es dadurch zu **erheblichen** Veränderungen des Leistungsinhalts kommt. Unwesentliche Änderungen sollten also auch die Pauschale nicht verändern. Diese Meinung ist unrichtig; **jede Änderung** kann Ansprüche auslösen, das folgt zwingend aus § 2 Abs. 7 Nr. 2 VOB/B.[101]

- Führt die Anordnung zur **zusätzlichen** Leistung, ist das ein Fall von § 2 Abs. 6 VOB/B. Die Pauschale umfasst nur den bisher vereinbarten konkreten Leistungsinhalt, allerdings ungeachtet natürlich der Vordersätze. Ob Zusatzleistungen vorliegen, ergibt sich wieder aus dem Bausoll-/Bauist-Vergleich.

Auch bei schlüsselfertiger Errichtung können selbstverständlich Zusatzleistungen in Betracht kommen.

Insbesondere gilt das für **angeordnete Mengenmehrungen**; diese haben mit dem Mengenermittlungsrisiko, das der Auftragnehmer beim Pauschalvertrag trägt, nichts zu tun.

Auch bei den Zusatzleistungen wurde ganz vereinzelt die Auffassung vertreten, dass »kleinere Zusatzleistungen« keine Änderung der Pauschale rechtfertigen, obwohl dies ebenfalls mit dem Wortlaut von § 2 Abs. 7 Nr. 2 in Verbindung mit § 2 Abs. 6 VOB/B nicht zu vereinbaren ist. Auch hier gilt jedoch, und hier erst recht: **Jede** Zusatzleistung ist vergütungspflichtig. Der Bundesgerichtshof hat genauso entschieden.[102]

ff) Preisvereinbarung *vor* Ausführung; Leistungsverweigerungsrecht des Auftragnehmers

Nach § 2 Abs. 6 Nr. 2 **ist** der neue Preis möglichst vor der Ausführung zu vereinbaren, nach § 2 Abs. 5 Satz 2 VOB/B **soll** er vor der Ausführung vereinbart werden. **66**

Vorweg: Auch wenn kein neuer Preis vor Ausführung vereinbart wird, lässt das doch den Vergütungsanspruch des Auftragnehmers unberührt.

---

101 BGH NZBau 2002, 669.
102 BGH BauR 1995, 237

Was ist, wenn sich der Auftraggeber weigert, den Preis vor der Ausführung zu vereinbaren, also nach Änderungsanordnung den vom Auftragnehmer genannten Preis zu akzeptieren, er aber dennoch auf Ausführung seiner Anordnung, also der Erstellung einer geänderten oder zusätzlichen Leistung, besteht? Dem Auftragnehmer steht **mindestens dann** ein Leistungsverweigerungsrecht zu, wenn der Auftraggeber den Nachtragsanspruch schon dem Grunde nach zu Unrecht verneint,[103] nach unserer Meinung auch dann, wenn er sich **grundlos** weigert, den Nachtragspreis vor der Ausführung festzulegen, wobei der Auftragnehmer seinen Mehrvergütungsanspruch nach Grund und Höhe ordnungsgemäß dargelegt haben (Kalkulation offenlegen!) und vorsorglich auch im Sinne der Kooperation dem Auftraggeber eine zusätzliche Erläuterung angeboten haben muss.[104] Eine Leistungsverweigerung ist aber je nach Einzelfall riskant. Im Zweifel sollte der Auftragnehmer die Leistung dann zunächst ausführen, die Vergütungsforderung vorher ankündigen und sich später mit dem Auftraggeber über die Vergütung auseinander setzen, außer, die Rechtslage ist eindeutig und der Auftraggeber bestreitet die Vergütungspflicht zu Unrecht sogar dem Grunde nach.

Der Auftragnehmer darf nach § 648a BGB auf jeden Fall vor Ausführung Sicherheit auch für die Nachtrags-Mehrvergütung verlangen (näher Rdn. 362).

gg) Leistungen aufgrund Vereinbarung der Parteien ohne Anordnung des Auftraggebers (BGB-Muster)

67 Der Auftraggeber kann natürlich auch den Auftragnehmer um ein **Angebot** für eine geänderte oder zusätzliche Leistung bitten, **ohne** vorher einseitig eine **Anordnung** zu treffen; er kann dann anschließend schlicht das Angebot des Auftragnehmers **annehmen**. Das ist ein Ablaufmuster entsprechend dem allgemeinen BGB-Vertrag; **hier** besteht anders als bei § 2 Abs. 5, 6 VOB/B keine Bindung des Auftragnehmers an die bisherige Kalkulation, das VOB-Muster der Fortschreibung der Kalkulation zur Preisfindung des Nachtrags gilt nicht, der Auftragnehmer kann »frei kalkulieren«.

5. Leistungsänderungen ohne (wirksame) Anordnung des Auftraggebers

68 Weicht der Auftragnehmer vom Bausoll ab, erbringt er also geänderte oder zusätzliche Leistungen, **ohne** dass der Auftraggeber diese **wirksam angeordnet** hat, leistet der Auftragnehmer insoweit also »ohne Auftrag«, **kann** er dennoch Vergütungsansprüche haben. Es gibt 4 (!) Möglichkeiten:

---

103 BGH BauR 2004, 1613.
104 Einzelheiten Kapellmann/Schiffers, Band 1, Rdn. 972–991, a.A. z.B. Kuffer, ZfBR 2004, 110.

a) Der Auftraggeber erkennt die Leistung **nachträglich an**[105] (§ 2 Abs. 8 Nr. 1 Satz 1 VOB/B).

b) Die Leistung war für die Erbringung des Vertrages **notwendig**, entsprach dem **mutmaßlichen Willen** des Auftraggebers und wurde ihm **unverzüglich angezeigt** (§ 2 Abs. 8 Nr. 1 Satz 2 VOB/B).

Gemäß Satz 3 richtet sich die Vergütung im Falle des § 2 Abs. 8 Nr. 2 Satz 2 nach den Grundsätzen des § 2 Abs. 5, Abs. 6.

c) Die Leistung (= Geschäftsführung) entsprach dem **mutmaßlichen Willen** des Auftraggebers

und

war (nur) »**interessengemäß**« – nicht »notwendig« – § 2 Abs. 8 Nr. 3 VOB/B in Verbindung mit §§ 677 ff. BGB.

Eine Anzeige als **Anspruchsvoraussetzung** ist **hier** also **nicht** erforderlich; auch hier muss der Auftragnehmer die Übernahme der Fremdgeschäftsführung zwar gemäß § 681 BGB sobald »**tunlich**« anzeigen, um (theoretische) Schadensersatzansprüche gegen sich zu vermeiden, aber das ändert nichts an der Vergütung. § 2 Abs. 8 Nr. 3 VOB/B stellt also für dieselbe Anspruchsbegründung wesentlich **geringere** Anforderungen als Nr. 2 Satz 2 (**keine** Anzeige erforderlich, Geschäftsführung nur interessengemäß, nicht notwendig). Also gibt es praktisch keinen Fall mehr, in dem ein Auftragnehmer auf § 2 Abs. 8 Nr. 2 Satz 2 zurückgreift. Warum der Vergabe- und Vertragsausschuss Nr. 2 Satz 2 nicht gestrichen hat, ist unverständlich. Dafür hat er aber auch bei der Neufassung 2002 der VOB/B unterlassen, den Satz 3 aus Nr. 2 (Vergütung gemäß § 2 Abs. 5, 6 VOB/B) auch in Abs. 3 einzufügen. Das ändert nichts daran, dass sich auch bei Nr. 3 die Vergütung im Ergebnis gemäß § 2 Abs. 5, 6 VOB/B bemisst.

d) Selbst wenn § 2 Abs. 8 VOB/B **nicht** eingreift, kann der Auftragnehmer unter Umständen noch Ansprüche aus ungerechtfertigter Bereicherung (§ 812 BGB) geltend machen. § 2 Abs. 8 Nr. 1 Satz 1 VOB/B, der das auszuschließen scheint, ist jedenfalls dann gemäß § 307 BGB unwirksam, wenn die VOB/B nicht als Ganzes vereinbart ist. Auch über den Bereicherungsanspruch erhält der Auftragnehmer im Ergebnis also Vergütung.

6. Störung der Geschäftsgrundlage (insbesondere Pauschalvertrag)

Die Änderung der Pauschalvergütung wegen »Störung der Geschäftsgrundlage« (§ 313 BGB) ist der in der Praxis seltene Fall des § 2 Abs. 7 Nr. 1 Satz 2 VOB/B (»erhebliche **Abweichung der Leistung**, Festhalten an der Pauschalsumme nicht zumutbar«). **69**

---

105 Zu der Frage, was im Einzelnen Anerkenntnis ist, näher Kapellmann/Schiffers, Band 1, Rdn. 1167; zum »beweiserleichternden« Anerkenntnis Kniffka, Festschrift Kapellmann, 2007, Seite 209.

Auch beim Einheitspreisvertrag gibt es – ohne besondere Erwähnung in der VOB/B – die »Störung der Geschäftsgrundlage«. Sie spielt aber in der Praxis keine Rolle.

Beispiel beim Pauschalvertrag:

Im LV sind infolge **beiderseitigen Irrtums** 1000 m³ Beton nach gemeinsamer (falscher) Mengenermittlung vorgesehen, tatsächlich werden 2500 m³ ausgeführt, ohne dass der Auftraggeber Zusatzleistungen angeordnet hätte.[106] Hier ist es ggf. dem Auftragnehmer unzumutbar, sich an der Pauschale festhalten zu lassen, weil er nach Treu und Glauben nicht von solch erheblichen Abweichungen ausgehen musste; es kommt aber auf **alle konkreten** Einzelheiten des Falles an.

Die Faustregel ist hier:

Weicht die resultierende Vergütungsänderung um mehr als etwa 20 % nach oben oder unten von der Vertragspauschalvergütung ab, dann ist eine Änderung gemäß § 2 Abs. 7 Nr. 1 Satz 2, 3 VOB/B diskutabel. Ändern sich nur einzelne »Positionen« um z.B. 30 % oder 40 %, die Gesamtvergütung aber um weniger als 20 %, bleibt die Pauschale eher unverändert. Ändern sich aber einzelne Positionen ›unzumutbar‹, also z.B. um 100 % oder mehr, dann ist eine Änderung der Pauschale auch dann berechtigt, wenn sich die Gesamtvergütung nur um etwa 10 % ändert.[107]

Im Ergebnis ist hier also auf den Einzelfall abzustellen, starre Grenzen gibt es nicht,[108] die Abgrenzung erfordert die genaue Untersuchung der Risikozuteilung im Einzelvertrag.[109]

Die »Fälle beiderseitigen Irrtums« sind die einzigen relativ häufigen Fälle der »Störung der Geschäftsgrundlage« beim Pauschalvertrag.

Daneben kommen hin und wieder andere Fälle übermäßiger Mengenabweichung ohne Eingriff des Auftraggebers vor.

Auch wenn das in der VOB/B nicht geregelt ist, erfasst die Störung der Geschäftsgrundlage gemäß BGB grundsätzlich nicht nur erhebliche Abweichungen der Leistung, sondern auch (sehr) **erhebliche Abweichungen der Kosten**. Das OLG Hamburg hat es mit zweifelhafter Begründung abgelehnt, dies bei den exorbitanten Stahlpreiserhöhungen zu bejahen.[110]

---

106 BGH NZBau 2004, 150.
107 BGH VersR 1965, 803; OLG München NJW-RR 1987, 598; OLG Frankfurt NJW-RR 1986, 572.
108 BGH BauR 1996, 250.
109 Näher Kapellmann/Schiffers, Band 2, Rdn. 1500 ff.
110 OLG Hamburg BauR 2006, 680; eher zweifelnd Kuffer, in: Heiermann/Riedl/ Rusam, VOB/B § 2 Rdn. 30, 32.

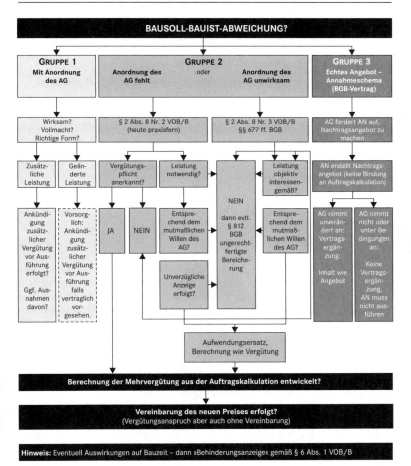

Abbildung 1: Schema geänderte und zusätzliche Leistungen

VII. Ansprüche des Auftraggebers oder des Auftragnehmers wegen Verzögerung – Fristen, Verzug –

A. Ansprüche gegen den Auftragnehmer

1. Erste Voraussetzung des Verzuges: Fälligkeit der jeweiligen Bauleistung

70 a) Wenn der Auftragnehmer mit einer Teilleistung oder der ganzen Leistung zu einem bestimmten Zeitpunkt fertig sein soll, diesen Zeitpunkt aber überschreitet, meint der Auftraggeber oft, der Auftragnehmer sei ohne weiteres »in Verzug« – oder der Auftraggeber versucht, den Auftragnehmer »in Verzug zu setzen«; daraus will der Auftraggeber Konsequenzen ziehen, z.b. kündigen oder Schadensersatz wegen Verzugs verlangen.

Der Ausdruck »Verzug« ist im Baualltag völlig geläufig, wird aber unkontrolliert verwendet, **was zu bösen Überraschungen führen kann.** »Verzug« ist **ein gesetzlich** definierter Begriff:

Ein **Auftragnehmer** (und überhaupt ein Vertragspartner) kann erst dann »in Verzug« kommen, wenn zuvor die von ihm zu erbringende Leistung (hier also die **Bauleistung** oder Teil-Bauleistung des Auftragnehmers) »fällig« ist: Eine Leistung kann nicht verspätet sein, wenn man nicht weiß, wann sie pünktlich zu erbringen gewesen wäre. **Erste** Voraussetzung des Verzuges ist kraft Gesetzes (§ 286 BGB) folgerichtig, dass der Auftragnehmer **vertragsgemäß** eine bestimmte Leistung zu einem bestimmten Zeitpunkt erbringen muss; er muss **verbindlich** verpflichtet sein, diese Leistung gerade zu **diesem** Zeitpunkt (»Fälligkeit«) zu erbringen. Die Regelung solcher Zeitpunkte (Fristen) findet sich in § 5 VOB Teil B.

Die VOB Teil B enthält in § 5 unter dem Oberbegriff »Ausführungsfristen« zwei verschiedene Fristen, nämlich »**Vertragsfristen**« und Einzelfristen = »**Nicht-Vertragsfristen**« (Letzteres ein sprachlich zwar nicht eleganter, aber dafür ein unmissverständlicher Begriff) – mit diesen Begriffen ist also die unterschiedliche **Verbindlichkeit** der Fristen gekennzeichnet, beide sind aber Ausführungsfristen!

71 b) **Vertragsfristen** sind Ausführungsfristen, die **verbindlich** sind, also die **Fälligkeit** der Leistung begründen, und deren Überschreitung deshalb als solche sofort Folgen auslösen kann. Vertragsfristen sind die Fristen, die **im Vertrag als** »**verbindliche Fristen**« so gekennzeichnet sind. Typisches Beispiel: Verbindliche Vertragsfrist für Fertigstellung der Decke 1. OG: 30.07.2007.

Die Bezeichnung als »verbindliche Frist« sollte möglichst wörtlich so gewählt werden; ebenso genügt auch die wörtliche Übernahme der Formulierung »Vertragsfrist«. Alles andere stiftet nur heillose Verwirrung und entspricht nicht § 5 Abs. 1 Satz 1 VOB/B.

Achtung: Fristen im **Bauzeitenplan** sind ohne besondere vertragliche Regelung Nicht-Vertragsfristen, also **nicht** sofort **verbindlich** (siehe Rdn. 69)!

Mit Vertragsfristen sollte man sparsam umgehen; deshalb schreibt § 9 Abs. 2 Nr. 2 VOB Teil A für den öffentlichen Auftraggeber als Sollvorschrift vor: »Wird ein Bauzeitenplan aufgestellt ..., so sollen nur die für den Fortgang der Gesamtarbeit besonders wichtigen Einzelfristen als vertraglich verbindliche Fristen (Vertragsfristen) bezeichnet werden.« Diese Empfehlung hat allgemeine Gültigkeit.

c) Nach der zitierten Regelung der VOB/B in § 5 sind **nicht alle Ausführungs-** **72** **fristen** für die Leistungspflicht des Auftragnehmers immer **verbindlich;** es gibt also nach der Definition der VOB Teil B sowohl verbindliche Ausführungsfristen (die gerade genannten Vertragsfristen) wie auch **unverbindliche Ausführungsfristen** (Einzelfristen). Damit wir die unverbindlichen Fristen unmissverständlich bezeichnen können, nennen wir sie »**Nicht-Vertragsfristen**«.

Wie schon erwähnt, sind alle Fristen, die in **Bauzeitenplänen** enthalten sind, ohne besondere vertragliche Regelung **nur unverbindliche Fristen,** also **Nicht-Vertragsfristen.** Das steht klar und eindeutig in § 5 Abs. 1 Nr. 2 VOB Teil B: »In einem Bauzeitenplan enthaltene Einzelfristen gelten nur dann als Vertragsfristen, wenn dies im Vertrag ausdrücklich vereinbart ist.«

Also: Nicht-Vertragsfristen sind solche Ausführungsfristen für die Bauleistungen des Auftragnehmers, die unverbindlich sind. Wenn diese unverbindliche Frist abgelaufen ist, so löst die Überschreitung **nicht** als solche sofort Folgen aus – oder einfacher formuliert: Wenn die **Nicht-Vertragsfrist abgelaufen** ist, wird die Leistung des Auftragnehmers dadurch **noch nicht fällig.** Unverbindliche Fristen haben somit nur Warnfunktion; sie sind Organisationshilfsmittel, ihre Verletzung führt aber als solche nicht zu unmittelbaren Rechtsfolgen.

d) Für den methodisch interessierten Leser nochmals ein wiederholender Hin- **73** weis:

Sowohl Vertragsfristen wie Nicht-Vertragsfristen haben denselben Oberbegriff, nämlich **Ausführungsfristen** – vgl. dazu die Überschrift zu § 5 VOB Teil B. Wenn also ein Bauvertrag nur »Ausführungsfristen« nennt, so schafft er Verwirrung, denn Ausführungsfristen können sowohl Vertragsfristen wie Nicht-Vertragsfristen sein. Eine solche Formulierung ist ein klarer Verstoß gegen unsere Prinzipien. Das Gebot der »Klarheit« (siehe oben Rdn. 2) ist zum Schaden beider Vertragsparteien verletzt. Wer Vertragsfristen haben will, muss das so klar und eindeutig sagen.

e) **Ausnahme** von der Notwendigkeit, gewünschte **Vertrags**fristen im Vertrag **74** ausdrücklich zu benennen:

Die **Frist für den Baubeginn,** die im Vertrag vereinbart ist, ist immer – auch **ohne** ausdrückliche weitere Benennung oder Regelung – Vertragsfrist, also verbindlich. Ebenso ist die **Frist für das Bauende**, sofern sie im Vertrag genannt ist, immer Vertragsfrist, also verbindlich.[111]

2. Herbeiführung der Leistungsfälligkeit bei Überschreiten einer Nicht-Vertragsfrist (Abhilfeaufforderung gemäß § 5 Abs. 3 VOB/B)

75 a) Wenn der Auftraggeber den Auftragnehmer »in **Verzug**« setzen will, weil er aus dessen Säumnis Ansprüche herleiten will, so ist die **erste** Voraussetzung, wie erwähnt, dass die jeweilige Bauleistung des Auftragnehmers **fällig** ist. Bei der **Vertragsfrist** wird die Bauleistung nach Ablauf ohne weiteres fällig, bei der **Nicht-Vertragsfrist** ist sie noch nicht fällig. Um also bei **Überschreitung** einer **Nicht-Vertragsfrist** (typisches Beispiel: normale Frist laut Bauzeitenplan) überhaupt zu »Sanktionen« zu kommen, muss der Auftraggeber die Leistung des Auftragnehmers noch »fällig machen«.

Der Auftraggeber hat oft primär gar kein Interesse daran, irgendwelche Geldansprüche geltend zu machen oder zu kündigen, er will viel lieber »aufholen« (noch lieber will er »aufholen« **und** Geldansprüche geltend machen).

Den Anspruch auf »**Aufholarbeiten**« nach Versäumung von Ausführungsfristen (und insbesondere von Nicht-Vertragsfristen) durch den Auftragnehmer kann der Auftraggeber in zwei Formen verfolgen, wobei nur die Form bb) praktisch ist:

76 aa) Der Auftraggeber hat ein allgemeines Weisungsrecht hinsichtlich der Ausführung von Arbeiten des Auftragnehmers gemäß § 4 Abs. 1 Nr. 3 VOB/B.

Dieses allgemeine Weisungsrecht führt im Normalfall **nicht weiter**, weil der Auftraggeber insoweit nur so genannte »objektiv notwendige Weisungen« zur vertragsgemäßen Ausführung geben kann; er kann also durch Weisung beispielsweise offensichtliche Ausführungsfehler korrigieren, was aber im Normalfall mit »Aufholen bezüglich einer **verzögerten** Leistung« nichts zu tun hat.

77 bb) Der Auftraggeber hat darüber hinaus einen konkreten »**Abhilfeanspruch**« gemäß **§ 5 Abs. 3 VOB/B**:

Wenn nämlich »Arbeitskräfte, Geräte, Gerüste, Stoffe oder Bauteile so unzureichend sind, dass die **Ausführungsfristen offenbar** nicht eingehalten werden können, muss der Auftragnehmer auf Verlangen unverzüglich Abhilfe schaffen«. Nach dem Wortlaut ist eindeutig, dass sowohl die offenbare Nichteinhaltung von Vertragsfristen wie die von Nicht-Vertragsfristen eine solche Abhilfeaufforderung rechtfertigt, denn beide sind Ausführungsfristen.[112] Verbreitet ist demgegenüber aber die Auffassung, das Abhilfeverlangen dürfe im Ergebnis nur zur Wahrung von Vertragsfristen herangezogen werden.[113] In der Praxis

---

111 Ingenstau/Korbion/Döring, VOB/B § 5 Abs. 1, Rdn. 4, dazu auch Rdn. 85.
112 So z.B. Leinemann/Roquette, VOB/B § 5, Rdn. 45.
113 Langen, in: Kapellmann/Messerschmidt, VOB/B § 5, Rdn. 83.

kommt es auf diese Frage nicht an: Auch wenn das Abhilfeverlangen sich auf Nicht-Vertragsfristen beziehen darf, darf es nicht beziehungslos zum weiteren Bauablauf betrachtet werden. Wenn bloße Nicht-Vertragsfristen »**offensichtlich**« nicht eingehalten werden können, spricht eine starke **Vermutung** dafür, dass der »ganze Terminplan« uneinholbar ins Rutschen gerät und damit gerade (auch) die Vertragsfrist »Fertigstellung« »offenbar« stark gefährdet ist. Gegenüber einer Abhilfeaufforderung darf der Auftrag**nehmer** allerdings den Gegennachweis führen (also die Vermutung widerlegen), dass eine Vertragsfrist, insbesondere die Fertigstellungsfrist, trotz der Verzögerung und auch **ohne Abhilfeaufforderung** nicht gefährdet ist, was ihm allerdings selten gelingen wird.

Darüber hinaus hat eine mögliche Meinungsdifferenz aber in der Praxis eine noch geringere Bedeutung: Alle Autoren sind sich nämlich einig, dass die **Fristen eines vertraglichen Bauzeitenplans**, die ja ohne besondere Vereinbarung nicht Vertragsfristen sind (siehe oben Rdn. 71), dennoch für die »**Prognoseentscheidung**« hinsichtlich der Berechtigung zur Abhilfeaufforderung (also mindestens im Hinblick auf die ›offensichtliche Gefährdung‹ des Fertigstellungstermins) maßgeblich sind, so dass **im Ergebnis doch die bloße Überschreitung von Fristen des Bauzeitenplans zur Abhilfeaufforderung** berechtigt.[114] Der Auftraggeber kann also im Ergebnis auch bei Nicht-Vertragsfristen Abhilfe verlangen, und zwar gemäß § 5 Abs. 3 VOB/B eine solche, die zur termingerechten **Erfüllung der Bauleistung notwendig ist**. Damit korrespondiert eine entsprechende **Abhilfepflicht des Auftragnehmers** gemäß § 5 Abs. 3 VOB/B. Insoweit kann also der Auftraggeber durch die Abhilfeaufforderung konkrete »Weisungen« geben.

Beachtet der Auftragnehmer diese berechtigte **Abhilfeaufforderung** nicht, so ist **nach Ablauf der zur Abhilfe gesetzten Frist** die Bauleistung jetzt **fällig. Danach** kann der Auftraggeber den Auftragnehmer – wie näher unten zu erläutern – »in Verzug setzen«. Aus der Nicht-Fälligkeit der Leistung bei bloßem Ablauf einer Nicht-Vertragsfrist ist erst jetzt Fälligkeit geworden.

Der Auftraggeber kann die »Abhilfeaufforderung« schon in angemessener Zeit vor Fristablauf (der Nicht-Vertragsfrist) geben, wenn er feststellt, dass der Auftragnehmer sicher die Ausführungsfrist nicht einhalten wird.[115] **78**

Beispiel: Die Fertigstellungsfrist für alle Trennwände im 1. OG ist im Bauzeitenplan auf den 31.03.2009 angesetzt. **79**

Eine Woche vor Fristablauf stellt der Auftraggeber fest, dass der Auftragnehmer diese Frist des Bauzeitenplans auf keinen Fall mehr einhalten wird. Der Auftraggeber fordert deshalb schon jetzt den Auftragnehmer auf, »Abhilfe zu schaffen« (§ 5 Abs. 3 VOB/B). Er setzt dem Auftragnehmer zur Fertigstellung eine – angemessene – Frist bis zum 15.04.2009. Erst nach Ablauf dieser Frist ist

---

114 Langen, in: Kapellmann/Messerschmidt, VOB/B § 5, Rdn. 87.
115 Ingenstau/Korbion/Döring, VOB/B § 5 Nr. 1–3, Rdn. 20.

die Teil-Bauleistung fällig, denn: Die Frist in dem Bauzeitenplan war nicht Vertragsfrist, sie war Nicht-Vertragsfrist (§ 5 Abs. 1 Satz 2 VOB/B).

3. Zweite Voraussetzung des Verzuges: Kalenderfrist: Purer Fristablauf Nicht-Kalenderfrist: Mahnung und Ablauf einer eventuellen »Mahnfrist«

a) Kalenderfristen

80 Während das Paar »Vertragsfrist«/»Nicht-Vertragsfrist« die Verbindlichkeit von Ausführungsfristen regelt, behandelt ein anderes Begriffspaar, nämlich »Kalenderfrist«/»Nicht-Kalenderfrist« (auch hier darf sprachliche Eleganz hinter eindeutiger Begriffsbildung zurückstehen), dazu § 286 Abs. 2 Nr. 1–4 BGB, wie aus Fälligkeitsüberschreitung Verzug im Rechtssinn wird.

Die Erstellung einer Bauleistung ist »fällig«, wenn eine Vertragsfrist überschritten ist oder wenn eine Nicht-Vertragsfrist überschritten ist und der Auftraggeber anschließend ohne Erfolg eine wirksame Abhilfeaufforderung ausgesprochen hat.

Um aus der Fälligkeit »**Verzug**« des Auftragnehmers zu machen, müssen weitere Voraussetzungen erfüllt sein (**zweite Voraussetzung des Verzuges), nämlich *entweder*:**

Die abgelaufene Frist kann eine **Kalenderfrist** sein.

Kalenderfristen sind Fristen, die schon **im Voraus ausschließlich** nach dem Kalender bestimmt oder jedenfalls bestimmbar sind (§ 286 Abs. 2 BGB); durch den bloßen Blick in den Kalender **ohne jedes weitere Hilfsmittel** muss also feststellbar sein, wann die Frist abläuft (z.B. 5. Mai, Ende der 13. Kalenderwoche, Ende 2. Woche nach dem 4. Juli) – vgl. zur **Ausnahme** aber Rdn. 83!

Bei Ablauf dieser Frist wird die Leistung **nicht nur fällig**, gleichzeitig gerät der Auftragnehmer bei Überschreitung eines **kalendermäßig** bestimmten Fälligkeitszeitpunkts **auch** sofort in Verzug (Verschulden des Auftragnehmers an der Verzögerung vorausgesetzt, siehe Rdn. 81).

Wenn eine Kalenderfrist vereinbart ist, fallen also Fälligkeit und Verzug zusammen, **eine Mahnung ist zur Herbeiführung des Verzugs nicht mehr erforderlich.**

81 Wenn man den Text genau gelesen hat, ergibt sich sofort, dass bei Nicht-Vertragsfristen der Verzug nie über eine Kalenderfrist eintreten kann. Warum?

Zur Wiederholung: Bei der Kalenderfrist muss der Fristablauf **ohne jedes weitere Hilfsmittel** sofort aus dem Kalender im Voraus feststellbar sein.

Das ist bei der Nicht-Vertragsfrist begrifflich ausgeschlossen.

Wenn in einem Bauzeitenplan beispielsweise die Frist für eine Teilfertigstellung auf den 31.03.2009 angesetzt ist, so führt die Überschreitung dieser Frist – wie erörtert – gar nicht zur Fälligkeit. Also muss der Auftraggeber noch mehr tun, nämlich eine »Abhilfeaufforderung« aussprechen. Die Fälligkeit tritt also erst nach fruchtloser Abhilfeaufforderung ein – und diese Abhilfeaufforderung kann man bei Vertragsschluss nicht aus dem Vertrag entnehmen, so dass der Zeitpunkt nach Auslaufen der Abhilfeaufforderung niemals aus dem Kalender im Voraus zu entnehmen ist.

Zwischenergebnis:

Kalenderfristen nützen nur bei Vertragsfristen.

b) »Nicht-Kalenderfristen«

Oder: Ist die abgelaufene Frist **keine** Kalenderfrist (z.B.: Fertigstellung der De- **82** cke 1. OG sofort nach Ende der Behinderung), so ist die Leistung nach Fristablauf noch nicht fällig; auch wenn die vorgenannte Frist als »Vertragsfrist« gekennzeichnet worden wäre, würde das nur bedeuten, dass die Leistung zwar **fällig** wäre, der Auftragnehmer aber nicht in Verzug wäre, weil die Frist keine Kalenderfrist ist. In solchen Fällen – eben **bei** »**Nicht-Kalenderfristen**« – muss der Auftraggeber, um den Auftragnehmer »in Verzug zu setzen«, **nach Fälligkeit mahnen** (vgl. **aber** die »Ereignisfrist« Rdn. 81!). Theoretisch braucht eine Mahnung ihrerseits keine Fristsetzung zu enthalten, aber das ist im Regelfall unpraktisch und nicht zu empfehlen:

Der Auftraggeber sollte immer den Auftragnehmer **mit** angemessener Fristsetzung mahnen, u.a., weil er nur bei Mahnung **mit** Fristsetzung später auch kündigen kann (siehe unten Rdn. 105). Ist diese Frist abgelaufen, so ist der Auftragnehmer **jetzt** in Verzug, wenn die nachfolgend unter Rdn. 84 genannte weitere Voraussetzung zu bejahen ist (nämlich Verschulden des Auftragnehmers).

Seltene Ausnahme von der Empfehlung zur Fristsetzung: Der Auftraggeber will den Verzug des Auftragnehmers mit der Endfertigstellung schnellstens herbeiführen, um ab Verzugseintritt Vertragsstrafe zu verlangen. Dann wird er **ohne** Fristsetzung mahnen; Verzug tritt dann schon ein mit Zugang der Mahnung, der Auftraggeber gewinnt einige Tage. Das ist reine Theorie.

Hintergrund: Es ist in der Rechtsliteratur streitig, ob bei Mahnung mit Fristsetzung der Verzug erst nach Fristablauf eintritt oder schon mit Zugang der Mahnung. Durch ganz genaue Formulierung kann man das klarstellen: »Da Ihre Leistung zum 31.03. nicht fertiggestellt war, mahne ich die Fertigstellung hiermit an. **Außerdem** setze ich Ihnen eine Nachfrist zur Fertigstellung bis zum 15.04. ...«

c) »Ereignisfrist«

83 *Oder:* Durch eine **gesetzliche Neuregelung** ab 01.01.2002 ist allerdings heute in der Baupraxis **trotz fehlender Kalenderfrist** nämlich eine **Mahnung oft entbehrlich.** Kraft Gesetzes ist nämlich **dann** eine Mahnung zur Herbeiführung des Verzuges entbehrlich, wenn der vom Auftragnehmer geschuldeten »Leistung ein Ereignis vorauszugehen hat und eine angemessene Zeit in der Weise bestimmt ist, dass sie sich von dem Ereignis an nach dem Kalender berechnen lässt«, § 286 Abs. 2 Nr. 2 BGB, was übrigens zeigt, wie schwer abstrakte Gesetzestexte manchmal zu verstehen sind. **Anders als nach der früheren Rechtslage** gerät der Auftragnehmer z.B. in Verzug, wenn die Vertragsklausel lautet »3 Monate nach Erteilung der Baugenehmigung« und er nach Fristablauf nicht anfängt.

Wegen des »sichersten Wegs« (siehe Rdn. 2) empfehlen wir trotzdem eine Mahnung.

4. Dritte Voraussetzung des Verzuges: Vertreten müssen

84 Wenn

– die Leistung **fällig** ist
und
– wenn der Auftragnehmer entweder nach
   a) Ablauf einer Kalenderfrist oder einer Ereignisfrist nach § 286 Abs. 2 Nr. 2 BGB (siehe Rdn. 83)
   b) bei einer Nicht-Kalenderfrist nach Ablauf der in einer Mahnung gesetzten Frist

die Leistung nicht erstellt hat, so ist er jetzt

in Verzug,
vorausgesetzt, er hat diese Leistungsverzögerung auch **zu vertreten.**

»Zu vertreten« ist ein Begriff aus § 276 Abs. 1 BGB: Der Schuldner hat »Vorsatz und Fahrlässigkeit« (also Verschulden), ebenso z.B. die Haftung aus einer Garantie oder der Übernahme eines Beschaffungsrisikos, zu vertreten.

Im praktischen Alltag spielt das Verschuldenserfordernis gar **keine Rolle**, weil dieses Verschulden zu Lasten des verspäteten Auftragnehmers wie überhaupt zu Lasten des jeweiligen **Verspäteten vermutet** wird (§ 286 Abs. 4 BGB). Im Normalfall bedarf dieser Punkt deshalb keiner weiteren Erörterung.

Allerdings gibt es Tatbestände, in denen die Leistung des Auftragnehmers zwar verzögert, aber sein Verzug jedenfalls mangels Verschuldens deshalb ausgeschlossen ist, weil z.B. der **Auftraggeber** die Verspätung verursacht hat – das sind die Fälle der »Behinderung« des Auftragnehmers; diesen Ausschluss des Verzuges erörtern wir nachfolgend unter Rdn. 91 ff.

Nur für sophistisch veranlagte Leser und eher zum Überlesen: Unsere obigen **85** Ausführungen sind für die Praxis völlig richtig, juristisch aber in einem kleinen Punkt nicht ganz genau.

Was geschieht, wenn ein Auftragnehmer der Abhilfeaufforderung des Auftraggebers bei einer Nicht-Vertragsfrist gemäß § 5 Abs. 3 VOB/B nicht nachkommt?

Die Rechtsfolgen bestimmen sich u.a. nach § 5 Abs. 4 VOB/B, wie nachfolgend unter Rdn. 101 ff. zu erörtern.

Dabei behandelt aber § 5 Abs. 4 VOB/B drei Alternativen:

Alternative 1: Verzögert der Auftragnehmer den Beginn der Ausführung

oder

Alternative 2: gerät er mit der Vollendung in Verzug

oder

Alternative 3: kommt er einer Abhilfeaufforderung nicht nach,

so kann der Auftraggeber bei Aufrechterhaltung des Vertrages Schadensersatz nach § 6 Abs. 6 Satz 1 VOB/B verlangen; er kann aber auch dem Auftragnehmer eine angemessene Frist zur Vertragserfüllung mit Kündigungsandrohung setzen und danach den Bauvertrag kündigen.

Speziell für eine **Kündigung** genügt es also auch, dass Alternative 1, die Verzögerung des Beginns, oder Alternative 3, die Nicht-Reaktion auf die Abhilfeandrohung, nicht auf Verschulden des Auftragnehmers zurückzuführen sind; **insoweit** muss der Auftragnehmer also im förmlichen Sinn gar nicht in Verzug sein; wohl muss aber die »Verzögerung auf ein auf den Auftragnehmer zurückgehendes Verhalten zurückzuführen sein, das die Verzögerung des Beginns der Ausführung oder die Nichtbefolgung der Abhilfeandrohung herbeigeführt hat«.[116] Der denksportgewöhnte Leser merkt: Das gilt nicht für die verbleibende der 3 Alternativen, nämlich Alternative 2: wenn der Auftragnehmer »mit der Vollendung in Verzug kommt«. Bei Überschreitung der Fertigstellungsfrist ist also **Verzug erforderlich**, um kündigen zu können.

Und noch besser: Entgegen dem Wortlaut von § 5 Abs. 4 VOB/B setzt der Verzugs-**Schadensersatzanspruch** des Auftrag**gebers** nach § 6 Abs. 6 VOB/B **immer** Verschulden des Auftragnehmers voraus!

Merke: Die Verfasser der VOB kochen auch nur mit (manchmal ziemlich wenig) Wasser, und außerdem beglückwünscht sich der technisch vorgebildete Leser, dass er nicht Jura studiert hat.

Diese Ausführungen dienen nur der Beruhigung unseres wissenschaftlichen Gewissens.

Für den Alltag gehen wir davon aus, dass in jedem Fall **dann, wenn der Auftraggeber gegen den Auftragnehmer vorgehen will,** »Verzug« Voraussetzung **ist** – da das Verschulden beim Verzug immer vermutet wird (§ 286 Abs. 4

---

116 Ingenstau/Korbion/Döring, VOB/B § 5 Nr. 4, Rdn. 4, streitig.

BGB), ist das Ganze ein nahezu akademisches Problem, zurückzuführen auf eine merkwürdige Regelung der VOB/B.

5. Ergänzende Fristenhinweise

a) Frist für Baubeginn

86 Wie unter Rdn. 74 schon erwähnt: Der im Vertrag vereinbarte, Verbindlichkeit verlangende **Beginntermin** ist **immer Vertragsfrist.**

Berechnungsform für Beginntermine:

aa) Bei **Kalenderfrist** unproblematisch: Datum steht fest.

bb) Bei **Nicht-Kalenderfrist:**

Dennoch unproblematisch, **wenn** aus dem Vertrag ablesbar – beispielsweise: »12 Werktage nach Vorlage der Baugenehmigung« – dann Fall des § 286 Abs. 2 Nr. 2 BGB (siehe Rdn. 83), hier keine Mahnung, sonst Mahnung (siehe Beispiel Rdn. 82).

Bei fehlender Fristvereinbarung: Der Auftraggeber hat dem Auftragnehmer auf Verlangen Auskunft über den voraussichtlichen Beginn zu erteilen; der Auftragnehmer hat innerhalb von 12 Tagen nach Aufforderung zu beginnen (§ 5 Abs. 2 VOB/B), dieser Beginntermin ist Frist nach § 286 Abs. 2 Satz 2 BGB und Vertragsfrist!

b) Frist für Bauende

87 Die Frist für das **Bauende** ist, sofern sie im Vertrag eindeutig gekennzeichnet ist, immer **Vertragsfrist** (s.o. Rdn. 74).

aa) Ist die Endfrist als **Kalenderfrist** festgelegt, ist die Sache einfach:

Die Bauleistung wird bei Fristablauf fällig, gleichzeitig gerät der Auftragnehmer ohne weitere Mahnung in Verzug.

bb) Ist die Leistung nur als **Nicht-Kalenderfrist** ohne Datum (z.B.: Fertigstellung 8 Monate nach Erteilung der Baugenehmigung) festgelegt, so ist die »Fertigstellungsfrist« anhand der Vertragsunterlagen ohne weiteres zu klären: Nach Fristablauf wird die Leistung dann fällig (Ereignisfrist); hier muss der Auftraggeber **(siehe Rdn. 83) aber auch nicht mehr mahnen, der Auftragnehmer kommt bei Fristüberschreitung in Verzug.**

88 Ist die Frist für das Bauende im Vertrag nicht festgelegt, also auch hier Nicht-Kalenderfrist, also gar keine Fertigstellungsfrist vereinbart (sei es, dass überhaupt keine Frist jemals vereinbart war, sei es, dass eine ursprünglich vereinbarte Frist wegen völliger Verschiebungen des Bauablaufs durch den Auftraggeber oder aus anderen Gründen unwirksam geworden ist), ist eine »angesichts des Umfangs der Leistungen und jetzt gegebenenfalls zu berücksichtigender Erschwernisse angemessene Frist maßgeblich«.[117] **Diese** so berechnete Fertigstellungsfrist ist – wie immer – Nicht-Kalenderfrist (siehe Rdn. 90). **Nach** Fälligkeit muss der Auftraggeber **mahnen**, um den Auftragnehmer in Verzug zu setzen.

Die Tatsache, dass eine solche Frist praktisch nicht berechenbar ist und der Fälligkeitszeitpunkt folglich praktisch nicht festzulegen ist, erweist, dass Fertigstellungszeitpunkte zwingend vertraglich entweder bestimmbar festgelegt (dann Ereignisfrist) oder exakt mit Datum festgelegt werden sollten (dann Kalenderfrist).

c) Samstage/Sonntage/Feiertage

Samstage sind gemäß § 11 Abs. 3 VOB/B Werktage. **89**

Fristen, die an einem Sonntag oder Feiertag enden, verlängern sich auf den nächstfolgenden Werktag.

d) Sonderfall: Verschiebung einer Kalenderfrist führt zur Nicht-Kalenderfrist

Wenn sich eine nach Kalender bestimmte Frist (z.B. 1. Februar) aus Gründen, **90** die der Auftraggeber zu vertreten hat, verschiebt (z.B. fehlende Koordination bei Vorleistungen, verspätete Planbeibringung), gilt:

Die neue Frist, innerhalb derer die Leistung des Auftragnehmers fällig wird, ist unter Berücksichtigung von Anlaufzeiten (§ 6 Abs. 4 VOB/B) neu festzustellen (z.B. + 3 Wochen = 22. Februar). Diese neue Frist ist **nicht mehr Kalenderfrist** (weil die neue Frist nicht ausschließlich im Voraus aus dem Kalender ablesbar ist). Nach Fristablauf kommt der Auftragnehmer also selbst dann nicht in Verzug, wenn es sich um eine Vertragsfrist handelt, denn nach Überschreitung einer Nicht-Kalenderfrist ist für den Verzug noch eine Mahnung erforderlich.

6. Ausschluss des Leistungsverzuges des Auftragnehmers wegen Behinderung des Auftragnehmers

Der **Auftragnehmer** kommt **trotz grundsätzlicher** Fälligkeit der jeweiligen **91** Bauleistung und trotz Überschreitung der Kalenderfrist oder einer Ereignisfrist gemäß § 286 Abs. 2 Satz 2 BGB (siehe Rdn. 80) oder Zugang der Mahnung und Ablauf einer evtl. in der Mahnung genannten Frist dann **nicht in Verzug**, wenn er für die Fristverzögerung »Behinderungsgründe« oder »Unterbrechungsgründe« geltend machen kann; diese Gründe führen dazu, dass die Leistung des Auftragnehmers tatsächlich zum vorgesehenen Zeitpunkt gar nicht fällig wird.

---

117 BGH Schäfer/Finnern/Hochstein, § 164 BGB Nr. 1.

Behinderungstatbestände sind also **immer unter zwei Aspekten** zu sehen:

Einmal **schließen sie** – wie oben angesprochen – Ansprüche des Auftraggebers gegen den Auftragnehmer wegen verspäteter Leistung (aus »Verzug«) aus. Umgekehrt **begründen** sie auch unter Umständen Ansprüche des Auftragnehmers gegen den Auftraggeber auf Behinderungs-Schadensersatz gemäß § 6 Abs. 6 Satz 1 VOB/B (dazu Rdn. 117 ff.) bzw. Entschädigung nach § 6 Abs. 6 Satz 2 VOB/B, § 642 BGB.

§ 6 VOB/B regelt, bei welchen drei Alternativen der Auftragnehmer trotz zeitlicher Verzögerung und auch trotz Ablauf einer Kalenderfrist bzw. einer Frist gemäß § 286 Abs. 2 Satz 2 bzw. Ablauf der Mahnfrist **nicht in Leistungsverzug** kommt:

92 ● **§ 6 Abs. 2 Nr. 1a** VOB/B:

Verzögerungen aus dem Risikobereich des Auftraggebers – das ist die **erste** Alternative:

Der Auftragnehmer kommt nicht in Verzug, wenn die Leistungsverzögerung ihre Ursache **in Umständen hat**, die zum Risikobereich des Auftraggebers gehören. Es kommt nicht auf vom Auftraggeber verschuldete Verzögerungen an, eine Fristverlängerung für den Auftragnehmer kommt vielmehr (schon) dann in Betracht, wenn sich die verzögernden Umstände aus solchen Bereichen ergeben, die auf der Basis des konkreten Vertrages und der gegebenenfalls vereinbarten VOB/B zu dem Risikobereich des Auftraggebers gehören.

Beispiel: Die Beibringung der Baugenehmigung ist – wenn nichts Gegenteiliges vereinbart ist – gemäß § 4 Abs. 1 Satz 2 VOB/B Sache des Auftraggebers. Verzögert sich also die Baugenehmigung, so führt das zur Fristverlängerung für den Auftragnehmer auch dann, wenn der Auftraggeber die Verzögerung nicht verursacht hat und sie auch nicht beeinflussen konnte (§ 6 Abs. 2 Nr. 1a VOB/B).

Hinweis: Für Schadensersatzansprüche des Auftragnehmers gegen den Auftraggeber verlangt § 6 Abs. 6 Satz 1 VOB/B, dass die Verzögerung vom Auftraggeber zu vertreten ist, also verschuldet ist (vgl. aber zum parallelen »Entschädigungsanspruch« aus § 6 Abs. 6 Satz 2 VOB/B, § 642 BGB **ohne Verschulden** Rdn. 126).

Beispiele:

93 a) **Fehlende Mitwirkung des Auftraggebers** allgemein – der Auftraggeber hat beispielsweise sein Material noch nicht ausgesucht.

94 b) **Fehlende Planungsunterlagen** insbesondere – der Rohbauunternehmer kann nicht arbeiten, weil die vom Auftraggeber beizubringenden Schal- und Bewehrungspläne nicht fristgerecht vorliegen. Der Auftraggeber haftet für seinen Statiker als Erfüllungsgehilfen gegenüber dem Auftragnehmer (siehe oben Rdn. 5) – das ist geradezu der Standardfall der »fristverlängernden Behinderung« – wobei, solange es nur um Fristverlängerung wegen (unverschuldeter) Störungen »aus dem Risikobereich« des Auftraggebers geht, »Erfüllungsgehilfe« nicht ganz der richtige Ausdruck ist.

c) **Fehlende Vorunternehmerleistungen.** Es war äußerst umstritten, ob die **95** fehlende Leistung eines Vorunternehmers, die bei dessen nachfolgendem Auftragnehmer zur Bauverzögerung führt, dem Auftragnehmer Schadensersatzansprüche gegen den Auftraggeber gemäß § 6 Nr. 6 (heute: Satz 1) VOB/B gibt;[118] **auf jeden Fall hat der Auftragnehmer aber Anspruch auf Bauzeitverlängerung**[119] – und nur darum geht es **hier**, denn wir erörtern **hier** ja nur, ob der Auftragnehmer wegen der Behinderung Fristverlängerung behaupten kann und damit sein Leistungsverzug ausscheidet.

- § 6 Abs. 2 Nr. 1b VOB/B: **96**

Die **zweite** Alternative, die als Behinderung den Verzug des Auftragnehmers ausschließt, sind Streik und Aussperrung.

- § 6 Abs. 2 Nr. 1c VOB/B: **97**

Die **dritte** Alternative, die als Behinderung den Verzug des Auftragnehmers ausschließt: **Höhere Gewalt (oder andere unabwendbare Umstände).**

a) Höhere Gewalt: Brandstiftung, Erdbeben, »Jahrhundert-Hochwasser« in einem sonst nicht hochwassergefährdeten Gebiet.

b) Unabwendbare Umstände (es handelt sich um seltenste Ausnahmefälle): Extrem ungünstiges Wetter, auf das sich auch bei sorgfältigster Vorbereitung der Auftragnehmer nicht einrichten konnte – vgl. § 6 Abs. 2 Nr. 2 VOB/B (Vorsicht: Das ist in den seltensten Fällen zu bejahen; Rechtsprechungsbeispiel: Wolkenbruch in einer Stärke, die alle 20 Jahre vorkommt).

Weiteres Beispiel: Gesundheitsschäden für die auf der Baustelle beschäftigten Arbeitnehmer infolge der Verwendung eines neuen, bisher nicht bekannten Materials (der gekünstelte Fall zeigt, dass es ein solches Problem praktisch nicht gibt).

Nach dem eindeutigen Text der VOB/B: **Voraussetzung** jeder Fristverlänge- **98** rung für den Auftragnehmer ist die **Anzeige der Behinderung gegenüber dem Auftraggeber.**

Behinderungsgründe und Unterbrechungsgründe, die dem Auftragnehmer einen Anspruch auf Fristverlängerung geben, werden nur dann berücksichtigt, wenn der Auftragnehmer diese Gründe dem Auftraggeber ordnungsgemäß **an-**

---

118 Früher verneint vom BGH BauR 1985, 561; aber bejaht von der ganz überwiegenden Meinung, heute von BGH NZBau 2000, 187 als »Entschädigungsanspruch« gemäß § 642 BGB bejaht und in § 6 Abs. 1 Satz 2 VOB/B verankert, siehe Rdn. 117, 118.
119 Kapellmann/Schiffers, Band 1, Rdn. 1368.

gezeigt hat (so § 6 Abs. 1 Satz 1 VOB/B); die Anzeige muss alle Tatsachen enthalten, aus denen sich für den Auftraggeber mit hinreichender Klarheit die Gründe der Behinderung ergeben.

Die Anzeige muss **unverzüglich** erfolgen, Schriftform ist nach herrschender Meinung nur aus Beweisgründen sinnvoll; man kann aber durchaus auch die Meinung vertreten, die Schriftform sei Wirksamkeitserfordernis. Deshalb aus Gründen des »sichersten Wegs« (siehe Rdn. 2): **Immer schriftlich!**

Die Anzeige kann nach sehr strittiger Auffassung auch an den Architekten gerichtet werden; das gilt jedenfalls sicher dann nicht, wenn durch die Anzeige gerade ein Fehler in der Leistung des Architekten aufgedeckt oder behandelt wird (z.B. fehlende Ausführungsplanung). Deshalb dringend empfehlenswert: **Immer** Kopie der Behinderungsanzeige unmittelbar an den Auftraggeber oder Original an Auftraggeber und Kopie an Architekten! Immer die »Prinzipien« beachten, immer den »sichersten Weg« gehen!

Ohne formgerechte Anzeige (oder ohne Offenkundigkeit) gibt es nach *unserer Meinung keine Berücksichtigung fristverlängernder Behinderungsgründe oder Unterbrechungsgründe (erst recht gibt es dann keine Aktivansprüche des Auftragnehmers gegen den Auftraggeber auf Schadensersatz gemäß § 6 Nr. 6 Satz 1 VOB/B).* [120]

Wir müssen allerdings darauf hinweisen, dass wir in diesem Punkt eine **Mindermeinung** vertreten. Die juristisch **herrschende Meinung** steht auf dem Standpunkt, der Verzug des Auftragnehmers setze **Verschulden** (genauer: Vertreten müssen) voraus (was natürlich richtig ist). Wenn der Auftraggeber aber vertragswidrig z.B. Pläne zu spät aushändige, sei die daraus resultierende **Verzögerung** für den Auftragnehmer unverschuldet. Ob er eine Behinderungsanzeige gemacht habe oder nicht, ändere am fehlenden Verschulden nichts. Deshalb komme es zur **Abwehr** des Verzuges wegen auftraggeberseitiger Behinderung auf eine Behinderungsanzeige **nicht** an.

Diese Rechtsauffassung macht § 6 Abs. 1 Satz 2 VOB/B (und § 6 Abs. 4 VOB/B) zur Makulatur: Um aktiv Schadensersatzansprüche wegen Behinderung durchzusetzen, ist für den Auftragnehmer zwar die Behinderungsanzeige erforderlich, aber eine Fristverlängerung, wie sie § 6 Abs. 1 Satz 2 VOB/B nur bei Anzeige gewährt, wäre immer überflüssig, weil der Auftragnehmer (mangels Verschuldens) gar keine Fristverlängerung braucht, um gegen ihn gerichtete Verzugsansprüche abzuwehren.

Richtig ist es deshalb, § 6 Abs. 1 Satz 2 als ergänzende Parteieinbarung dahin zu verstehen, dass sich der Auftrag**nehmer** sich in den Fällen, in denen Behinderung und Behinderungsauswirkungen nicht offenkundig sind, verpflichtet,

---

120 Wie hier Döring, in: Ingenstau/Korbion, VOB/B § 6 Abs. 1 Rdn. 10; OLG Rostock, Urteil vom 29.12.2004, 3 U 13/04, Juris, Nichtzulassungsbeschwerde vom BGH zurückgewiesen.

die Fristen **trotz** auftraggeberseitiger Behinderung einzuhalten, **wenn** er nicht die Fristverlängerung per Behinderungsanzeige **verlangt**. Das Anzeigeerfordernis ist also eine vertragliche Sperre: Ohne Anzeige darf sich der Auftragnehmer gegenüber **Verzugsschadensersatzansprüchen** nicht auf sein fehlendes Verschulden berufen.[121]

An der Antwort auf diese nur scheinbar akademische Streitfrage hängen riesige finanzielle Folgen – wenn der Auftragnehmer sich ohne Behinderungsanzeige auf auftraggeberseitige Behinderungen berufen kann, scheitern Ansprüche des Auftraggebers auf Verzugsschadensersatz.

Gegenüber einer für Verzug vereinbarten **Vertragsstrafe** kann sich allerdings der Auftragnehmer auch ohne Behinderungsanzeige verteidigen, wenn der Auftraggeber durch die Behinderung die Verzögerung verursacht hat,[122] was mit der systematischen Trennung von § 11 VOB/B zu §§ 5, 6 VOB/B zusammenhängt.

Unser Leser geht natürlich dem Streit der Wissenschaft aus dem Weg, folgt dafür aber dem Grundsatz des »sichersten Weges« aus Rdn. 2: Er **zeigt Behinderungen immer an.** Ihm kann nichts passieren.

Eine Anzeige ist **ausnahmsweise entbehrlich,** wenn die Unterbrechungs- oder Behinderungstatsachen offenkundig sind und wenn zusätzlich deren hindernde Wirkung dem Auftraggeber bekannt ist; dabei genügt die Kenntnis des Architekten. Diese Ausnahme muss der Auftragnehmer beweisen. **99**

Auf eine solche Ausnahme sollte sich der Auftragnehmer nie verlassen; er **sollte immer** eine Behinderungsanzeige machen. Nur so wandelt er auf dem »sichersten Weg«.

Achtung: Sonderproblem – Fristverlängerung durch geänderte oder zusätzliche Leistungen? Es ist in der Praxis wenig bekannt, dass vom Auftraggeber **angeordnete geänderte oder zusätzliche Leistungen,** die über die vereinbarte Bauzeit hinaus zusätzlichen **Zeitbedarf** nach sich ziehen und deshalb de facto die Bauzeit verlängern, **keineswegs** im Rechtssinn **automatisch** zu Ansprüchen des Auftragnehmers auf Bauzeitverlängerung und damit zum Ausschluss des Leistungsverzuges des Auftragnehmers bei schuldhaftem Überschreiten der Fertigstellungsfrist führen müssen. **100**

Auch geänderte oder zusätzliche Leistungen (sogar gleichgültig, ob sie angeordnet sind oder nicht – vgl. zu nicht angeordneten Leistungen § 2 Abs. 8 VOB/B) sind im **formalen** Sinne ablauf**behindernd** und **müssen** folglich als Behinderung aus dem Risikobereich des Auftraggebers gemäß § 6 Abs. 2 Nr. 1a VOB/B vom Auftragnehmer dem Auftraggeber **angezeigt** werden.

---

121 Siehe dazu **abweichend** BGH BauR 1999, 645; zum Meinungsstand Kapellmann/Schiffers, Band 1, Rdn. 1216.

122 Kapellmann/Schiffers, Band 1, Rdn. 1216.

Nur dann hat der Auftragnehmer die sichere Gewähr, dass er »Fristverlängerung« erhält.

Ohne Anzeige ist er auf die äußerst kritische Diskussion darüber angewiesen, ob die zusätzlichen Arbeiten offenkundig ablaufbehindernd waren,[123] falls man unsere Meinung teilt, dass auch zur Abwehr von Verzugsschadensersatzansprüchen des Auftraggebers eine Behinderungsanzeige grundsätzlich notwendig ist (s. oben Rdn. 98).

Die **Vergütung** solcher angeordneter inhaltlich geänderter oder zusätzlicher Leistungen erfolgt über § 2 Abs. 5, 6, 8 VOB Teil B, nicht als »Behinderungsschadensersatz«. Lediglich bei rein zeitlichen oder nur die Bauumstände betreffenden technisch **nicht** zwingend notwendigen Anordnungen des Auftraggebers hat der Auftragnehmer die Wahl zwischen Vergütungsansprüchen oder Schadensersatzansprüchen (Einzelheiten Rdn. 51, 124).[124] Das hat aber mit dem hier behandelten Thema nichts zu tun: Uns geht es hier nur um die Frage, wann Leistungsverzögerungen nicht zum Verzug des Auftragnehmers, sondern als Behinderung zur **Frist**verlängerung führen.

101 Wenn dem Auftragnehmer Behinderungsgründe oder Unterbrechungsgründe zur Seite stehen und wenn er diese rechtzeitig angezeigt hat (zur Streitfrage siehe oben Rdn. 98) oder wenn ohne diese einschließlich der behindernden Auswirkung offenkundig sind, **verlängert sich** ›automatisch‹ die Ausführungsfrist des Auftragnehmers gemäß **§ 6 Abs. 4 VOB/B** um den Behinderungszeitraum oder um den Unterbrechungszeitraum **plus** einem Zuschlag für eine neue Vorlaufzeit (Regiezeit) **plus** einem Zuschlag etwa für eine Erschwerung durch die Notwendigkeit, die Arbeiten in einer anderen Jahreszeit auszuführen.

Die so ermittelte neue Leistungsfrist ist naturgemäß **niemals Kalenderfrist**.

Wir wiederholen: Ob der Auftragnehmer seinerseits wegen der Behinderung Schadensersatzansprüche gegen den Auftraggeber geltend machen kann, ist ein anderes Thema (unten Rdn. 109 ff.).

7. Folge des auftragnehmerseitigen Leistungsverzuges

102 Wenn der **Auftragnehmer** mit seiner Leistung (oder Teilleistung) **in Verzug ist,** dem Auftragnehmer also auch keine Ansprüche auf Fristverlängerung wegen Behinderung zustehen, hat der **Auftraggeber** die nachfolgenden Rechte:

---

123 Kapellmann/Schiffers, Band 1, Rdn. 1230 ff.
124 KG BauR 2008, 837, rechtskräftig gemäß Beschluss des BGH; Kapellmann/Schiffers, Band 1, Rdn. 1134.

a) Zahlungsverweigerung

Der Anspruch des Auftragnehmers auf Abschlagszahlung hängt davon ab, dass bestimmte Teilleistungen erbracht sind. Da beim Leistungsverzug diese Teilleistungen (noch) nicht erbracht sind, hat der **Auftraggeber das Recht, insoweit die Abschlagszahlung zu verweigern**; das hat übrigens unmittelbar nichts mit Verzug zu tun, sondern ist nur Folge der fehlenden Teil-Fertigstellung. Aus einzelvertraglichen Regelungen können sich hier Abweichungen ergeben. **103**

b) Schadensersatzpflicht (Verzugsschaden)

Gemäß § 5 Abs. 4 VOB/B **in Verbindung mit § 6 Abs. 6 Satz 1 VOB/B** hat der Auftraggeber gegen den **Auftragnehmer Anspruch auf Schadensersatz wegen Verzugs**, allerdings nach herrschender, bestrittener Auffassung ohne entgangenen Gewinn des Auftragnehmers (außer bei grobem Verschulden des Auftraggebers). **104**

Beispiel: Ersatz des infolge des Verzuges des Auftragnehmers entstandenen Mietausfalls durch verspätete Fertigstellung.

c) Kündigung

Bei Verzug des Auftragnehmers mit seiner Leistung kann der Auftraggeber dem Auftragnehmer **gemäß § 5 Abs. 4 VOB/B in Verbindung mit § 8 Abs. 3 VOB/B** aus wichtigem Grund schriftlich kündigen; das Kündigungsrecht der VOB/B bleibt trotz der zweifelhaften Fassung des neuen BGB erhalten. **105**

Voraussetzung ist:

Der Auftraggeber muss dem Auftragnehmer zusätzlich eine angemessene Frist zur Vertragserfüllung setzen und eindeutig erklären, dass er ihm nach fruchtlosem Ablauf der Frist den Auftrag entzieht (Kündigungsandrohung). Die Kündigung muss dann unverzüglich nach Ablauf der in der Mahnung und der Androhung bzw. in der Androhung allein gesetzten Frist erfolgen, ein »Abwarten« ist schädlich und führt zum Verlust des Kündigungsrechts.[125] Die Kündigungsandrohung sollte zweckmäßig schriftlich erfolgen, die darin zu setzende Nachfrist ist zwingend.

Es ist möglich, die Kündigungsandrohung mit der den Verzug begründenden Mahnung (bei Nicht-Kalenderfrist) gleichzeitig auszusprechen.[126] Aber das ist und bleibt problematisch und ist nicht wirklich sicher. Also: Unsere Leser tun das nicht, sie beherrschen mittlerweile traumwandlerisch sicher den »sichersten Weg« und sprechen zuerst nach Fälligkeit die verzugsbegründende Mah-

---

125 Ebenso OLG Düsseldorf IBR 1993, 462.
126 BGH NJW-RR 1997, 622 und BGH NJW-RR 1990, 442.

nung aus und setzen nach Fristablauf die Nachfrist mit Kündigungsandrohung.

Der Auftraggeber hat im Normalfall nicht das Recht zur Teilkündigung **aus wichtigem Grund**, außer, der zu kündigende Teil ist »funktional in sich abgeschlossen« (dazu näher Rdn. 162).

Der Auftraggeber kann also entweder wegen des Verzugs ganz kündigen oder gar nicht.

Dass der Auftraggeber immer Teilleistungen »frei« kündigen kann, ist ein ganz anderes Thema (siehe Rdn. 132).

d) Vertragsstrafe

106 Die Vertragsstrafe ist ein scharfes Mittel, um einen säumigen Auftragnehmer »unter Druck zu setzen«.

Die Voraussetzungen für den Anfall der Vertragsstrafe und die Höhe müssen im Bauvertrag vereinbart sein.

Kraft gesetzlicher Bestimmung kann eine Vertragsstrafe nur verlangt werden, wenn der Auftragnehmer mit der Leistung **in Verzug** ist.

Eine Vertragsstrafe kann sowohl für den Verzug mit der Endfertigstellungsfrist vereinbart werden (was der Regelfall ist), sie kann aber auch für den Verzug mit einzelnen Ausführungsfristen (Zwischenfristen) vereinbart werden, sofern diese Vertragsfristen sind (denn sonst sind sie nicht verbindlich). Dann muss aber darauf geachtet werden, dass die Kumulation der Vertragsstrafen für die Zwischenfristen nicht zu einer unerlaubten Höhe der Vertragsstrafe führt.

Wird die Vertragsstrafe vom Auftraggeber in Allgemeinen Geschäftsbedingungen gestellt, darf sie bestimmte Größenordnungen nicht überschreiten, ansonsten ist die Vereinbarung unwirksam gemäß § 307 BGB. Nach derzeit herrschender Auffassung sind z.B. noch zulässig 0,25 % pro Werktag, maximal jedoch 5 % der Nettoabrechnungssumme;[127] 0,5 % pro Arbeitstag sind dagegen immer unwirksam, selbst wenn eine Höchstgrenze vereinbart ist.[128]

Verlängern die Vertragsparteien Baufristen, ohne die Vertragsstrafen zu erwähnen, so ist **im Zweifel** davon auszugehen, dass die Vertragsstrafe nicht aufrechterhalten werden soll.[129]

---

127 BGH BauR 2003, 870.
128 BGH BauR 2002, 1086.
129 OLG Celle BauR 2006, 147, vgl. aber auch BGH NZBau 2006, 504, äußerst fallabhängig.

Wird durch Zusatzleistungen, Behinderungen usw. der Auftragnehmer zu einer »**durchgreifenden** Neuordnung« des vertraglich vereinbarten Zeitplans gezwungen, ist eine wie auch immer errechnete neue Endfrist nicht mehr Grundlage einer Vertragsstrafe, sie entfällt.[130]

Die Vertragsstrafe muss bei Abnahme vorbehalten werden.

Die Vertragsstrafe, die der GU wegen Säumigkeit seines NU an den Auftraggeber zahlen muss, kann er als Verzugsschaden gemäß § 6 Nr. 6 Satz 1 VOB/B von seinem NU verlangen.[131] Gegebenenfalls muss er allerdings seinen Nachunternehmer auf die Gefahr eines besonders hohen Schadens hinweisen, dass nämlich der Verzug des NU auch mit nur einer relativ kleinen Teilleistung, betrachtet man das ganze Bauvorhaben, zum Verzug des Hauptauftragnehmers gegenüber dem Auftraggeber mit der Gesamtfertigstellung des Objekts führen kann und damit zu einer Vertragsstrafe auf dieser Ebene, die höher sein kann als der ganze Werklohn des NU.

e) Klage auf Erfüllung

Theoretisch hat der Auftraggeber auch bei Verzug des Auftragnehmers einen **107** Anspruch auf Erfüllung, der per Klage durchgesetzt werden kann. Der Fall ist so theoretisch, dass wir ihn nicht weiter diskutieren.

8. Abbildung und Beispiel für Fristenbehandlung

Den doch relativ komplizierten Ablauf, der beispielsweise einer Schadenser- **108** satzforderung oder einer Kündigung des Auftraggebers wegen Leistungsverzuges des Auftragnehmers vorausgeht, haben wir in

Abbildung 2

zusammengefasst.

---

130 BGH BauR 1993, 600.
131 BGH BauR 1998, 330.

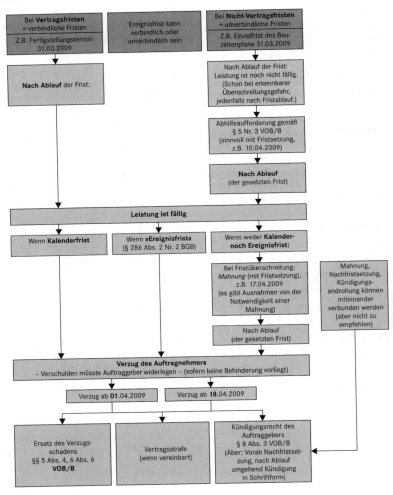

Abbildung 2: Der Leistungsverzug des Auftragnehmers (VOB/B) – Zusammenfassung

Das Beispiel aus dieser Abbildung erläutern wir auch noch einmal wie folgt:

Die Fertigstellungsfrist für die Decke im 1. OG ist in einem Bauzeitenplan, der Vertragsbestandteil ist, auf den 31.03.2009 angesetzt.

Eine Woche vor Fristablauf stellt der Auftraggeber fest, dass der Auftragnehmer diese Frist des Bauzeitenplanes auf keinen Fall mehr einhalten wird. Die Frist in dem Bauzeitenplan ist nicht Vertragsfrist, sie ist Nicht-Vertragsfrist (§ 5 Abs. 1 Satz 2 VOB/B). Also ist die Teilleistung »Decke 1. OG« nach Ablauf des 31.03.2009 noch nicht fällig. Der Auftraggeber fordert deshalb (und zwar schon eine Woche vorher, das ist zulässig, wenn auch riskant) den Auftragnehmer auf, »Abhilfe zu schaffen« (§ 5 Abs. 3 VOB/B). Er setzt zur Fertigstellung der Decke eine – angemessene – Frist bis zum 10.04.2009. Erst nach fruchtlosem Ablauf dieser Frist ist die Teilleistung jetzt fällig; das ist jedenfalls der sichere Weg. Möglicherweise tritt Verzug auch schon ohne Mahnung ein (siehe oben Rdn. 83), aber diese neue Rechtslage ist noch nicht hinreichend geklärt.

Überschreitet der Auftragnehmer auch die Frist vom 10.04.2009, kommt er immer noch nicht automatisch in Verzug, und zwar deshalb nicht, weil diese vom Auftraggeber jetzt gesetzte Abhilfefrist nicht im Voraus aus dem Vertrag als Frist abzulesen war, also keine Kalenderfrist ist. Ohne Kalenderfrist führt aber ein Fristablauf nicht zum Verzug, Mahnung ist erforderlich – das ist allerdings **nach heutiger Rechtslage möglicherweise anders**, siehe Rdn. 83.

Also muss der Auftraggeber nach Ablauf des 10.04.2009 (jedenfalls **sicherheitshalber**) noch einmal mahnen, um den Auftragnehmer in Verzug zu setzen. Der Auftraggeber kann also z.B. sinngemäß nach dem 10.04.2009 schreiben: »Da Sie die für den 10.04.2009 gesetzte Frist zur Abhilfe versäumt haben, mahne ich Sie hiermit, Ihre Arbeit endgültig bis zum 17.04.2009 zu beenden.« Jedenfalls nach dem 17.04.2009 ist der Auftragnehmer in Verzug.

Jetzt kann der Auftraggeber Verzugsschadensersatz geltend machen. Will er den jetzt eingetretenen Verzug als Anlass zur Kündigung des (gesamten) Bauvertrages nehmen, muss er zusätzlich diese Kündigung zuvor androhen und eine Nachfrist setzen (§ 5 Abs. 4 VOB/B). Nach der Rechtsprechung kann die den Verzug begründende Mahnung gleichzeitig mit der Nachfristsetzung und Kündigungsandrohung ausgesprochen werden (vgl. Rdn. 105, aber auf keinen Fall empfehlenswert).

Ist auch die Nachfrist fruchtlos abgelaufen, kann der Auftraggeber den Bauvertrag aus wichtigem Grund kündigen, und zwar mit der Folge des § 8 Abs. 3 VOB/B. Die Kündigung muss schriftlich erfolgen.

Reihenfolge also:

Überschreitung der Nicht-Vertragsfrist: 31.03.2009.

Dann: Abhilfeaufforderung und Frist zur Fertigstellung bis zum 10.04.2009.

Nach fruchtlosem Ablauf: Mahnung zum 17.04.2009 und (äußerstenfalls) gleichzeitig Androhung der Kündigung und Nachfristsetzung wie folgt: »Da Sie die für den 10.04.2009 gesetzte Frist zur Abhilfe versäumt haben, setze ich Ihnen hiermit eine Nachfrist, Ihre Arbeiten endgültig bis zum 17.04.2009 zu beenden. Gleichzeitig erkläre ich Ihnen hiermit, dass ich Ihnen nach fruchtlosem Ablauf auch dieser Nachfrist den Auftrag entziehen werde.«

Das ist ein dorniger Weg – aber noch dorniger ist es, wenn der Auftraggeber Formfehler macht, Fristen nicht einhält und dergleichen und dann erst im Prozess nach 2 Jahren z.B. merkt, dass seine Kündigung nicht eine solche nach § 8 Abs. 3 VOB/B wegen Leistungsverzugs des Auftragnehmers ist, sondern nur als »freie Kündigung« gemäß § 8 Abs. 1 VOB/B behandelt wird mit der schönen Folge, dass er dann auch noch für den nicht ausgeführten Teil die ausstehende Vergütung minus ersparter Aufwendungen bezahlen darf.[132]

B. Ansprüche gegen den Auftraggeber

1. Verzug des Auftraggebers mit Hauptpflichten

109 Natürlich kann nicht nur der Auftragnehmer mit der Ausführung seiner Leistung oder Teilleistung »in Verzug kommen«, ebenso kann auch der Auftraggeber seine eigenen **Pflichten** (oder Obliegenheiten) mangelhaft, verzögert oder gar nicht erfüllen.

Der Auftraggeber hat »**Hauptpflichten**«:

a) Abnahme

Erste Hauptpflicht ist die **Abnahme** des Werkes.

b) Zahlung

110 Er hat als zweites die **Hauptpflicht,** den vereinbarten **Werklohn zu zahlen,** und zwar entsprechend dem Vertrag.

aa) Bei vereinbarter VOB/B hat der Auftragnehmer das Recht auf **Abschlagszahlungen.** Leistet der Auftraggeber 18 Werktage nach Zugang der Abschlagsrechnung mit entsprechender prüfbarer Aufstellung über die Teilleistung die Zahlung nicht, ist damit der Auftraggeber noch nicht in Zahlungsverzug; das wäre nur der Fall, wenn die abgelaufene Frist eine Kalenderfrist gewesen wäre. Das ist aber unmöglich, weil der Lauf dieser Frist nicht aus dem Kalender abzulesen ist, sondern davon abhängt, wann die Abschlagsrechnung zugeht. Also muss der Auftragnehmer bei Ablauf der 18 Werktage mahnen gemäß § 16 Abs. 5 Nr. 3 VOB/B unter Setzung einer Nachfrist. Nach Zugang der Mahnung und Ablauf der darin genannten Frist ist der Auftraggeber in Verzug.

Dann gilt § 16 Abs. 5 Nr. 3 Satz 2 VOB/B:

---

132 Dazu BGH BauR 2003, 1889.

»Zahlt der Auftraggeber bei Fälligkeit nicht, so kann ihm der Auftragnehmer eine angemessene Nachfrist setzen. **Zahlt er auch innerhalb der Nachfrist nicht, so darf der Auftragnehmer die Arbeiten bis zur Zahlung einstellen.**«

Das **Recht auf Arbeitseinstellung** ist die erste **Verzugsfolge** und ein sehr wesentliches Druckmittel des Auftragnehmers.

§ 286 Abs. 3 BGB regelt, dass der Schuldner einer Entgeltforderung, hier also der Auftraggeber, spätestens 30 Tage nach Fälligkeit und Zugang einer Rechnung (automatisch, also ohne Mahnung) **in Verzug** kommt; der gesetzliche Verzugszinssatz (§ 288 Abs. 2 BGB) beträgt 8 % bei Geschäften, an denen ein Verbraucher nicht beteiligt ist, über dem Basiszinssatz. Letzterer ist ab 01.01.2009 1,62 %, § 247 BGB. Es ist immer noch unübersehbar, ob es zulässig ist, diese gesetzliche Regel durch AGB des Auftraggebers – hier also § 16 Nr. 5 VOB/B, Erfordernis einer **Mahnung** – abzuändern. Wir gehen davon aus, dass das **nicht** möglich ist.[133] Wenn also 30 Tage abgelaufen sind, kommt der Auftraggeber auch ohne Nachfristsetzung in Verzug. Die Rechtslage ist hier aber leider höchstrichterlich noch ungeklärt. **Sicherer Weg:** Mahnen und Nachfrist setzen.

Weitere Verzugsfolge: **111**

Der Auftraggeber schuldet gemäß VOB/B 2002 vom Ende der Nachfrist an Zinsen in Höhe von 8 % über dem Basiszinssatz des § 247 BGB (§ 16 Abs. 5 Nr. 3 VOB/B), wenn der Auftragnehmer nicht einen noch höheren Verzugsschaden nachweist (z.B. in Form von Bankzinsen): Der Basiszinssatz beträgt derzeit – wie erwähnt – 1,62 %, der VOB-Verzugszinssatz beträgt also jetzt stolze **9,62 %**.

Weitere Verzugsfolge: **112**

Der Auftragnehmer kann auch den Auftrag kündigen. Dazu sind allerdings weitere Voraussetzungen gemäß § 9 VOB/B zu erfüllen.

bb) Der Auftraggeber kann auch mit der **Schlusszahlung** in Verzug kommen. **113** Voraussetzung ist wieder Fälligkeit. Beim VOB/B-Vertrag wird die Schlusszahlung fällig, wenn der Auftragnehmer eine schriftliche Schlussrechnung gestellt hat, das Werk abgenommen ist und zwei Monate nach Zugang der Schlussrechnung vergangen sind. Ist dieser Zeitpunkt erreicht, hat der Auftraggeber aber noch nicht bezahlt, kann der Auftragnehmer jetzt wieder mahnen unter **Nachfristsetzung**; nach Zugang der Mahnung und Ablauf der Frist ist der Auftraggeber in Verzug.

Ist § 286 Abs. 3 BGB zwingend, tritt die Fälligkeit sogar nach 30 Tagen ohne Mahnung ein, was wir bejahen (vgl. oben Rdn. 107), weil dann die Regelung der VOB/B unwirksam ist wegen Verstoßes gegen §§ 305 ff. BGB.

---

133 Ebenso OLG Düsseldorf BauR 2006, 120, vorausgesetzt, die VOB/B ist nicht als Ganzes vereinbart.

Folge: Wiederum kann der Auftragnehmer Zinsen in Höhe von 8 % über dem Basiszinssatz, derzeit also **9,62 %** (dazu oben Rdn. 108), als Verzugszinssatz beanspruchen, gegebenenfalls höhere Verzugszinsen; bezüglich des **fälligen unbestrittenen** Guthabens aus der Schlussrechnung kann der Auftraggeber diese 9,62 % schon ohne Mahnung verlangen ab 2 Monaten nach Zugang der Schlussrechnung (wobei der »BGB«-Verzug mit 30 Tagen nach unserer Meinung vorgeht – vgl. Rdn. 110 –, also die VOB-Regelung AGB-widrig ist).

Kündigen kann er nicht mehr, weil die Arbeit fertiggestellt und abgenommen ist. Aus demselben Grund kann er natürlich auch die Arbeiten nicht mehr einstellen.

Außer dem Zinsanspruch ist also nichts mehr gewonnen – der Auftragnehmer kann danach jetzt eigentlich nur noch klagen (oder warten und beten).

c) Eigene Leistungsmitwirkung

114 Wenn das im Vertrag vereinbart ist, kann der Auftraggeber eine dritte »**Hauptpflicht**« haben, nämlich eine Pflicht zur eigenen Leistungsmitwirkung.

Beispiel: Der Auftraggeber verpflichtet sich, einen Kran zu stellen (Beistellung). Oder: Er verpflichtet sich, eine bestimmte, für die Baumaßnahme notwendige Leistung seinerseits bis zu einem bestimmten Zeitpunkt zu erbringen, z.B. am 31.03.1992 eine Behelfsbrücke zur Aufnahme der behelfsmäßigen Verkehrsführung auf einer Autobahn dem Auftragnehmer zur Verfügung zu stellen, um so dem Auftragnehmer erst die Ausführung seiner Bauarbeiten auf der Fahrbahn zu ermöglichen.[134] Derartige Pflichten des Auftraggebers sind »**dem Herstellungsbereich**« zuzurechnen, sie sind also ebenso »Hauptpflicht« des Auftraggebers wie die Zahlungspflicht. Der Begriff »Hauptpflicht« passt heute nicht mehr genau, § 280 BGB regelt allgemein die Folgen von Pflichtverletzungen und unterscheidet nicht mehr Haupt- und Nebenpflichten.

Der Auftraggeber kann mit dieser »Hauptpflicht« »in Verzug« kommen, bei der Vereinbarung einer Kalenderfrist durch bloßen Fristablauf (so der Fall der Behelfsbrücke), bei Nicht-Kalenderfrist nach entsprechender Mahnung.

Folge:

Der Auftrag**geber** ist dann dem Auftragnehmer wegen (normalen) **Schuldnerverzuges** (!) schadensersatzpflichtig. Dieser Verzug wird aber, soweit er gleichzeitig – wie im Regelfall – eine Behinderung ist, abgewickelt nach **§ 6 Abs. 6 Satz 1 VOB/B**. Auf diese Weise kann z.B. der Auftragnehmer Mehrkosten verlangen, die er durch verlängerte Bereithaltung von Material oder durch entsprechende zusätzliche zeitabhängige Kosten hat.[135]

---

134 Fall des OLG Celle BauR 1994, 629, Revision vom BGH nicht angenommen.
135 So auch OLG Celle; näher Kapellmann/Schiffers, Band 1, Rdn. 1285, 1286.

Der Auftragnehmer kann auch nach angemessener Nachfrist und Kündigungsandrohung gemäß § 9 VOB/B kündigen.

2. »Verzug« des Auftraggebers mit »Nebenpflichten« (Mitwirkungspflichten) – Schadensersatzansprüche des Auftragnehmers wegen ›Behinderung‹, § 6 Abs. 6 Satz 1 VOB/B

a) Mitwirkungspflichten

Der Auftraggeber muss außer eigener Beistellung auch ansonsten in vielfältiger Form **Mitwirkungspflichten** aus dem Bauvertrag erfüllen (»Nebenpflichten«, zum Begriff siehe oben Rdn. 110). Er muss beispielsweise (je nach Vertrag) die Baugenehmigung beibringen, Planungsunterlagen beibringen, das Grundstück stellen usw.; das BGB ordnet diese Mitwirkungshandlungen als »Obliegenheiten« ein. Beim Bauvertrag handelt es sich aber nicht um unverbindliche Obliegenheiten, sondern um echte »Nebenpflichten«.[136] **115**

Unterlässt er die rechtzeitige Beibringung, so kann das zu einer **Störung** des vertraglich vorgesehenen Bauablaufs führen, deren Folgen sich als »Behinderung« darstellen; dasselbe gilt erst recht für eine Unterbrechung des Bauablaufs.

Die Rechtsfolgen regelt **§ 6 VOB/B**. Nach § 6 Abs. 6 Satz 2 gibt es wahlweise daneben auch einen Entschädigungsanspruch gemäß § 642 BGB (dazu weiter Rdn. 126–128).

Von den drei relevanten Behinderungsmöglichkeiten, die gemäß **§ 6 Abs. 2 Nr. 1 VOB/B** zur **Fristverlängerung** führen (Umstände aus dem Risikobereich des Auftraggebers, Streik oder Aussperrung, höhere Gewalt oder unabwendbare Umstände, s. oben Rdn. 96, 97), beschäftigen wir uns **hier** nur mit einem Tatbestand, der zum finanziellen Ausgleich führt, nämlich den

»vom Auftraggeber zu vertretenden Umständen«,

nur diese führen zum **Schadensersatzanspruch des Auftragnehmers,** so § 6 Abs. 6 Satz 1 VOB/B. »Zu vertretende Umstände« ist im Regelfall nichts anderes als »verschuldete Umstände« (s. oben Rdn. 84). Für eine Fristverlängerung kommt es nur auf »Umstände« aus dem Risikobereich des Auftraggebers an, für Schadensersatzansprüche müssen diese Umstände vom Auftraggeber auch **verschuldet** sein.

Der Auftragnehmer muss außerdem die Behinderung angezeigt haben, oder sie muss einschließlich der behindernden Wirkung offenkundig sein – **ohne Anzeige oder Offenkundigkeit** kein Schadensersatz wegen Behinderung.

---

136 Z.T. streitig, näher Kapellmann/Schiffers, Band 1, Rdn. 1362 ff.

b) Zur Wiederholung: Erste Behinderungsfolge: Fristverlängerung

116 Wir müssen nun der Vollständigkeit halber wiederholen, was wir schon erörtert haben: Wenn der Auftragnehmer behindert ist und die Behinderung rechtzeitig angezeigt hat oder die Behinderungstatsache und deren hindernde Wirkung offenkundig waren, werden (auch) die Ausführungsfristen verlängert (s. oben Rdn. 91–101); also kann der Auftragnehmer selbst nicht mit der Ausführung seiner Leistung oder Teilleistung in Verzug kommen.

Insoweit kommt es nicht auf das Verschulden des Auftraggebers an.

c) Zweite Behinderungsfolge: Schadensersatz

117 Darüber hinaus kann die vom Auftraggeber zu vertretende Behinderung auch zu **Schadensersatzansprüchen** des Auftragnehmers wegen Behinderungs-Mehrkosten führen.

Die Behinderung oder Unterbrechung muss **dann vom Auftraggeber zu vertreten sein** (verschuldet sein), s. oben Rdn. 84.

Sobald also der Auftragnehmer Schadensersatzansprüche geltend machen will, bedeutet dieses »Vertreten müssen«, dass der Auftraggeber die Behinderung oder Unterbrechung verschuldet haben muss.

118 Dieses Verschuldenserfordernis ist relativ unproblematisch; insbesondere gilt § 286 Abs. 4 BGB: Danach muss sich der Auftraggeber vom Vorwurf des Verschuldens entlasten, der Auftragnehmer muss nicht etwa das Verschulden nachweisen. Diese Entlastung ist praktisch kaum möglich, so dass an sich das ganze »Verschuldensthema« nicht sehr aufregend wäre. Das gilt umso mehr, als der Auftraggeber für die Pflichtverletzungen seiner Erfüllungsgehilfen (z.B. Architekt oder Statiker im Bereich Planung) gemäß § 278 BGB haftet ohne Rücksicht auf Verschulden.

Heftig umstritten ist aber im Zusammenhang mit der Verschuldensvoraussetzung bei **Schadensersatzansprüchen** des Auftragnehmers wegen Behinderung, ob ein **Vorunternehmer** Erfüllungsgehilfe **des Auftraggebers ist (vgl. oben Rdn. 5), ob also der Auftraggeber dafür haftet, dass ein von ihm beauftragter Unternehmer, der zeitlich vorrangig eine Arbeit zu erledigen hat, zögerlich oder mangelhaft arbeitet** und **dadurch** einen **nachfolgenden** Auftragnehmer behindert.

Beispiel: Der Tiefbauunternehmer schachtet nicht rechtzeitig aus, deshalb kann der Rohbauunternehmer nicht zum vertraglich vorgesehenen Termin anfangen, seine Arbeit verzögert sich um einen Monat.

Ähnliche Konstellationen ergeben sich, wenn ein Nachunternehmer gegen den Generalunternehmer vorgeht, weil ein anderer, zeitlich vorrangiger Nachunternehmer seine Leistung nicht fertiggestellt hat.

Beispiel: Der Teppichbodenleger kann nicht arbeiten, weil der Estrichleger nicht pünktlich fertig geworden ist.

Der **Bundesgerichtshof** hatte **früher** immer in solchen Fällen einen Schadensersatzanspruch **verneint**, ausgenommen, der Auftraggeber hatte im Zusammenhang mit dem verspäteten Vorunternehmer seine Koordinationspflicht verletzt.[137] Begründung: Der Auftraggeber bediene sich nicht des Vorunternehmers als Erfüllungsgehilfen, um Pflichten gegenüber dem (nachfolgenden) Auftragnehmer zu erfüllen, er habe nämlich eine solche Pflicht nicht.

Entgegen der Rechtsprechung des Bundesgerichtshofs ist eine solche Haftung beim Anspruch aus § 6 Abs. 6 Satz 1 VOB/B **uneingeschränkt zu bejahen**; der Auftraggeber muss dem Auftragnehmer das Baugrundstück oder die Teilleistung, auf der der Auftragnehmer aufbauen muss, zur Verfügung stellen, **das ist seine Pflicht**, die er durch den Vorunternehmer erfüllen lässt.

Der Bundesgerichtshof hat 1999 förmlich seine frühere Vorunternehmerrechtsprechung **aufgegeben** und die Haftung des **Auftraggebers** für eine verspätete Vorunternehmerleistung jetzt bejaht.[138] Er hat aber **nicht** § 6 Nr. 6 VOB/B a.F. angewandt, sondern § 642 BGB (der **laut BGH** durch § 6 Nr. 6 VOB/B a.F. nicht ausgeschlossen wird).[139] Der Auftragnehmer kann laut BGH immer **zwischen § 6 Nr. 6 a.F. VOB/B und § 642 BGB wählen;** die VOB/B hat dies jetzt in § 6 Abs. 6 Satz 2 VOB/B aufgenommen. **119**

Zu den Voraussetzungen von § 642 BGB, der Entschädigungsfolge und der praktischen Schlussfolgerung näher Rdn. 126–128.

d) Keine Mahnung erforderlich?

Nur der Vollständigkeit halber: Da es bei der auftraggeberseitigen Behinderung nur um die bloße Verletzung einer »**Neben**pflicht« geht, ist Voraussetzung des Schadensersatzanspruches des Auftragnehmers nach § 6 Abs. 6 Satz 1 VOB/B nicht förmlicher »Verzug« des Auftraggebers mit seiner Mitwirkung, also **nicht** Ablauf einer Kalenderfrist oder Mahnung nach Ablauf einer Nicht-Kalenderfrist; die bloße Tatsache der Überschreitung der Mitwirkungsfrist genügt, um **120**

---

137 BGH »Vorunternehmer I«, BauR 1985, 561.

138 BGH »Vorunternehmer II«, NZBau 2000, 187 = BauR 2000, 722.

139 Entgegen dem BGH war § 642 BGB durch das geschlossene Haftungssystem der §§ 5, 6 VOB/B ausgeschlossen, näher Kapellmann/Schiffers, Band 1, Rdn. 1400; wie hier die herrschende Lehre, z.B. Ingenstau/Korbion/Döring, VOB/B § 6, Rdn. 2. Warum die VOB 2006 diese Rechtsprechung zum Inhalt der VOB/B gemacht hat, ist rätselhaft. Locher/Sienz, in: Ingenstau/Korbion, VOB/B, Anhang 12 formulieren zutreffend: »*Ob es sinnvoll ist, Entscheidungen des BGH jeweils sofort in neue Bestimmungen umzusetzen, ... darf bezweifelt werden.*« Die VOB/B hat die dann erforderliche Prüfung auf AGB-Festigkeit unterlassen, dazu Rdn. 126.

den Behinderungstatbestand auszulösen.[140] Stellt man auf Verzug ab, so ist die Mahnung wegen § 286 Abs. 2 Nr. 4 BGB möglicherweise entbehrlich.

Praktisch spielt das Thema kaum eine Rolle, weil ja durch die Anzeige der Behinderung gleichzeitig auch eine »Mahnung« erfolgt. Kritisch wäre aber immerhin der Zeitraum zwischen Fristversäumnis und Zugang der Anzeige.

e) Nachweis von Ursache und Schaden

121 Der Auftragnehmer muss die Störung uneingeschränkt beweisen. Die Verursachung der behaupteten Folgen durch die Störung, also den Schadenseintritt, sowie die Schadenshöhe braucht er nur unter erleichterten Voraussetzungen, nämlich nur als Basis für zulässige Schätzungen zu beweisen. Im Grundsatz ist das schon seit über 20 Jahren höchstrichterlich geklärt,[141] zwei Entscheidungen vom 25.02.2005 haben aber diese Grundsätze noch einmal bestätigt, vertieft und präzisiert:[142]

- Der Auftragnehmer muss den Tatbestand der Störung, die Störungsdauer und die Behinderungsanzeige bzw. die Offenkundigkeit uneingeschränkt dartun und beweisen (»**haftungsbegründende Kausalität**«). Wenn also z.b. der Auftragnehmer behauptet, durch verspätet vorgelegte, auftraggeberseitig geschuldete Ausführungspläne einen Schaden erlitten zu haben, muss er voll beweisen:
  - dass der Auftraggeber die Pläne schuldet
  - wann der im Rahmen des Vertrags geltende Fälligkeitszeitpunkt für die Vorlage war
  - wann die Pläne geliefert worden sind und wie lange der Störungszeitraum war
  - die Behinderungsanzeige bzw. die Offenkundigkeit.

Es liegt auf der Hand, dass kein Raum für Schätzungen z.B. hinsichtlich der Frage ist, wann ein Plan vorgelegt worden ist.

Seine eigene Leistungsbereitschaft braucht der Auftragnehmer **nicht** zu beweisen.

- Dagegen braucht der Auftragnehmer nicht uneingeschränkt zu beweisen, sondern muss nur unter Darlegung »eines baustellenbezogenen« Ist- und Sollablaufs plausible Schätzungsgrundlagen liefern (»**haftungsausfüllende Kausalität**«) für
  - Schadensverursachung

---

140 Kapellmann/Schiffers, Band 1, Rdn. 1343.
141 BGH »Behinderungsschaden I«, BauR 1986, 347.
142 BGH »Behinderungsschaden III«, BauR 2005, 857 = NZBau 2005, 387; BGH »Behinderungsschaden IV«, BauR 2005, 861 = NZBau 2005, 335.

- Schadenseintritt
- Schadenshöhe.[143]

Im Ergebnis ist das eine eindeutige Erleichterung für den Auftragnehmer: Er muss zwar eine baustellenbezogene Dokumentation erstellen, aber selbst wenn ein einzelner Teil der Darlegungen zu Ursache und Schaden nicht durchgreift, bleibt der ganze Rest verwertbar. Der BGH hat den Instanzgerichten dazu ins Stammbuch geschrieben, »nichtssagende Zweifel an einer entsprechenden Darstellung« seien unzulässig; wenn das Berufungsgericht wirklich Zweifel habe, müsse es genau darauf hinweisen, welche. Auch ein Privatgutachten müsse sachlich ausgewertet werden.[144]

Ein richtig organisiertes Unternehmen, das seine Dokumentationsaufgaben mit der gebotenen Sorgfalt wahrnimmt (s. Rdn. 123), wird diese Erfordernisse ohne weiteres erfüllen können. Die beiden BGH-Entscheidungen sind insoweit eindeutige Hilfen.

f) Voller Schadensersatz

122 Der Schaden des Auftragnehmers ist voll zu ersetzen. Der »Schaden« wird konkret ermittelt als Vergleich zwischen den hypothetischen tatsächlichen (nicht: den kalkulierten!) Kosten der Behinderung und den tatsächlichen Kosten bei Behinderung. Ermittelt werden muss also eine Differenz auf Ist-Basis.

Zu ersetzen sind z.B.

- zusätzliche zeitabhängige Kosten (Beispiel: Containermiete)
- Kosten für stillstehendes Personal oder Nachunternehmer
- Kosten aus **Leistungsabfall** durch behinderungsbedingten stop and go-Betrieb.

Diese Kosten werden beaufschlagt mit dem vertraglichen Deckungsbeitrag für Allgemeine Geschäftskosten sowie (Wagnis und) Gewinn. Laut § 6 Abs. 6 Satz 1 VOB/B – dessen AGB-Festigkeit zu verneinen ist – ist Gewinn nur bei Vorsatz oder grober Fahrlässigkeit zu ersetzen. Wenn man die Vorschrift für gültig hält, bedeutet sie nur, dass der entgangene Gewinn auf **anderen** Baustellen nur unter den genannten Voraussetzungen zu ersetzen ist; der kalkulatorische (Wagnis- und) Gewinnzuschlag für **diese** Baustelle ist immer zu ersetzen.[145]

Kosten für stillstehende Geräte können ausnahmsweise abstrakt in Anlehnung an die Baugeräteliste berechnet werden.[146]

---

143 Einzelheiten Kapellmann/Schiffers, Band 1, Rdn. 1614–1636.
144 BGH »Behinderungsschaden IV«, s. Fn. 143.
145 Kapellmann/Schiffers, Band 1, Rdn. 1491; Kniffka/Koeble, Kompendium Teil 8, Rdn. 33.
146 Kapellmann/Schiffers, Band 1, Rdn. 1515–1551.

Der Schadensersatzanspruch aus § 6 Abs. 6 Satz 1 VOB/B unterliegt nach Auffassung des BGH nicht der Mehrwertsteuer.[147]

g) Dokumentation

123 Eine **ordnungsgemäße Dokumentation** ist zur Durchsetzung von Schadensersatzansprüchen aus Behinderung praktisch **unumgänglich.**

Die Dokumentation muss die Störungstatsachen erfassen, ihre Auswirkungen (Ursächlichkeit) »baustellenbezogen« plausibel machen und eine möglichst konkrete Zuordnung eingetretener Schäden plausibel ermöglichen.

h) Exkurs

124 Beruhen die zeitlichen Verzögerungen auf ausdrücklichen oder konkludenten Anordnungen des Auftraggebers, geänderte oder **zusätzliche Arbeiten auszuführen**, so gilt (vgl. schon oben Rdn. 100):

Solange die Anordnungen den Bau**inhalt** betreffen (neue Leistungen), sind die konkreten Mehraufwendungen **einschließlich** der durch den zusätzlichen Zeitaufwand bedingten Kosten **nur** auf Vergütungsbasis gemäß § 2 Abs. 5 oder § 2 Abs. 6 VOB/B zu berechnen; insoweit gibt es keine Schadensersatzansprüche aus Behinderung gemäß § 6 Abs. 6 Satz 1 VOB/B. Der Auftragnehmer muss also bei seinem »Nachtrag« in die entsprechende Vergütung auch gegebenenfalls zusätzliche zeitabhängige Kosten einrechnen.

125 Betrifft die technisch nicht zwingend notwendige Anordnung des Auftraggebers nur **Bauumstände** (z.B. Stopp der Baustelle, zeitliche Streckung), so hat der Auftragnehmer ein Wahlrecht, ob er diese Ansprüche gemäß § 2 Abs. 5 VOB/B als Vergütungsnachtrag oder gemäß § 6 Abs. 6 Satz 1 VOB/B als Schadensersatzanspruch abrechnet (vgl. Rdn. 51, 100). Die Berechnung ist unterschiedlich: Vergütungsansprüche werden auf der Basis fortgeführter Auftragskalkulation berechnet; Schadensersatzansprüche werden ohne Bindung an die Auftragskalkulation als Ersatz der tatsächlich entstandenen Kosten berechnet.

3. Entschädigungsansprüche aus § 6 Abs. 6 Satz 2 VOB/B, § 642 BGB

1. Voraussetzungen

126 Wie in Rdn. 119 erläutert, ist der BGH seit 1999 der Auffassung, § 642 BGB sei neben § 6 Nr. 6 VOB/B anwendbar. Die VOB/B hat das in § 6 Abs. 6 Satz 2 aufgenommen.

§ 642 BGB lautet:

---

147 BGH BauR 2008, 821 = NZBau 2008, 318 (siehe Rdn. 1 Entscheidung Nr. 4).

> »(1) Ist bei der Herstellung des Werkes eine Handlung des Bestellers erforderlich, so kann der Unternehmer, wenn der Besteller durch das Unterlassen der Handlung in Verzug der Annahme kommt, eine angemessene Entschädigung verlangen.
>
> (2) Die Höhe der Entschädigung bestimmt sich einerseits nach der Dauer des Verzugs und der Höhe der vereinbarten Vergütung, andererseits nach demjenigen, was der Unternehmer infolge des Verzugs an Aufwendungen erspart oder durch anderweitige Verwendung seiner Arbeitskraft erwerben kann.«

Wenn der Auftraggeber eine »Behinderung« dadurch verursacht, dass er eine erforderliche Mitwirkungshandlung nicht, nicht rechtzeitig oder nicht ordnungsgemäß erbringt, er also eine ordnungsgemäße Mitwirkung **unterlässt**, greift § 642 BGB ein. Der Auftragnehmer muss den Auftraggeber insoweit in Annahmeverzug setzen: Der Auftragnehmer muss zu dem relevanten Zeitpunkt liefern dürfen, zur Leistung im Stande sein und seine Leistung anbieten (§§ 297, 294–286 BGB), wobei Letzteres nur noch formelhafte Voraussetzung ist. Es genügt nämlich schon, dass der Auftragnehmer »sein Personal zur Verfügung hält und zu erkennen gibt (!), dass er bereit und in der Lage ist, seine Leistung zu erbringen«.[148] Ist für die Mitwirkungshandlung eine Zeit nach dem Kalender bestimmt oder eine Ereignisfrist (s. oben Rdn. 83) fruchtlos verstrichen, ist gemäß § 295 BGB auch das Leistungsangebot nicht mehr erforderlich.

Unverständlicherweise und systemfremd verlangte der BGH zusätzlich zur Begründung dieses BGB-Anspruchs, dass der Auftragnehmer eine Behinderungsanzeige gemäß § 6 Abs. 1 **VOB/B** macht. Die VOB/B hat in § 6 Abs. 6 Satz 2 dieses zusätzliche Erfordernis übernommen. Einen **BGB-Anspruch** von einer **zusätzlichen** Voraussetzung abhängig zu machen, ist aber AGB-rechtlich unzulässig und führt **zur Unwirksamkeit der Bestimmung**, wenn die VOB/B nicht als Ganzes vereinbart ist.[149]

Das Problem der Haftung für Erfüllungsgehilfen, das dem BGH bei § 6 Abs. 6 VOB/B zum Stolperstein geworden ist, stellt sich für den BGH bei § 642 BGB nicht, weil er Mitwirkungshandlungen nicht als Pflicht, sondern als Obliegenheit des Auftraggebers ansieht; für »Obliegenheitsgehilfen« haftet man immer.[150]

Verschulden des Auftraggebers ist **nicht** erforderlich.

---

148 BGH NZBau 2003, 325 mit Anm. S. Kapellmann.
149 Kapellmann, in: Kapellmann/Messerschmidt, VOB/B § 6 Rdn. 10, 89; Locher/Sienz, in: Ingenstau/Korbion, VOB/B Anhang 1, Rdn. 12; Markus, in: Markus/Kaiser/Kapellmann, AGB-Handbuch Bauvertragsklauseln, Rdn. 80.
150 Näher Kapellmann, in: Kapellmann/Messerschmidt, VOB/B § 6, Rdn. 62.

2. Die Entschädigung

127 Die »Entschädigung« hat Vergütungscharakter,[151], das heißt, wie bei einer Nachtragsvergütung wird die Entschädigung auf **kalkulierter Basis** ermittelt. Sie hat demgemäß nichts mit der tatsächlichen Entstehung von Kosten zu tun – das ist der entscheidende Unterschied zur Schadensersatzberechnung des § 6 Abs. 6 Satz 1 VOB/B. Die Entschädigung wird also mit Preisen laut fortgeschriebener Auftragskalkulation berechnet; wenn allerdings die tatsächlichen Kosten höher sind als die Kalkulation, darf der Auftragnehmer auch die höheren tatsächlichen Kosten berechnen![152]

Die ermittelten Kosten dürfen mit dem Deckungsbeitrag für Allgemeine Geschäftskosten beaufschlagt werden, außerdem mit Wagnis und Gewinn.[153]

3. Praxishinweise

128 Ein Auftragnehmer wird heute seine »Behinderungsansprüche« wegen **unterlassener** ordnungsgemäßer Mitwirkung des Auftraggebers nahezu immer nur noch auf § 6 Abs. 6 Satz 2 VOB/B, § 642 BGB stützen, § 6 Abs. 6 Satz 1 VOB/B ist also für Ansprüche des Auftragnehmers durch die Rechtsprechung des BGH bedeutungslos geworden, weil

- § 642 BGB weniger Tatbestandsvoraussetzungen hat (kein Verschulden des Auftraggebers)
- die finanziellen Folgen bei kalkulierter Fortschreibung viel leichter darzulegen sind und der Auftragnehmer wahlweise sogar tatsächlich höhere als die kalkulierten Kosten verlangen kann.

Eine Rechtsprechung, die eine Vorschrift der VOB/B (§ 6 Abs. 6 Satz 1) völlig »obsolet« macht, konnte nicht richtig sein; deshalb ist auch die Übernahme dieser Rechtsprechung in § 6 Abs. 6 Satz 2 VOB/B nicht sinnvoll.

Die nicht einfachen Zusammenhänge bei Behinderungsansprüchen, seien sie auf § 6 Abs. 6 Satz 1 VOB/B, seien sie auf § 6 Abs. 6 Satz 2 VOB/B, § 642 BGB gestützt, macht **Abbildung 3,** Seite 99/100, deutlich.

---

151 Näher Kapellmann/Schiffers, Band 1, Rdn. 1649. Die Entschädigung ist deshalb auch **mehrwertsteuerpflichtig**; BGH BauR 2008, 821 = NZBau 2008, 318 (siehe Rdn. 1 Entscheidung Nr. 4).

152 Näher Kapellmann/Schiffers, Band 1, Rdn. 1650.

153 Anderer Meinung, aber unrichtig, BGH »Vorunternehmer II«, NZBau 2000, 187 = BauR 2000, 722 für »Wagnis und Gewinn«; der Deckungsbeitrag für (Wagnis und) Gewinn ist immer zu ersetzen, ganz h.M., näher Kapellmann/ Schiffers, Band 1, Rdn. 1650; Kniffka/Koeble, Kompendium Teil 8, Rdn. 33.

»Behinderungen«			
	Folge A: Fristverlängerung	Folge B: Schadensersatz oder Entschädigung	
Voraussetzung: Störung des vertragsgerechten Produktionsablaufs	Prüfen	Prüfen	
Schuldet **AG** die entsprechende Mitwirkung?	Prüfen	Prüfen	
Behinderungsanzeige schriftlich (»alle Tatsachen, aus denen sich mit hinreichender Klarheit die Gründe der Behinderung ergeben«) oder Offenkundigkeit	Anzeige entbehrlich, so BGH BauR 1999, 645 und h.M., anders Kapellmann, in: Kapellmann/Messerschmidt, Teil B § 6 Rdn. 15	Immer notwendig, so BGH (sowohl für § 6 Abs. 6 Satz 1 VOB/B wie auch für § 6 Abs. 6 Satz 2 VOB/B, § 642 BGB)	
War Abruf der geforderten Mitwirkungshandlung erfolgt? [**falls** vertraglich Abruffrist geregelt]	Fehlender Anspruch schadet nicht	Fehlender Abruf schadet, näher Kapellmann, in: Kapellmann/ Messerschmidt, Teil B § 6 Rdn. 38	
Wann schuldete der AG die Mitwirkung?	Prüfen	Prüfen	
Ist Störung für Verzögerung **ursächlich?**	Prüfen	Prüfen	
a) Ist (ggf.) AN-Soll-Termin in sich stimmig?	Prüfen	Prüfen	
b) War AN selbst leistungsbereit?			
Hat Störung Folgen? Welche? Strenge Prüfung, aber nur Plausibilität	Prüfen	Prüfen	
Verschulden des AG – AG muss fehlendes Verschulden darlegen	**Entbehrlich**	§ 6 Abs. 6 Satz 1 VOB/B Prüfen	§ 6 Abs. 6 Satz 2 VOB/B, § 642 BGB **Entbehrlich**
Ergebnis:	§ 6 Abs. 1, 2 VOB/B Fristverlängerung	§ 6 Abs. 6 Satz 1 VOB/B Schadensersatz	§ 642 BGB Entschädigung

Schadensersatz § 6 Abs. 6 Satz 1 VOB/B	Entschädigung § 6 Abs. 6 Satz 2 VOB/B, § 642 BGB
AN kann sich anzuwendende Vorschrift aussuchen!	
Berechnungsbasis: Vergleich der hypothetischen Vermögenslage bei ungestörtem Ablauf mit Vermögenslage bei gestörtem Ablauf. Das heißt: **Wirkliche** Mehrkosten	Berechnungsbasis: Auftragskalkulation Also: Berechnung der Behinderungsfolgen auf rein kalkulatorischer Basis. Es kommt nicht auf die wirklichen Mehrkosten an.
+ AGK	+ AGK
Nicht immer bei grober Fahrlässigkeit des AG, sondern immer: + Wagnis und Gewinn	Ohne Wagnis und Gewinn (laut BGH, aber unrichtig)
Haftung für Vorunternehmer laut BGH **Nein** – aber unrichtig	**Ja**

Abbildung 3: Schema Behinderungen

4. »Verzug« des Auftraggebers mit Sicherheitsleistung gemäß § 648a BGB

129 Auftragnehmer haben – außer gegenüber öffentlichen Auftraggebern oder gegenüber privaten Bauherren von Einfamilienhäusern – gemäß § 648a BGB einen Anspruch auf Sicherheitsleistung für ihre Werklohnforderung. Der Auftragnehmer kann diese Sicherheit unter Fristsetzung verlangen. Nach fruchtlosem Ablauf kann der Auftragnehmer gemäß § 648a Abs. 5 BGB kündigen. Einzelheiten behandeln wir unter Rdn. 360 ff.

Arbeitsbeispiel 6: Behinderung durch Nachbarwiderspruch

130 *Der Auftraggeber Arno Leisetreter erteilt der Bauunternehmung Müller AG den Auftrag, Rohbauarbeiten durchzuführen.*
Es wird formgerecht ein Baufristenplan vereinbart, der den Baubeginn für den 1. März vorsieht und die Erstellung der Kellerdecke für den 20. März.
Am 10. März erscheint das Bauordnungsamt und legt die Baustelle still. Es stellt sich heraus, dass ein Nachbar Widerspruch gegen die Baugenehmigung eingelegt hat.
Im anschließenden Widerspruchsverfahren vor dem Regierungspräsidenten erweist sich, dass die Stadt in der Beurteilung einer Rechtsfrage einem offensichtlichen Irrtum unterlegen ist, der Widerspruch hat überhaupt keine Chancen. Daraufhin hebt die Stadt die Anordnung der Baustilllegung auf, der Nachbar ergreift vergeblich Eilschritte beim Verwaltungsgericht und verliert auch später den Verwaltungsgerichtsprozess mit Pauken und Trompeten.

Die Baustelle hat durch den Eingriff der Stadt insgesamt sechs Wochen stillgestanden.

Kann die Firma Müller AG Schadensersatz verlangen, und wenn ja, nach welcher Vorschrift und von wem?

Der Auftraggeber meint, er hafte keinesfalls, denn es habe sich ja gezeigt, dass er eine ordnungsgemäße Baugenehmigung zur Verfügung gestellt habe. Die Stadt hält sich – wie immer – bedeckt.

Lösung:

*Die Stadt haftet der Firma Müller AG nicht. Amtspflichten hat die Stadt allenfalls gegenüber dem Auftraggeber, nicht aber gegenüber dem Bauunternehmer verletzt. Die Auseinandersetzungen mit dem Nachbarn wegen der Wirksamkeit der Baugenehmigung fallen aber im Verhältnis Auftraggeber/Auftragnehmer in den Risikobereich des Auftraggebers. Für einen ähnlichen Fall hat das OLG Düsseldorf[154] deshalb entschieden, dass der Auftragnehmer die Stillstandskosten (Gerätevorhaltung usw.) als Schaden gemäß § 6 Abs. 6 (Satz 1) VOB/B ersetzt verlangen kann; die Behinderung sei nämlich auch verschuldet. Der Auftraggeber müsse sich eben **vorher** mit seinen Nachbarn verständigen. Die Entscheidung ist problematisch, aber richtig.*

Auf jeden Fall bestehen Ansprüche aus § 642 BGB, bei dem es nicht auf Verschulden ankommt.

VIII. Kündigungen

A. Kündigung durch den Auftraggeber

Arbeitsbeispiel 7: Der gekündigte GU-Vertrag[155]

Bauherr Friedrich Frust hat die Komplettbau AG unter Einbeziehung der VOB/B **131** *mit der schlüsselfertigen Erstellung eines Wohn- und Geschäftshauses beauftragt. Als Fertigstellungstermin ist der 31.10.2009 vereinbart. Die Vergütung beträgt pauschal 5 Mio. €, davon entfallen auf den Rohbau 1,5 Mio. €, auf den Ausbau 1,5 Mio. € und auf die Gebäudetechnik 2 Mio. €. Am 31.10.2009 befindet das Objekt sich noch in der Ausbauphase. Friedrich Frust setzt der Fa. Komplettbau AG am 01.11.2009 schriftlich eine Frist zur Fertigstellung bis zum 15.11.2009, danach werde er den Vertrag kündigen. Die Komplettbau AG beruft sich auf eine Fristverlängerung aufgrund auftraggeberseitiger Behinderungen von mindestens zwei Monaten. Nachdem die Bauleistungen am 15.11.2009 erwartungsgemäß nicht fertiggestellt sind, kündigt Friedrich Frust am 16.11.2009 fristlos den GU-Vertrag. Die Feststellung des Leistungsstandes ergibt, dass der Rohbau zu 100 %, der Aus-*

---

154 BauR 1988, 487.

155 Zu Praxisproblemen beim gekündigten GU-Vertrag vgl. ausführlich Langen, in: Festschrift Kapellmann (2007), 237 ff.

bau zu 70 % und die TGA-Leistungen zu 60 % fertiggestellt sind. Bei der Neuvergabe und Fertigstellung des Gebäudes entstehen Friedrich Frust Mehrkosten in Höhe von 1 Mio. €, deren Ersatz er von der Komplettbau AG fordert. Dies wird von der Komplettbau AG zurückgewiesen, die ihrerseits Vergütung auch für die kündigungsbedingt nicht mehr erbrachten Leistungen fordert.

Im unweigerlich folgenden Rechtsstreit stellt der gerichtlich beauftragte Sachverständige fest, dass der vereinbarte Fertigstellungstermin aufgrund auftraggeberseitiger Behinderungen bis zum 15.12.2009 fortzuschreiben war. Welche Ansprüche können Friedrich Frust und die Komplettbau AG wechselseitig geltend machen?

Lösung:

1. *Die von Friedrich Frust am 16.11.2009 ausgesprochene Kündigung ist als freie Kündigung im Sinne von § 649 Satz 2 BGB bzw. § 8 Abs. 1 Nr. 2 VOB/B zu werten: Zwar hat die Komplettbau AG den vertraglich vereinbarten Fertigstellungstermin (31.10.2009) überschritten und Friedrich Frust hat durch seine Mahnung und Nachfristsetzung vom 01.11.2009 scheinbar auch die formalen Voraussetzungen einer Kündigung aus wichtigem Grund gemäß §§ 5 Abs. 4, 8 Abs. 3 VOB/B eingehalten (»Verzug des Auftragnehmers mit der Fertigstellung«). Im gerichtlichen Verfahren wird jedoch eine fristverlängernde Behinderung der Komplettbau AG festgestellt, die zu einer Verschiebung des Fertigstellungstermins bis zum 15.12.2009 geführt hat und damit mangels Fälligkeit der geschuldeten Leistung den Verzug der Komplettbau AG verhindert (näher oben Rdn. 91). Die Kündigung vom 16.11.2009 war damit verfrüht, die aus scheinbar wichtigem Grund ausgesprochene Kündigung ist in eine Kündigung »ohne Grund« umzudeuten (näher Rdn. 149).*

2. *Da die Anspruchsvoraussetzungen von § 8 Abs. 3 Nr. 3 VOB/B damit nicht vorliegen, bleibt Friedrich Frust auf den Mehrkosten der Neuvergabe und Fertigstellung sitzen.*

3. *Die Komplettbau AG kann umgekehrt die (anteilige) Vergütung ihrer bis zur Kündigung erbrachten Leistungen verlangen sowie auch die Vergütung der kündigungsbedingt nicht mehr erbrachten Leistungen, Letztere jedoch abzüglich ersparter Kosten und abzüglich anderweitigen, kündigungsbedingten Erwerbs. Konkret bedeutet dies:*

   Für den fertiggestellten Rohbau stehen der Komplettbau AG anteilig 1,5 Mio. € zu. Für die zu 70 % fertiggestellten Ausbauleitungen stehen ihr 1,5 Mio. € × 70 % = 1,05 Mio. € zu und für die zu 60 % erstellten TGA-Leistungen 2 Mio. € × 60 % = 1,2 Mio. €. Der Vergütungsanspruch für alle bis zur Kündigung erbrachten Leistungen beträgt damit 3,75 Mio. €.

   Hinsichtlich der Restvergütung für die kündigungsbedingt nicht mehr erbrachten Leistungen in Höhe von 1,25 Mio. € hat sich die Komplettbau AG die kündigungsbedingt ersparten Kosten sowie – seltener Ausnahmefall – anderweitigen kündigungsbedingten Erwerb abziehen zu lassen. Geht man beispielsweise davon aus, dass die Komplettbau AG aufgrund der Kündigung 90 % der kal-

kulierten Kosten erspart, so steht ihr eine Restvergütung in Höhe von 125.000,00 € zu. Die Gesamtvergütung der Komplettbau AG beträgt in diesem Fall also 3.875.000,00 €.

Wäre der GU-Vertrag ab dem 01.01.2009 abgeschlossen worden, so könnte die Komplettbau AG nach der Neufassung von § 649 Satz 3 BGB die Restvergütung mit pauschal 5 % abrechnen, d.h. in Höhe von 1,25 Mio. € × 5 % = 62.500,00 € (näher dazu Rdn. 133 am Ende).

1. Die Kündigung ohne Grund gemäß § 8 Abs. 1 VOB/B

Der Auftraggeber kann den Bauvertrag jederzeit ohne Grund kündigen, und zwar den BGB-Vertrag gemäß § 649 Satz 1 BGB und den VOB-Vertrag gemäß § 8 Abs. 1 Nr. 1 VOB/B. Da diese Kündigung keines Grundes bedarf, spricht man hier von einer »freien Kündigung«. Beim VOB-Vertrag bedarf jede Kündigung der Schriftform, § 8 Abs. 5 VOB/B; beim BGB-Vertrag ist die Kündigung formfrei, also auch mündlich, wirksam. **132**

Ergibt sich aus der Erklärung des Auftraggebers nicht zweifelsfrei, ob er den Vertrag kündigen will, so ist die Willenserklärung auszulegen. Entscheidend ist dabei der zum Ausdruck kommende Wille des Auftraggebers, den Vertrag für beendet zu erklären. Verweigert der Auftraggeber die Vertragserfüllung ernsthaft und endgültig (z.B. weil nach seiner Auffassung gar kein Vertrag zustande gekommen ist), dann kann diese Erklärung ebenfalls als (freie) Kündigung zu werten sein.[156] Gleiches gilt, wenn der Auftraggeber unberechtigt den Rücktritt vom Vertrag erklärt und anschließend weitere Leistungen des Auftragnehmers ablehnt[157] oder der Auftragnehmer seine Arbeiten wegen ausbleibender Zahlungen des Auftraggebers einstellt und der Auftraggeber anschließend eine Drittfirma mit der Fertigstellung der Leistungen beauftragt.[158]

Der Auftraggeber ist nicht nur frei darin, **ob** er den Bauvertrag kündigt, sondern auch, **in welchem Umfang**. So kann der Auftraggeber beispielsweise – auch schon vor Arbeitsbeginn – den gesamten Bauvertrag durch Kündigung beenden. Er kann diese Kündigung auf einen Teil der auszuführenden Leistung beschränken (also z.B. bei einem mehrgeschossigen Gebäude die Fliesenarbei- **133**

---

156 In einem vergleichbaren Fall hat der BGH allerdings keine Kündigung gemäß § 8 Nr. 1 VOB/B angenommen, dem Auftragnehmer aber gleichwohl einen Anspruch auf die vereinbarte Vergütung abzüglich ersparter Kosten und anderweitigen Erwerbs zugebilligt und dabei offen gelassen, ob sich dieser Anspruch aus § 324 BGB a.F. oder aus positiver Vertragsverletzung des Auftraggebers ergebe, vgl. BGH BauR 2005, 861, 862. Überzeugender wäre gewesen, § 8 Nr. 1 Abs. 2 VOB/B (bzw. § 649 Satz 2 BGB) unmittelbar anzuwenden.
157 ThürOLG BauR 2008, 534.
158 OLG Celle BauR 2006, 2069.

ten im dritten und vierten Geschoss teilkündigen) oder auch auf einzelne Leistungspositionen.[159]

Dieser »Luxus« der ohne Grund erfolgenden Vertragsbeendigung hat jedoch seinen Preis. Der Auftragnehmer kann nämlich als Folge der »freien« Kündigung die volle, vertraglich vereinbarte Vergütung verlangen. Er muss sich lediglich dasjenige anrechnen lassen, was er infolge der Aufhebung des Vertrages an Kosten erspart oder durch anderweitige Verwendung seiner Arbeitskraft und seines Betriebes erwirbt oder zu erwerben böswillig unterlässt, § 8 Abs. 1 Nr. 2 VOB/B bzw. § 649 Satz 2 BGB. Ein solcher anrechnungspflichtiger »**Füllauftrag**« ist in der Regel nur anzunehmen, wenn der Auftragnehmer aus Kapazitätsgründen den neuen Auftrag ohne die Kündigung nicht hätte annehmen können.[160] Erhält der Auftragnehmer vom kündigenden Auftraggeber jedoch ausdrücklich einen »Ersatzauftrag« für den gekündigten Auftrag, so liegt ein anrechnungspflichtiger Füllauftrag vor.[161]

Der Auftragnehmer kann also für die Arbeiten, die er zum Zeitpunkt der Kündigung bereits ausgeführt hat, die hierauf entfallende, anteilige Vergütung verlangen und für den Teil, den er noch nicht ausgeführt hat, ebenfalls die hierauf entfallende, anteilige Vergütung, jedoch abzüglich ersparter Kosten und abzüglich anderweitigen Erwerbs aufgrund der Kündigung. Die aufgrund der Kündigung konkret ersparten Kosten muss der Auftragnehmer von sich aus in der Schlussrechnung aufschlüsseln.[162] Anschließend ist es Sache des Auftraggebers, dem Auftragnehmer nachzuweisen, dass darüber hinausgehende Kosten erspart oder anderweitige Erlöse erzielt bzw. »böswillig« nicht erzielt worden sind.[163]

Für alle ab dem 01.01.2009 abgeschlossenen Bauverträge enthält § 649 Satz 3 BGB eine erhebliche Vereinfachung der Kündigungsabrechnung. Hiernach wird vermutet, dass dem Auftragnehmer 5 % der auf den noch nicht erbrachten Teil der Werkleistung entfallenden vereinbarten Vergütung zustehen. § 649 Satz 3 BGB enthält damit eine Vermutung, dass der Auftragnehmer aufgrund der Kündigung Aufwendungen (Kosten) in Höhe von 95 % der gekündigten Restleistung erspart. Die Vermutung kann sowohl vom Auftraggeber als auch vom Auftragnehmer widerlegt werden, falls eine höhere (oder niedrigere) Vergütung als 5 % verlangt wird. Die Neuregelung aus § 649 Satz 3 BGB dürfte auch auf VOB-Bauverträge anwendbar sein.

134 Bei **einvernehmlicher Aufhebung des Vertrages** oder eines Teiles davon muss durch Auslegung ermittelt werden, ob dem Auftragnehmer bei grundloser

159 Dazu OLG Oldenburg BauR 2000, 897; zur Teilkündigung allgemein Lang, BauR 2006, 1956 ff.

160 OLG Hamm BauR 2006, 1310.

161 OLG Saarland BauR 2006, 854.

162 Beck'scher Kommentar/Motzke, § 8 Nr. 1 VOB/B, Rdn. 51 ff., 60 ff.

163 Beck'scher Kommentar/Motzke, § 8 Nr. 1 VOB/B, Rdn. 60

Aufhebung ein Anspruch analog § 8 Abs. 1 Nr. 2 VOB/B zusteht; im Zweifel ja.[164] Wird durch die Vertragsaufhebung hingegen eine Kündigung aus wichtigem Grund ersetzt, so bleiben Ansprüche des Auftraggebers gemäß § 8 Abs. 2 oder 3 VOB/B erhalten.[165]

Der **Ausschluss** des freien **Kündigungsrechts** des Auftraggebers durch Allgemeine Geschäftsbedingungen des Auftragnehmers ist unzulässig.[166] Der wirksame Ausschluss setzt also eine Individualvereinbarung voraus. Die **Begrenzung** des Vergütungsanspruchs nach Kündigung auf eine Pauschale ist hingegen auch durch AGB zulässig, wenn die Pauschale in einem angemessenen Verhältnis zu dem vereinbarten Werklohn steht.[167] Unwirksam ist eine vom Auftraggeber verwendete Klausel, wonach der Auftragnehmer im Fall der Kündigung ohne Grund nur eine Vergütung für die bis zur Kündigung erbrachten Leistungen erhält, der restliche Vergütungsanspruch aus § 649 Satz 2 BGB bzw. § 8 Abs. 1 Nr. 2 VOB/B also ausgeschlossen wird.[168]

Wie sich bereits aus § 8 Abs. 6 VOB/B ergibt, kann der Auftragnehmer auch bei **135** vorzeitiger Vertragsbeendigung durch Kündigung (oder Vertragsaufhebung) die **Abnahme** der bis dahin erbrachten Leistungen gemäß § 12 VOB/B verlangen, soweit seine Leistungen »abnahmereif« sind.[169] Früher hatte der BGH allerdings die Auffassung vertreten, bei einer Auftraggeberkündigung sei die Abnahme nicht Fälligkeitsvoraussetzung für den Werklohnanspruch des Auftragnehmers. Diese Rechtsprechung hat der BGH durch Urteil vom 11.05.2006[170] aufgegeben. Dogmatisch richtig, für die Praxis aber nicht unproblematisch hat der BGH ausgeführt, § 641 Abs. 1 BGB knüpfe die Fälligkeit des Werklohnanspruchs ausnahmslos an die Abnahme der erbrachten Werkleistung. Es bestehe kein Anlass, im Falle der Kündigung von dieser gesetzlichen Vorgabe abzuweichen. Abzunehmen sei im Falle der Kündigung eben die bis zur Kündigung erbrachte Teilleistung, soweit – bezogen auf diese Teilleistung – die Abnahmevoraussetzungen gegeben seien.[171]

Zu den Rechtsfolgen, die sich im Anschluss an eine freie Kündigung des Auftraggebers ergeben, sind in den letzten Jahren zahlreiche BGH-Entscheidun-

---

164 BGH BauR 1999, 1021; 2005, 385; näher Kapellmann/Schiffers, Band 2, Rdn. 1410–1412.
165 OLG Naumburg BauR 2003, 115, 117 und OLG Köln BauR 2003, 1578.
166 BGH BauR 1999, 1294
167 Dazu BGH BauR 2000, 1194; OLG Koblenz BauR 2000, 419; BGH BauR 2006, 1131 (10 % der Auftragssumme bei Fertighausvertrag angemessen).
168 BGH BauR 2007, 1724; in dieser Entscheidung hat der BGH gleichzeitig klargestellt, dass die pauschale Bezugnahme im Nachunternehmervertrag auf Regelungen des Generalunternehmervertrages überraschend im Sinne von § 305c Abs. 1 BGB sein könne.
169 BGH BauR 2003, 689 und näher unten Rdn. 161.
170 BGH BauR 2006, 1294 = NZBau 2006, 569.
171 BGH BauR 2006, 1294, 1296; näher dazu Rdn. 171 ff.

gen veröffentlicht worden, aus denen sich folgende **Abrechnungsgrundsätze** ableiten lassen:[172]

a) Zweigeteilte Abrechnung – Ausnahmen

136 Zunächst einmal muss der Auftragnehmer laut BGH eine zweigeteilte Abrechnung vorlegen. Im ersten Teil hat der Auftragnehmer alle beauftragten und bis zur Kündigung auch tatsächlich erbrachten Leistungen »nach den Vertragspreisen« (dazu unten Rdn. 144 ff.) abzurechnen (Abrechnung »von unten«). Im zweiten Teil erfolgt die Abrechnung der zwar beauftragten, aufgrund der Kündigung jedoch nicht mehr erbrachten Leistungen, wobei der Auftragnehmer von sich aus und in nachprüfbarer Form die ersparten Kosten einerseits und einen aufgrund der Kündigung erfolgten, anderweitigen Erwerb andererseits offen legen und abziehen muss.[173]

Der BGH hat inzwischen mehrere **Ausnahmen vom Grundsatz der zweigeteilten Schlussrechnung** nach Kündigung zugelassen, und zwar in Fällen, in denen die Leistung entweder nahezu vollständig erbracht war oder noch nahezu vollständig fehlte. Im ersten Fall darf der Auftragnehmer dem Auftraggeber die vereinbarte Gesamtvergütung in Rechnung stellen; er muss lediglich die nicht erbrachten (Rest-)Leistungen entsprechend der Kalkulation abziehen[174] (Abrechnung »von oben«). Im zweiten Fall kann der Auftragnehmer die Abrechnung so gestalten, dass er die gesamte Leistung als nicht erbracht zugrunde legt und von dem vereinbarten Werklohn die hinsichtlich der Gesamtleistung ersparten Aufwendungen absetzt.[175] Der Auftragnehmer ist auch berechtigt, vom vereinbarten Pauschalpreis die Kosten (pauschal) abzuziehen, die dem Auftraggeber nach dessen eigenen Angaben für die Ausführung der noch fehlenden Arbeiten durch einen Drittunternehmer entstanden sind.[176]

Klarzustellen ist, dass der Auftragnehmer natürlich nicht gezwungen ist, bei einer grundlosen Kündigung des Auftraggebers eine Vergütung für die nicht mehr erbrachten Leistungen zu fordern. Der Auftragnehmer kann sich darauf beschränken, nur die bis zur Kündigung erbrachten Leistungen abzurechnen. In diesem Fall ist die Zweiteilung der Schlussrechnung entbehrlich; einer Offenlegung der Kalkulation für die nicht erbrachten Leistungen bedarf es dann natürlich auch nicht.[177]

---

172 Näher dazu Langen/Schiffers, Rdn. 2250 ff.
173 BGH BauR 1997, 304; 1997, 643; 1998, 121; 1999, 642; 1999, 1292; zur Zweiteilung der Schlussrechnung kritisch Kapellmann/Schiffers, Band 2, Rdn. 1324, 1353 ff.
174 BGH BauR 2000, 1182, 1187; ebenso OLG Celle BauR 2008, 100.
175 BGH BauR 2005, 385.
176 BGH BauR 2006, 519.
177 BGH BauR 2000, 100.

b) Abzug ersparter Kosten – tatsächliche oder kalkulierte Kosten?

Macht der Auftragnehmer eine Vergütung auch für die kündigungsbedingt **137** nicht mehr ausgeführten Leistungen geltend, so muss er gemäß § 649 Satz 2 BGB bzw. § 8 Abs. 1 Nr. 2 VOB/B von sich aus die kündigungsbedingt ersparten Kosten abziehen. Einsparen wird der Auftragnehmer dabei regelmäßig die Einzelkosten der Teilleistung (EKT), also Lohnkosten, Materialkosten und Gerätekosten, soweit diese Kosten aufgrund der Kündigung abbaubar sind und damit eingespart werden können. Hat der Auftragnehmer das Material bereits eingekauft, so kommt es darauf an, ob er das Material in absehbarer und zumutbarer Zeit anderweitig verwenden kann.[178] Bei den Baustellengemeinkosten (BGK) ist entscheidend, inwieweit diese (beispielsweise durch kürzere Vorhaltezeit aufgrund der Kündigung) eingespart werden. Nicht eingespart werden können regelmäßig die Allgemeinen Geschäftskosten (AGK)[179] und der kalkulierte Gewinn. Beim Wagnis kommt es darauf an, ob es sich hierbei (wie regelmäßig) um das allgemeine unternehmerische Wagnis handelt, welches aufgrund der (konkreten) Kündigung ebenfalls nicht eingespart werden kann. Hat der Auftragnehmer hingegen zusätzlich oder unabhängig davon einen baustellenbezogenen Risikozuschlag kalkuliert, der sich aufgrund der Kündigung des Vertrages nicht mehr realisieren kann, so muss dieser abgezogen werden.[180]

Es entsprach früher ständiger Auffassung der Rechtsprechung[181] sowie der **138** herrschenden Literaturauffassung,[182] dass der Auftragnehmer die kündigungsbedingt ersparten Kosten nach Maßgabe der **Angebotskalkulation** – notfalls anhand einer nachträglich erstellten Kalkulation[183] – abziehen müsse.

Erstmals in der Entscheidung vom 08.07.1999[184] hat der BGH jedoch – ohne ausdrückliche Aufgabe seiner bisherigen Rechtsprechung – ausgeführt, dass es nicht auf die kalkulierten Kosten, sondern auf die **tatsächlichen Kosten** ankomme, wenn feststehe, dass die kalkulierten Kosten unauskömmlich seien, die tatsächlichen Kosten also höher seien als die angenommenen Kosten. Bestätigt hat der BGH dies in einem weiteren Urteil vom 22.09.2005,[185] wonach der Auftragnehmer als ersparten Aufwand die Kosten abziehen müsse, die bei Fortführung des Bauvertrages tatsächlich – und nicht nur kalkulativ – entstan-

178 OLG Köln BauR 2004, 1953.
179 So zutreffend BGH BauR 1999, 642, 644.
180 Vgl. BGH BauR 1998, 185 und BauR 1999, 642, 644; zum Ganzen ausführlich Kapellmann, in: Jahrbuch Baurecht 1998, S. 35 ff., 63 ff. und Groß, BauR 2007 631 ff., 636.
181 Vgl. zuletzt BGH BauR 1999, 635; 1999, 642; 1999, 1292; 2002, 1695, 1696; OLG Düsseldorf BauR 2001, 117.
182 Vgl. Lederer, in: Kapellmann/Messerschmidt, B § 8, Rdn. 28 ff. m.w.N.
183 BGH BauR 2002, 1695, 1969; OLG Düsseldorf BauR 2001, 117.
184 BGH BauR 1999, 1294, 1297.
185 BGH BauR 2005, 1916 = NZBau 2005, 683.

den wären.[186] Entsprächen die tatsächlichen Kosten jedoch seiner Kalkulation, dann könne er den Kostenabzug nach Maßgabe der Kalkulation vornehmen.[187]

139 Die auf die tatsächliche Kostenersparnis abstellende neue BGH-Rechtsprechung überzeugt nicht. Dem BGH ist zwar darin zuzustimmen, dass § 649 Satz 2 BGB und § 8 Abs. 1 Nr. 2 VOB/B der Gedanke zugrunde liegt, den Auftragnehmer durch die grundlose Auftraggeber-Kündigung nicht schlechter (aber auch nicht besser) zu stellen, als der Auftragnehmer ohne diese Kündigung stehen würde. Dies indiziert, auf die tatsächlich ersparten Kosten und nicht auf die kalkulativ ersparten Kosten abzustellen, weil ansonsten eine kündigungsbedingte Besser- oder Schlechterstellung gerade eintreten könnte. Im Rahmen wertender Betrachtung ist jedoch zu berücksichtigen, dass die tatsächliche Kostenentwicklung aufgrund der Preisbindung grundsätzlich keine Rolle spielt. Vereinbarte Preise sind und bleiben also bindend, unabhängig davon, ob sie auskömmlich oder unauskömmlich kalkuliert sind. Dies gilt nicht nur für das vereinbarte Bausoll, sondern gemäß § 2 Abs. 3–7 VOB/B auch bei Mehr- und Mindermengen sowie geänderten und zusätzlichen Leistungen.[188] Es erschiene als Systembruch, den Auftragnehmer bei Mehr- und Mindermengen sowie bei geänderten und zusätzlichen Leistungen an die Soll-Kosten der Kalkulation zu binden, während bei kündigungsbedingt ersparten Leistungen auf die Ist-Kosten entsprechend der tatsächlichen Kostenentwicklung abzustellen wäre.[189] Entgegen der BGH-Rechtsprechung bleibt es also richtig, zum Abzug der ersparten Kosten auf die Kalkulation und nicht auf die tatsächliche, hiervon abweichende Kostensituation abzustellen.

140 Der Grundsatz, den Auftragnehmer durch die Kündigung nicht schlechter (und nicht besser) als ohne Kündigung zu stellen, gilt also nur im Rahmen der dem Vertrag zugrunde liegenden Kalkulation des Auftragnehmers, unabhängig von der tatsächlichen Kostenentwicklung.

Unabhängig davon findet dieser Grundsatz seine Grenze, wenn der Auftragnehmer den – ihm entzogenen – **Auftrag mit Verlust kalkuliert** hatte. Je nachdem, zu welchem Zeitpunkt die Kündigung erfolgt, erspart der Auftragnehmer also in mehr oder weniger großem Umfang den – kalkulierten – Verlust mit der Folge, dass in Höhe des eingesparten Verlustes an sich ein Herausgabeanspruch des Auftraggebers gegen den Auftragnehmer bestehen müsste. In diesem Fall besteht aber Einigkeit, dass durch § 649 Satz 2 BGB bzw. § 8 Abs. 1 Nr. 2

---

186 Gleichermaßen nun auch OLG Hamm BauR 2006, 1310 und auch Drittler, BauR 2006, 1215.

187 Was sich von selbst versteht, weil in diesem Fall kalkulierte und tatsächliche Kosten ja identisch sind.

188 Näher dazu oben Rdn. 54 m.w.N.

189 So überzeugend Lederer, in: Kapellmann/Messerschmidt, B § 8, Rdn. 30 ff., der dem Auftragnehmer aber im Einzelfall ein Wahlrecht einräumen will, ob er nach tatsächlichen oder kalkulierten Kosten abrechnen will; ebenso Kapellmann/Schiffers, Band 2, Rdn. 1363 ff.

VOB/B kein Anspruch des Auftraggebers auf Erstattung des fiktiven Verlustes gewährt wird.[190] § 649 Satz 2 BGB bzw. § 8 Abs. 1 Nr. 2 VOB/B regelt vielmehr *nur* den Anspruch des Auftragnehmers auf Vergütung, die im Fall eines mit Verlust kalkulierten Auftrages mit »Null« endet. In diesem Fall wird der Auftragnehmer durch die Kündigung also letztlich besser gestellt, als wäre nicht gekündigt worden.

Hat der Auftragnehmer – wie häufig – eine **Mischkalkulation** vorgenommen, einzelne Leistungen oder Positionen des Vertrages also mit – mehr oder weniger – Gewinn kalkuliert, andere mit – mehr oder weniger – Verlust, und kommt es nunmehr zu einer Kündigung durch den Auftraggeber, so erfordert die gesetzliche Wertung beim Abzug der ersparten Kosten eine Gesamtbetrachtung des Vertrages.[191] Hat der Auftragnehmer im Zeitpunkt der Kündigung also Leistungen erbracht, die »auskömmlich« kalkuliert waren, während er durch die Kündigung unauskömmlich kalkulierte Leistungen erspart, so müssen die mit Verlust kalkulierten und kündigungsbedingt nicht mehr ausgeführten Leistungen in vollem Umfang in die Gesamtabrechnung eingestellt werden und nicht nur mit einem Vergütungsanspruch in Höhe von »Null«, weil der Auftragnehmer ansonsten gegenüber der vollständigen Auftragsdurchführung begünstigt wäre.

141

Im Rahmen der Auskömmlichkeit der Kalkulation einzelner Leistungen bzw. Positionen darf im Übrigen nicht isoliert auf den in der Position ausgewiesenen Preis abgestellt werden, sondern auch auf etwaige Verwertungserlöse, die der Auftragnehmer bei Durchführung der Arbeiten erzielen würde. **Beispiel:** Der Auftragnehmer verpflichtet sich zum Erdaushub zum Preis in Höhe von 3,– € je m³, kann das ausgehobene und in sein Eigentum übergehende Material aber für 9,– € je m³ weiter veräußern, so dass bei der Kündigung von einem Gesamtvergütungsanspruch in Höhe von 12,– € je m³ auszugehen ist.[192]

Steht noch nicht fest, ob und in welchem Umfang der Auftragnehmer infolge der Kündigung Kosten erspart, so bieten sich zwei Wege an: Entweder der Auftragnehmer schätzt die ersparten Kosten[193] oder er zieht die Kosten gemäß Kalkulation zunächst ab, erhebt aber für den Fall, dass die Kosten doch entstehen sollten, Feststellungsklage gegen den Auftraggeber.[194]

142

Beispiel: Der Auftraggeber erklärt gegenüber dem Auftragnehmer eine Kündigung ohne Grund. Der Auftragnehmer ist hierdurch seinerseits gezwungen, seinem Nachunternehmer (ohne Grund) zu kündigen. Zum Zeitpunkt der eigenen Abrechnung gegenüber dem Auftraggeber weiß der Auftragnehmer noch nicht, ob und in welchem Umfang der Nachunternehmer gegenüber

---

190 OLG Düsseldorf BauR 2005, 719, 720; OLG Hamm BauR 2006, 1310, 1312.
191 So zutreffend OLG Düsseldorf BauR 2005, 719, 722 m.w.N.
192 Vgl. dazu OLG Düsseldorf BauR 2005, 719, 721.
193 So Kapellmann, in: Jahrbuch Baurecht 1998, S. 35 ff., 65.
194 So BGH BauR 1999, 635.

dem Auftragnehmer eine Vergütung für nicht erbrachte Leistungen gemäß § 8 Abs. 1 Nr. 2 VOB/B fordert.

c) Umsatzsteuer

143 Der BGH vertritt in ständiger Rechtsprechung[195] die Auffassung, dass die Zweiteilung der Schlussrechnung nach Kündigung (dazu oben Rdn. 136) auch für die Berechnung der Umsatzsteuer von Bedeutung sei: Ein umsatzsteuerpflichtiges Geschäft im Sinne von § 1 Abs. 1 Nr. 1 UStG liege nur hinsichtlich der – in Teil 1 der Schlussrechnung abzurechnenden – erbrachten Leistungen vor. Auf die – in Teil 2 der Schlussrechnung abzurechnende – Vergütung für die nicht mehr ausgeführten Leistungen sei hingegen keine Umsatzsteuer zu berechnen. Zwischenzeitliche Zweifel aufgrund der sechsten Umsatzsteuerrichtlinie des EG-Rates[196] an dieser Auffassung seien durch das klarstellende Urteil des Europäischen Gerichtshofes vom 18.07.2007[197] im Sinne der bisherigen BGH-Rechtsprechung geklärt.

Richtig dürfte demgegenüber sein, entsprechend § 649 Satz 2 BGB bzw. § 8 Abs. 1 Nr. 2 VOB/B von einem *einheitlichen Werklohnanspruch* auszugehen, der insgesamt der Umsatzsteuerpflicht unterliegt.[198]

d) Besonderheiten beim gekündigten Einheitspreisvertrag

144 Für Teil 1 der Rechnung muss der Auftragnehmer zunächst die Mengen aller bis zum Kündigungszeitpunkt vertragsgemäß erbrachten Leistungen ermitteln. Die so ermittelten Mengen werden mit den vereinbarten Einheitspreisen multipliziert, die Addition der Positionspreise ergibt die Vergütung für die erbrachten Leistungen.[199]

Der tatsächliche **Zahlungsstand** hat mit dem für die Kündigungsabrechnung maßgebenden **Leistungsstand** nichts zu tun.[200] Führt die Abrechnung zu einer Überzahlung des Auftragnehmers, so besteht ein vertraglicher Rückzahlungsanspruch des Auftraggebers.[201]

145 Für Teil 2 der Rechnung kann der Auftragnehmer grundsätzlich auf die Vordersätze des Leistungsverzeichnisses abzüglich der (in Teil 1 bereits abgerech-

---

195 BGH BauR 1996, 846; BauR 2008, 506 = NZBau 2008, 247 (Rdn. 1, Entscheidung Nr. 2).

196 Sechste Richtlinie des Ratens zur Harmonisierung der Rechtsvorschriften der Mitgliedsstaaten über die Umsatzsteuern 77/388/EWG.

197 EuGH, Urteil vom 18.07.2007 – C – 277/05.

198 Insbesondere Kapellmann, Jahrbuch BauR 1998, 35, 55 ff. mit weiteren Nachweisen und ergänzend Kapellmann/Schiffers, Band 2, Rdn. 1356.

199 BGH BauR 1999, 642.

200 BGH BauR 1999, 644.

201 BGH BauR 2002, 1407.

neten) tatsächlich erbrachten Leistungen zurückgreifen und die so ermittelten Restmengen mit den vereinbarten Einheitspreisen multiplizieren, um die Vergütung für die nicht erbrachten Leistungen gemäß § 8 Abs. 1 Nr. 2 VOB/B zu bestimmen. Hiervon muss der Auftragnehmer nun die ersparten Herstellkosten gemäß Kalkulation oder gemäß tatsächlichen Kosten (dazu Rdn. 137 ff.) abziehen. Hat der Auftragnehmer sämtliche Einheitspreise mit einem einheitlichen Zuschlag auf die Herstellkosten kalkuliert und lässt er sich nach der Kündigung sämtliche Herstellkosten als ersparte Aufwendungen abziehen, so bedarf es insoweit keiner differenzierenden Darstellung der Einzelpositionen des Leistungsverzeichnisses mehr.[202] Sind die Einheitspreise hingegen mit unterschiedlichen Zuschlägen versehen worden, so ist eine entsprechende Differenzierung innerhalb der Abrechnung erforderlich (vgl. aber Rdn. 141).

Waren die Vordersätze zu niedrig, d.h., sind die tatsächlichen Mengen größer als die Vordersätze, so kann der Auftragnehmer der Vergütung für die nicht erbrachten Leistungen die tatsächlichen Mengen zugrunde legen, weil er ansonsten schlechter gestellt wäre, als wenn der Vertrag nicht gekündigt worden wäre.[203]

Beispiel (siehe auch oben Rdn. 40): Bei einem Einheitspreisvertrag lautet die ausgeschriebene Menge 250 m^2 KS-Mauerwerk. Die tatsächliche Menge (ohne Nachtragsanordnungen usw.) entsprechend den Ausführungszeichnungen beträgt jedoch 280 m^2. Nachdem der Auftragnehmer 200 m^2 ausgeführt hat, kündigt der Auftraggeber den Vertrag ohne Grund. Hier kann der Auftragnehmer in Teil 1 der Rechnung die erbrachte Menge in Höhe von 200 m^2 zum vereinbarten Einheitspreis abrechnen. In Teil 2 der Rechnung kann der Auftragnehmer die restlichen 80 m^2 (und nicht nur 50 m^2) abrechnen, und zwar ebenfalls zum vereinbarten Einheitspreis, jedoch abzüglich ersparter Kosten.

e) Besonderheiten beim gekündigten Pauschalvertrag

Für die Abrechnung eines gekündigten Pauschalvertrages ist danach zu differenzieren, ob es sich um einen Detail-Pauschalvertrag oder um einen Global-Pauschalvertrag handelt:

aa) Beim gekündigten **Detail-Pauschalvertrag**[204] gilt im Wesentlichen das **146** Gleiche wie beim gekündigten Einheitspreisvertrag. Obwohl beim Pauschalvertrag grundsätzlich eine mengenunabhängige Abrechnung erfolgt, muss der Auftragnehmer nach der Rechtsprechung des BGH auch hier im ersten Teil der Rechnung zunächst die beauftragten und bis zur Kündigung tatsächlich erbrachten Leistungen »nach dem Vertragspreis« abrechnen. Da beim Pau-

---

202 BGH BauR 1999, 1292.
203 Anderer Auffassung Beck'scher Kommentar/Motzke, § 8 Nr. 1 VOB/B, Rdn. 41.
204 Dazu: BGH BauR 1996, 846; 1997, 304; 1998, 121 und 125; 1999, 632 und 1021; 2002, 1695; 2003, 377; OLG Celle BauR 1998, 1016; zu entfallenen Einzelpositionen OLG Düsseldorf BauR 2001, 803.

schalpreis nur »**ein Preis**« vereinbart ist, muss die »Preisermittlung« in der Form erfolgen, dass die bis zur Kündigung erbrachte Leistung in ein Verhältnis zu der beauftragten und geschuldeten Gesamtleistung gesetzt wird, d.h., die ausgeführte Teilleistung muss auf der Basis der Angebotskalkulation mit der entsprechenden **Teilvergütung** ausgewiesen werden.

147 Obwohl der Auftragnehmer beim Pauschalvertrag grundsätzlich keine detaillierte Mengenermittlung auf Basis der Ausführungspläne bzw. eines Aufmaßes schuldet, ist er verpflichtet, für den ersten Teil der Abrechnung eine »Ist-Menge« als Basis der anteiligen Pauschalvergütung zu ermitteln. Die für diese Mengenermittlung anfallenden Kosten gehen dabei zu Lasten des Auftraggebers, da der Auftragnehmer aufgrund der Pauschalpreisvereinbarung keine Mengenermittlung schuldete und aufgrund der Kündigung nicht schlechter gestellt werden darf, als wäre der Vertrag ordnungsgemäß ausgeführt worden.[205]

Der BGH hat ausdrücklich zugelassen, dass die Vergütungsermittlung für die bis zur Kündigung ausgeführten Leistungen auf der Basis der Angebots-Einheitspreise (gegebenenfalls abzüglich eines Pauschalierungsnachlasses) erfolgen kann, falls dem Pauschalpreis ein Einheitspreisangebot zugrunde lag.[206] Auch die Abrechnung von Teilpauschalen ist zulässig, falls diese die entsprechenden Teilleistungen vollständig vergüten.[207]

Zutreffend ist in diesem Zusammenhang die Entscheidung des OLG Celle in BauR 1998, 1016, wonach das Gericht ohne die sonst übliche, zeit- und kostenintensive Hinzuziehung eines Sachverständigen die anteilige Vergütung für die erbrachte Leistung selbst ermitteln kann (und muss), wenn der Leistungsstand bei Kündigung unstreitig ist und aufgrund der angebotenen Einheitspreise feststeht, wie die Parteien den Werklohn pauschaliert hätten.

148 Im zweiten Teil der Rechnung muss der Auftragnehmer sodann wieder die beauftragten, jedoch aufgrund der Kündigung nicht mehr ausgeführten Leistungen mit der verbleibenden Teilvergütung ausweisen und davon die ersparten Aufwendungen (nach Maßgabe der Angebotskalkulation, dazu oben Rdn. 137 ff.) abziehen.

Da beim Pauschalvertrag im Übrigen eine mengenunabhängige Abrechnung erfolgt, sind der Abrechnung insgesamt die »Soll-Mengen« zugrunde zu legen, weil auch bei vollständiger Durchführung von den »Soll-Mengen« auszugehen wäre. Zu geringe Vordersätze bleiben also auch bei einem gekündigten Pauschalvertrag unberücksichtigt.

149 bb) Beim gekündigten **Global-Pauschalvertrag** gilt im Grundsatz dasselbe wie beim gekündigten Detail-Pauschalvertrag. Im Unterschied zum Detail-Pau-

---

205 Kapellmann/Schiffers, Band 2, Rdn. 1329.
206 BGH BauR 1996, 846.
207 BGH BauR 2000, 726.

schalvertrag liegt dem Global-Pauschalvertrag aber regelmäßig kein mit Vordersätzen und (Angebots-)Einheitspreisen versehenes Leistungsverzeichnis zugrunde, sondern eine mehr oder minder globale, zielorientiert formulierte Leistungsbeschreibung.

Wird ein solcher Global-Pauschalvertrag gekündigt, so haben manche Instanzgerichte die Auffassung vertreten, auch hier müsse der Auftragnehmer zur Abgrenzung der erbrachten von den nicht erbrachten Leistungen eine differenzierte Mengenermittlung, regelmäßig in Form eines Aufmaßes, vornehmen und die Einzelmengen mit – aus der Kalkulation abgeleiteten – Einheitspreisen versehen. In seiner Entscheidung vom 11.02.1999 hat der BGH jedoch zutreffend festgehalten, dass die Abgrenzung zwischen erbrachten und nicht erbrachten Leistungen bei einem gekündigten Global-Pauschalvertrag nicht zwingend durch Aufmaß erfolgen muss. Die Abrechnung müsse vielmehr nur so differenziert sein, dass der Auftraggeber in die Lage versetzt sei, die Abrechnung zu prüfen und Einwendungen zu erheben. Eine ausreichend aufgegliederte, gewerkebezogene Kalkulation kann hierzu ausreichen.[208]

Auch beim gekündigten Global-Pauschalvertrag muss der Auftragnehmer also eine Teilpauschale für die bis zur Kündigung erbrachten Leistungen abrechnen, die auf der Basis der Kalkulation dem Verhältnis der erbrachten Leistungen zur geschuldeten Gesamtleistung entspricht. Von der Restvergütung für die nicht ausgeführten Leistungen muss er wiederum die ersparten Kosten abziehen. Fehlt insoweit eine (brauchbare) Angebotskalkulation, so muss der Auftragnehmer eine schlüssige Angebotskalkulation im Nachhinein fertigen und der Abrechnung zugrunde legen.[209] Hat der Auftragnehmer den Pauschalpreis nach umbautem Raum kalkuliert (z.B. 200,– €/m³), so ist dies ausreichend.[210]

f) Prüfbarkeit der Abrechnung

Die vorstehend zusammengefassten Überlegungen zeigen, dass an die Prüfbarkeit einer Abrechnung nach erfolgter Kündigung relativ strenge Anforderungen gestellt werden. Entspricht die Abrechnung diesen Anforderungen nicht, differenziert sie also beispielsweise nicht zwischen den erbrachten Leistungen einerseits und den nicht erbrachten Leistungen andererseits oder zieht der Auftragnehmer die ersparten Kosten in nicht nachvollziehbarer Form ab, so wird der Vergütungsanspruch des Auftragnehmers mangels Prüfbarkeit nicht fällig. Eine gleichwohl eingereichte Klage ist mangels Fälligkeit als zurzeit unbegründet abzuweisen.[211] Allerdings bestimmt sich die Prüfbarkeit der Schlussrechnung nicht nach einem abstrakt-objektiven Maßstab. Maßgebend

150

---

208 BGH BauR 1999, 632, 634; auch OLG Dresden BauR 2001, 419.
209 BGH BauR 1996, 846; BauR 1997, 304; BauR 1999, 632, 634; BauR 2006, 1753.
210 BGH BauR 2002, 1695.
211 BGH BauR 1995, 126 und BauR 1999, 635.

sind vielmehr die Informations- und Kontrollinteressen des Auftraggebers.[212] Hat der Architekt des Auftraggebers die Rechnung als prüfbar bezeichnet und geprüft, so greift der Einwand des Auftraggebers mangelnder Prüfbarkeit nicht.[213] Ergänzend hat der BGH in seinem Urteil vom 11.02.1999 die Instanzgerichte verpflichtet, den klagenden Auftragnehmer im Einzelnen darauf hinzuweisen, welche Bedenken gegen die Prüffähigkeit der Rechnung bestehen.[214] Kommt trotz Verlangens des Auftragnehmers nach der Kündigung kein gemeinsames Aufmaß zustande, weil der Auftraggeber die Arbeiten sofort durch einen Drittunternehmer fertig stellen lässt, so genügt der Auftragnehmer seiner Verpflichtung zu einer prüfbaren Rechnung, wenn er alle ihm zur Verfügung stehenden Umstände mitteilt, die Rückschlüsse auf den Stand der erbrachten Leistung ermöglichen.[215]

151 Der Auftraggeber muss den Einwand mangelnder Prüffähigkeit beim VOB-Vertrag allerdings binnen 2 Monaten nach Erhalt der Schlussrechnung unter Angabe der Gründe erheben. Geschieht dies nicht, so wird auch der nicht prüfbar abgerechnete Werklohnanspruch des Auftragnehmers fällig, § 16 Abs. 3 Nr. 1 Satz 2 VOB/B (2006).[216] Der Eintritt der Fälligkeit bedeutet natürlich nicht, dass die Forderung auch inhaltlich begründet ist. Dies ist vielmehr – notfalls gerichtlich – zu überprüfen. Der Auftraggeber kann – und muss – seine verspäteten Einwendungen zur Prüfbarkeit nunmehr als sachliche Einwendungen gegen die Begründetheit der Forderung erheben.[217]

g) Auffangtatbestand

152 Aufgrund der genannten vergütungsrechtlichen Folgen hat die Kündigung ohne Grund also viele Nachteile für den Auftraggeber. Kündigungen, in denen der Auftraggeber von vornherein »ohne Grund« kündigen will, kommen deshalb in der Praxis eher selten vor. Ihre eigentliche Bedeutung hat die Bestimmung des § 8 Abs. 1 VOB/B (bzw. die weitgehend inhaltsgleiche Bestimmung des § 649 BGB) deshalb als »**Auffangtatbestand**« für Kündigungen, die **aus wichtigem Grund ausgesprochen** werden sollen, bei denen jedoch die Voraussetzungen einer Kündigung aus wichtigem Grund **nicht** oder nicht vollständig **vorliegen**, z.B. der wichtige Grund oder die Kündigungsandrohung fehlen (dazu nachstehend), und die deshalb in einer **unfreiwilligen** »**freien Kündigung**« enden. Eine solche **Umdeutung** einer fehlgeschlagenen Kündigung aus wichtigem Grund in eine ordentliche Kündigung ist jedenfalls dann zuläs-

---

212 BGH BauR 2001, 251.

213 BGH BauR 2002, 468.

214 BGH BauR 1999, 635.

215 Z.B. gemeinsames Protokoll über den Leistungsstand, vgl. BGH BauR 2004, 1443.

216 So bereits BGH BauR 2004, 1937 vor der Neufassung der VOB/B (2006); näher dazu unten Rdn. 324.

217 BGH a.a.O.

sig, wenn die Auslegung ergibt, dass der Auftraggeber – wie meist – den Vertrag in jedem Fall beenden wollte.[218] Die Umdeutung in eine freie Kündigung gemäß § 649 BGB (bzw. § 8 Abs. 1 VOB/B) kommt auch dann in Betracht, wenn der Auftraggeber den Rücktritt vom Bauvertrag gemäß § 634 Nr. 3 i.V.m. § 323 Abs. 2 und Abs. 6 BGB erklärt, obwohl die gesetzlichen Voraussetzungen nicht vorliegen, sich aber aus der Erklärung des Auftraggebers unzweideutig ergibt, dass er am Vertrag nicht weiter festhalten will.[219]

2. Die Kündigung bei Insolvenz des Auftragnehmers gemäß § 8 Abs. 2 VOB/B

Gemäß § 8 Abs. 2 Nr. 1 VOB/B (2006) kann der Auftraggeber den Vertrag kündigen, **153**

- wenn der Auftragnehmer seine Zahlungen einstellt,
- von ihm oder zulässigerweise vom Auftraggeber oder einem anderen Gläubiger das Insolvenzverfahren (§§ 14 und 15 InsO) bzw. ein vergleichbares gesetzliches Verfahren beantragt ist,
- ein solches Verfahren eröffnet wird oder
- dessen Eröffnung mangels Masse abgelehnt wird.

§ 8 Abs. 2 VOB/B räumt dem Auftraggeber eines VOB-Bauvertrages unter den näher genannten Voraussetzungen damit ein Kündigungsrecht aus wichtigem Grund bei Insolvenz des Auftragnehmers ein. Äußerst umstritten ist, ob dieses Sonderkündigungsrecht – auch bei Vereinbarung der VOB/B »als Ganzes« – gemäß § 119 InsO überhaupt wirksam ist, weil nach dieser Bestimmung Vereinbarungen, durch die im Voraus die Anwendung der §§ 103–118 InsO ausgeschlossen oder beschränkt wird, unwirksam sind. Gemäß § 103 InsO hat der Insolvenzverwalter grundsätzlich ein Wahlrecht, ob er einen noch nicht vollständig erfüllten, also noch in der Abwicklung befindlichen Vertrag (auch Bauvertrag) erfüllt oder nicht. Sein Wahlrecht wird durch das Kündigungsrecht des Auftraggebers gemäß § 8 Abs. 2 VOB/B jedoch eingeschränkt.[220] Das OLG Düsseldorf hat in einem für die Praxis sehr bedeutsamen Urteil vom 08.09.2006[221] entschieden, dass das Kündigungsrecht des Auftraggebers gemäß § 8 Abs. 2 VOB/B »insolvenzfest« ist.

---

218 Vgl. dazu BGH BauR 2003, 1889; ergänzend Lederer, in: Kapellmann/Messerschmidt, § 8 VOB/B, Rdn. 16 ff.
219 Thüringisches OLG BauR 2008, 534.
220 Zum Meinungsstand vgl. Lederer, in: Kapellmann/Messerschmidt, § 8 VOB/B Rdn. 63 ff.
221 OLG Düsseldorf BauR 2006, 2054.

a) Insolvenzbedingte Kündigung

154 aa) Das Kündigungsrecht gemäß § 8 Abs. 2 VOB/B steht dem Auftraggeber bereits bei **Zahlungseinstellung** des Auftragnehmers zu. Der Kündigungsgrund der Zahlungseinstellung ist insolvenzrechtlich geprägt. Gemäß § 17 Abs. 1 InsO ist allgemeiner Grund zur Eröffnung eines Insolvenzverfahrens die Zahlungsunfähigkeit des Schuldners. Dies ist gemäß § 17 Abs. 2 InsO der Fall, wenn der Schuldner nicht in der Lage ist, die fälligen Zahlungsverpflichtungen zu erfüllen. Die Zahlungsunfähigkeit ist in der Regel anzunehmen, wenn der Schuldner seine Zahlungen eingestellt hat.

Die zum Insolvenzgrund der Zahlungsunfähigkeit führende Zahlungseinstellung setzt also voraus, dass der **Auftragnehmer generell nicht mehr in der Lage ist, seinen fälligen Zahlungsverpflichtungen nachzukommen.** Das Unterlassen einzelner Zahlungen reicht hingegen nicht aus.[222] Eine kündigungsrelevante Zahlungseinstellung im Sinne von § 8 Abs. 2 Nr. 1 VOB/B liegt also nicht bereits vor, wenn der Auftragnehmer zweimal die eidesstattliche Versicherung abgegeben hat und Haftbefehl gegen ihn ergangen ist.[223]

Der Auftraggeber sollte den Bauvertrag wegen Zahlungseinstellung des Auftragnehmers deshalb nur kündigen, wenn keinerlei Zweifel an dieser Zahlungseinstellung im Sinne von § 17 Abs. 2 InsO vorliegen, wenn der Auftragnehmer also beispielsweise öffentlich (oder in einem Rundschreiben) erklärt hat, er habe seine Zahlungen eingestellt.[224]

155 bb) Neben der Zahlungseinstellung des Auftragnehmers ist die insolvenzbedingte Kündigung auch zulässig, wenn ein **Antrag auf Eröffnung des Insolvenzverfahrens** über das Vermögen des Auftragnehmers gestellt worden ist. Nach der früheren Fassung von § 8 Abs. 2 Nr. 1 VOB/B war zweifelhaft, ob dieser Kündigungsgrund nur bei einem sog. Eigenantrag des Auftragnehmers (§ 13 Abs. 1 InsO) oder auch bei einem Antrag eines Gläubigers (also des Auftraggebers selbst oder eines dritten Gläubigers) zulässig war. Diese Unklarheit ist durch die Neufassung der VOB/B (2006) nun beseitigt. Die insolvenzbedingte Kündigung ist in beiden Fällen zulässig. Die durch die Neufassung herbeigeführte Klarstellung ist allerdings mit einem Manko versehen. Ist der Insolvenzantrag nämlich nicht vom Auftragnehmer selbst, sondern vom Auftraggeber oder einem sonstigen Gläubiger gestellt worden (Fremdantrag), dann muss dieser Antrag auch zulässig sein. Dies ist gemäß § 14 Abs. 1 InsO beispielsweise der Fall, wenn der Gläubiger ein rechtliches Interesse an der Eröffnung des Insolvenzverfahrens hat und seine Forderung sowie den Eröffnungsgrund (z.B. Zahlungsunfähigkeit) glaubhaft macht. Beantragt der Auftraggeber selbst die Eröffnung des Insolvenzverfahrens, so kann und muss er die Zulässigkeit seines Antrages selbst beurteilen, weil davon gleichzeitig die

---

222 Vgl. OLG Köln BauR 1996, 257.
223 OLG Köln BauR 2006, 1903.
224 Zutreffend Lederer, in: Kapellmann/Messerschmidt, § 8 VOB/B Rdn. 66.

Begründetheit seiner Kündigung aus wichtigem Grund gemäß § 8 Abs. 2 VOB/B abhängt. Hat ein Dritter den Eröffnungsantrag über das Vermögen des Auftragnehmers gestellt, so ist die vom Auftraggeber ausgesprochene Kündigung gemäß § 8 Abs. 2 VOB/B nur wirksam, wenn der Antrag des Dritten gemäß §§ 14 und 15 InsO zulässig war. Erweist sich dieser Drittantrag als unzulässig, hat der Auftraggeber aber bereits die insolvenzbedingte Kündigung ausgesprochen, so handelt es sich um eine »fehlgeschlagene« Kündigung aus wichtigem Grund mit der Folge, dass eine Kündigung »ohne Grund« im Sinne von § 8 Abs. 1 VOB/B vorliegt.[225]

cc) Darüber hinaus kann der Auftraggeber – nach wie vor – kündigen, wenn **156** entweder das Insolvenzverfahren eröffnet wird oder die Eröffnung des Verfahrens mangels Masse abgelehnt wird. Diese weitere Kündigungsmöglichkeit nach § 8 Abs. 2 Nr. 1 VOB/B spielt in der Praxis keine allzu große Rolle, da der Auftraggeber in aller Regel (spätestens) nach dem Insolvenzantrag entscheidet, ob er den Bauvertrag kündigt oder nicht. Läuft die Baustelle jedoch trotz Zahlungseinstellung und/oder Insolvenzantrag weiter und wird anschließend, meist Wochen oder sogar Monate später, das Insolvenzverfahren eröffnet bzw. mangels Masse abgelehnt, so bleibt dem Auftraggeber die Kündigung des Bauvertrages unbenommen.

b) Rechtsfolgen

Wir haben im vorangehenden Kapitel gesehen, dass der Auftraggeber grund- **157** sätzlich keinen Grund benötigt, um zu kündigen (§ 8 Abs. 1 VOB/B). Bei Kündigung wegen Insolvenz des Auftragnehmers gemäß § 8 Abs. 2 Nr. 1 VOB/B stellt diese Kündigung aber keine »ordentliche« (freie) Kündigung dar, sondern eine Kündigung »aus wichtigem Grund«.

Die Konsequenzen werden durch § 8 Abs. 2 Nr. 2 VOB/B deutlich: Der Auftragnehmer kann nur Vergütung der bisherigen Leistung gemäß § 6 Abs. 5 VOB/B verlangen. Dem Auftraggeber steht ein Schadensersatzanspruch wegen Nichterfüllung des Vertrages zu, mit dem er gegen restliche Vergütungsansprüche des Auftragnehmers gemäß § 6 Abs. 5 VOB/B **aufrechnen** kann.[226] Der Schadensersatzanspruch wegen Nichterfüllung erfasst allerdings nicht erforderliche Mängelbeseitigungskosten. Insoweit muss der Auftraggeber den Auftragnehmer/Insolvenzverwalter unbeschadet der insolvenzbedingten Kündigung zunächst unter Fristsetzung zur Mängelbeseitigung auffordern, bevor

---

225 Dazu näher Rdn. 149.
226 Zum Parallelfall des § 8 Nr. 3 VOB/B ausdrücklich BGH BauR 2005, 1477; ebenso OLG Naumburg BauR 2003, 115, 117; die noch von einer einfachen Verrechnung (statt Aufrechnung) ausgehenden Entscheidungen OLG Dresden BauR 2003, 1736 und LG Duisburg BauR 2004, 1625 dürften nach der genannten BGH-Entscheidung nicht mehr aufrechtzuerhalten sein.

er eine Selbstvornahme veranlassen kann.[227] Soweit der Auftraggeber seinen Schadensersatzanspruch nicht durch Aufrechnung befriedigen kann, muss er ihn als Insolvenzforderung zur Insolvenztabelle anmelden, § 174 InsO.

Heben die Parteien den Vertrag bei Insolvenz des Auftragnehmers einvernehmlich auf, so gelten mangels anderweitiger Vereinbarung die Rechtsfolgen des § 8 Abs. 2 Nr. 2 VOB/B.[228]

Zur Vertragskündigung durch den Insolvenzverwalter des Auftragnehmers vgl. BGH BauR 2002, 1264.

3. Die Kündigung wegen Vertragsuntreue des Auftragnehmers gemäß § 8 Abs. 3 VOB/B und aus sonstigen wichtigen Gründen[229]

a) Kündigungsgründe gemäß § 8 Abs. 3 VOB/B

158 § 8 Nr. 3 Abs. 1 VOB/B regelt drei bedeutsame Fälle einer Kündigung aus wichtigem Grund:[230]

1. Fall: Der Auftragnehmer bessert Leistungen nicht nach, die schon während der Ausführung als vertragswidrig oder mangelhaft erkannt worden sind, § 4 Abs. 7 VOB/B (siehe dazu unten Rdn. 239 ff.).

2. Fall: Der Auftragnehmer erbringt Leistungen ohne schriftliche Zustimmung des Auftraggebers nicht im eigenen Betrieb, obwohl sein Betrieb darauf eingerichtet ist (unberechtigter Nachunternehmereinsatz), § 4 Abs. 8 Nr. 1 VOB/B.[231]

3. Fall: Der Auftragnehmer verzögert den Beginn der Ausführung, kommt der Verpflichtung nach § 5 Abs. 3 VOB/B nicht nach oder gerät mit der Vollendung in Verzug, § 5 Abs. 4 VOB/B (siehe oben Rdn. 102).

In allen drei Fällen regelt die VOB/B, dass die Kündigung (erst) zulässig ist, wenn der Auftraggeber dem Auftragnehmer erfolglos eine angemessene Frist zur Vertragserfüllung gesetzt und erklärt hat, dass er dem Auftragnehmer nach Fristablauf den Auftrag entziehen werde (Kündigungsandrohung). Für die Praxis besonders bedeutsam ist die Kündigung wegen Terminüberschreitung des Auftragnehmers gemäß § 5 Abs. 4 VOB/B (dazu näher oben Rdn. 105). Nach der Rechtsprechung liegt eine »angemessene Fristsetzung« im Sinne von § 5 Abs. 4 VOB/B (ausnahmsweise) auch dann vor, wenn der Auftraggeber den Auftragnehmer mehrfach (aber ohne Fristsetzung) unter Kündigungsandrohung aufgefordert hat, »unverzüglich« Abhilfe gemäß § 5

---

227 OLG Brandenburg BauR 2003, 1404, 1406.
228 OLG Naumburg BauR 2003, 115, 117 und ergänzend oben Rdn. 119.
229 Zu Praxisproblemen des gekündigten Bauvertrages ausführlich Langen, in: Festschrift Kapellmann (2007), 237 ff.
230 Ausführlich dazu Langen/Schiffers, Rdn. 1806 ff.
231 Dazu OLG Celle BauR 2005, 1336.

Abs. 3 VOB/B zu schaffen.[232] Wie das OLG Hamm in einer sehr praxisrelevanten Entscheidung festgehalten hat, ist der terminrückständige Auftragnehmer gemäß § 5 Abs. 3 VOB/B insbesondere verpflichtet, alle gebotenen Anstrengungen zur Beschleunigung des Bauablaufs einschließlich Erhöhung der Anzahl der Arbeitskräfte, der täglichen Arbeitsstunden sowie von Doppel- und Wochenendschichten einzuleiten.[233] Im Einzelfall kann auch eine gestaffelte Fristsetzung sinnvoll und ausreichend sein.[234]

Ist zwischen den Parteien streitig, ob einer der in § 8 Abs. 3 VOB/B geregelten Kündigungsgründe vorliegt (ob der Auftragnehmer sich also beispielsweise mit der Fertigstellung der Bauleistung in Verzug befindet), so kann die **Kooperationspflicht der Bauvertragsparteien** dazu führen, dass der Auftraggeber trotz erfolglosen Fristablaufs zunächst den Versuch einer einvernehmlichen Beilegung der entstandenen Meinungsverschiedenheiten unternehmen muss.[235] Im konkreten Fall hatte der BGH die Berechtigung der auftraggeberseitigen Kündigung abgelehnt, weil der Auftragnehmer die Arbeiten aus öffentlich-rechtlichen Gründen nicht weitergeführt hatte, aus denen ihm bei Fortführung der Arbeiten ein Bußgeld gedroht hätte.

§ 8 Abs. 3 Nr. 1 VOB/B begegnet – auch bei isolierter Betrachtungsweise – keinen AGB-Bedenken, weil die Vorschrift nicht gegen das gesetzliche Leitbild des Schuldrechtsmodernisierungsgesetzes verstößt. Dies gilt unabhängig davon, ob der Auftraggeber (Regelfall) oder der Auftragnehmer (Ausnahmefall) als Verwender der VOB/B anzusehen ist (dazu oben Rdn. 20):[236] **159**

Zwar sehen §§ 281 Abs. 1 und 323 Abs. 1 BGB bei entsprechender Pflichtverletzung des Schuldners (z.B. Verzug) das Recht des Gläubigers vor, nach Ablauf einer Nachfrist (ohne Ablehnungsandrohung) Schadensersatz statt der Leistung zu fordern oder vom Vertrag zurückzutreten. Gemäß § 325 BGB kann der Gläubiger auch zurücktreten und trotzdem Schadensersatz statt der Leistung fordern.

Von dieser Gesetzessystematik weicht § 8 Abs. 3 VOB/B in zweierlei Hinsicht ab, und zwar zum einen durch die Kündigung (anstatt des Rücktritts), zum anderen durch das Erfordernis einer Kündigungsandrohung (anstatt einer bloßen Nachfristsetzung). Wie aber der DVA in der Begründung zur VOB 2002 zutreffend ausgeführt hat, laufen bei einem Werkvertrag der Rücktritt und die Kündigung hinsichtlich der Vergütung der bis zur Vertragsbeendigung erbrachten Leistungen praktisch auf dasselbe hinaus. Rechtssystematisch kommt hinzu, dass auch das Schuldrechtsmodernisierungsgesetz jedenfalls die ordent-

---

232 BGH BauR 2002, 782.
233 OLG Hamm IBR 2007, 470 und 561; ähnlich auch OLG Köln BauR 2008, 1145.
234 OLG Stuttgart BauR 2007, 1417
235 BGH BauR 2007, 1404, 1407; allgemein zur Kooperationspflicht der Bauvertragsparteien BGH BauR 2000, 409 und BauR 2003, 1207
236 I.E. so auch Voit, BauR 2002, 1776 und Lang, BauR 2006, 1956.

liche Kündigung eines Werkvertrages in § 649 BGB nach wie vor anerkennt und dass in § 314 BGB die Kündigung von Dauerschuldverhältnissen aus wichtigem Grund nun gesetzlich anerkannt ist. Zumindest über längere Zeit laufende Bauverträge sind aber einem Dauerschuldverhältnis im Sinne von § 314 BGB aber jedenfalls angenähert.

Auch die in § 5 Abs. 4 VOB/B vorgesehene Kündigungsandrohung stellt nur eine klarstellende, der Rechtssicherheit dienende Voraussetzung dar, die zumindest keine unangemessene Abweichung vom gesetzlichen Leitbild der §§ 281 Abs. 1, 323 Abs. 1 BGB enthält. Denn die Auffassung des Gesetzgebers, dem Schuldner werde bereits durch die Fristsetzung als solche klar, dass anschließend Schadensersatz statt der Leistung bzw. Rücktritt infrage komme, erscheint im Rechtsalltag durchaus zweifelhaft.

b) Sonstige wichtige Kündigungsgründe

160 **Über den Wortlaut des § 8 Abs. 3 Nr. 1 VOB/B hinaus** hat die Rechtsprechung eine Kündigung aus wichtigem Grund immer dann zugelassen, wenn die Fortsetzung des Vertragsverhältnisses für den Auftraggeber **nicht zumutbar** sei. Bei Dauerschuldverhältnissen, zu denen zumindest Bauverträge mit längerer Laufzeit gerechnet werden können, hat das Gesetz diese Kündigung wegen Unzumutbarkeit in § 314 Abs. 1 Satz 2 BGB nun auch ausdrücklich geregelt.

Generell ist in diesen Fällen aber künftig zweierlei zu beachten: Zum einen ist nach der neuen gesetzlichen Regelung der §§ 281 Abs.1, 314 Abs. 2 und 323 Abs. 1 BGB (nur noch) eine Nachfristsetzung bzw. Abmahnung erforderlich, jedoch keine ausdrückliche Kündigungsandrohung (die dem Praktiker aber trotzdem aus Gründen der Rechtsklarheit zu empfehlen ist). Zum anderen sind in § 323 Abs. 2 BGB drei Fälle genannt, in denen eine **Fristsetzung entbehrlich** ist, insbesondere der Fall, dass der Schuldner die **Leistung ernsthaft und endgültig verweigert** hat, § 323 Abs. 2 Nr. 1 BGB.

161 Nachstehend einige **Rechtsprechungsbeispiele** zur **Kündigung aus sonstigen wichtigen Gründen:**

OLG Düsseldorf, BauR 1992, 381: Kündigung aus wichtigem Grund **unzulässig**, auch wenn der Auftragnehmer unberechtigt Bedenken gegen die Qualität der Vorleistungen angemeldet hat.

OLG Hamm, IBR 1994, 148: Kündigung aus wichtigem Grund **zulässig** bei fehlender Eintragung des Auftragnehmers in die Handwerksrolle.

OLG Köln, NJW-RR 1994, 602: Kündigung aus wichtigem Grund **zulässig** bei Täuschung über einen erforderlichen Eignungsnachweis.

BGH, BauR 1996, 704: Kündigung aus wichtigem Grund **zulässig**, wenn der Auftragnehmer trotz mehrfacher Abmahnung die vereinbarten Materialtransportwege nicht einhält.

OLG Dresden, BauR 1998, 565: Kündigung aus wichtigem Grund **zulässig**, wenn der Auftragnehmer für eine vom Auftraggeber angeordnete Planänderung einen Nachtragspreis fordert und bis zum Einverständnis des Auftraggebers die Arbeitseinstellung androht, **ohne** die Kalkulation des Nachtragspreises (nämlich auf der Basis der Urkalkulation) offen zu legen (vgl. oben Rdn. 60).

BGH, BauR 2000, 1182: Kündigung wegen Unzumutbarkeit **zulässig**, wenn feststeht, dass der Auftragnehmer eine Vertragsfrist nicht einhält und die Vertragsverletzung von erheblichem Gewicht ist.

BGH, BauR 2001, 1577: Kündigung aus wichtigem Grund **zulässig** (aber ausnahmsweise sogar entbehrlich), wenn der Auftragnehmer seinerseits den Auftrag grundlos gekündigt und die (erneute) Arbeitsaufnahme verweigert hat.

OLG Celle, BauR 2003, 890: Kündigung aus wichtigem Grund **unzulässig**, wenn der Auftragnehmer sich weigert, Nachtragsleistungen auszuführen, die vom Auftraggeber nicht als Nachtrag anerkannt werden.[237]

OLG Celle, BauR 2005, 1336: Kündigung aus wichtigem Grund **zulässig**, wenn der Auftragnehmer erklärt, sich nicht an die vertragliche Leistungsverpflichtung halten zu wollen.

c) Teilkündigung aus wichtigem Grund

Gemäß § 8 Abs. 3 Nr. 1 Satz 2 VOB/B kann die Kündigung aus wichtigem Grund **auf einen in sich abgeschlossenen Teil der Leistung beschränkt werden**, z.B. auf ein Los, wenn zwei Lose beauftragt sind. **162**

Generell ist hierzu erforderlich, dass der teilgekündigte Bereich »funktional in sich abgeschlossen« ist,[238] was selten der Fall ist und der Praxis große Schwierigkeiten bereitet. Der Rohbau ist beispielsweise ein einheitliches Ganzes und damit nicht teilkündbar. Das OLG München hat die Teilkündigung eines Bauvertrages hinsichtlich der noch nicht begonnenen Bauabschnitte 2 und 3 für unzulässig gehalten, wenn diese von dem in Ausführung befindlichen Bauabschnitt 1 nicht sicher abgegrenzt werden könnten. In diesem Fall sei auch eine Umdeutung in eine ordentliche Kündigung nicht möglich, da der Auftraggeber auf der Fertigstellung des Bauabschnitts 1 bestanden habe.[239] Wird trotz-

---

237 Bestätigt von BGH BauR 2004, 1616.
238 Vgl. Ingenstau/Korbion/Vygen, VOB/B § 8 Nr. 3, Rdn. 31.
239 OLG München BauR 2008, 1474. Näher Kapellmann, Festschrift Thode, 2005, S. 29 ff. Nach Auffassung des OLG stellt die unzulässige Kündigung aus wichtigem Grund eine schwerwiegende Vertragsverletzung des Auftraggebers dar,

dem eine – unzulässige – Teilkündigung ausgesprochen, so kann es zu erheblichen Unsicherheiten über die Konsequenzen kommen (Unwirksamkeit der Teilkündigung oder Auslegung als Kündigung des ganzen Vertrages). »Funktional abgeschlossen« ist beispielsweise eines von mehreren schlüsselfertig in Auftrag gegebenen Einfamilienhäusern (vgl. auch Rdn. 190). Bei einem **Bauträgervertrag** lässt die Rechtsprechung eine Teilkündigung aus wichtigem Grund hinsichtlich des bauvertraglichen Teils zu, so dass der Auftraggeber die Übereignung des Grundstücks verlangen und anschließend die Bauleistungen in Eigenregie erstellen könne.[240]

d) Rechtsfolgen

163 Gemäß § 8 Abs. 3 Nr. 2 VOB/B kann der Auftraggeber nach Kündigung den noch nicht ausgeführten Teil der Leistung durch einen Dritten ausführen lassen. Der Auftraggeber muss aber darauf achten, dass der beauftragte Drittunternehmer erst **nach** der Kündigung mit seinen Arbeiten beginnt. Die **Auftragserteilung** kann (sollte aber nicht) schon vorher erfolgen.[241] Hinsichtlich der kündigungsbedingten Mehrkosten steht dem Auftraggeber ein Erstattungsanspruch gegen den Auftragnehmer zu, mit dem er gegen einen evtl. restlichen Werklohnanspruch des Auftragnehmers die **Aufrechnung** (nicht bloße Verrechnung) erklären kann.[242] Der Mehrkostenerstattungsanspruch des Auftraggebers bezieht sich auch auf solche Leistungen, die zwar (noch) nicht beauftragt waren, die der Auftraggeber aber gemäß § 1 Abs. 3 oder 4 VOB/B hätte anordnen können.[243] Nicht abgerechnete Leistungen des Drittunternehmers sind jedoch auch dann nicht zu erstatten, wenn sie zwar angeboten und beauftragt, aber ohne gesonderten Beleg ausgeführt worden sind.[244]

164 Der Auftragnehmer, dem der Auftrag nach § 8 Abs. 3 VOB/B entzogen worden ist, kann im Übrigen nur den Anteil der vereinbarten Vergütung verlangen, der seinen bisher erbrachten Leistungen entspricht.[245] Anders als bei der »freien« Kündigung gemäß § 8 Abs. 1 VOB/B gibt es bei der Kündigung aus wichtigem Grund eben keine Vergütung für die nicht ausgeführten Leistungen.

Der Auftraggeber kann auch auf die Durchführung der weiteren Ausführung ganz verzichten, wenn die Leistung für ihn kein Interesse mehr hat. Das wird aber sehr selten der Fall sein.

---

die eine Gegenkündigung des Auftragnehmers gemäß § 9 Abs. 1 VOB/B rechtfertige.

240 KG BauR 2000, 114.
241 Vgl. BGH BauR 1977, 422; Beck'scher Kommentar/Motzke § 8, Rdn. 37.
242 Vgl. BGH BauR 2005, 1477.
243 BGH BauR 2000, 571.
244 Vgl. OLG Düsseldorf BauR 1991, 216.
245 BGH BauR 1995, 545; 2003, 877.

Gemäß § 8 Abs. 3 Nr. 3 VOB/B kann er gegen angemessene Vergütung auch die vorhandene Baustelleneinrichtung des Auftragnehmers sowie bereits angelieferte Stoffe und Bauteile in Anspruch nehmen. Während der Anspruch als solcher im Fall einer Kündigung aus wichtigem Grund unbestritten ist, kann seine praktische Durchsetzung durchaus Schwierigkeiten bereiten. In einer allenfalls für Juristen nachvollziehbaren Entscheidung vom 28.11.2007[246] hat das OLG Düsseldorf entschieden, dass das Besitzrecht des Auftragnehmers an Baustelleneinrichtung, angeliefertem Material usw. trotz des Verwendungsrechts des Auftraggebers aus § 8 Abs. 3 VOB/B fortbestehe, weshalb das vom Auftraggeber nach der Kündigung üblicherweise ausgesprochene Baustellenverbot eine verbotene Eigenmacht zulasten des Auftragnehmers darstelle. Dieser verbotenen Eigenmacht könne sich der Auftragnehmer durch einstweilige Verfügung erwehren. § 8 Abs. 3 Nr. 3 VOB/B stelle lediglich einen »petitorischen« Anspruch dar, der das »possessorische Besitzrecht« des Auftragnehmers nicht einschränke. Faktisch entwertet das OLG Düsseldorf das Verwendungsrecht des Auftraggebers aus § 8 Abs. 3 Nr. 3 VOB/B, weil es den Auftraggeber zwingt, sein Verwendungsrecht aus § 8 Abs. 3 Nr. 3 VOB/B nicht durch ein Baustellenverbot, sondern durch einstweilige Verfügung sicherzustellen, falls der Auftragnehmer vertragswidrig Baustelleneinrichtung oder Material von der Baustelle entfernen will.

§ 8 Abs. 3 Nr. 3 VOB/B regelt ein Verwendungs*recht*. Ausnahmsweise kann der Auftraggeber unter Schadensminderungsgesichtspunkten aber verpflichtet sein, bereits hergestellte oder angelieferte Materialien zu verwenden. Voraussetzung ist jedoch, dass diese für die weitere Ausführung uneingeschränkt tauglich sind, aus Sicht des beauftragten Nachfolgeunternehmers keine Bedenken gegen deren Verwendung bestehen, der Nachfolgeunternehmer auch bereit ist, diese zu übernehmen und der gekündigte Auftragnehmer keine anderweitige Verwendungsmöglichkeit hierfür hat.[247]

§ 8 Abs. 3 Nr. 4 VOB/B gewährt dem Auftragnehmer einen einklagbaren[248] Anspruch auf Zusendung einer Aufstellung über die kündigungsbedingten Mehrkosten sowie sonstige Ansprüche, die binnen 12 Werktagen nach Abrechnung mit dem Drittunternehmer vorzulegen ist. Für diese Abrechnung gelten zwar nicht die strengen Anforderungen von § 14 Abs. 1 VOB/B.[249] Aus der Abrechnung muss der Auftragnehmer aber nachvollziehen können, ob Mehrmengen, geänderte/zusätzliche Leistungen oder Mängelbeseitigungsarbeiten ausgeführt worden sind. Ansonsten wird der Kostenerstattungsanspruch des Auftraggebers nicht fällig.[250]

---

246 OLG Düsseldorf BauR 2008, 998, s. Rdn. 1, Entscheidung Nr. 6.
247 BGH BauR 2003, 877; ähnlich auch BGH BauR 1995, 545.
248 BGH BauR 2002, 1253.
249 BGH BauR 2000, 571.
250 OLG Celle BauR 2006, 117.

165 Zusammenfassend:

Will der Auftraggeber dem Auftragnehmer aus wichtigem Grund den Auftrag entziehen, dann sollte er ihm nicht nur in den drei in § 8 Abs. 3 VOB/B geregelten Fällen, sondern **generell** vorher eine **Nachfrist mit Kündigungsandrohung** setzen.

Diese **Nachfrist** mit Kündigungsandrohung kann auch mündlich erfolgen, sollte aber aus Beweisgründen immer **schriftlich** (Einschreiben mit Rückschein/Telefax mit Zugangsbestätigung) erfolgen. Bei besonders grober Vertragsverletzung durch den Auftragnehmer ist eine Fristsetzung u.U. entbehrlich.[251] Darauf sollte der Auftraggeber sich aber nicht verlassen.

Anschließend muss die **Kündigung** in direkter oder analoger Anwendung von § 314 Abs. 3 BGB **in angemessener Frist**, am besten unverzüglich, **ausgesprochen werden**; liegen die Kündigungsvoraussetzungen vor (Ablauf der Nachfrist mit Kündigungsandrohung), lässt der Auftraggeber sich anschließend jedoch auf Verhandlungen mit dem Auftragnehmer über die Fortsetzung des Vertragsverhältnisses ein oder nimmt er gar widerspruchslos noch weitere Leistungen des Auftragnehmers entgegen, dann hat er sein Kündigungsrecht »verwirkt«. Er muss dann erneut eine Nachfrist mit Kündigungsandrohung setzen, falls er doch noch kündigen will.[252]

Die Kündigung muss zudem gemäß § 8 Abs. 5 VOB/B **schriftlich** erklärt werden. Es empfiehlt sich also auch hier ein Einschreiben mit Rückschein oder ein Telefax (mit Zugangsbestätigung); das Telefax genügt der Schriftform.[253] Die Nichtbeachtung der Schriftform führt zur Unwirksamkeit der Kündigung.[254]

4. Die Kündigung gemäß § 8 Abs. 4 VOB/B

166 § 8 Nr. 4 VOB/B enthält noch einen weiteren, in der Praxis allerdings nicht allzu bedeutenden Kündigungsgrund der unzulässigen Wettbewerbsabrede.

B. Kündigung durch den Auftragnehmer

167 Der Auftragnehmer ist nur unter bestimmten Voraussetzungen berechtigt, seinerseits den Vertrag zu beenden. Ein allgemeines Kündigungsrecht, also ein Kündigungsrecht »ohne Grund«, steht dem Auftragnehmer im Gegensatz zum Auftraggeber allerdings nicht zu. Für den Auftragnehmer ist also Vorsicht geboten: Kündigt er, ohne dass die Voraussetzungen des § 9 VOB/B vorliegen,

---

251 Vgl. OLG Hamm BauR 1992, 516 und dazu allgemein § 323 Abs. 2 BGB.
252 Vgl. OLG Düsseldorf IBR 1993, 462; allgemein Ingenstau/Korbion/Vygen, VOB/B § 8 Nr. 3, Rdn. 27 ff.
253 OLG Düsseldorf WM 1992, 1293.
254 Vgl. OLG Celle BauR 2003, 1406; dort auch zu den Konsequenzen, wenn der Auftraggeber ungeachtet der Unwirksamkeit der Kündigung z.B. Mängel im Wege der Selbstvornahme beseitigen lässt.

dann ist dies eine Vertragsverletzung, die den Auftraggeber seinerseits zur Kündigung gemäß § 8 Abs. 3 VOB/B berechtigen kann.[255] Bei endgültiger und grundloser Erfüllungsverweigerung durch den Auftragnehmer ist die »Gegenkündigung« durch den Auftraggeber sogar entbehrlich,[256] sollte aber sicherheitshalber trotzdem vom Auftraggeber erklärt werden. Bei wechselseitigen Kündigungen durch Auftragnehmer und Auftraggeber kommt es darauf an, welche der Kündigungen den Vertrag beendet hat und ob es sich dabei um eine Kündigung aus wichtigem Grund gehandelt hat.[257]

Zur Wirksamkeit von § 9 VOB/B auch bei »isolierter Betrachtungsweise« darf auf die inhaltsgleichen Überlegungen zu § 8 VOB/B in Rdn. 159 verwiesen werden.

1. Die Kündigung wegen Vertragsverletzung des Auftraggebers gemäß § 9 VOB/B und aus sonstigen wichtigen Gründen

a) Unterlassene Mitwirkung des Auftraggebers gemäß § 9 Abs. 1a VOB/B

Gemäß § 9 Abs. 1a VOB/B kann der Auftragnehmer den Vertrag kündigen, **168** wenn der Auftraggeber eine ihm obliegende Handlung unterlässt und dadurch den Auftragnehmer außerstande setzt, die Leistung auszuführen (Annahmeverzug nach §§ 293 ff. BGB).

Wie bereits in Rdn. 109 dargestellt, sind im Bauablauf zahlreiche Mitwirkungshandlungen des Auftraggebers erforderlich, um dem Auftragnehmer die Leistungserbringung zu ermöglichen. So muss der Auftraggeber ein ausführungsbereites Grundstück bzw. Bauobjekt (bauliche Anlage) zur Verfügung stellen.[258] Der Auftraggeber muss auch unentgeltlich und rechtzeitig die Ausführungsunterlagen im Sinne von § 3 Abs. 1 VOB/B übergeben.[259] Er muss die Hauptachsen abstecken und das Zusammenwirken mehrerer Auftragnehmer, die gleichzeitig arbeiten, koordinieren, vgl. § 3 Abs. 2 und § 4 Abs. 1 Nr. 1 VOB/B. Er muss ferner auch die öffentlich-rechtlichen Genehmigungen und Erlaubnisse, insbesondere die Baugenehmigung, zur Verfügung stellen, § 4 Abs. 1 Nr. 1 VOB/B.

Typischerweise handelt es sich bei diesen Mitwirkungshandlungen um Mitwirkungs**pflichten** des Auftraggebers und nicht nur um Mitwirkungs**obliegenheiten** (siehe oben Rdn. 115). Soweit man die entsprechenden Mitwirkungshandlungen des Auftraggebers lediglich als Obliegenheit einstuft, gerät

---

255 BGH BauR 1996, 846, 847.
256 BGH BauR 2001, 1577, oben Rdn. 158.
257 BGH BauR 2002, 1407.
258 Einzelheiten bei Kapellmann/Schiffers, Band 1, Rdn. 1288 ff. und oben Rdn. 89 ff.
259 A.a.O., Rdn. 1293 ff.

der Auftraggeber unter den Voraussetzungen der §§ 293 ff. BGB in Annahmeverzug (Gläubigerverzug) und dem Auftragnehmer eröffnet sich die Kündigungsmöglichkeit unter den Voraussetzungen von § 9 Abs. 1a VOB/B. Geht man von einer (Neben- oder sogar Haupt-) Pflicht des Auftraggebers aus, eröffnet sich unter den gleichen Voraussetzungen die Kündigungsmöglichkeit gemäß § 9 Abs. 1b VOB/B (dazu sogleich Rdn. 169).

b) Zahlungs- oder sonstiger Schuldnerverzug des Auftraggebers gemäß § 9 Abs. 1b VOB/B

169 Eine weitere Kündigungsmöglichkeit steht dem Auftragnehmer zu, wenn der Auftraggeber eine fällige Zahlung nicht leistet oder sonst in **Schuldnerverzug** gerät. Der in § 9 Abs. 1b VOB/B ausdrücklich erwähnte Zahlungsverzug ist also nur ein **Beispiel** für den generellen Schuldnerverzug des Auftraggebers, der ebenfalls die Kündigung des Vertrages durch den Auftragnehmer rechtfertigen kann. Wenn der Auftraggeber also mit sonstigen Pflichten gegenüber dem Auftragnehmer in Verzug gerät (§ 286 BGB), ist in gleicher Weise die Kündigung durch den Auftragnehmer gerechtfertigt wie beim häufigen Fall des Zahlungsverzuges. Hat der Auftraggeber sich also beispielsweise verpflichtet, baubegleitend die Ausführungspläne zur Verfügung zu stellen, Materialien zu liefern, Planfreigaben zu erklären und dergleichen und gerät er mit einer dieser Pflichten in Verzug, so kommt die Kündigung durch den Auftragnehmer gemäß § 9 Abs. 1b VOB/B in Betracht.

c) Sonstige wichtige Kündigungsgründe

170 Auch hinsichtlich der Kündigung durch den Auftragnehmer regelt die VOB/B in § 9 Abs. 1a und b nur die beiden wichtigsten Fälle. Daneben kommt auch hier eine **Kündigung aus einem sonstigen »wichtigen Grund«** infrage, und zwar dann, wenn dem Auftragnehmer die Fortsetzung des Vertragsverhältnisses mit dem Auftraggeber nicht zuzumuten ist.[260]

Ein solches außerordentliches Kündigungsrecht ist vom OLG Köln beispielsweise in dem Fall abgelehnt worden, dass der Auftraggeber die Mitarbeiter des Auftragnehmers dazu veranlasst hatte, »nach Feierabend« gegen Schwarzgeld zusätzliche Arbeiten für ihn auszuführen. Wenn diese Inanspruchnahme der Mitarbeiter nicht erheblich ins Gewicht falle, liege darin noch keine Zerstörung des Vertrauensverhältnisses.[261]

Auch das unberechtigte Verlangen des Auftragnehmers nach einer Vergütungsanpassung löst kein Kündigungsrecht gemäß § 9 VOB/B aus.[262]

---

260 Vgl. Ingenstau/Korbion/Vygen, VOB/B § 9 Nr. 1, Rdn. 25, vgl. jetzt auch § 314 BGB.

261 OLG Köln BauR 1993, 80; sehr zweifelhafte Entscheidung.

262 OLG Düsseldorf BauR 2003, 1572 – Peek & Cloppenburg.

Umgekehrt entschieden hat das OLG Celle in BauR 2003, 889: Verletzt der Auftraggeber seine Nebenpflicht aus § 5 Abs. 2 Satz 1 VOB/B, dem Auftragnehmer auf Verlangen Auskunft über den voraussichtlichen Ausführungsbeginn zu erteilen, so steht dem Auftragnehmer das Recht zur Kündigung aus wichtigem Grund zu (richtigerweise aber erst nach vorheriger Mahnung mit Fristsetzung und Kündigungsandrohung).

2. Weitere Kündigungsvoraussetzungen

Auch bei der Kündigung durch den Auftragnehmer reichen die bloße Verletzung der Mitwirkungspflicht oder der Zahlungsverzug nicht aus, um den Auftragnehmer zur Kündigung zu berechtigen. **171**

Gemäß § 9 Abs. 2 VOB/B ist die Kündigung vielmehr erst **zulässig**, wenn der Auftragnehmer dem Auftraggeber eine **angemessene Frist** zur Vertragserfüllung gesetzt und **angekündigt** hat, dass er nach fruchtlosem Fristablauf seinerseits den **Vertrag kündigen** werde.

Auch hier kann die Nachfristsetzung mit Androhung mündlich geschehen, sie sollte aber **immer** schriftlich erfolgen (Einschreiben mit Rückschein/Telefax mit Zugangsbestätigung).

Die **Kündigungserklärung** selbst **muss schriftlich** erklärt werden (Einschreiben mit Rückschein/Telefax mit Zugangsbestätigung); insoweit besteht also kein Unterschied zur Kündigung durch den Auftraggeber.

3. Kündigungsfolgen

Die (berechtigte) Kündigung des Auftragnehmers bewirkt Folgendes: **172**

Hinsichtlich der bis zur Kündigung erbrachten Leistung steht dem Auftragnehmer die vertraglich vereinbarte, anteilige Vergütung zu. Diese ist also – analog der freien Auftraggeberkündigung (oben Rdn. 133) – gesondert zu erfassen und nach den Vertragspreisen abzurechnen.

Hinsichtlich des kündigungsbedingt nicht mehr ausgeführten Teils der Leistung steht dem Auftragnehmer eine »angemessene Entschädigung« nach § 642 BGB zu; weitergehende Ansprüche des Auftragnehmers bleiben unberührt, § 9 Abs. 3, 2. Halbsatz VOB/B. Die ›angemessene Entschädigung‹ soll einen summarischen Ausgleich der Vermögensnachteile darstellen, die dem Auftragnehmer durch die vorzeitige Vertragsbeendigung entstehen. Nach Auffassung des OLG Celle gehören hierzu die kündigungsbedingt nicht mehr abbaubaren Lohnkosten, ungedeckte Allgemeine Geschäftskosten, nutzlos gewordene Verwaltungsaufwendungen sowie der **entgangene Gewinn**.[263] Im Ergebnis entspricht der Entschädigungsanspruch des Auftragnehmers gemäß § 9

---

263 BauR 2000, 416, 418 ff.

Abs. 3 VOB/B in Verbindung mit § 642 BGB also dem Vergütungsanspruch nach freier Kündigung des Auftraggebers gemäß § 8 Abs. 1 Nr. 2 VOB/B. Dies erscheint auch sachgerecht, da es oftmals von Zufällen abhängt, ob bei Meinungsverschiedenheiten der Parteien über Auftraggeberpflichten der Auftragnehmer (mit Grund) oder der Auftraggeber (ohne Grund) kündigt.[264]

C. Abbildungen

Die Voraussetzungen und die Folgen der auftraggeber- wie der auftragnehmerseitigen Kündigungen sind noch einmal in den beiden nachstehenden

Abbildungen 4 und 5

zusammengefasst.

---

264 Zu der fehlerhaften Auffassung des BGH, der Entschädigungsanspruch gemäß § 642 BGB umfasse keinen entgangenen Gewinn, siehe schon oben Rdn. 123 ff.

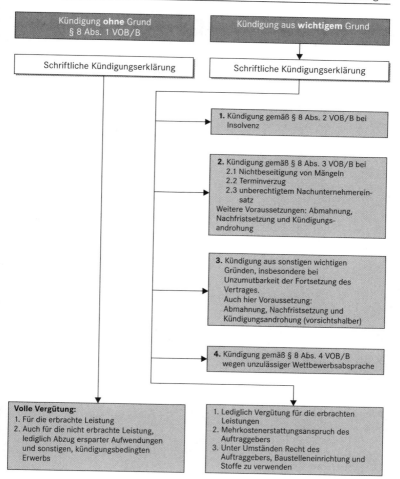

Abbildung 4: Kündigung durch den Auftraggeber

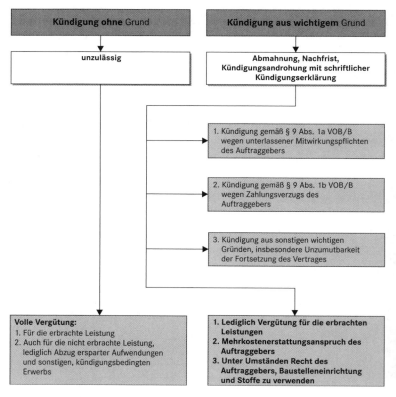

Abbildung 5: Kündigung durch den Auftragnehmer

IX. Abnahme

1. Begriff und Bedeutung der Abnahme

173 Der Begriff der Abnahme wird vielseitig verwendet. So nimmt beispielsweise der TÜV eine erstellte Aufzugsanlage ab. Das Bauordnungsamt nimmt den Rohbau ab, ebenso findet regelmäßig eine behördliche Schlussabnahme statt. Mit diesen öffentlich-rechtlichen Abnahmen befassen wir uns hier nicht weiter, wenngleich diese selbstverständlich zu einer ordnungsgemäßen Inbetriebnahme der jeweiligen Bauleistung erforderlich sind.

Uns interessiert hier die privatrechtliche Abnahme zwischen dem jeweiligen Auftraggeber und dem jeweiligen Auftragnehmer. Sie ist in § 640 BGB bzw. für VOB-Bauverträge in § 12 VOB/B geregelt. Abnahme im rechtsgeschäftlichen Sinne bedeutet dabei die »Billigung des Werks durch den Auftraggeber als der Hauptsache nach vertragsgemäße Leistungserfüllung«. Der Auftragnehmer muss dem Auftraggeber die Bauleistung beim VOB-Vertrag als im Wesentlichen fertig gestellt überlassen und der Auftraggeber muss sie als im Wesentlichen vertragsgemäße Leistung akzeptieren. Das bedeutet zweierlei:

a) Die Leistung muss nicht zwingend vollständig fertig gestellt sein, aber »im Wesentlichen«.[265]

b) Die Leistung muss im Wesentlichen mängelfrei sein, d.h., ihr bestimmungsgemäßer Gebrauch darf nicht erheblich eingeschränkt sein.[266]

Streitig ist, ob der Auftraggeber die Abnahme bei noch nicht (im Wesentlichen) vollständigen oder mangelfreien Leistungen auch **gegen den Willen des Auftragnehmers** erklären kann (»aufgedrängte Abnahme«), was grundsätzlich unzulässig ist.[267]

Auch bei einem **gekündigten Bauvertrag** kann der Auftragnehmer die Abnahme seiner bis zur Kündigung erbrachten Leistung verlangen, wie sich bereits aus § 8 Abs. 6 VOB/B ergibt.[268] Früher hatte der BGH zwar in ständiger Rechtsprechung die Auffassung vertreten, die Abnahme sei beim gekündigten Bauvertrag – ausnahmsweise – keine Fälligkeitsvoraussetzung für den Werklohnanspruch.[269] Diese Rechtsprechung hat der BGH nun aber aufgegeben und – dogmatisch überzeugend, für die Praxis aber sehr problematisch – entschieden, aus § 641 Abs. 1 BGB ergebe sich auch für den gekündigten Bauvertrag, dass die Fälligkeit des Werklohns die vorherige Abnahme der bis zur Kündigung erbrachten Leistungen voraussetze.[270] Zwangsläufig bestimmt sich in diesem Fall die »Abnahmereife«[271] nach dem bis zur Kündigung erbrachten Teil der Werkleistung. Da die gekündigte Werkleistung noch unvollständig ist, kann es für die Abnahmereife also nur auf die vertragskonforme Qualität der bis zur Kündigung ausgeführten Leistung ankommen.[272] Hat aber der Auftraggeber beispielsweise eine Kündigung aus wichtigem Grund gemäß §§ 4 Abs. 7, 8 Abs. 3 VOB/B aufgrund schwerwiegender Mängel ausgesprochen, so ist der Auftraggeber zwar nicht zur Abnahme der mangelhaften Teilleistung verpflichtet. Die fehlende Abnahmefähigkeit der Leistung steht der Fälligkeit

174

---

265 Vgl. Ingenstau/Korbion/Oppler, VOB/B § 12, Rdn. 48.
266 Vgl. Ingenstau/Korbion/Oppler, B § 12, Rdn. 48.
267 Vgl. dazu die Übersicht bei Hildebrandt, BauR 2005, 788.
268 BGH BauR 2003, 689.
269 Zuletzt BGH BauR 1987, 95; ebenso OLG Hamm BauR 2002, 631.
270 BGH BauR 2006, 1294 = NZBau 2006, 569.
271 Dazu näher unten Rdn. 194 ff.
272 Unzutreffend insoweit Buscher, BauR 2006, 1297.

des Werklohnanspruchs gleichwohl nicht entgegen, weil dem Auftragnehmer in diesem Fall kein Recht (mehr) zusteht, die Abnahmereife durch Mängelbeseitigung herbeizuführen.[273] Die weitere Ausgestaltung der neuen BGH-Rechtsprechung für die verschiedenen Kündigungsszenarien bleibt im Übrigen abzuwarten.

Wie nachstehend noch auszuführen sein wird, ist die Abnahme für den Auftragnehmer von grundlegender Bedeutung. Für den Auftragnehmer empfiehlt sich deshalb, die Abnahme sorgfältig vorzubereiten, um vor unliebsamen Überraschungen, insbesondere einer vom Auftraggeber verzögerten oder gar verweigerten Abnahme, verschont zu werden.

Dazu einige Hinweise:

175 aa) Zur Erklärung der **rechtsgeschäftlichen** Abnahme ist grundsätzlich nur der Auftraggeber selbst berechtigt. Weder der planende noch der bauleitende Architekt sind also ohne weiteres zur Durchführung der Abnahme bevollmächtigt (siehe oben Rdn. 24), auch dann nicht, wenn der bauleitende Architekt beim Auftraggeber angestellt ist.[274] Auch der Projektsteuerer ist grundsätzlich nicht zur Erklärung der Abnahme berechtigt.[275] Erscheint also zum vereinbarten Abnahmetermin »nur« der bauleitende Architekt oder der Projektsteuerer, dann muss der Auftragnehmer klären, ob die entsprechende Person auch zur Erklärung der Abnahme berechtigt ist. Im Zweifel sollte der Auftragnehmer sich eine entsprechende Vollmacht vorlegen lassen. Dies ist – ausnahmsweise – dann nicht erforderlich, wenn schon im Bauvertrag selbst vorgesehen ist, dass die Abnahme durch den Architekten (oder einen sonstigen Dritten) erfolgt.[276]

176 bb) Des Weiteren sollte der Auftragnehmer darauf achten, dass die von ihm vorzulegenden Unterlagen im Abnahmezeitpunkt vorliegen, wie beispielsweise Prüfzeugnisse für Materialien, Abnahmebescheinigungen (TÜV usw.), Zulassungsbescheinigungen, vorzulegende Gutachten zur Ausführung oder Gütesiegel, ggf. auch schon im Zeitpunkt der Abnahme Revisionspläne usw., wenn vertraglich vereinbart.

2. Formen der Abnahme

Gesetz (§§ 640 ff. BGB) und VOB (§ 12 VOB/B) liegen folgende Abnahmeformen zugrunde:

---

273 Hierzu auch BGH BauR 2006, 1294, 1296.
274 LG Düsseldorf BauR 1999, 404.
275 Vgl. Ingenstau/Korbion/Oppler, VOB/B § 12, Rdn. 13.
276 Vgl. OLG Düsseldorf BauR 1997, 647.

a) Stillschweigende (konkludente) Abnahme

Eine stillschweigende bzw. konkludente Abnahme tritt ein, wenn der Auftrag- **177** geber **durch sein Verhalten zu erkennen gibt**, dass er die fertig gestellte Leistung des Auftragnehmers als im Wesentlichen vertragsgemäß annimmt.

Beispiel: Inbetriebnahme des fertig gestellten Bauwerks.

Weiteres **Beispiel**: Erteilung der Schlussrechnung und anstandslose Bezahlung derselben.[277]

Haben die Parteien jedoch eine förmliche Abnahme (dazu Rdn. 182 ff.) vereinbart oder hat der Auftraggeber im VOB/B-Vertrag ausdrücklich eine förmliche Abnahme verlangt, so scheidet grundsätzlich eine konkludente Abnahme durch die Inbetriebnahme der fertig gestellten Bauleistung aus.[278] Kommt der Auftraggeber aber längere Zeit nach der abnahmereifen Fertigstellung der Leistung durch den Auftragnehmer nicht mehr auf sein Verlangen, eine förmliche Abnahme durchzuführen, zurück und nutzt er die Bauleistung während dieser Zeit uneingeschränkt, so ist sein Verhalten als konkludenter Verzicht auf die förmliche Abnahme und damit gleichzeitig als konkludente Abnahme der Bauleistungen zu verstehen.[279]

Fraglich ist, ob bei **Leistungsketten** von der stillschweigenden Abnahme der **178** Nachunternehmerleistung auszugehen ist, wenn der Generalunternehmer beim Bauherrn die Abnahme beantragt oder der Bauherr die Abnahme gegenüber dem Generalunternehmer sogar ausdrücklich erklärt hat. Zutreffend hat das OLG Oldenburg[280] entschieden, dass das bloße Abnahmeverlangen des Generalunternehmers im Verhältnis zum Bauherrn keine stillschweigende Abnahme der Nachunternehmerleistung darstellt.[281] Selbst wenn der Bauherr die Gesamtleistung des Generalunternehmers abnimmt, liegt darin nicht automatisch eine stillschweigende Abnahme des Generalunternehmers im Verhältnis zum Nachunternehmer. Es können beispielsweise wesentliche Mängel der Nachunternehmerleistung vorhanden sein, die im Verhältnis zum Nachunternehmer die Abnahmeverweigerung rechtfertigen, die bezogen auf die Generalunternehmerleistung jedoch als unwesentliche Mängel einzustufen sind. Bringt der Generalunternehmer durch sein Verhalten gegenüber dem Nachunternehmer aber zum Ausdruck, dass er auf eine eigene Abnahme im Verhältnis zum Nachunternehmer verzichtet, so liegt typischerweise eine stillschweigende Abnahme vor.[282]

---

277 Differenzierend OLG Hamm BauR 2003, 106.
278 Zutreffend OLG Düsseldorf BauR 2007, 1254.
279 OLG Düsseldorf a.a.O.
280 IBR 1996, 370.
281 Andere Auffassung OLG Köln OLGR 1996, 1.
282 Konkreter Fall: Der NU hatte Abdichtungsarbeiten erstellt. Nach deren Fertigstellung hatte der HU die Baugrube verfüllt und die ihm obliegenden Rohbauarbeiten weiter ausgeführt. Hierin sah das OLG Celle die stillschweigende Abnahme durch den HU.

Indirekt bestätigt wird diese Rechtsfolge durch die seit dem 01.01.2009 gültige Bestimmung des § 641 Abs. 2 Nr. 2 BGB (dazu näher Rdn. 300 f.). Denn hiernach führt die Abnahme des Bauherrn im Verhältnis zum Generalunternehmer (nur) zur **Durchgriffsfälligkeit** gegenüber dem Nachunternehmer, nicht aber automatisch auch zur Abnahme der Nachunternehmerleistung.

179 Eine stillschweigende Abnahme kann im Übrigen nur angenommen werden, wenn das Verhalten des Auftraggebers tatsächlich den Schluss zulässt, dass er mit der Leistung (im Wesentlichen) einverstanden ist. Deshalb:

Zieht der Bauherr in das mit erheblichen Mängeln behaftete Einfamilienhaus unter ausdrücklicher Ablehnung der Abnahme nur deshalb ein, weil er seine vorherige Mietwohnung gekündigt hatte und räumen musste, dann nimmt er das Werk zwar in Benutzung, gibt aber klar zu erkennen, dass er die Werkleistung nicht als im Wesentlichen vertragsgemäß akzeptieren will.[283]

Zur Abgabe einer entsprechenden Erklärung billigt die Rechtsprechung dem Auftraggeber eine gewisse **Prüfungsfrist** zu, Faustregel: Mindestens 12 Werktage nach Inbenutzungnahme.[284] Hat der Auftraggeber die Abnahme schon vor der Übergabe der Bauleistung verweigert, so ist eine Wiederholung dieser Abnahmeverweigerung zum Zeitpunkt der Übergabe nicht erforderlich; eine stillschweigende Abnahme durch Inbenutzungnahme liegt in diesem Fall nicht vor.[285] Gleichermaßen scheidet eine stillschweigende Abnahme durch Übernahme grundsätzlich aus, wenn die Werkleistung nicht (im Wesentlichen) vollständig erbracht ist.[286]

Eine stillschweigende Abnahme tritt auch nicht ein, wenn der Auftragnehmer trotz Rüge und Fristsetzung vorhandene Mängel nicht beseitigt, sodass der Auftraggeber anschließend die Selbstvornahme bzw. Minderung oder Schadensersatz (bzw. die entsprechenden Rechte gemäß VOB/B) geltend macht.[287] In diesem Fall wird der Werklohnanspruch des Auftragnehmers trotz fehlender Abnahme fällig, da das Nachbesserungsrecht des Auftragnehmers entfallen ist, er also die Abnahmefähigkeit nicht mehr selbst herbeiführen kann.[288] Gleichermaßen hat das OLG Hamm entschieden, dass **trotz fehlender Abnahme** die **Werklohnfälligkeit** eintritt, wenn der Auftraggeber im Werklohnprozess keinen Klageabweisungsantrag stellt, sondern den Werklohnanspruch anerkennt Zug um Zug gegen Beseitigung bestimmter Mängel.[289]

---

283 Vgl. auch BGH BauR 2004, 670.

284 Vgl. OLG Hamm IBR 1992, 94; IBR 1993, 196 und 319; nach Auffassung des OLG München mindestens 1 Monat, OLG München BauR 2005, 727.

285 BGH BauR 1999, 1186; ebenso OLG Brandenburg BauR 2006, 1472.

286 BGH BauR 2004, 337.

287 So zutreffend BGH BauR 1996, 386.

288 So auch BGH BauR 2006, 1294, 1296.

289 OLG Hamm BauR 2006, 1151, 1152, das aus dem »Zug um Zug-Antrag« die Fälligkeit gemäß § 641 Abs. 3 BGB ableitet; einfacher wäre gewesen, in dem

b) Ausdrückliche, aber formlose Abnahme

Die VOB/B regelt in § 12 Abs. 1, dass der Auftraggeber auf Verlangen des Auftragnehmers nach der Fertigstellung verpflichtet ist, binnen 12 Werktagen eine formlose Abnahme durchzuführen.

Beispiel: Der Auftragnehmer hat die Arbeiten fertig gestellt und teilt dies dem Auftraggeber mit der Bitte um Abnahme seiner Arbeiten mit. Die Parteien führen eine Abnahmebegehung durch, der Auftraggeber erklärt mündlich, er sei mit den Leistungen einverstanden.

Die (formlose) Abnahme ist in diesem Beispiel erfolgt, mangels Dokumentation in einem Abnahmeprotokoll lassen sich der genaue Inhalt der Erklärungen, etwaige Vorbehalte usw. aber im Streitfall schlecht nachweisen.

Die Abnahme des hergestellten Werks ist Hauptpflicht des Auftraggebers. Kommt er dieser Pflicht als Gläubiger der geschuldeten Leistung nicht nach, so gerät er in Gläubigerverzug. Gemäß § 644 Abs. 1 BGB führt dies dazu, dass die Gefahr des zufälligen Untergangs oder der zufälligen Verschlechterung des Werks auf den Gläubiger übergeht. Außerdem haftet der Auftragnehmer jetzt nur noch für Vorsatz und grobe Fahrlässigkeit, § 300 BGB.

Arbeitsbeispiel 8: Gefahrübergang

Die Firma Fassaden Schlau GmbH hat im Auftrag der Firma Robert Träge eine Fassade aus beschichteten Metallplatten an deren Gewerbehalle montiert. Dem Vertrag liegt die VOB zugrunde.
Nach Fertigstellung fordert die Firma Schlau die Firma Träge zur Abnahme auf. Träge wie sie ist, reagiert die gleichlautende Firma nicht. Eine Woche nach Zugang der Abnahmeaufforderung geschieht Folgendes: Die im Auftrag der Firma Träge tätige Gerüstfirma hat eine »wilde Kolonne« zur Demontage des Gerüstes beschäftigt. Dabei wird die Fassade in wesentlichen Teilen beschädigt. Die Firma Träge stellt sich auf den Standpunkt, falscher Eifer schade nur. Kann Träge von Schlau die Beseitigung der Schäden verlangen? Wenn ja, muss Schlau dies auf eigene Kosten tun?

Alternative:

Die Fassade wird nicht durch die Gerüstfirma, sondern aufgrund eines für Mitteleuropa völlig ungewöhnlichen Wirbelsturmes abgerissen. Ändert sich etwas?

Lösung:

Bis zur Abnahme trägt der Auftragnehmer die Leistungs- und Preisgefahr. Die Firma Träge hatte gemäß § 12 Abs. 1 VOB/B die Abnahme binnen 12 Werktagen nach der entsprechenden Abnahmeaufforderung vorzunehmen. Diese Frist war

Prozessantrag des Auftraggebers eine konkludente Abnahmeerklärung zu sehen.

im vorliegenden Fall noch nicht verstrichen. Deshalb lag die Gefahr des zufälligen Untergangs oder der zufälligen Beschädigung noch beim Auftragnehmer.

Dass ein Drittunternehmer den Schaden verursacht hat, ändert im Verhältnis zum Auftraggeber nichts. Die Firma Schlau kann in diesem Fall allerdings Abtretung der Schadensersatzansprüche des Auftraggebers gegen die Gerüstfirma verlangen, um anschließend dort Schadensersatz geltend zu machen.[290]

Lösung der Alternative:

Hier ist das Werk durch höhere Gewalt im Sinne von § 7 VOB/B beschädigt worden. Trotz der Tatsache, dass zum Zeitpunkt der Beschädigung durch den Wirbelsturm noch keine Abnahme vorlag und sich der Auftraggeber auch nicht in Verzug mit der Erklärung der Abnahme befand (er hatte ja 12 Werktage Zeit), bestimmt § 7 VOB/B, dass der Auftragnehmer Anspruch auf Bezahlung der ausgeführten Teile der Leistung nach § 6 Abs. 5 VOB/B hat.

Der BGH hat ergänzend schon 1975 entschieden:

Der Auftraggeber hat einen Anspruch darauf, dass der Auftragnehmer sein Werk, soweit es beschädigt oder zerstört worden ist, nochmals herstellt. Diese Arbeiten hat der Auftragnehmer jedoch nicht kostenlos zu erbringen, sondern er hat für die Neuherstellung auch einen zusätzlichen Vergütungsanspruch nach § 2 Abs. 6 VOB/B.[291] *Durch § 7 VOB/B wird der Auftragnehmer für die dort genannten Fälle also letztlich so gestellt, als sei sein Werk schon abgenommen worden, lediglich mit dem Unterschied, dass er in diesem Fall zur Neuherstellung verpflichtet ist, während er nach der Abnahme eine Neuherstellung ablehnen könnte.*

c) Förmliche Abnahme

182 Insbesondere in gewerblichen Bauverträgen kommt es häufig vor, dass eine förmliche oder schriftliche Abnahme vereinbart ist.

Auch wenn eine solche Vereinbarung fehlt, aber die VOB/B Vertragsbestandteil ist, ist auf Verlangen einer Vertragspartei nach § 12 Abs. 4 die förmliche Abnahme durchzuführen. Jede Seite ist dann berechtigt, auf ihre Kosten einen Sachverständigen hinzuzuziehen. Über die Abnahme ist ein Protokoll zu fertigen. In dem Protokoll sind festgestellte Mängel aufzuführen, ebenso muss darin eine Vertragsstrafe vorbehalten werden, wenn sie nicht verfallen soll. Die Aufnahme von Mängeln oder der Vertragsstrafe in das Protokoll führt nicht zu einem Anerkenntnis der Mängel oder der Strafe durch den Auftragnehmer,

---

290 So auch OLG Köln IBR 1993, 463 und OLG Dresden BauR 2007, 555; nach anderer Auffassung kann der geschädigte Auftragnehmer den Schädiger unmittelbar im Wege der so genannten Drittschadensliquidation in Anspruch nehmen, vgl. OLG Nürnberg BauR 2002, 642; ähnlich OLG Hamm BauR 2002, 635.

291 BGHZ 61, 144, 146.

selbst dann nicht, wenn der Auftragnehmer das Protokoll vorbehaltlos unterschreibt.[292]

Trotzdem sollte der Auftragnehmer, wenn er beispielsweise Mängel nicht akzeptiert, dies auch im Protokoll vermerken, § 12 Abs. 4 Nr. 1 Satz 4 VOB/B (oder sich zumindest eine Prüfung vorbehalten).

Häufig kommt es vor, dass im Vertrag die förmliche oder schriftliche Abnahme vereinbart ist und dennoch **nicht stattfindet**, beispielsweise weil beide Seiten dies vergessen oder der Auftraggeber auf das Verlangen des Auftragnehmers, einen Abnahmetermin durchzuführen, nicht reagiert. **183**

Lässt das Verhalten des Auftraggebers in solchen Fällen darauf schließen, dass dieser kein ernsthaftes Interesse an der förmlichen Abnahme mehr hat, so kann von einem **stillschweigenden Verzicht** auf die förmliche Abnahme ausgegangen werden,[293] und zwar selbst dann, wenn nach dem Vertrag jede Vertragsänderung der Schriftform bedarf.[294] Für den »Verzichtswillen« des Auftraggebers müssen jedoch konkrete Umstände vorliegen. Das bloße Verlangen an den Auftragnehmer, die Schlussrechnung einzureichen, ist nicht als Verzicht auf die förmliche Abnahme anzusehen.[295]

Je nach Einzelfall kann es aber auch als Verstoß gegen Treu und Glauben angesehen werden, wenn der Auftraggeber sich nach längerer Zeit noch auf die bislang nicht durchgeführte förmliche Abnahme beruft.[296]

Auch wenn ein Objekt schon längere Zeit in Benutzung ist, kann sich der Bauherr unter Umständen nicht mehr auf die fehlende förmliche Abnahme berufen.[297]

Hinweis: Oft findet sich in Nachunternehmerverträgen eine Klausel, nach der der Nachunternehmer die Abnahme erst verlangen kann, wenn das Gesamtbauvorhaben fertig gestellt ist oder der Nachunternehmer Mängelfreiheitsbescheinigungen der Käufer oder Mieter beibringt; beide Klauseln sind als Allgemeine Geschäftsbedingungen unwirksam.[298] Gleiches gilt für eine Klausel, wonach der Auftragnehmer Abnahme erst nach der behördlichen Gesamtabnahme fordern kann.[299] **184**

---

292 Vgl. Ingenstau/Korbion/Oppler, VOB/B § 12 Nr. 4, Rdn. 16.
293 OLG Düsseldorf BauR 1999, 404; OLG Karlsruhe BauR 2004, 518; vgl. auch KG Berlin BauR 2006, 1475, das in diesem Fall von einer fiktiven Abnahme gemäß § 12 Nr. 5 VOB/B ausgeht.
294 Ingenstau/Korbion/Oppler, VOB/B § 12 Nr. 4, Rdn. 5.
295 OLG Düsseldorf a.a.O.
296 Vgl. OLG Düsseldorf IBR 1993, 13; OLG Hamm IBR 1993, 319.
297 BGH NJW 1990, 43.
298 BGH BauR 1989, 322; 1997, 302; OLG Hamm IBR 1992, 148; OLG Düsseldorf BauR 1999, 497; KG BauR 2006, 386.
299 OLG Düsseldorf BauR 2002, 482.

d) Fiktive Abnahme

Die in § 12 Abs. 5 VOB/B geregelte fiktive Abnahme ist eine Besonderheit der VOB.[300] Geregelt sind zwei Fälle:

185 aa) Wird keine Abnahme verlangt, so gilt die Leistung als abgenommen mit Ablauf von 12 Werktagen nach schriftlicher Mitteilung über die Fertigstellung der Leistung, § 12 Abs. 5 Nr. 1 VOB/B.

Voraussetzungen sind also: Kein Verlangen nach einer Abnahme im Sinne von § 12 Abs. 1, abnahmereife Fertigstellung der Leistung und schriftliche Mitteilung über die Fertigstellung.

Als konkludente Mitteilung der Fertigstellung wird insbesondere die **Zusendung der Schlussrechnung** angesehen.[301]

Sinnvoll ist es in jedem Fall aber, dem Auftraggeber neben der Schlussrechnung auch noch eine gesonderte Mitteilung über die Fertigstellung zuzuleiten.

186 bb) Hat der Auftraggeber die abnahmereife Leistung oder einen Teil davon in Benutzung genommen, so gilt die Abnahme nach Ablauf von 6 Werktagen nach Beginn der Benutzung als erfolgt, wenn nichts anderes vereinbart ist und wenn keine ausdrückliche Abnahme verlangt wird. Hat der Auftraggeber die Abnahme berechtigt verweigert, so liegt in der Inbenutzungnahme natürlich keine konkludente oder fiktive Abnahme.[302]

Die Benutzung von Teilen einer baulichen Anlage zur Weiterführung der Arbeiten gilt noch nicht als Abnahme, § 12 Abs. 5 Nr. 2 VOB/B.

Beispiel: Der Generalunternehmer beginnt in dem fertig gestellten Rohbau mit den Innenausbauarbeiten. Hier findet eine »Benutzung« nur zum Zweck der Weiterführung der Arbeiten statt. Dies führt nicht zur Abnahmefiktion gemäß § 12 Abs. 5 Nr. 2 VOB/B.

187 cc) Gemäß § 12 Abs. 5 Nr. 3 VOB/B müssen auch bei der fiktiven Abnahme Vorbehalte wegen bekannter Mängel oder wegen Vertragsstrafen erklärt werden, und zwar spätestens zu den in § 12 Abs. 5 Nr. 1 und Nr. 2 bezeichneten Zeitpunkten (also spätestens 12 Werktage nach schriftlicher Fertigstellungsmitteilung oder 6 Werktage nach Inbenutzungnahme der Leistung).[303] Der Vorbehalt selbst ist an keine Form gebunden, es empfiehlt sich aber – wie immer – die Schriftform, schon aus Gründen der Klarheit und der Beweisbarkeit.

188 dd) Die Abnahmefiktion gemäß § 12 Abs. 5 VOB/B kann im Übrigen – auch durch AGB – abbedungen werden: z.B. durch die Regelung, dass die Abnahme

---

300 Zur AGB-rechtlichen Unwirksamkeit siehe Rdn. 186 a.E.
301 Vgl. OLG Düsseldorf BauR 1997, 842.
302 OLG Hamburg BauR 2003, 1590; OLG Frankfurt am Main BauR 2004, 1004; vgl. auch oben Rdn. 177.
303 Vgl. OLG Düsseldorf IBR 1994, 154.

ausschließlich förmlich oder schriftlich stattzufinden habe. Solche Klauseln sind zulässig.[304] Wird in diesem Fall die Leistung in Benutzung genommen, **ohne** dass die förmliche Abnahme stattgefunden hat, so gilt das zu Rdn. 180 Gesagte.

Bei einem gekündigten VOB/B-Vertrag kommt eine fiktive Abnahme gemäß § 12 Abs. 5 VOB/B nicht in Betracht.[305]

Im Übrigen verstößt § 12 Abs. 5 VOB/B bei isolierter Betrachtung **gegen § 307 BGB (früher: § 9 AGB-Gesetz)**, d.h., die Abnahmefiktion tritt nur ein, wenn die VOB/B ohne Einschränkung vereinbart ist, was in der Praxis selten vorkommt.[306] Zur gesetzlichen Neuregelung der AGB-Privilegierung der VOB/B durch § 310 Abs. 1 Satz 3 BGB vgl. oben Rdn. 20 am Ende.

3. Die Teilabnahme

Unter einer Teilabnahme ist die rechtsgeschäftliche Abnahme eines bestimmten Teils der beauftragten Leistung zu verstehen. Ausschließlich diese rechtsgeschäftliche Teilabnahme ist in § 12 Abs. 2 VOB/B geregelt. **189**

In der Praxis taucht auch der Begriff der »technischen Teilabnahme« auf, und zwar angelehnt an die frühere Regelung von § 12 Nr. 2b VOB/B (2000). Aus Gründen der sprachlichen und inhaltlichen Klarstellung hat der DVA diese »technische Teilabnahme« schon seit einigen Jahren in § 4 Abs. 10 VOB/B »verbannt« und stellt damit klar, dass die in § 4 Abs. 10 VOB/B geregelte technische Prüfung von Teilen der Leistung mit der rechtsgeschäftlichen Teilabnahme im Sinne von § 12 Abs. 2 VOB/B nichts zu tun hat.

a) Die echte Teilabnahme

Die echte Teilabnahme gemäß § 12 Abs. 2 VOB/B kann in allen, vorstehend zu Ziff. 2 besprochenen Formen der Abnahme auftreten, also z.B. als stillschweigende Teilabnahme, als formlose und auch förmliche Teilabnahme. Lediglich die fiktive Abnahme ist nur in der Alternative des § 12 Abs. 5 Nr. 2 VOB/B als Teilabnahme möglich, nicht jedoch in der Alternative des § 12 Abs. 5 Nr. 1 VOB/B, wie sich aus dem Wortlaut der Bestimmungen ergibt.[307] **190**

Die echte Teilabnahme führt grundsätzlich zu denselben Wirkungen wie eine »normale« Abnahme, allerdings mit der Besonderheit, dass eben nur ein Teil der beauftragten Leistung abgenommen wird. Dies ist nach dem Wortlaut des § 12 Abs. 2 VOB/B nur möglich bei »in sich abgeschlossenen Teilen der

---

304 Vgl. BGH BauR 1997, 302 und OLG Düsseldorf BauR 1999, 404.
305 BGH BauR 2003, 689.
306 Vgl. OLG München IBR 1994, 361 und OLG Hamm IBR 1995, 293.
307 Vgl. Ingenstau/Korbion/Oppler, VOB/B § 12 Nr. 2, Rdn. 4.

Leistung«, d.h., es muss sich um funktional abgrenzbare, eigenständige Leistungteile handeln.[308]

Beispiel: Der Auftrag umfasst die Arbeiten Heizung, Klima, Lüftung und Sanitär. Wenn beispielsweise die Heizungsarbeiten vollständig abgeschlossen sind und vor der Fertigstellung der übrigen Arbeiten in Benutzung gehen sollen, bietet sich eine (echte) Teilabnahme der Heizungsarbeiten an.

Die echte Teilabnahme ist aber nicht bei einem Teil einer insgesamt einheitlichen Leistung möglich. So können beispielsweise Betondecken für sich betrachtet nicht (echt) teilabgenommen werden, auch nicht einzelne Geschosse eines mehrgeschossigen Objektes; der Rohbau ist ein einheitliches Ganzes und kann grundsätzlich auch nur einheitlich abgenommen werden. Es handelt sich um dieselbe Problematik wie bei der Teilkündigung (oben Rdn. 162).

b) Die technische »Abnahme«

191 § 4 Abs. 10 VOB/B regelt die technische »Abnahme« dahin, dass der Zustand von Teilen einer Leistung auf Verlangen gemeinsam von Auftraggeber und Auftragnehmer festzustellen ist, wenn diese Teile der Leistung durch die weitere Ausführung der Prüfung und Feststellung entzogen werden. Das Ergebnis ist schriftlich niederzulegen. § 4 Abs. 10 VOB/B geht damit inhaltlich über die frühere Regelung des § 12 Abs. 2b VOB/B hinaus. Zum einen **muss** die technische »Abnahme« auf Verlangen eines der Vertragspartner gemeinsam zwischen Auftraggeber und Auftragnehmer durchgeführt werden. Weigert sich also einer der Vertragspartner, dem Verlangen des anderen nach der technischen »Abnahme« nachzukommen, so stellt dies eine Pflichtverletzung im Sinne von § 280 BGB dar. Bei Verzug (nach Mahnung) kann Schadensersatz verlangt werden und z.B. auch eine Behinderung des Auftragnehmers mit den Rechtsfolgen von § 6 Abs. 2, Abs. 4 und Abs. 6 VOB/B eintreten. Zum anderen ist das Ergebnis der technischen »Abnahmebegehung« schriftlich niederzulegen, was unter dem Blickwinkel der Dokumentation ohnehin eine Selbstverständlichkeit sein sollte.

Die technische »Abnahme« kommt insbesondere bei Leistungen in Betracht, die (als Teilleistung) noch nicht endgültig in Benutzung gehen sollen, im weiteren Bauablauf jedoch einer Überprüfung entzogen sind oder bei denen eine Überprüfung zumindest erschwert ist (z.B. Installationsleitungen in Installationsschächten, Dichtigkeitsprüfung von Druckleitungen, Betonbewehrung usw.).

192 Die technische »Abnahme« als technische Prüfung ist sinnvoll im Rahmen einer baubegleitenden Qualitätskontrolle durch den Auftraggeber. Sie kann – anders als die eigentliche Abnahme oder die echte Teilabnahme – auch durch den bauüberwachenden Architekten wirksam durchgeführt werden. Ist es je-

---

308 Kritisch dazu Kapellmann, in: FS Thode, 29 ff.

doch bereits zu einer rechtsgeschäftlichen Abnahme (oder echten Teilabnahme) gekommen, so kann der Auftraggeber für die bereits (rechtsgeschäftlich) abgenommenen Leistungen nicht noch einmal eine gesonderte technische »Abnahme« verlangen.[309]

Die technische »Abnahme« führt nicht zu den nachstehend unter Ziff. 5 angesprochenen Abnahmewirkungen, mit einer Ausnahme: Nach zutreffender, wenngleich nicht unumstrittener Auffassung führt die technische »Teilabnahme« zu einer Beweislastumkehr für Mängel.[310]

4. Abnahmeverweigerung und -verzug

Folgende Reaktionen des Auftraggebers auf das Abnahmeverlangen des Auftragnehmers sind denkbar:

a) Der Auftraggeber nimmt die Leistung ab, ggf. unter Vorbehalt von Mängeln **193** und der Vertragsstrafe. Dann treten die Wirkungen gemäß nachstehend Ziffer 5 ein.

b) Der Auftraggeber reagiert auf die Aufforderung zur Abnahme nicht. Hier ist zu unterscheiden:

aa) Hat der Auftragnehmer den Auftraggeber schlicht – **ohne Fristsetzung** – **194** aufgefordert, die fertig gestellte Leistung abzunehmen, so gerät der Auftraggeber in Gläubigerverzug, also in »Abnahmeverzug«, wenn er – beim VOB-Vertrag – die Leistung nicht innerhalb der Frist von 12 Werktagen gemäß § 12 Abs. 1 VOB/B abnimmt; beim BGB-Vertrag gilt insoweit eine »angemessene Frist«, die sich an der 12-Tages-Frist des § 12 Abs. 1 VOB/B orientieren dürfte.

Der Gläubigerverzug des Auftraggebers führt dazu, dass ein Teil der Abnahmewirkungen bereits eintritt. Insbesondere geht gemäß § 644 Abs. 1 Satz 2 BGB die **Gefahr** bereits jetzt auf den Auftraggeber über. Außerdem haftet der Auftragnehmer gemäß § 300 Abs. 1 BGB nur noch für Vorsatz und grobe Fahrlässigkeit.

bb) Hat der Auftragnehmer den Auftraggeber hingegen unter **Setzung einer** **195** **angemessenen Frist** aufgefordert, die Abnahme zu erklären (was in der Praxis inzwischen der Regelfall ist), so ist die Bestimmung des § 640 Abs. 1 Satz 3 BGB zu beachten, die wie folgt lautet:

> »Der Abnahme steht es gleich, wenn der Besteller das Werk nicht innerhalb einer ihm vom Unternehmer bestimmten angemessenen Frist abnimmt, obwohl er dazu verpflichtet ist.«

---

309 Vgl. OLG Düsseldorf BauR 1996, 121.
310 Merkens, in: Kapellmann/Messerschmidt, B § 4, Rdn. 220; Grauvogl, BauR 2003, 1481, 1484 ff.

Das Gesetz selbst regelt also in § 640 Abs. 1 Satz 3 BGB, dass der Auftraggeber nicht lediglich in »Abnahmeverzug« gerät, sondern die Abnahme eintritt, wenn der Auftraggeber trotz Fristsetzung die Abnahme nicht erklärt, obwohl die Leistung abnahmereif hergestellt worden ist. Als »angemessene Frist« im Sinne des Gesetzes dürfte wiederum die Frist von 12 Werktagen gemäß § 12 Abs. 1 VOB/B anzusehen sein.[311]

Aufgrund der gesetzlichen Regelung ist es für jeden Auftragnehmer also sinnvoll, den Auftraggeber nicht nur aufzufordern, die Abnahme zu erklären, sondern hierzu auch eine angemessene Frist zu setzen, nach deren fruchtlosem Ablauf die Abnahme als eingetreten gilt. Voraussetzung ist natürlich, dass der Auftraggeber auch nachweislich verpflichtet war, die Abnahme zu erklären. Die Abnahmereife zum Zeitpunkt der Abnahmeaufforderung muss der Auftragnehmer im Streitfall nachweisen.[312]

Die Regelung des § 640 Abs. 1 Satz 3 BGB gilt entsprechend auch für VOB-Verträge, da die Bestimmungen der VOB/B den Fall der Nichtreaktion des Auftraggebers auf eine Abnahmeaufforderung unter Fristsetzung nicht (ausdrücklich) regeln.

c) Dritte Möglichkeit: Der Auftraggeber verweigert die Abnahme ausdrücklich. In diesem Fall kommt es darauf an, ob der Auftraggeber zur Abnahmeverweigerung berechtigt war oder unberechtigt die Abnahme verweigert hat:

196 aa) Beim **BGB-Werkvertrag** war der Auftraggeber nach der früheren Fassung des § 640 Abs. 1 BGB nur dann zur Abnahme verpflichtet, wenn die Leistung vollständig und mängelfrei erbracht war. Eine Einschränkung nahm die Rechtsprechung nach Treu und Glauben nur dann vor, wenn die fehlenden Restleistungen oder Mängel so geringfügig waren, dass es dem Auftraggeber dennoch zumutbar war, die Abnahme zu erklären und die Leistung damit zu übernehmen.[313]

Die seit dem 01.05.2000 in Kraft befindliche Regelung des § 640 Abs. 1 Satz 2 BGB besagt nunmehr aber:

> »Wegen unwesentlicher Mängel kann die Abnahme nicht verweigert werden.«

Inhaltlich entspricht die gesetzliche Regelung nunmehr derjenigen aus § 12 Abs. 3 VOB/B (dazu Rdn. 195). Durch die doppelte Negation wollte der Gesetzgeber lediglich zum Ausdruck bringen, dass die Beweislast für die Abnahmereife und damit die Pflicht zur Abnahmeerklärung beim Auftragnehmer liegt.

Hat der Auftraggeber hiernach zu Unrecht die Abnahme verweigert, so bedarf es auch keiner gesonderten Fristsetzung zur Abnahme durch den Auftragneh-

---

311 Vgl. Ingenstau/Korbion/Oppler, VOB/B § 12, Rdn. 27.
312 OLG Schleswig BauR 2008, 360.
313 BGH BauR 1996, 390, und OLG Hamm BauR 1993, 604.

mer gemäß § 640 Abs. 1 S. 2 BGB, d.h., die Abnahmewirkungen treten bei unberechtigter Abnahmeverweigerung ein.[314]

bb) Beim **VOB-Werkvertrag** kann die Abnahme gemäß § 12 Abs. 3 VOB/B **197**
nur **wegen wesentlicher Mängel** verweigert werden.

Ein wesentlicher Mangel lag nach der früheren Definition des Mangelbegriffs
in § 13 Nr. 1 VOB/B a.F. vor:

- Wenn zugesicherte Eigenschaften des Werks fehlten;
- wenn das Werk nicht den anerkannten Regeln der Technik entsprach oder
- wenn die Gebrauchstauglichkeit **erheblich** eingeschränkt oder sogar aufgehoben war.[315]

Die Rechtsprechung zum neuen Mangelbegriff in § 13 Abs. 1 VOB/B bleibt insoweit abzuwarten.

Es reicht bereits **ein wesentlicher Mangel** aus, um die Abnahme zu verwei- **198**
gern.[316] Auch eine Vielzahl von kleineren Mängeln kann dazu führen, dass
das Werk insgesamt als nicht im Wesentlichen mängelfrei anzusehen ist.[317]
Ebenfalls kann das von einem Mangel ausgehende Gefahrenpotenzial bei der
Einstufung als »wesentlicher Mangel« eine Rolle spielen.[318]

Auch wesentliche Mängel an Änderungs- und Zusatzleistungen im Sinne von
§§ 1 Abs. 3 und 4 sowie 2 Abs. 5 und 6 VOB/B können eine Abnahmeverweigerung rechtfertigen, nicht aber Mängel aus einem selbstständigen Zusatzauftrag die Abnahme des Hauptauftrages.[319]

Wie bereits erwähnt, ist die Abnahmeverweigerung auch dann berechtigt,
wenn die Leistung noch nicht »im Wesentlichen fertig gestellt« ist.

Allgemein formuliert kommt es für die Frage, ob die Abnahmeverweigerung
des Auftraggebers berechtigt oder unberechtigt war, darauf an, **ob dem Auftraggeber die Übernahme der Leistung zumutbar ist oder nicht**.[320] Bei lediglich optischen Mängeln, die nur einen Minderungsanspruch gemäß § 13

---

314 BGH BauR 2003, 236 für so genannte Altfälle vor dem 01.05.2000, gilt aber
auch für die Zeit danach.

315 Vgl. Ingenstau/Korbion/Oppler, VOB/B § 12 Nr. 3, Rdn. 2.

316 Vgl. BGH IBR 1992, 351.

317 Dazu LG Heidelberg IBR 1995, 474: Beim Schlüsselfertigbau eines Wohn- und
Geschäftshauses mit einem Volumen von 5,8 Mio. DM lagen bei der Abnahme
mehr als 100 Mängel vor, mit denen ein Beseitigungsaufwand von etwa
200.000,– DM verbunden war. Diese Mängel sah das LG Heidelberg in ihrer
Gesamtheit nicht als wesentlich an, so dass es von einer unberechtigten Abnahmeverweigerung des Auftraggebers ausging.

318 Fehlendes Geländer an der Rampe eines Supermarktes, OLG Hamm BauR
2005, 731.

319 BGH BauR 2002, 618.

320 BGH BauR 1996, 390; OLG Hamm IBR 1991, 532.

Abs. 6 VOB/B, aber keinen Nacherfüllungsanspruch gemäß § 13 Abs. 5 VOB/B begründen, darf der Auftraggeber die Abnahme nicht verweigern.[321]

Bei unberechtigter, endgültiger Abnahmeverweigerung treten die Abnahmewirkungen gleichwohl ein.[322]

199 d) Bis zum 31.12.2008 regelte § 641a BGB einen Sonderfall der Abnahme durch eine gutachterliche **Fertigstellungsbescheinigung.** Die Vorschrift war durch Gesetz zur Beschleunigung fälliger Zahlungen am 01.05.2000 in Kraft gesetzt worden, hatte aber während ihrer rund 8 1/2jährigen Gültigkeit praktisch keinerlei Bedeutung erlangt. Die gesetzliche Regelung war viel zu kompliziert und vor allem für die Sachverständigen viel zu haftungsträchtig, um praktische Bedeutung erlangen zu können. Folgerichtig ist die Bestimmung durch das Forderungssicherungsgesetz vom 23.10.2008[323] mit Wirkung zum 01.01.2009 ersatzlos abgeschafft worden.

Für alle zwischen dem 01.05.2000 und dem 31.12.2008 abgeschlossenen Verträge gilt die frühere Regelung des § 641a BGB allerdings fort.[324]

200 e) Die **Abnahmeverweigerung** ist im Übrigen **zu unterscheiden** von der vorstehend unter a) bereits erwähnten **Abnahme unter Mängelvorbehalt**: Zieht der Bauherr z.B. in das fertig gestellte Haus ein und rügt er unmittelbar nach Einzug Mängel an den Fliesenarbeiten (also noch innerhalb der ihm zuzubilligenden Prüfungsfrist), so kommt es darauf an, ob es sich bei diesen Mängeln an den Fliesenarbeiten um wesentliche Mängel (im Sinne von § 12 Abs. 3 VOB/B) bzw. nicht um unwesentliche Mängel (im Sinne von § 640 Abs. 1 Satz 2 BGB) handelt. Liegen also geringfügige Mängel vor, so stellt die Mängelrüge des Auftraggebers keine Abnahmeverweigerung, sondern lediglich einen Vorbehalt im Zusammenhang mit der Abnahmeerklärung dar.[325] Erklärt der Auftraggeber allerdings die Abnahme unter Vorbehalt von Mängeln, deren Schwere die Verweigerung der Abnahme gerechtfertigt hätte (dazu oben Rdn. 194), so liegt gleichwohl eine Abnahme mit Mängelvorbehalt vor.[326] Werden in einem Abnahmeprotokoll über das Gemeinschaftseigentum wesentliche Mängel aufgeführt und am Ende festgehalten, dass die Ausführung der Horizontalsperre im Kellerdeckenbereich einschließlich Hangfolien nicht abgenommen wird, so ist darin im Wege der Auslegung eine Abnahme des Gemeinschaftseigentums unter dem Vorbehalt der aufgeführten Mängel gemäß § 12 Abs. 5 Nr. 3 VOB/B zu sehen.[327]

---

321 OLG Hamm BauR 2003, 1403; auch OLG Koblenz BauR 2003, 1728.

322 Vgl. OLG Frankfurt/Main BauR 2008, 1628; Havers, in: Kapellmann/Messerschmidt, § 12 VOB/B Rdn. 89.

323 BGBl I 2022.

324 Zum Gesetzestext sei auf die 17. Aufl., Rdn. 197 verwiesen.

325 Vgl. OLG Hamm IBR 1992, 94; OLG Düsseldorf BauR 2001, 423; 2002, 963.

326 OLG Brandenburg BauR 2003, 1054.

327 OLG Schleswig BauR 2008, 360; ähnlich OLG Hamm BauR 2008, 677.

Verweigert der Auftraggeber nach Meinung des Auftragnehmers **die Abnahme zu Unrecht**, so kann der Auftragnehmer auch auf Abnahme gegen den Auftraggeber klagen.[328] Eine solche **isolierte Klage** auf Erklärung der **Abnahme** ist jedoch in der Regel nicht sinnvoll, wenn sie nicht gleichzeitig mit der Klage auf Zahlung des Restwerklohns verbunden wird. Ansonsten wird oft jahrelang darüber gestritten, ob die Bauleistung im Wesentlichen fertig gestellt und im Wesentlichen mängelfrei war, ohne dass die eigentliche Streitfrage (Fälligkeit und Höhe des Restwerklohns) gleichzeitig gerichtlich geklärt wird.

Im Übrigen kommt es für die Frage, ob die Abnahme zu Recht oder zu Unrecht verweigert wird, auf den Zeitpunkt der verlangten Abnahme an.[329]

5. Wirkungen der Abnahme

a) Werklohnfälligkeit

Der Werklohnanspruch wird – mit Ausnahme des Anspruchs auf Abschlagszahlungen – erst mit Abnahme fällig, § 641 BGB. Das gilt auch beim VOB-Vertrag. **201**

Wie bereits in Rdn. 174 ausführlich dargestellt, ist die Abnahme nach Auffassung des BGH auch bei einem **gekündigten Bauvertrag** Fälligkeitsvoraussetzung für den Werklohnanspruch des Auftragnehmers, d.h., ohne Abnahme (oder ausnahmsweise Entbehrlichkeit der Abnahme) wird der Werklohn – entgegen früherer Rechtsprechung[330] – nicht fällig.

Eine Abnahme ist nur dann für die Werklohnfälligkeit nicht erforderlich, wenn die Werkleistung zwar mangelhaft ist, der Auftraggeber jedoch nicht Nachbesserung, sondern Minderung oder Schadensersatz verlangt. In diesem Fall ist der Auftragnehmer ja selbst gar nicht mehr in der Lage, durch Mängelbeseitigung die Abnahmefähigkeit herbeizuführen.[331]

b) Wegfall der Vorleistungspflicht des Auftragnehmers

Bis zur Abnahme ist der Auftragnehmer vorleistungspflichtig. Klagt er trotz fehlender Abnahme auf den Werklohn, wird die Klage allein wegen der fehlenden Abnahme abgewiesen, wenn der Auftraggeber die Abnahme z.B. wegen Mängeln zu Recht verweigert. **202**

Ist das Werk hingegen abgenommen und wendet der Auftraggeber die gleichen Mängel ein, so wird die Klage nicht mehr abgewiesen, sondern der Klage wird stattgegeben Zug um Zug gegen Mängelbeseitigung, § 322 BGB.

---

328 Vgl. BGH BauR 1996, 386.
329 Vgl. BGH BauR 2004, 670.
330 Zuletzt OLG Hamm BauR 2002, 631.
331 So zutreffend BGH BauR 2002, 1399; 2003, 88; OLG Düsseldorf BauR 1999, 494.

c) Beschränkung des Erfüllungsanspruchs

203 Nach der Abnahme beschränkt sich der ursprüngliche Erfüllungsanspruch des Auftraggebers auf Mängelansprüche. Während der Auftragnehmer vor der Abnahme ein mängelfreies Werk zu erstellen hat, unterliegt er nach der Abnahme nur noch der Mängelhaftung. Im Übrigen ist diese Unterscheidung mehr akademischer Natur.

d) Gefahrübergang

204 Mit der Abnahme gehen die Leistungs- und die Vergütungsgefahr auf den Auftraggeber über.

Leistungsgefahr: Wird das Werk vor der Abnahme unverschuldet beschädigt oder zerstört, muss der Auftragnehmer es nochmals auf seine Kosten errichten.

Vergütungsgefahr: Wird das Werk nach der Abnahme unverschuldet zerstört, braucht der Auftragnehmer es nicht noch einmal zu errichten und kann trotzdem Bezahlung verlangen; **Ausnahmen: § 7 VOB/B.**

e) Beweislastumkehr bei Mängeln

205 Zunächst noch einmal zur Klarstellung: Dass der Auftragnehmer **immer** für die Mängelfreiheit seiner Leistung einzustehen hat, ist selbstverständlich und wird durch die Abnahme nicht geändert. **Vor** der Abnahme haftet er gemäß § 4 Nr. 7 VOB/B, **nach** der Abnahme gemäß § 13 Abs. 5 VOB/B für die Mängelfreiheit.

Allerdings ändert sich durch die Abnahme die Beweislast (Nachweispflicht) für Mängel bzw. die Mängelfreiheit: **Vor** der Abnahme muss der Auftragnehmer die Mängelfreiheit seiner Leistung nachweisen. Verweigert der Auftraggeber die Abnahme wegen vorhandener Mängel, dann muss der Auftragnehmer also (nötigenfalls im Prozess) beweisen, dass jedenfalls keine wesentlichen, die Abnahmeverweigerung rechtfertigenden Mängel vorliegen.

Der Auftragnehmer bleibt auch dann beweispflichtig für die Mängelfreiheit seiner Leistung, wenn der Auftraggeber den Mangel im Wege der Selbstvornahme durch eine Drittfirma beseitigt hat. Zur Vermeidung einer Beweisvereitelung ist der Auftraggeber in diesem Fall allerdings gehalten, dem Auftragnehmer Feststellungen zur Mangelhaftigkeit bzw. Mangelfreiheit seiner Leistung vor bzw. während der Ersatzvornahme zu ermöglichen.[332]

Nach der Abnahme muss hingegen der Auftraggeber das Vorhandensein eines Mangels beweisen.

---

332 BGH BauR 2009, 237.

Der BGH hat schon vor einiger Zeit die früher umstrittene Frage entschieden, wer die **Beweislast** für **Mängel** hat, die der Auftraggeber sich bei der **Abnahme vorbehalten** hat. Diese Mängel sind nach Auffassung des BGH gewissermaßen von der Abnahme und damit auch von den Abnahmewirkungen ausgenommen, d.h., hinsichtlich vorbehaltener Mängel bleibt die Beweislast für die Mängelfreiheit beim Auftragnehmer.[333]

f) Verlust nicht vorbehaltener Ansprüche

Der Auftraggeber muss sich sowohl beim BGB- als auch beim VOB/B-Vertrag **bekannte Mängel** bei der Abnahme vorbehalten, ansonsten verliert er einen Teil seiner Mängelansprüche, § 640 Abs. 2 BGB. Dieser »Rechtsverlust« ist in der Praxis aber bei weitem nicht so bedeutsam, wie oftmals angenommen: **206**

Zum einen muss der Auftraggeber den Mangel positiv kennen, d.h. er muss wissen, welcher Mangel konkret vorliegt. Die bloße Erkennbarkeit eines Mangels reicht nicht, weil der Auftraggeber keine Pflicht (oder Obliegenheit) zur »Suche nach Mängeln« hat.[334] Selbst die Offenkundigkeit eines Mangels bedeutet nicht die Kenntnis des Auftraggebers, sondern führt allenfalls zu einem Anscheinsbeweis zulasten des Auftraggebers, den der Auftraggeber aber widerlegen kann.[335]

Zum anderen verliert der Auftraggeber selbst bei positiver Kenntnis eines bestimmten Mangels (und fehlendem Vorbehalt bei der Abnahme) nur die Mängelrechte gemäß § 634 Nr. 1–3 BGB, also den Nacherfüllungsanspruch, den Anspruch auf Selbstvornahme, das Rücktrittsrecht[336] und das Minderungsrecht, übertragen auf VOB/B-Verträge also die Ansprüche aus § 13 Abs. 5 und 6 VOB/B.[337] Der Schadensersatzanspruch gemäß § 634 Nr. 4 BGB i.V.m. §§ 280 ff. BGB bleibt dem Auftraggeber erhalten, ebenso der Schadensersatzanspruch aus § 13 Abs. 7 VOB/B beim VOB/B-Vertrag.[338]

Praktisch »verliert« der Auftraggeber beim fehlenden Vorbehalt eines bekannten Mangels also nur die verschuldensunabhängigen Mängelansprüche, nicht aber den verschuldensabhängigen Schadensersatzanspruch. Da der Auftragnehmer Mängel seiner Leistung fast immer zu vertreten hat, spielt der Vorbehalt bekannter Mängel in der Praxis also kaum eine Rolle.

Auch **Vertragsstrafenansprüche** muss der Auftraggeber sich grundsätzlich bei der Abnahme vorbehalten, weil sie ansonsten verfallen. (Ausnahme: In den Vertragsbedingungen ist vorgesehen, dass die Vertragsstrafe bis zur Schlusszah- **207**

---

333 BGH BauR 1997, 129.
334 Vgl. Havers, in: Kapellmann/Messerschmidt, § 12 VOB/B, Rdn. 48.
335 Havers, in: Kapellmann/Messerschmidt, a.a.O.
336 Das beim VOB/B-Vertrag ohnehin ausgeschlossen ist.
337 Dazu Rdn. 249 ff.
338 Dazu näher Rdn. 270 ff.

lung geltend gemacht werden darf; diese Klausel findet sich heute in den meisten Bauverträgen. In diesem Fall muss der Auftraggeber den Vertragsstrafenanspruch spätestens im Zusammenhang mit der Schlusszahlung geltend machen.)[339]

g) Verjährungsbeginn

208 Mit Abnahme – oder echter Teilabnahme – beginnt die Verjährung sowohl des Vergütungsanspruchs für den Auftragnehmer (weitere Voraussetzungen allerdings Rechnungserteilung und Rechnungsprüfung bzw. Ablauf der Zweimonatsfrist; näher dazu Rdn. 296) als auch der Mängelansprüche des Auftraggebers.

Die Verjährung des Vergütungsanspruchs **beginnt** am 1. Januar des Jahres, das dem Fälligkeitsjahr folgt; die Verjährung der Mängelansprüche beginnt dagegen **sofort** ab Abnahme.

Die Voraussetzungen und Wirkungen der Abnahme sind in der nachstehenden

Abbildung 6

noch einmal zusammengefasst.

---

339 Langen, in: Kapellmann/Messerschmidt, B § 11, Rdn. 115 ff.

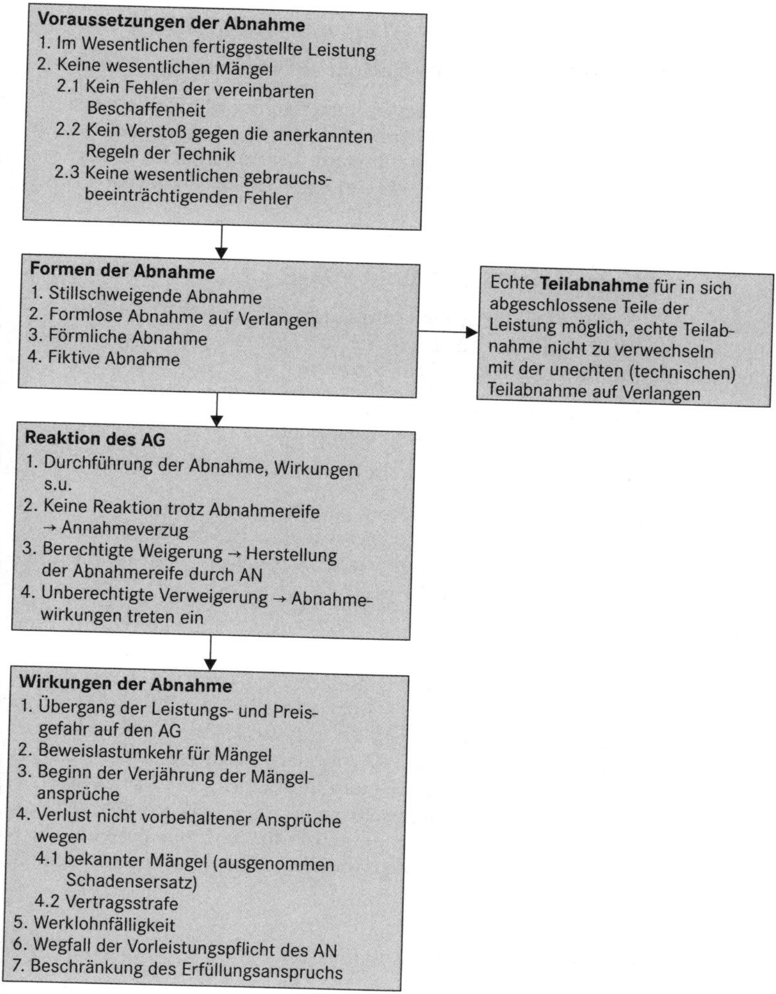

Voraussetzungen der Abnahme
1. Im Wesentlichen fertiggestellte Leistung
2. Keine wesentlichen Mängel
   2.1 Kein Fehlen der vereinbarten
       Beschaffenheit
   2.2 Kein Verstoß gegen die anerkannten
       Regeln der Technik
   2.3 Keine wesentlichen gebrauchs-
       beeinträchtigenden Fehler

Formen der Abnahme
1. Stillschweigende Abnahme
2. Formlose Abnahme auf Verlangen
3. Förmliche Abnahme
4. Fiktive Abnahme

Echte **Teilabnahme** für in sich
abgeschlossene Teile der
Leistung möglich, echte Teilabnahme nicht zu verwechseln
mit der unechten (technischen)
Teilabnahme auf Verlangen

Reaktion des AG
1. Durchführung der Abnahme, Wirkungen
   s.u.
2. Keine Reaktion trotz Abnahmereife
   → Annahmeverzug
3. Berechtigte Weigerung → Herstellung
   der Abnahmereife durch AN
4. Unberechtigte Verweigerung → Abnahmewirkungen treten ein

Wirkungen der Abnahme
1. Übergang der Leistungs- und Preisgefahr auf den AG
2. Beweislastumkehr für Mängel
3. Beginn der Verjährung der Mängelansprüche
4. Verlust nicht vorbehaltener Ansprüche
   wegen
   4.1 bekannter Mängel (ausgenommen
       Schadensersatz)
   4.2 Vertragsstrafe
5. Werklohnfälligkeit
6. Wegfall der Vorleistungspflicht des AN
7. Beschränkung des Erfüllungsanspruchs

Abbildung 6: Abnahme nach VOB/B

149

X. Mängelansprüche

1. Systematik – Mängelansprüche sowohl vor wie nach der Abnahme

209 Die Ansprüche des Auftraggebers wegen aufgetretener Mängel **vor** der Abnahme sind in § 4 VOB/B, insbesondere in § 4 Abs. 7, geregelt. **Nach** der Abnahme gilt § 13 VOB/B, der im Anschluss an das Schuldrechtsmodernisierungsgesetz durch die VOB 2002 in wesentlichen Teilen neu gefasst worden ist.[340]

2. Mangeldefinition gemäß § 13 Abs. 1 VOB/B

210 Gemäß § 13 Abs. 1 VOB/B hat der Auftragnehmer dem Auftraggeber seine Leistung zum Zeitpunkt der Abnahme frei von Sachmängeln zu verschaffen. Die Leistung ist frei von Sachmängeln, wenn sie

– die vereinbarte Beschaffenheit hat und
– den anerkannten Regeln der Technik entspricht.

Ist keine Beschaffenheit vereinbart, so ist die Leistung frei von Sachmängeln,

– wenn sie sich für die nach dem Vertrag vorausgesetzte, ansonsten
– für die gewöhnliche Verwendung eignet und eine Beschaffenheit aufweist, die bei Werken der gleichen Art üblich ist und die der Besteller nach der Art der Leistung erwarten kann.

Die Neufassung von § 13 Abs. 1 VOB/B (2002) enthält eine Mangeldefinition, die im Wesentlichen mit der seit 01.01.2002 geltenden Fassung des § 633 Abs. 2 BGB übereinstimmt und die trotz des veränderten Wortlauts kaum eine inhaltliche Veränderung mit sich bringt.[341] Inzwischen hat der BGH durch Urteil vom 08.11.2007[342] klargestellt, dass der sog. **funktionale Mangelbegriff** auch im Geltungsbereich des Schuldrechtsmodernisierungsgesetzes unverändert Anwendung findet: Entspricht die Leistung also der vereinbarten Beschaffenheit und auch den anerkannten Regeln der Technik, weist sie aber nicht die nach dem Vertrag vorausgesetzte oder die gewöhnliche Verwendungstauglichkeit auf, so ist die Leistung – nach altem wie nach neuem Recht – mangelhaft. Zu den einzelnen Merkmalen:

a) Vereinbarte Beschaffenheit

211 Über die Frage, ob die Leistung des Auftragnehmers mangelhaft ist, entscheidet in erster Linie die Vereinbarung der Parteien und nicht die Verkehrsüblichkeit (subjektiver Fehlerbegriff). Die Abkehr vom früher in § 13 Nr. 1 VOB/B

---

340 Vgl. dazu den Überblick von Weyer, BauR 2003, 613.
341 Ausführlich dazu Langen/Schiffers, Rdn. 1882 ff.
342 BGH BauR 2008, 344.

verwendeten Begriff der zugesicherten Eigenschaft führt zu einer deutlichen Vereinfachung und damit auch Klarstellung. Wurde nämlich bisher danach differenziert, ob der Auftragnehmer bestimmte Eigenschaften seiner Leistung »zugesichert« oder lediglich mit dem Auftraggeber »vereinbart« hatte, so ist diese Differenzierung nunmehr entbehrlich. Die Leistung ist bereits deshalb mangelhaft, weil sie nicht die vereinbarten Beschaffenheitsmerkmale aufweist, unabhängig davon, ob ihre Gebrauchstauglichkeit dadurch vermindert oder sogar aufgehoben wird und auch unabhängig davon, ob der Auftraggeber hierdurch Nachteile erleidet.[343]

Was unter »Beschaffenheit der Werkleistung« zu verstehen ist, ist weder im Gesetz noch in der VOB/B näher definiert und unterliegt damit letztlich wiederum der Parteivereinbarung und deren Auslegung.[344] Die vereinbarte Beschaffenheit kann sich beispielsweise auf Form, Farbe, Fabrikat, Material, Maße, Festigkeit usw. beziehen. Enthält das dem Bauvertrag zugrunde liegende Leistungsverzeichnis also bestimmte Fabrikate für den Einbau von Materialien ohne den Zusatz »oder gleichwertig«, so stellt der Einbau anderer Fabrikate bereits als solcher einen Mangel dar.[345] Typischerweise erfolgt diese Festlegung der Parteien in der Leistungsbeschreibung, insbesondere im Leistungsverzeichnis. Zu beachten ist aber, dass sich die tatsächliche Bauausführung nicht allein nach der Leistungsbeschreibung, sondern auch nach den gemäß § 3 Nr. 3 VOB/B maßgebenden Ausführungsunterlagen, insbesondere den Ausführungsplänen, richtet. Die dortigen Festlegungen sind also für den Auftragnehmer ebenfalls im Sinne der »vereinbarten Beschaffenheit« verbindlich, auch wenn die Ausführungspläne dem Auftragnehmer – wie häufig – erst nach Vertragsabschluss zur Verfügung gestellt werden.[346]

b) Anerkannte Regeln der Technik

§ 13 Abs. 1 VOB/B bestimmt nach wie vor ausdrücklich, dass die Leistung des **212** Auftragnehmers nur dann mangelfrei ist, wenn sie (zum Zeitpunkt der Abnahme) den anerkannten Regeln der Technik entspricht. Damit weicht § 13 Abs. 1 VOB/B zwar vom Wortlaut, nicht aber vom Inhalt der gesetzlichen Mangeldefinition in § 633 Abs. 2 BGB ab. Denn auch vom Gesetzgeber wurde anerkannt, dass die Beachtung der anerkannten Regeln der Technik jedenfalls

---

343 Vgl. BGH BauR 2002, 1536, und OLG Celle BauR 2003, 1408 (jeweils noch zum alten Mangelbegriff); OLG Brandenburg BauR 2006, 1472; OLG Düsseldorf BauR 2007, 1254 bei abweichendem Material.

344 Näher dazu Langen/Schiffers, Rdn. 1889 ff.

345 OLG Stuttgart BauR 2007, 713; bei unbedeutender Abweichung des eingebauten Fabrikats zum vorgeschriebenen Fabrikat kann der Nacherfüllungsanspruch des Auftraggebers allerdings nach Treu und Glauben ausgeschlossen sein (a.a.O. Seite 715).

346 Näher Langen/Schiffers, Rdn. 1907 ff.

zur üblichen und vom Besteller nach der Art des Werks zu erwartenden Eignung der Leistung gehört.[347]

Entspricht das vom Auftragnehmer hergestellte Werk also nicht den anerkannten Regeln der Technik, so ist die Leistung beim BGB-Bauvertrag wie auch beim VOB-Bauvertrag gleichermaßen als mangelhaft anzusehen, ohne dass es darauf ankommt, ob der Verstoß gegen die anerkannten Regeln der Technik auch zu einer Gebrauchsbeeinträchtigung oder -aufhebung oder sonstigen Nachteilen des Auftraggebers führt. Der Mangel besteht bereits in der Nichteinhaltung der anerkannten Regeln der Technik als solcher.[348]

Die Verwendung einer Dachbahn, welche abweichend von der Forderung des LV keinen Gebrauchstauglichkeitsnachweis gemäß DIN 18 531 besitzt, ist also bereits deshalb mangelhaft.[349]

Nach Auffassung des OLG München gehört die Errichtung von zweischaligen Haustrennwänden bei Reihenhäusern zu den anerkannten Regeln der Technik, auch wenn die Zweischaligkeit von der DIN 4109 nicht ausdrücklich gefordert wird. Das Erfordernis der Zweischaligkeit gilt auch, wenn die Reihenhäuser ohne Realteilung als Wohnungseigentum errichtet werden.[350]

213 Als **anerkannte Regeln der Technik** sind sämtliche Vorschriften und Bestimmungen anzusehen, die sich in der Theorie als richtig erwiesen und in der Praxis bewährt haben.[351] Der so genannte **Stand der Technik** geht über deren allgemein anerkannte Regeln hinaus, weil er auch noch nicht allgemein beachtete und angewandte Erkenntnisse und Verfahren umfasst.[352]

Im Baubereich gehören zu den anerkannten Regeln der Technik in erster Linie die **DIN-Vorschriften**, aber auch z.B. die Einheitlichen Technischen Baubestimmungen (ETB), die Bestimmungen des Verbandes der Elektrotechniker (VDE-Vorschriften), die Unfallverhütungsvorschriften der Bauberufsgenossenschaften, auch die Bestimmungen der Arbeitsstätten-VO über die Beschaffenheit von Treppenanlagen.[353]

Klarstellend zu der Geltung von DIN-Normen im **Schallschutz** BGH BauR 1998, 872 und BauR 2007, 1570: Welche Leistung der Auftragnehmer konkret schuldet, ist zunächst einmal durch Auslegung des Vertrages zu ermitteln.[354]

---

347 Vgl. Palandt/Sprau, § 633 BGB, Rdn. 6.
348 BGH NZBau 2006, 112 = BauR 2006, 375; OLG Köln IBR 1994, 368; OLG Schleswig BauR 2000, 1201 und BauR 2004, 1946; anderer Auffassung Jagenburg/Pohl, BauR 1998, 1075 ff.
349 OLG Düsseldorf IBR 1995, 467.
350 OLG München BauR 1999, 399; ebenso OLG Koblenz BauR 2006, 843.
351 Vgl. ausführlich Ingenstau/Korbion/Oppler, VOB/B § 4 Nr. 2, Rdn. 39 ff., 48.
352 Vgl. Seibel, BauR 2004, 266 ff.
353 Vgl. Brandenburgisches OLG BauR 2002, 1562.
354 Ebenso OLG Koblenz BauR 2006, 843, 844.

Legt der Vertrag die Einhaltung bestimmter Schalldämm-Maße ausdrücklich fest, so schuldet der Auftragnehmer entsprechende Werte, unabhängig davon, welche Werte die einschlägige DIN hierzu regelt. Enthält der Vertrag im Einzelnen keine Regelung, so ist der Auftragnehmer zur Herstellung eines solchen Schallschutzes verpflichtet (auch über die Werte der DIN 4109 hinaus), der sich bei sorgfältiger Arbeit ergeben würde.[355] Ansonsten richtet sich das Bausoll des Auftragnehmers nach den anerkannten Regeln der Technik. Ob die einschlägige DIN (hier: DIN 4109) den anerkannten Regeln der Technik entspricht oder die anerkannten Regeln der Technik weitergehende Anforderungen stellen, muss im Einzelfall geklärt werden.

Nach obergerichtlicher Rechtsprechung haben die DIN-Normen allerdings die **Vermutung** für sich, die anerkannten Regeln der Technik wiederzugeben.[356] Beachtet der Auftragnehmer bei der Ausführung also die einschlägigen DIN-Bestimmungen, so muss der Auftraggeber nachweisen, dass die Leistung des Auftragnehmers gleichwohl den anerkannten Regeln der Technik widerspricht.

Die anerkannten Regeln der Technik können sich weiterentwickelt haben, obwohl noch keine neue DIN-Norm existiert.

214 Auch außerhalb dieser »offiziellen« Regelwerke können sich selbstverständlich anerkannte Regeln der Technik entwickeln und anschließend schriftlich festgehalten werden, z.B. in Richtlinien von Fachverbänden, die allgemein als theoretisch richtig und in der Praxis bewährt angesehen werden.

Vorsicht ist für den Auftragnehmer jedoch geboten, wenn er sich bei der Ausführung der Leistung an die Hersteller-Richtlinien oder die Richtlinien seines Fachverbandes hält, diese Richtlinien jedoch von den anerkannten Regeln der Technik abweichen. In diesem Fall haben die anerkannten Regeln der Technik Vorrang, die Leistung ist trotz Einhaltung der Hersteller-Richtlinien mangelhaft.[357]

215 Frage: Was gilt, wenn sich die **anerkannten Regeln der Technik während der Auftragsdurchführung** ändern?

Beispiel: Im Zeitpunkt des Vertragsabschlusses war eine 8 cm starke Wärmedämmung für Außenwände vorgeschrieben. Während der zweijährigen Auftragsdurchführung werden die Anforderungen dahin verschärft, dass jetzt eine 12 cm starke Dämmung erforderlich ist.

216 Man muss unterscheiden: Für die **Mängelhaftung** des Auftragnehmers kommt es nach dem eindeutigen Wortlaut des § 13 Abs. 1 VOB/B auf die anerkannten Regeln der Technik im **Zeitpunkt der Abnahme** an. Das ist wörtlich

---

355 OLG Hamm BauR 2001, 1262.
356 OLG Hamm BauR 1994, 767; OLG Schleswig BauR 2000, 1201; allgemein Ingenstau/Korbion/Oppler, VOB/B § 4 Nr. 2, Rdn. 59.
357 So zuletzt OLG Hamm BauR 1997, 309.

zu verstehen.[358] Ändern sich also während der Ausführung die Regeln der Technik und passt der Auftragnehmer seine Leistung nicht diesen geänderten Regeln der Technik an, ist seine Leistung im Sinne von § 13 Abs. 1 VOB/B mangelhaft.

217 § 13 Abs. 1 VOB/B regelt jedoch **nur** die Mängelhaftung, nicht die Vergütung. Kann der Auftragnehmer die geänderten Regeln der Technik zum Zeitpunkt der Abnahme nur dadurch einhalten, dass er gegenüber den Festlegungen im Vertrag geänderte oder zusätzliche Leistungen erbringt, so ist der Auftraggeber gemäß § 2 Abs. 5 oder Abs. 6 VOB/B zur Vergütung dieser geänderten oder zusätzlichen Leistungen verpflichtet.[359] Rechtsdogmatisch ist in diesem Fall also zwischen dem **Bausoll** des Auftragnehmers (»alte« Regeln der Technik) und seinem **Erfolgssoll** gemäß § 13 Abs. 1 VOB/B (»neue« Regeln der Technik) zu unterscheiden. Die vereinbarte Vergütung deckt nur das Bausoll,[360] während der zur Erreichung des Erfolgssolls erforderliche Mehraufwand des Auftragnehmers gemäß § 2 Abs. 5 bzw. Abs. 6 VOB/B zu vergüten ist.

Es ist Nebenpflicht des Auftragnehmers, den Auftraggeber auf während der Auftragsdurchführung anstehende oder bereits eingetretene Änderungen der anerkannten Regeln der Technik hinzuweisen.[361] Weigert der Auftraggeber sich, die geänderte oder zusätzliche Leistung anzuordnen, die sich aus den geänderten anerkannten Regeln der Technik ergibt, dann ist der Auftragnehmer **nicht** verpflichtet, die entsprechenden Mehrleistungen auszuführen. Hinsichtlich der Mängelhaftung ist der Auftragnehmer dann gemäß § 13 Abs. 3 VOB/B frei.[362]

Das gilt auch für die Änderung der öffentlich-rechtlichen Bestimmungen während der Bauausführung.[363]

218 Vor allem bei Bauvorhaben, die sich über längere Zeit (z.B. mehrere Jahre) erstrecken, ist der Auftragnehmer also gut beraten, wenn er sich nicht nur mit der »Abarbeitung« des Vertrages befasst, sondern auch die technische Entwicklung beobachtet. Auch wenn zweifelhaft ist, ob neue Erkenntnisse, Regelwerke, Empfehlungen usw. bereits als anerkannte Regeln der Technik anzusehen sind, sollte der Auftragnehmer den Auftraggeber unverzüglich schriftlich auf diese geänderten Vorschriften, Empfehlungen usw. hinweisen, gleichzeitig auf entsprechende Mehrkosten, falls diese mit der Änderung verbunden sind. Einen Fehler macht der Auftragnehmer mit dieser Vorgehensweise nie:

---

358 Vgl. OLG Köln, Schäfer/Finnern/Hochstein, Nr. 62 zu § 635 BGB.
359 Vgl. näher Kapellmann, in: Kapellmann/Messerschmidt, B § 2, Rdn. 31.
360 Näher oben Rdn. 28 ff.
361 Kapellmann, in: Kapellmann/Messerschmidt, B § 2, Rdn. 32.
362 Vgl. Kapellmann/Schiffers, Band 2, Rdn. 571.
363 Vgl. Kapellmann/Schiffers, Band 2, a.a.O.

Ist der Auftraggeber einverstanden, wird es allenfalls zu Meinungsverschiedenheiten über die Höhe der geänderten oder zusätzlichen Vergütung kommen.

Lehnt der Auftraggeber die Änderung ab, dann ist dies entweder schon deshalb unbeachtlich, weil gar keine geänderten Regeln der Technik vorlagen. Oder aber der Auftragnehmer ist gemäß § 13 Abs. 3 VOB/B für die Nichteinhaltung der geänderten anerkannten Regeln der Technik nicht verantwortlich.

Übrigens können die Parteien im Vertrag auch eine von den anerkannten Regeln der Technik abweichende Ausführung vereinbaren. Ist der Auftraggeber jedoch Laie, dann **muss** der Auftragnehmer ihn darauf hinweisen, dass die vereinbarte Ausführung von der den anerkannten Regeln der Technik entsprechenden Ausführung abweicht. Handelt es sich um einen »fachkundigen Bauherrn«, dann ist ein solcher Hinweis nicht erforderlich, vorsichtshalber sollte der Auftragnehmer jedoch auch dann darauf hinweisen.[364]

219

c) Eignung für die nach dem Vertrag vorausgesetzte, ansonsten für die gewöhnliche Verwendung

Haben die Parteien keine bestimmte Beschaffenheit der Leistung vereinbart, dann ist die Leistung gemäß § 13 Abs. 1 Satz 3 VOB/B mängelfrei, wenn sie sich entweder für die nach dem Vertrag vorausgesetzte, ansonsten für die gewöhnliche Verwendung eignet und eine Beschaffenheit aufweist, die bei Werken der gleichen Art üblich ist und die der Auftraggeber nach der Art der Leistung erwarten konnte. Auch § 13 Abs. 1 Satz 3 VOB/B entspricht wortgleich der Regelung in § 633 Abs. 2 Satz 2 BGB.

220

Soweit die Parteien keine bestimmte Beschaffenheit der Leistung vereinbart haben, kommt es also darauf an, ob die Leistung zumindest für den konkreten Verwendungszweck laut Vertrag geeignet ist. Dies ist nicht der Fall, wenn die mit der vertraglich geschuldeten Ausführung erreichbaren technischen Eigenschaften, die für die Funktion des Werkes von Bedeutung sind, durch die vertragswidrige Ausführung nicht erreicht werden und damit die Funktion des Werkes gemindert wird.

Beispiel: Verminderte Nutzlast einer Decke in Beton B 25 anstatt B 35.[365]

Ist im Vertrag kein konkreter Verwendungszweck vereinbart worden, dann kommt es auf den gewöhnlichen Verwendungszweck an.

Der etwas komplizierte Wortlaut von § 13 Abs. 1 VOB/B sollte nicht darüber hinwegtäuschen, dass sich an der Einstufung von qualitativen Soll-Ist-Abweichungen gegenüber dem früheren Recht praktisch nichts geändert hat. Die Eignung für die nach dem Vertrag vorausgesetzte bzw. die gewöhnliche Verwendung der Leistung fehlt also z.B., wenn Keller-, Fassaden- oder Dachab-

221

---

364 Vgl. OLG Hamm IBR 1994, 367.
365 Vgl. BGH BauR 2003, 533.

dichtungen nicht funktionieren, wenn verarbeitete Spanplatten unzulässig hohe Formaldehydausgasungen herbeiführen[366] oder Kupfer- bzw. Kunststoffrohre undicht werden.[367] Algenbildung auf einem nach den anerkannten Regeln der Technik hergestellten Wärmedämmverbundsystem ist hingegen nicht als (optischer) Mangel anerkannt worden.[368]

Auf eine sprachliche Ungenauigkeit von § 13 Abs. 1 VOB/B ist allerdings hinzuweisen: Auch wenn der Wortlaut von § 13 Abs. 1 Satz 3 VOB/B darauf hindeuten könnte, dass bei dieser Alternative (Eignung für die vertraglich vorausgesetzte bzw. die gewöhnliche Verwendung) die anerkannten Regeln der Technik nicht zu beachten sind, so ist das Gegenteil natürlich der Fall. Der Auftragnehmer muss also auch dann, wenn die Parteien keine bestimmte Beschaffenheit der Werkleistung vereinbart haben und damit § 13 Abs. 1 Satz 3 VOB/B zur Anwendung kommt, selbstverständlich die anerkannten Regeln der Technik beachten.

d) Mängelfreiheit zur Zeit der Abnahme

222 Anders als § 633 Abs. 2 BGB bestimmt § 13 Abs. 1 VOB/B ausdrücklich, dass die vereinbarte Beschaffenheit, die Beachtung der anerkannten Regeln der Technik usw. **zum Zeitpunkt der Abnahme** vorliegen müssen. Damit enthält die VOB/B jedoch keine Abweichung gegenüber dem Gesetz, sondern nur eine Klarstellung. Denn auch beim BGB-Bauvertrag ergibt sich aus verschiedenen Anknüpfungen des gesetzlichen Wortlautes, dass der Auftragnehmer die Mängelfreiheit zum Zeitpunkt der Abnahme schuldet.[369]

e) Verschleiß und Abnutzung

223 In § 13 Abs. 1 Satz 4 des Entwurfs zur VOB 2002 war eine Regelung vorgesehen, wonach Verschleiß und Abnutzung durch vertragsgemäßen Gebrauch bei mangelfrei hergestellten Leistungen keinen Sachmangel darstellen. Hiermit beabsichtigte der DVA eine Klarstellung zur bisher schon geltenden und auch weiterhin gültigen Rechtslage. Diese Klarstellung sollte in erster Linie für maschinelle und elektrotechnische bzw. elektronische Anlagen gelten, die deutlich stärker als Leistungen des Roh- und Ausbaus bestimmungsgemäß einem Verschleiß und einer Abnutzung unterliegen. Allerdings hat der DVA letztlich auf diese klarstellende Regelung verzichtet. Der DVA befürchtete eine missverständliche Auslegung des § 13 Abs. 1 Satz 4 VOB/B dahin, dass auch Verschleiß und Abnutzung, die auf einen Mangel des Werks zurückzuführen seien, nicht nachbesserungspflichtig seien. Im Übrigen hat der DVA angeregt, gewerkespe-

---

366 Dazu OLG Köln IBR 1991, 440; OLG Düsseldorf NJW-RR 1991, 1495; OLG Nürnberg IBR 1992, 100; OLG Brandenburg BauR 2007, 1063.
367 Dazu OLG Köln BauR 1997, 831.
368 LG Darmstadt BauR 2008, 695.
369 Weyer, in: Kapellmann/Messerschmidt, B § 13, Rdn. 43.

zifisch in den einzelnen DIN-Normen zu regeln, wann in den einzelnen Leistungsbereichen typischerweise Verschleiß und Abnutzung vorliegen, die keinen nachbesserungspflichtigen Mangel darstellen.

Arbeitsbeispiel 9: Falsche Regeln der Technik

Die Firma Mutig GmbH errichtet gemäß Bauvertrag eine Autobahnbrücke in **224** *Spannbetonweise nach einem bestimmten Spannverfahren. Die Herstellung der Brücke erfolgt entsprechend den anerkannten Regeln der Technik.*

Ein Jahr nach Abnahme zeigen sich an vielen Stellen der Brücke Risse. Im Rahmen einer eingeleiteten Untersuchung stellt sich heraus, dass die Regeln der Technik zwar in vollem Umfang beachtet worden sind, diese Regeln aber offensichtlich in einem Punkt falsch waren, weil es sonst nicht zu den Rissen hätte kommen dürfen. Die aufgetretenen Schäden versetzen die Fachwelt in Erstaunen. Mit solchen Schäden hatte niemand gerechnet.

Haftet die Firma Mutig?

Lösung:

Es handelt sich um den berühmten »Blasbachtalbrückenfall«.[370]

Selbst wenn die Regeln der Technik im Zeitpunkt der Abnahme eingehalten sind, kann ein Werk mangelhaft sein, wenn es nicht zu dem nach dem Vertrag vorausgesetzten oder dem gewöhnlichen Gebrauch geeignet ist.[371] Eine Autobahnbrücke mit Rissen ist mangelhaft, auch wenn die Regeln der Technik eingehalten sind. Dann waren eben die Regeln der Technik falsch. Dieses Risiko trägt der Auftragnehmer. Hier zeigt sich besonders deutlich, dass die Mängelhaftung unabhängig vom Verschulden ist.

Im Übrigen lehnte das OLG Frankfurt auch den Haftungsausschluss gemäß § 13 Nr. 3 VOB/B ab, obwohl der Auftragnehmer exakt so gebaut hatte, wie dies in der Leistungsbeschreibung detailliert festgelegt war. Hierfür wolle der AG das Risiko nicht übernehmen. Der AN sicher auch nicht. Dieser Teil der Entscheidung ist sehr zweifelhaft.[372]

3. Mängelursachen aus dem Verantwortungsbereich des Auftraggebers, §§ 13 Abs. 3, 4 Abs. 3 VOB/B

Wesentliches Merkmal der Mängelhaftung des Auftragnehmers ist, dass er **225** auch **ohne Verschulden** haftet. Es kommt allein auf das Vorhandensein eines Mangels im vorbeschriebenen Sinn an.[373]

---

370 OLG Frankfurt NJW 1983, 456, Revision vom BGH nicht angenommen.
371 BGH NZBau 2006, 112 = BauR 2006, 375; BGH NZBau 2002, 611.
372 Ähnlich: OLG Frankfurt, Schäfer/Finnern/Hochstein, Nr. 65 zu § 635 BGB und auch BGH BauR 1995, 230.
373 BGH NZBau 2002, 611; BauR 2006, 375.

Das gilt aber nicht immer, insbesondere dann nicht, wenn der Auftraggeber seinerseits für den Mangel verantwortlich ist. Hierzu bestimmt § 13 Abs. 3 VOB/B:

»Ist ein Mangel zurückzuführen auf die Leistungsbeschreibung oder auf Anordnungen des Auftraggebers, auf die von diesem gelieferten oder vorgeschriebenen Stoffe oder Bauteile oder die Beschaffenheit der Vorleistung eines anderen Unternehmers, haftet der Auftragnehmer, es sei denn, er hat die ihm nach § 4 Abs. 3 obliegende Mitteilung gemacht.«

Hiermit korrespondierend bestimmt § 4 Abs. 3 VOB/B:

»Hat der Auftragnehmer Bedenken gegen die vorgesehene Art der Ausführung (auch wegen der Sicherung gegen Unfallgefahren), gegen die Güte der vom Auftraggeber gelieferten Stoffe oder Bauteile oder gegen die Leistungen anderer Unternehmer, so hat er sie dem Auftraggeber unverzüglich – möglichst schon vor Beginn der Arbeiten – schriftlich mitzuteilen; der Auftraggeber bleibt jedoch für seine Angaben, Anordnungen oder Lieferungen verantwortlich.«

226 Nur unter den dort geregelten, vom Auftragnehmer zu beweisenden[374] Voraussetzungen bestehen also **trotz Mangelhaftigkeit keine Mängelansprüche** des Auftraggebers gegen den Auftragnehmer, was sowohl für Ansprüche gemäß § 4 Nr. 7 VOB/B (dazu unten Rdn. 238 ff.) als auch gemäß § 13 Abs. 5 bis 7 VOB/B (dazu unten Rdn. 247 ff.) gilt.[375] § 13 Abs. 3 VOB/B ist aber kein Freifahrtschein:

Heißt es im LV beispielsweise, dass für zu errichtende Zwischenwände ein bestimmtes Material verwendet werden muss, dann liegt eine Anordnung des Auftraggebers im Sinne von § 13 Abs. 3 vor. Heißt es im LV jedoch, wie häufig, »oder gleichwertig«, dann fehlt eine solche bestimmte Anweisung des Auftraggebers. Ein **vorgeschriebener Baustoff** setzt also eine eindeutige Anordnung des Auftraggebers voraus, die dem **AN keine Wahl lässt.**[376]

Dieser Fall liegt aber beispielsweise vor, wenn der Auftraggeber beim Hersteller einen bestimmten Verblendstein aussucht, den er als Restposten preiswert bekommen kann. Auch wenn der Auftragnehmer diesen Stein dann seinerseits beim Hersteller (oder beim Großhandel) einkauft, handelt es sich im Sinne des § 13 Abs. 3 VOB/B um einen vom Auftraggeber vorgeschriebenen Baustoff.

Weiteres **Beispiel**: Die vom Auftragnehmer hergestellte Fassade ist mangelhaft. In das Gebäude dringt Wasser ein. Der Auftraggeber beauftragt einen Sachverständigen, der eine bestimmte Schadensursache feststellt. Unter Vorlage des Gutachtens fordert der Auftraggeber den Auftragnehmer zur Mängelbeseiti-

---

374 BGH BauR 2008, 344.
375 OLG Celle BauR 2003, 912.
376 Vgl. OLG Hamm IBR 1991, 530.

gung auf. Der Auftragnehmer befolgt das Gutachten und saniert. Danach stellt sich heraus, dass das Gutachten falsch war.

Haftet der Auftragnehmer für die fehlgeschlagene Sanierung?

Ja. Der Auftraggeber war nicht verpflichtet, dem Auftragnehmer über die Mängelanzeige hinaus ein Sachverständigengutachten mit Benennung der Mängelursachen und der erforderlichen Mängelbeseitigungsmaßnahmen vorzulegen. Dementsprechend konnte der Auftragnehmer die Vorlage dieses Gutachtens auch nicht als kategorische Anordnung verstehen, exakt nach Vorgabe des Gutachtens zu sanieren. Gegebenenfalls kann der Auftragnehmer sich beim Sachverständigen schadlos halten.

Die Befreiung von der Mängelhaftung gemäß § 13 Abs. 3 VOB/B setzt im Übrigen voraus, dass der Mangel auch konkret auf einen der Tatbestände des § 13 Abs. 3 VOB/B zurückzuführen ist, also z.B. die vom Auftraggeber vorgelegte, fehlerhafte Planung zum Mangel geführt hat oder der vom Auftraggeber konkret vorgegebene Baustoff wegen eines Materialfehlers den Sachmangel begründet. An dieser Ursächlichkeit fehlt es also, wenn der Auftraggeber einen bestimmten, an sich geeigneten Baustoff bindend vorschreibt, der daraufhin seitens des Auftragnehmers eingekaufte Baustoff jedoch wegen eines Produktionsfehlers (Ausreißer) ungeeignet ist.[377] Legt der Auftraggeber eine mangelhafte Planung vor, weicht der Auftragnehmer jedoch von dieser Planung ab und beruht der tatsächlich vorliegende Mangel ausschließlich auf der Ausführung des Auftragnehmers, so ist der Planungsfehler des Auftraggebers nicht ursächlich für den Mangel, der Auftragnehmer mithin nicht von der Mängelhaftung befreit. **227**

Beruht der Mangel im Sinne von § 13 Abs. 3 VOB/B auf einer Anordnung des Auftraggebers, einer fehlerhaften Vorleistung usw., dann wird der Auftragnehmer von seiner Haftung gleichwohl nur frei, wenn er seiner **Bedenkenhinweispflicht** gemäß § 4 Abs. 3 VOB/B genügt. **228**

Die Prüfungs- und Hinweispflicht des Auftragnehmers ist in erster Linie von Bedeutung für seine Haftungsbefreiung gemäß § 13 Abs. 3 VOB/B. Im Einzelfall kann die Verletzung der Prüfungs- und Hinweispflicht aber auch zu einem selbstständigen **Schadenersatzanspruch** des Auftraggebers aus Nebenpflichtverletzung führen. Ein (schlechtes) Beispiel dazu bietet die Entscheidung des OLG Düsseldorf vom 11.10.2007.[378] Der Auftragnehmer hatte Putz- und Trockenbauarbeiten auszuführen. Dabei prüfte er hinsichtlich der bereits eingebauten Kunststofffenster nicht den Einbau der erforderlichen Dampfdiffusionssperre. Das OLG Düsseldorf urteilte, zwar seien die Putz- und Trockenbauarbeiten für sich betrachtet mangelfrei. Der Auftragnehmer habe jedoch gegen seine Prüf- und Hinweispflicht hinsichtlich des Vorgewerks (Fensterarbeiten)

---

377 Vgl. BGH BauR 1996, 702.
378 OLG Düsseldorf BauR 2008, 1005.

verstoßen und hätte den Auftraggeber auf die fehlende Dampfdiffusionssperre hinweisen müssen. Er sei deshalb dem Auftraggeber zum Schadensersatz verpflichtet (wobei der Schaden in dem erneuten Vergütungsanspruch des Auftragnehmers für die wiederholte Erbringung der Putzarbeiten nach erfolgter Abdichtung bestehe). Einfacher wäre gewesen, die Putz- und Trockenbauarbeiten nicht »als für sich betrachtet mangelfrei« anzusehen, sondern im Sinne des funktionalen Mangelbegriffs im Hinblick auf die fehlende Dampfsperre als mangelhaft.[379]

Der Auftragnehmer muss die auftraggeberseitigen Ausführungsunterlagen, die Vorgaben des Auftraggebers hinsichtlich Material sowie – insbesondere – die für seine Leistung wesentlichen Vorleistungen anderer Auftragnehmer prüfen und auf Bedenken schriftlich (!) hinweisen, ansonsten besteht trotz der auftraggeberseitigen Verantwortlichkeit zumindest eine Mithaftung des Auftragnehmers wegen Verletzung der Prüfungs- und Hinweispflicht.

Beim **BGB-Werkvertrag** besteht ebenfalls eine Prüfungs- und Hinweispflicht des Auftragnehmers.[380] Es reicht aber ein **mündlicher Hinweis**, weil die Schriftlichkeit nur in § 4 Abs. 3 VOB/B für den VOB-Vertrag vorgeschrieben ist. Selbst beim VOB-Vertrag kann ausnahmsweise ein mündlicher Hinweis reichen, wenn der Auftragnehmer die Bedenken eindeutig, d.h. inhaltlich klar und vollständig, geäußert hat.[381] Sowohl beim VOB-Vertrag als auch beim BGB-Vertrag ist dem Auftragnehmer jedoch dringend anzuraten, jegliche Bedenken in schriftlicher Form zu erklären.

229 **Inhaltlich** muss der Auftragnehmer dem Auftraggeber durch die Bedenkenanzeige hinreichend deutlich vor Augen führen, wogegen sich seine Bedenken richten, damit der Auftraggeber eine entsprechende Überprüfung des beanstandeten Planungsfehlers, der mangelhaften Vorleistung usw. veranlassen kann.[382] Keinesfalls ist dem Auftragnehmer im Normalfall jedoch anzuraten, über den Bedenkenhinweis hinaus einen Lösungsvorschlag zu unterbreiten, weil er damit auch die Haftung für die Richtigkeit seines Vorschlags übernimmt.[383] Befolgt der Auftraggeber also den Lösungsvorschlag des Auftragnehmers und stellt sich anschließend der Lösungsvorschlag seinerseits als falsch heraus, so ist der Auftragnehmer für den Mangel allein verantwortlich, soweit er auf dem fehlerhaften Lösungsvorschlag beruht (Planungsverantwortung des Auftragnehmers).

230 Der **Umfang der Prüfungs- und Hinweispflicht** hängt vom Einzelfall ab. Je sachkundiger der Auftraggeber ist, desto geringere Prüfungspflichten hat der

379 Zum funktionalen Mangelbegriff vgl. oben Rdn. 210.
380 OLG Bremen BauR 2001, 1559, und OLG Karlsruhe BauR 2003, 1593.
381 Vgl. OLG Düsseldorf BauR 1996, 260; BauR 1999, 498; OLG Koblenz BauR 2003, 1728.
382 Ingenstau/Korbion/Oppler, VOB/B § 4 Nr. 3, Rdn. 62.
383 Zutreffend OLG Celle BauR 2000, 1073.

Auftragnehmer.[384] Die Sachkunde des Auftraggebers bzw. seines Bauleiters als solche führt aber nicht bereits zum Entfall der Prüfungs- und Hinweispflicht des Auftragnehmers, sondern nur die Kenntnis als solche.[385] Kennt der Auftraggeber also beispielsweise das mit der Verwendung eines noch nicht erprobten Baustoffs verbundene Risiko, so entfällt eine Hinweispflicht des Auftragnehmers.[386]

Der Umfang der Prüfungspflicht hängt aber auch von den einzelnen Tatbeständen der §§ 13 Abs. 3, 4 Abs. 3 VOB/B ab:

a) Die Prüfungspflicht hinsichtlich der **vom Auftraggeber beigestellten oder bindend vorgeschriebenen Stoffe und Bauteile** ist grundsätzlich am stärksten, weil der Auftragnehmer auf diesem Gebiet am ehesten die Sachkunde besitzt bzw. besitzen muss; immerhin hat im Regelfall **er** die entsprechenden Stoffe beizustellen.[387] **231**

b) Geringer ist der Umfang der Prüfungspflicht hinsichtlich der **Vorleistungen anderer Unternehmer**, da diese das eigentliche Fachgebiet des Auftragnehmers nur dort berühren, wo seine Leistung später unmittelbar darauf aufbaut. Anhaltspunkte für die Prüfungspflicht hinsichtlich der Vorleistungen anderer Gewerke finden sich **häufig** in **Abschnitt 3 der jeweiligen DIN**, z.B. DIN 18363 Ziff. 3.1.1. Die Hinweispflichten des Auftragnehmers sind im jeweiligen Abschnitt 3 der Fach-DIN aber nicht abschließend aufgezählt (»insbesondere«).[388] **232**

Fälle, in denen bei aufeinander aufbauenden Leistungen Auftragnehmer allein deshalb haften, weil sie die Vorleistung eines anderen Unternehmers nicht geprüft und/oder Bedenken hiergegen schriftlich angemeldet haben, beschäftigen die Gerichte immer wieder.

Beispiele: Der mit der Verfüllung eines Arbeitsraums beauftragte Auftragnehmer weist nicht (schriftlich) darauf hin, dass sich im Arbeitsraum bereits Bauschutt befindet, der die Kelleraußenisolierung beschädigen kann.[389]

Oder:

Der mit der Verlegung von Terrassenplatten beauftragte Auftragnehmer prüft nicht, ob der Untergrund ausreichend verdichtet ist.[390]

---

384 Ingenstau/Korbion/Oppler, VOB/B § 4 Nr. 3, Rdn. 17.
385 BGH BauR 2001, 622.
386 OLG Hamm BauR 2003, 1570; ähnlich OLG Düsseldorf BauR 2004, 99.
387 Dazu BGH BauR 2000, 262; Brandenburgisches OLG BauR 2002, 1709; zur Bedenkenhinweispflicht bei vom Auftraggeber beigestellter MV-Asche OLG Hamm BauR 2003, 101; keine Hinweispflicht des Auftragnehmers auf eine mögliche Asbestbelastung bei einer Umbaumaßnahme, OLG Hamm BauR 2003, 406.
388 BGH BauR 2001, 1414.
389 OLG Düsseldorf BauR 1995, 244.
390 OLG Köln IBR 1995, 159.

Allerdings ist kein Auftragnehmer verpflichtet, die Nachfolgeunternehmer an-
zuhalten, die anerkannten Regeln der Technik einzuhalten.[391] Ausnahmsweise
kann der Auftragnehmer aber verpflichtet sein, den Auftraggeber darauf hinzuweisen, dass die beauftragte und ausgeführte Leistung für das Nachfolge-
werk untauglich ist (fehlerhafter Aufbau der Balkonabdichtung).[392]

233 c) Am geringsten ist die Prüfungspflicht hinsichtlich der **vorgesehenen Art
der Ausführung**, weil diese grundsätzlich dem Planungsbereich angehört, in
dem der Auftraggeber regelmäßig einen eigenen Fachmann, nämlich einen
bauplanenden Architekten oder Ingenieur, beschäftigt.[393] Bedenken gegen
die der Ausführung zugrunde zu legende Planung muss der Auftragnehmer
also nur bei offenkundigen Fehlern geltend machen.[394]

Zutreffend hat deshalb das OLG Düsseldorf die Haftung des Estrichlegers wegen eines unzulässigen Trittschallschutzmaßes verneint, weil dieser sich auf die
Richtigkeit der Planung des hinzugezogenen Bauakustikers habe verlassen
dürfen.[395]

Weiteres Beispiel: Das vom Auftraggeber vorgeschriebene Mauerwerk weist
unterschiedliches Verformungsverhalten bei eindringender Feuchtigkeit auf.
Nach Austrocknen des Mauerwerks zeigen sich Risse.

Der Auftragnehmer kann sich auch hier grundsätzlich auf richtige Planung
und Ausschreibung durch den Bauherrn bzw. dessen Architekten verlassen.
Wenn das unterschiedliche Verformungsverhalten bestimmter Steine noch
dazu physikalische Spezialkenntnisse erfordert, haftet der Auftragnehmer für
die entstandenen Risse nicht.[396]

Erhält der Auftragnehmer vom Auftraggeber neben den Genehmigungsplänen
im Maßstab 1:100 nur die Ausführungspläne des Statikers, nicht jedoch die
Ausführungspläne des Architekten, dann darf der Auftragnehmer davon ausgehen, dass er nach diesen statischen Ausführungsplänen arbeiten soll. Er ist
nicht zur Überprüfung der statischen Ausführungspläne auf Übereinstimmung mit den Genehmigungsplänen verpflichtet.[397]

---

391 Vgl. OLG Düsseldorf IBR 1993, 457.
392 OLG Köln IBR 1994, 285.
393 Ingenstau/Korbion/Oppler, VOB/B § 4 Nr. 3, Rdn. 12.
394 OLG Celle BauR 2002, 812; OLG Bamberg BauR 2002, 1708; OLG Hamm BauR
     2003, 1052.
395 OLG Düsseldorf IBR 1995, 110.
396 Vgl. auch OLG Düsseldorf BauR 1994, 764: Sieht das von einem Fachingenieur
     im Auftrag des Bauherrn erstellte LV asbesthaltige Brandschutzklappen vor, so
     kann dem Auftragnehmer keine Verletzung der Prüfungs- und Hinweispflicht
     angelastet werden, wenn asbestfreie Klappen nicht auf dem Markt sind und
     eine mängelfreie Leistung deshalb nur nach einer teuren Umplanung möglich
     ist.
397 OLG Düsseldorf BauR 2000, 1339.

Ist aber das der Ausführung des Auftragnehmers zugrunde liegende Leistungsverzeichnis erkennbar fehlerhaft, so muss der Auftragnehmer dies spätestens vor der Ausführung bemerken und dem Auftraggeber gemäß § 4 Abs. 3 VOB/B anzeigen.[398]

Richtschnur für den Praktiker:

234

Im Zweifel sollten **Bedenken** gegen Vorgewerke, gegen Anordnungen des Auftraggebers oder gegen die Eignung der vorgeschriebenen Baustoffe **immer schriftlich** angemeldet werden, ohne darauf zu vertrauen, dass im Einzelfall keine Prüfungs- und Hinweispflicht besteht.

Frage: Wie verhält der Auftragnehmer sich, wenn der Auftraggeber auf die Bedenken gar nicht reagiert oder diese »in den Wind schlägt«?

aa) Unternimmt der Auftraggeber auf die Bedenken des Auftragnehmers nichts, trägt er das Risiko für die daraus entstehenden Folgen grundsätzlich allein.[399] Der bloße schriftliche und konkrete Bedenkenhinweis des Auftragnehmers führt also zum Entfall der Mängelhaftung, soweit der Mangel auf der auftraggeberseitigen Mitwirkung beruht. Eine »Haftentlassungserklärung« des Auftraggebers ist nicht erforderlich.

bb) Teilt der Auftraggeber die Bedenken des Auftragnehmers und trifft er eine andere, nach seiner Auffassung sachgerechte Anordnung oder ordnet er eine Änderung des Bauentwurfs an bzw. verlangt er eine Zusatzleistung vom Auftragnehmer, so muss der Auftragnehmer prüfen, ob nicht neue Bedenken geltend gemacht werden müssen.[400]

cc) Prüft der Auftraggeber die mitgeteilten Bedenken, besteht er aber auf dem bisherigen Vertragsinhalt, so ist der Auftragnehmer von der Haftung frei, muss die Leistung aber in der vorgesehenen Form ausführen. Vorsorglich sollte der Auftragnehmer in diesem Fall seine Bedenken schriftlich wiederholen und darauf hinweisen, dass er für die ausgeführte Leistung keinerlei Haftung übernehme.

Wenn der Auftraggeber dann antwortet, selbstverständlich bleibe der Auftragnehmer in der Haftung, ist dies unbeachtlich. Der Auftragnehmer ist endgültig und definitiv von der Haftung frei, soweit sich seine Bedenken bestätigt haben.

Nur ausnahmsweise – z.B. bei Gefahr für Leib oder Leben – ist der Auftragnehmer zu einer Leistungsverweigerung berechtigt.[401]

Nach einer älteren Entscheidung des OLG Düsseldorf[402] kann der Auftragnehmer in diesem Fall sogar den Vertrag nach § 9 Abs. 1a VOB/B kündigen, weil es

---

398 OLG Dresden BauR 2000, 1341, und auch schon OLG Köln IBR 1995, 468, und
     OLG Stuttgart BauR 2005, 878 zu einer **offenkundig** fehlerhaften Planung.
399 Ingenstau/Korbion/Oppler, VOB/B § 4 Nr. 3, Rdn. 76.
400 Ingenstau/Korbion/Oppler, VOB/B § 4 Nr. 3, Rdn. 77.
401 OLG Karlsruhe BauR 2005, 729.
402 OLG Düsseldorf BauR 1988, 478.

ihm nicht zuzumuten sei, eine Leistung zu erbringen, die nach seiner Einschätzung mit Sicherheit mangelhaft sei. Dieser Weg ist jedoch konfliktträchtig: Hat der Auftragnehmer sich nämlich geirrt, waren seine Bedenken also ganz oder teilweise unberechtigt, dann hat er auch zu Unrecht den Vertrag gekündigt mit der Folge, dass der Auftraggeber seinerseits Schadensersatz verlangen könnte. Umgekehrt: Meldet der Auftragnehmer **zu Unrecht Bedenken** an, dann kann der Auftraggeber gleichwohl den Vertrag **nicht kündigen**.[403]

235 Abschließend: Die Bedenken sollten schriftlich sowohl gegenüber dem Auftraggeber als auch gegenüber dessen Architekten erklärt werden; der Hinweis **allein gegenüber dem Architekten reicht im Zweifel nicht**, insbesondere dann nicht, wenn der Architekt sich den Bedenken des Auftragnehmers verschließt[404] oder wenn der Fehler vom Architekten zu vertreten ist.[405]

236 Zusammenfassung:

Ist das Werk deshalb mangelhaft, weil die Leistungsbeschreibung oder andere Anordnungen des Auftraggebers falsch waren, die vom Auftraggeber gelieferten oder bindend vorgeschriebenen Stoffe ungeeignet waren oder die Vorleistung eines anderes Gewerks nicht ordnungsgemäß war, dann haftet der Auftragnehmer für den darauf beruhenden Mangel seiner Leistung grundsätzlich trotzdem, **es sei denn**, er hat seiner Prüfungs- und (schriftlichen) Hinweispflicht gemäß § 4 Abs. 3 VOB/B genügt. Hat er diese Pflicht verletzt, dann bleibt seine Haftung bestehen.

237 Allerdings kann ein **auftraggeberseitiges Mitverschulden** zu einer reduzierten Haftung des Auftragnehmers führen, wenn der Auftraggeber durch eigenes Verschulden oder Verschulden seiner Erfüllungsgehilfen[406] mitverantwortlich für den Mangel ist. In diesem Fall muss der Auftraggeber sich das eigene Verschulden oder das Verschulden seiner Erfüllungsgehilfen gemäß §§ 254, 278 BGB **anspruchskürzend** entgegenhalten lassen.[407] Dass der planende Architekt oder Fachingenieur als Erfüllungsgehilfe des Auftraggebers anzusehen ist, ist unstreitig.[408]

Beispiel: Der Auftragnehmer meldet keine Bedenken gegen die erkennbar falsche Leistungsbeschreibung bezüglich der Beschichtung eines Stahldachs an. Der Auftraggeber muss sich das Planungsverschulden zu 2/3 anrechnen lassen, der Auftragnehmer haftet nur zu 1/3.[409] Das anspruchskürzende Verschulden des Auftraggebers und seiner Erfüllungsgehilfen muss gegen das Verschulden

403 Vgl. OLG Düsseldorf IBR 1992, 5.
404 BGH BauR 2001, 622; OLG Düsseldorf BauR 1995, 244; 2001, 638.
405 BGH BauR 1997, 301.
406 Dazu oben Rdn. 6.
407 Vgl. Werner/Pastor, Rdn. 2455 ff.
408 Zuletzt BGH BauR 2005, 1016, 1018.
409 OLG Dresden BauR 2001, 414; ähnlich OLG Düsseldorf BauR 2001, 638, und OLG Celle BauR 2003, 730.

des Auftragnehmers hinsichtlich des unterlassenen Hinweises abgewogen werden.[410] Im Einzelfall kann der Verstoß des Auftragnehmers gegen die Hinweispflicht – insbesondere bei vom Auftragnehmer positiv erkannten Planungsfehlern – aber so gravierend sein, dass das auftraggeberseitige Mitverschulden als unwesentlich einzustufen ist.[411]

Den mangelhaft (oder verspätet) arbeitenden **Vorunternehmer** sieht der Bundesgerichtshof hingegen nicht als Erfüllungsgehilfen des Auftraggebers an (dazu oben Rdn. 115) mit der Konsequenz, dass sich der Auftraggeber hinsichtlich der mangelhaften Vorleistung kein Mitverschulden gegenüber dem nachfolgenden Unternehmer anrechnen lassen muss, wenn dieser den Mangel der Vorleistung pflichtwidrig übersieht.[412] Anders (und richtig) hierzu aber das OLG Düsseldorf:[413] Auch der (mangelhaft arbeitende) Vorunternehmer ist Erfüllungsgehilfe des Auftraggebers im Verhältnis zum nachfolgenden Unternehmer mit der Konsequenz, dass der nachfolgende Unternehmer selbst dann nur anteilig haftet, wenn er die mangelhafte Vorleistung pflichtwidrig nicht erkannt oder auf seine Bedenken nicht (schriftlich) hingewiesen hat. Auftraggeberseitiges Mitverschulden kann jedoch nach Treu und Glauben entfallen, wenn der Auftragnehmer in grober Weise seine Bedenkenhinweispflicht verletzt hat.[414]

Beruht der Mangel darauf, dass der Auftragnehmer schuldhaft die Untauglichkeit der Vorleistung nicht erkannt bzw. (schriftlich) angezeigt hat, so ist der Auftragnehmer dennoch nur für die eigene mangelhafte Leistung verantwortlich, nicht aber für die mangelhafte Vorleistung.[415] Eine **gesamtschuldnerische Haftung** zwischen Vor- und Nachunternehmer für die insgesamt mangelhafte (aus mehreren Gewerken bestehende) Bauleistung besteht grundsätzlich nicht.[416] Ausnahmsweise ist aber eine Gesamtschuld anzunehmen, wenn Mängel aus unterschiedlichen Gewerken nur einheitlich beseitigt werden können.[417]

238

Abschießendes Beispiel: Der Auftragnehmer der Sanitärarbeiten verlegt die Abwasserleitungen von Wohnungen auf dem Rohbeton ohne ausreichende Befestigung und mit Kontergefälle. Der nachfolgende Estrichleger meldet gegen den für ihn erkennbaren Mangel aus Zeitgründen keine Bedenken an. Der wiederum nachfolgende Parkettleger verlegt nach der Austrocknung des Estrichs den Bodenbelag. Im Rahmen einer Kanalbefahrung werden die Mängel der

---

410 BGH BauR 2005, 1016.

411 OLG Bamberg BauR 2002, 1708; OLG Karlsruhe BauR 2003, 917; BauR 2005, 879.

412 Ähnlich OLG Hamm BauR 2001, 1761.

413 BauR 1999, 1309.

414 OLG Düsseldorf BauR 2000, 421, und auch schon OLG Köln IBR 1995, 468.

415 Vgl. OLG Düsseldorf BauR 2000, 421, 423; Werner/Pastor, Rdn. 1528.

416 Werner/Pastor, Rdn. 1527.

417 BGH BauR 2003, 1379.

Abwasserleitungen festgestellt. In allen Wohnungen müssen in den entsprechenden Bereichen die betroffenen Kanalleitungen ausgetauscht werden.

Der für die Sanitärarbeiten verantwortliche Auftragnehmer muss die betroffenen Kanäle austauschen und als Vorarbeit dazu das Parkett aufnehmen und den Estrich öffnen. Als Nacharbeit zu seiner Mängelbeseitigung muss er anschließend wieder den Estrich einbringen und das Parkett neu verlegen lassen. Im Innenverhältnis kann der Sanitärunternehmer den Estrichleger wegen der Entfernung und Erneuerung des Estrichs aus Geschäftsführung ohne Auftrag in Anspruch nehmen, weil der Estrichleger seinerseits Bedenken gegen die Kanalverlegung hätte erheben müssen.[418] Der Parkettleger haftet gar nicht, weil für ihn weder die mangelhafte Kanalverlegung noch die mangelhafte Estrichverlegung erkennbar waren.

4. Mängelansprüche vor der Abnahme im Einzelnen

a) Anspruch auf Nacherfüllung (Mängelbeseitigung)

239 Gemäß § 4 Abs. 7 Satz 1 VOB/B ist der Auftragnehmer für die schon während der Bauausführung auftretenden Mängel nachbesserungspflichtig. Diese Vorschrift greift bis zur Abnahme. Ein Verschulden des Auftragnehmers ist nicht erforderlich (zum Inhalt vgl. näher unten Rdn. 249 ff.).

b) Schadensersatzanspruch

240 Nach § 4 Abs. 7 Satz 2 VOB/B schuldet der Auftragnehmer darüber hinaus Schadensersatz, wenn er den Mangel zu vertreten hat.

Beispiel: Die vom Auftragnehmer unterhalb der Decke montierten Sprinklerleitungen sind undicht und führen zu Wasserschäden an der darunter montierten, abgehängten Decke. Der Auftragnehmer ist verpflichtet, seinen Mangel kostenfrei nachzubessern und den Folgeschaden an den abgehängten Decken (und sonstige Folgeschäden) zu ersetzen.

Zu den gemäß § 4 Abs. 7 Satz 2 VOB/B zu ersetzenden Folgeschäden gehören auch Verzugsschäden, die auf einer verzögerten oder gar unterlassenen Nacherfüllung des Auftragnehmers beruhen, z.B. Mietausfallschäden. Für diese mängelbedingten Verzögerungsschäden ist § 4 Abs. 7 Satz 2 VOB/B eine § 6 Abs. 6 VOB/B verdrängende Spezialnorm.[419] Der Schadensersatzanspruch aus § 4 Abs. 7 Satz 2 VOB/B umfasst allerdings nicht die Kosten einer ohne Kündigung durchgeführten Selbstvornahme.[420]

---

418 Vgl. OLG Hamm IBR 1992, 276.
419 BGH BauR 2000, 1189.
420 OLG Koblenz BauR 2004, 1012; dazu näher unten Rdn. 241 ff.

c) Kündigungsmöglichkeit – Kündigungs»obliegenheit«

Arbeitsbeispiel 10: Selbstvornahme vor der Abnahme?

Bauherr Peter Pech beauftragt die Firma Theodor Treulos mit der Ausführung der Rohbauarbeiten zu einem 8-Familien-Haus. Während der Ausführung der Arbeiten stellt Architekt Siegfried Sorgfalt fest, dass die Drainageleitung nicht an den Sickerschacht angeschlossen wird. Außerdem verwendet Treulos wasserundurchlässiges Material zur Verfüllung. Nachdem Theodor Treulos auf zwei Mängelrügen des Architekten Sorgfalt nicht reagiert hat, setzt Peter Pech selbst noch einmal eine letzte Frist mit der Androhung, dass bei fruchtlosem Ablauf die Nacherfüllungsarbeiten auf Kosten der Firma Treulos von einer Drittfirma ausgeführt würden. Gesagt, getan. Die restlichen Arbeiten erledigt Treulos zur Zufriedenheit von Pech und Sorgfalt. Bei der Schlussabrechnung schlägt Sorgfalt vor, die Nacherfüllungskosten in Höhe von 15000,– € von der Rechnung abzuziehen, zu Recht? **241**

Lösung:

Nach VOB/B nein. Unstreitig war die Arbeit der Firma Theodor Treulos mangelhaft im Sinne von § 13 Abs. 1 VOB/B. Denn sie entsprach weder den anerkannten Regeln der Technik, noch war sie funktionstauglich. Gemäß § 4 Abs. 7 Satz 1 VOB/B war Treulos auch schon während der Ausführung verpflichtet, den Mangel abzustellen. Nachdem dies trotz mehrerer Aufforderungen und Fristsetzungen nicht geschah, haben der Bauherr Pech und auch sein Architekt Sorgfalt jedoch einen entscheidenden Fehler gemacht: Eine »Ersatzvornahme« ist vor der Abnahme gemäß § 4 Abs. 7 Satz 3 in Verbindung mit § 8 Abs. 3 VOB/B nur möglich, wenn dem Auftragnehmer vorher der Auftrag entzogen wird. Dies wurde hier versäumt.

Das Arbeitsbeispiel 10 hat die Problematik des § 4 Abs. 7 Satz 3 VOB/B verdeutlicht. Die Vorschrift bestimmt, dass der Auftraggeber dem Auftragnehmer nach Ablauf der unter Kündigungsandrohung gesetzten Frist den Auftrag entziehen »kann«. Der Bundesgerichtshof interpretiert das Wort »kann« in ständiger Rechtsprechung als »muss«, wenn der Auftraggeber vor der Abnahme eine Selbstvornahme tätigen will.[421] Eine Ausnahme von diesem Kündigungszwang lässt der BGH allerdings dann zu, wenn der Auftragnehmer endgültig und ernsthaft die vertragsgemäße Fertigstellung (bzw. die Mängelbeseitigung) verweigert hat, weil in diesem Fall der Auftragnehmer durch seine endgültige Weigerung ohnehin das Recht auf Fertigstellung (bzw. Mängelbeseitigung) verloren habe und deshalb eine (gesonderte) Kündigung keinen Sinn mehr mache.[422] Die Praxis sollte mit dieser Entscheidung jedoch aus zwei Gründen äußerst vorsichtig umgehen: Zum einen kann im Einzelfall zweifelhaft sein, ob tatsächlich eine »endgültige und ernsthafte« Erfüllungsverweigerung des Auftragnehmers vorliegt. Das bloße Bestreiten eines Mangels im Rahmen eines ge- **242**

---

421 Vgl. BGH BauR 1986, 573; 1989, 462 und 1997, 1027.
422 BGH BauR 2000, 1479, bestätigt durch BGH BauR 2009, 99.

richtlichen Schriftsatzes reicht hierzu beispielsweise noch nicht aus.[423] Zum anderen bestimmt § 323 Abs. 2 Nr. 1 BGB zwar, dass eine *Fristsetzung* entbehrlich ist, wenn der Schuldner eine Leistung endgültig und ernsthaft verweigert. Die Entbehrlichkeit der Fristsetzung führt aber nicht gleichzeitig zur Entbehrlichkeit der Kündigungserklärung, wie sich jedenfalls für Dauerschuldverhältnisse aus § 314 Abs. 2 BGB ergibt (dazu oben Rdn. 157). Es ist also zweifelhaft, ob die genannte BGH-Entscheidung unter der Geltung des neuen BGB aufrechterhalten werden kann. Im Zweifel sollte der Auftraggeber also auch bei einer (scheinbar) endgültigen Erfüllungsverweigerung die Formalien des § 4 Abs. 7 Satz 3 VOB/B beachten.

243 Empfehlenswert und zulässig dürfte es allerdings sein, im VOB-Vertrag ausdrücklich zu regeln, dass eine Ersatzvornahme nach Ablauf einer Nachfrist auch ohne Kündigung zulässig ist, insoweit also von § 4 Abs. 7 Satz 3 VOB/B (in der Auslegung des Bundesgerichtshofs) abgewichen wird. Eine solche Regelung dürfte schon deshalb unbedenklich sein, weil beim BGB-Werkvertrag eine solche Ersatzvornahme während der Auftragsdurchführung auch ohne Kündigung zulässig ist. Vereinbarungen, durch die die gesetzliche Rechtslage wiederhergestellt wird, sind jedoch – auch AGB-rechtlich – unbedenklich.[424] Allerdings stellt eine solche Vereinbarung einen »Eingriff in die VOB/B« dar mit der Folge, dass die Regelungen der VOB/B dem Vertrag nicht mehr »als Ganzes« zugrunde liegen.[425]

244 Hat der Auftraggeber aufgrund nicht beseitigter Mängel den Vertrag berechtigt gekündigt, so kann er nach der Kündigung gemäß § 8 Abs. 3 Nr. 2 VOB/B Kostenerstattung hinsichtlich der Mängelbeseitigung und der Mehrkosten der Fertigstellung fordern und im Vorgriff auf diesen Erstattungsanspruch auch schon Kostenvorschuss.[426] Bei Verschulden des Auftragnehmers kann er anstatt Kostenerstattung auch Schadensersatz statt der Leistung fordern, § 8 Abs. 3 Nr. 2 Satz 2 VOB/B.

Im Übrigen sind gemäß § 4 Abs. 7 Satz 3 in Verbindung mit § 8 Abs. 3 Nr. 2 Satz 2 VOB/B **Teilkündigungen** möglich, allerdings nur bei funktional abgrenzbaren Teilleistungen.[427]

d) Aufwendungsersatz

245 Gemäß § 284 BGB kann der Auftraggeber anstelle von Schadensersatz statt der Leistung auch Ersatz der Aufwendungen verlangen, die er im Vertrauen auf den Erhalt der Leistung gemacht hat und billigerweise machen durfte. Dieser

---

423 OLG Düsseldorf BauR 1998, 1011; 1999, 1030 und 2001, 646; anders, wenn der Mangel »kategorisch« bestritten wird, vgl. BGH BauR 2003, 386.

424 Vgl. BGH BauR 1993, 723.

425 Dazu näher oben Rdn. 20.

426 Vgl. auch § 637 Abs. 3 BGB und ergänzend OLG Schleswig IBR 1995, 341.

427 Dazu Ingenstau/Korbion/Vygen, VOB/B Vor §§ 8 und 9, Rdn. 7.

Aufwendungsersatzanspruch ist nach unserer Auffassung neben der VOB/B-Regelung anwendbar. Wegen der Einzelheiten wird auf Rdn. 273 verwiesen.

e) Minderung

Ausnahmsweise kann der Auftraggeber auch schon vor der Abnahme Wertminderung gemäß § 13 Abs. 6 VOB/B verlangen, wenn die Mängelbeseitigung entweder unmöglich ist, für den Auftraggeber unzumutbar oder aber vom Auftragnehmer wegen unverhältnismäßiger Kosten berechtigt abgelehnt wird.[428] Auch vor der Abnahme besteht der Mängelbeseitigungsanspruch (als Erfüllungsanspruch) nicht uneingeschränkt, sondern nur unter dem Gesichtspunkt der Verhältnismäßigkeit. Stehen die mit der Nachbesserung verbundenen Kosten also außer Verhältnis zu dem erreichbaren Erfolg, dann kann der Auftragnehmer analog § 635 Abs. 3 BGB die Nachbesserung verweigern und den Auftraggeber auf eine Wertminderung verweisen.[429]

246

5. Mängelansprüche nach der Abnahme im Einzelnen

Vorbemerkung 1: Unerledigte Ansprüche nach § 4 Abs. 7 VOB/B wandeln sich nach der Abnahme in solche nach § 13 Abs. 5 bis 7 VOB/B um und unterliegen damit auch der Verjährung gemäß § 13 Abs. 4 VOB/B.[430]

247

Beispiel: Der Auftrag ist überwiegend ausgeführt, ein Mangel ist berechtigt gerügt worden. Trotz Fristsetzung hat der Auftragnehmer den Mangel nicht beseitigt. Inzwischen erfolgt die Abnahme unter Vorbehalt des Mangels. Jetzt ist keine Kündigung (nach Fristsetzung mit Kündigungsandrohung) mehr erforderlich, sondern die Mängelansprüche des Auftraggebers ergeben sich aus § 13 Abs. 5 VOB/B.

Vorbemerkung 2: Die Mängelansprüche des Auftraggebers (Bestellers) beim BGB-Werkvertrag sind durch das Schuldrechtsmodernisierungsgesetz umformuliert und neu geordnet worden. Der Auftraggeber eines BGB-Bauvertrages kann seitdem die Mängelbeseitigung als »Nacherfüllung« verlangen, § 635 BGB. Kommt der Auftragnehmer dem binnen der gesetzten, angemessenen Frist nicht nach, so steht dem Auftraggeber gemäß § 637 BGB das Recht zur »Selbstvornahme« (früher als Ersatzvornahme bezeichnet) zu. Die Minderung ist nunmehr in § 638 BGB als Gestaltungsrecht geregelt. Das Recht des Auftraggebers, Schadensersatz zu fordern, findet sich weitestgehend im allgemeinen Leistungsstörungsrecht des neuen BGB, und zwar in §§ 280, 281, 283 und

248

---

428 Zur Wertminderung näher unten Rdn. 266 ff.
429 So zutreffend Merkens, in: Kapellmann/Messerschmidt, § 4 VOB/B, Rdn. 156; anderer Auffassung OLG Celle BauR 2008, 1637, das dem Auftraggeber selbst bei einem Mangel, der die objektive Gebrauchstauglichkeit in keinerlei Weise beeinflusst, einen uneingeschränkten Nachbesserungsanspruch zugebilligt hat.
430 BGH BauR 2003, 689.

311a BGB in Verbindung mit der Sondervorschrift des § 636 BGB. Neu hinzu-gekommen ist das Recht des Auftraggebers, gemäß § 284 BGB Aufwendungs-ersatz anstatt Schadensersatz zu fordern. Sieht man von Letzterem ab, so sind die Mängelansprüche des Auftraggebers beim BGB-Bauvertrag inhaltlich im Wesentlichen unverändert geblieben. Dies hat den Deutschen Vergabe- und Vertragsausschuss für Bauleistungen (DVA) veranlasst, auch die Mängelan-sprüche gemäß § 13 Abs. 5–7 VOB/B weitgehend unverändert zu belassen. Al-lerdings sind durch die VOB/B (2006) geringfügige Veränderungen der **Verjäh-rungsregeln** vorgenommen worden.[431]

a) Der Nacherfüllungsanspruch gemäß § 13 Abs. 5 Nr. 1 VOB/B

aa) Schriftliche Mängelrüge

249 Gemäß § 13 Abs. 5 Nr. 1 VOB/B ist der Auftragnehmer verpflichtet, alle wäh-rend der Verjährungsfrist hervortretenden Mängel, die auf eine vertragswid-rige Leistung zurückzuführen sind, auf seine Kosten zu beseitigen, wenn es der Auftraggeber vor Ablauf der Verjährungsfrist schriftlich verlangt.

Erforderlich und ausreichend im Rahmen der schriftlichen Mängelrüge ist die Bezeichnung des Mangels seinem äußeren Erscheinungsbild nach. Die techni-schen Ursachen sind nicht maßgebend, »**Symptomtheorie**«.[432]

Beispiel: Die Fassade ist insgesamt mangelhaft abgedichtet. Erst in drei von insgesamt 50 Büros zeigt sich Feuchtigkeit. Rügt der Auftraggeber Feuchtigkeit »im Bereich der Fassade« dieser drei Büros, dann gilt der Mangel insgesamt als gerügt, weil eine einheitliche Ursache vorliegt und der Mangel erst teilweise nach außen in Erscheinung getreten ist.

Liegt dem Auftragnehmer bereits ein Sachverständigengutachten über die Mängel vor, so reicht zur Mängelrüge die Bezugnahme auf dieses Gutachten (oder Teile davon) aus.[433]

Die Mängelrüge kann an sich auch mündlich erfolgen (schriftliche Mängel-rüge ist nur für den Neubeginn der Verjährung erforderlich[434]), sollte aber **im-mer** schriftlich erfolgen, im Zweifel auch als Einschreiben mit Rückschein/Te-lefax mit Zugangsnachweis.

250 Die Nacherfüllungspflicht umfasst neben der eigentlichen Mängelbeseitigung auch alle dazu erforderlichen Neben- und Zusatzarbeiten.[435]

---

431 Näher dazu Rdn. 282 ff.
432 Vgl. BGH BauR 1997, 1029; 1998, 632; 1999, 391 und 899; 2000, 261; OLG München BauR 2007, 2073.
433 BGH BauR 2009, 99.
434 Näher unten Rdn. 259.
435 Vgl. OLG Karlsruhe BauR 2003, 98.

Beispiel: Nach Bezug des neuen Bürogebäudes muss die abgehängte Decke ausgetauscht werden. Die Nachbesserung erfasst nicht nur die eigentlichen Deckenarbeiten, sondern auch die notwendigen Renovierungsarbeiten an Teppich und Tapeten; der Produktionsausfall ist gemäß § 13 Abs. 7 VOB/B zu ersetzen.

Ist der Mangel anders nicht zu beseitigen, kann der Auftraggeber nötigenfalls auch völlige **Neuherstellung** verlangen, wenn damit keine unverhältnismäßigen Kosten verbunden sind.[436] Dies wird jetzt auch durch § 635 Abs. 1 BGB klargestellt und gilt entsprechend für VOB-Verträge.

Liegen an unterschiedlichen Gewerken unterschiedliche Mängel vor, so haftet jeder Auftragnehmer grundsätzlich nur für sein Gewerk. Sind die Mängel aber nur einheitlich durch ein Zusammenwirken aller Auftragnehmer zu beseitigen, so haften die Auftragnehmer (ausnahmsweise) als Gesamtschuldner.[437]

Die **unberechtigte Mängelrüge** des Auftraggebers und die damit für den Auf- **251** tragnehmer verbundenen Kosten (Fahrtkosten, Kosten der Mängelprüfung usw.) führt seit langem zu Diskussionen. Das OLG Düsseldorf hat in der Entscheidung vom 19.06.2007[438] eine weitgehend auftraggeberfreundliche Position vertreten: Der Auftraggeber sei nur verpflichtet, den Mangel seinem äußeren Erscheinungsbild nach zu rügen, ohne eine Untersuchung der Mängelursachen vornehmen zu müssen. Lasse die äußere Erscheinung also auf einen vom Auftragnehmer zu verantwortenden Mangel schließen, so liege keine Pflichtverletzung des Auftraggebers vor, die ihn zur Kostenerstattung gegenüber dem Auftragnehmer verpflichten würde, falls sich die Mängelrüge als unberechtigt herausstelle.

Inzwischen hat der BGH durch Urteil vom 23.01.2008[439] entschieden, ein unberechtigtes Mangelbeseitigungsverlangen des Käufers (Auftraggebers) stelle eine zum Schadensersatz verpflichtende schuldhafte Vertragsverletzung dar, wenn der Käufer (Auftraggeber) erkannt oder fahrlässig nicht erkannt habe, dass ein Mangel der Kaufsache nicht vorliege, sondern die Ursache für das Symptom, hinter dem er einen Mangel vermute, in seinem eigenen Verantwortungsbereich liege.

Bei Vorsatz, also Kenntnis des Nichtvorliegens eines Mangels, ist der Entscheidung natürlich uneingeschränkt zuzustimmen. Die für die Praxis entscheidende Frage lautet jedoch, wann von Fahrlässigkeit des Auftraggebers hinsichtlich der Nichtberechtigung einer Mängelrüge auszugehen ist. Der BGH hat diese Problematik erkannt und dazu ausgeführt: Der Käufer (Auftraggeber) brauche nicht vorab zu klären und festzustellen, ob die von ihm beanstandete Erscheinung Symptom eines Sachmangels sei. Er müsse lediglich im Rahmen

---

436 BGH BauR 1986, 93.
437 BGH BauR 2003, 1379.
438 OLG Düsseldorf BauR 2007, 1902, 1905.
439 BGH BauR 2008, 671; die Entscheidung ist zum Kaufrecht ergangen, unverändert aber auf das Werkvertragsrecht übertragbar.

seiner Möglichkeiten sorgfältig überprüfen, ob sie auf eine Ursache zurückzuführen sei, die nicht dem Verantwortungsbereich des Verkäufers (Auftragnehmers) zuzuordnen sei. Bleibe ungewiss, ob tatsächlich ein Mangel vorliege, dürfe der Käufer Mängelrechte geltend machen, ohne Schadensersatzpflichten wegen schuldhafter Vertragsverletzung befürchten zu müssen.[440] Mit dieser Klarstellung kann man leben.

bb) Zurückbehaltungsrecht des Auftraggebers

252 Der Auftraggeber ist nicht darauf beschränkt, seinen Nacherfüllungsanspruch gegen den Auftragnehmer »aktiv« zu verfolgen. Er kann im Hinblick auf bestehende Nacherfüllungsansprüche auch die »Einrede des nicht erfüllten Vertrages« gemäß § 320 Abs. 1 BGB erheben.[441] Dem Auftraggeber steht die Einrede des nicht erfüllten Vertrages auch dann zu, wenn er seine Mängelansprüche bereits an einen Dritten – z.B. den Käufer – abgetreten hat.[442] Dieses Leistungsverweigerungsrecht (in der Baupraxis auch vereinfachend als »Zurückbehaltungsrecht« bezeichnet) führt allerdings im Bauprozess nicht dazu, dass die Werklohnklage des Auftragnehmers abgewiesen wird. Ihr wird vielmehr stattgegeben, allerdings nur **Zug um Zug** gegen die Beseitigung der entsprechenden Mängel, § 322 Abs. 1 BGB.

Zu beachten ist jedoch, dass es sich bei dem Leistungsverweigerungsrecht des Auftraggebers um eine echte Einrede handelt, die im Bauprozess vom Auftraggeber auch als solche erhoben werden muss und die das Gericht nicht von Amts wegen berücksichtigt, selbst wenn Mängel unstreitig vorhanden sind.[443] Das Leistungsverweigerungsrecht besteht auch bei nur schwierig und aufwendig aufzuklärenden Mängeln.[444] Das Bestehen eines Leistungsverweigerungsrechtes als solchem führt aber bereits dazu, dass der Auftraggeber mit der Zahlung offenen Werklohns nicht in Zahlungsverzug gerät,[445] **wenn** der Auftraggeber später das Leistungsverweigerungsrecht geltend macht.

253 Zur **Höhe des Leistungsverweigerungsrechtes:**

Es entsprach ständiger Gerichtspraxis, dass der Auftraggeber beim Einbehalt von Werklohn aufgrund vorhandener Mängel einen sog. Druckzuschlag erheben konnte, um den Auftragnehmer zur Mängelbeseitigung zu veranlassen. Der **Druckzuschlag** betrug regelmäßig das Dreifache des geschätzten Mängelbeseitigungsaufwandes. Mit Wirkung zum 01.05.2000 stellte § 641 Abs. 3 BGB ausdrücklich klar, dass der Besteller die Zahlung eines angemessenen Teils der Vergütung verweigern durfte, mindestens in Höhe des Dreifachen der für die

---

440 BGH BauR 2008, 671, 673.
441 Dazu ausführlich Kohler, BauR 2003, 1804.
442 BGH BauR 2007, 1727.
443 BGH BauR 1999, 69.
444 BGH BauR 2005, 1012.
445 BGH BauR 1999, 1025.

Beseitigung des Mangels erforderlichen Kosten. Diese gesetzliche Regelung ist für alle ab dem 01.01.2009 abgeschlossenen Bauverträge durch das Forderungssicherungsgesetz zugunsten des Auftragnehmers verändert worden. Die Neufassung von § 641 Abs. 3 BGB per 01.01.2009 bestimmt nun, dass der Auftraggeber nach der Fälligkeit nur noch die Zahlung eines angemessenen Teils der Vergütung verweigern darf. Angemessen ist in der Regel das Doppelte der für die Beseitigung des Mangels erforderlichen Kosten.

Der Gesetzgeber hat den Druckzuschlag vom also »mindestens Dreifachen« auf »regelmäßig das Doppelte« der voraussichtlichen Mängelbeseitigungskosten ermäßigt und damit versucht, dem vielfach anzutreffenden Missbrauch des Mängeleinbehaltes Einhalt zu gebieten. Die gesetzliche Regelung gilt auch für VOB/B-Verträge, da die VOB/B das Leistungsverweigerungsrecht des Auftraggebers nicht abweichend regelt.

Nach der Rechtsprechung des BGH[446] ist der Auftraggeber im Übrigen nicht **254** einmal verpflichtet, selbst die Höhe der Mängelbeseitigungskosten zu ermitteln und damit den Restwerklohn, der den zulässigen Einbehalt übersteigt, auszuzahlen. Der Auftraggeber kann vielmehr zunächst einmal den gesamten ausstehenden Werklohn unter Hinweis auf vorhandene Mängel einbehalten. Dies gilt auch nach der Neufassung des § 641 Abs. 3 BGB, wonach der Auftraggeber nach der Fälligkeit regelmäßig das Doppelte des erforderlichen Mängelbeseitigungsaufwands zurückhalten darf.[447] Glaubt der Auftragnehmer, dass trotz des doppelten Druckzuschlags noch Restwerklohn auszuzahlen sei, so muss **er** dies vortragen und notfalls beweisen.

Beispiel: Der ausstehende Restwerklohn beträgt 50.000,– €. Es sind Mängel vorhanden, deren Beseitigungsaufwand voraussichtlich 10.000,– € beträgt. Der Auftraggeber kann zunächst einmal den gesamten Werklohn einbehalten. Der Auftragnehmer muss nun substantiiert vortragen (und notfalls beweisen), dass zumindest 30.000,– € (50.000,– € abzüglich zweimal 10.000,– €) ausgezahlt werden müssen.

Interessant für Auftragnehmer ist in diesem Zusammenhang auch die Entscheidung des OLG Nürnberg vom 09.10.1998:[448] Stehen einem offenen Restwerklohn mehrere abgrenzbare Mängel gegenüber, so kann es angemessen sein, dem Auftraggeber (nur) für jeden einzelnen Mangel ein gesondertes Leistungsverweigerungsrecht zuzusprechen. **255**

Beispiel: Dem Auftragnehmer steht ein Restwerklohnanspruch in Höhe von 200.000,– € zu. Für Mangel Nr. 1 erkennt das Gericht ein Zurückbehaltungsrecht in Höhe von 20.000,– € an, für Mangel Nr. 2 ein solches in Höhe von 30.000,– €. Der Auftraggeber wird zur Zahlung in Höhe von insgesamt

446 BGH BauR 1997, 133 und BauR 2008, 510.
447 BGH BauR 2008, 510; ausführlich dazu Oberhauser, BauR 2008, 421 ff.
448 BauR 2000, 273.

200000,– € verurteilt, davon 150.000,– € unbedingt, 20.000,– € Zug um Zug gegen Beseitigung des Mangels Nr. 1 und weitere 30.000,– € Zug um Zug gegen Beseitigung des Mangels Nr. 2.

Auf diese Weise kann der Auftragnehmer zumindest versuchen, das Leistungsverweigerungsrecht des Auftraggebers »zu entflechten«.

Ähnlich OLG Dresden,[449] wonach sich das Leistungsverweigerungsrecht des Auftraggebers mit fortschreitender Nachbesserung sukzessive abbaut.

Das Recht des Auftraggebers auf den **Druckzuschlag entfällt**, wenn er sich bezüglich der angebotenen Nachbesserung in **Annahmeverzug** befindet.[450] Zum Fall, dass der Auftragnehmer gleichzeitig den Anspruch auf eine Erfüllungssicherheit gemäß § 648a BGB geltend macht, vgl. Rdn. 324.

cc) Sonderprobleme: Sowieso-Kosten, Abzug »neu für alt« und Vorteilsausgleich

256 Beispiel: Der Auftragnehmer stellt eine mangelhafte Leistung unter Verwendung der im LV vorgesehenen Materialien her. Es stellt sich heraus, dass eine Mängelbeseitigung nur möglich ist, wenn teurere Materialien eingesetzt und ein aufwendigeres Herstellungsverfahren angewendet werden.

In solchen Fällen muss der Auftraggeber sich an Mängelbeseitigungsaufwendungen in Höhe der **Sowieso-Kosten** beteiligen. Denn er hätte auch ursprünglich für diese teurere Ausführung mehr bezahlen müssen.[451] Maßgebend ist insoweit der **Preisstand einer seinerzeit ordnungsgemäßen Errichtung**; Mehrkosten aus späteren Preiserhöhungen muss der Auftragnehmer also selbst tragen.[452] In Höhe dieser Sowieso-Kosten kann der Auftragnehmer vor der Mängelbeseitigung eine Sicherheitsleistung, z.B. durch Bankbürgschaft, verlangen.

Allerdings steht dem Auftragnehmer kein Anspruch auf Erstattung der Sowieso-Kosten zu, wenn er die zusätzlich erforderlichen Maßnahmen von Anfang an schuldete. Ob dies der Fall ist, richtet sich naturgemäß nach der vereinbarten Leistungsbeschreibung, also danach, ob die vom Auftragnehmer zu erbringenden Leistungen detailliert und differenziert beschrieben waren,[453] oder ob die vom Auftragnehmer geschuldete Leistung global, d.h. zielorientiert, formuliert war.[454]

---

449 BauR 2001, 1261.
450 OLG Celle BauR 2003, 106 und BauR 2006, 1316.
451 So zuletzt OLG Karlsruhe BauR 2006, 2066.
452 Vgl. BGH BauR 1993, 722; OLG Nürnberg BauR 2001, 961; OLG Düsseldorf BauR 2002, 802.
453 Vertragstypus Einheitspreisvertrag oder Detail-Pauschalvertrag, s.o. Rdn. 33 und 61.
454 Vertragstypus: Global-Pauschalvertrag, z.B. Schlüsselfertig-Bauvertrag, s.o. Rdn. 61.

Im ersten Fall schuldet der Auftragnehmer im Zweifel nur die Leistungen, die (detailliert) beschrieben sind. Lässt sich mittels dieser (detaillierten) Leistungsbeschreibung keine mängelfreie Leistung erstellen, so muss der Auftragnehmer die Fehlerhaftigkeit oder Unvollständigkeit der Leistungsbeschreibung zwar gemäß § 4 Abs. 3 VOB/B beanstanden. Die geänderten oder zusätzlichen Leistungen sind vom Auftraggeber jedoch als Sowieso-Kosten zu vergüten.[455]

Im zweiten Fall (globale Leistungsbeschreibung) schuldete der Auftragnehmer von Anfang an eine zielorientiert beschriebene, also funktionierende Leistung. Erreicht er dieses Ziel mit den von ihm eingesetzten Mitteln nicht, so ist der höhere Aufwand im Rahmen der Nachbesserung von ihm selbst zu tragen, weil er den entsprechend höheren Aufwand auch von Anfang an geschuldet hat.

Für die Frage der Sowieso-Kosten kommt es deshalb nicht darauf an, ob die Parteien für die Leistung des Auftragnehmers einen Einheitspreis oder einen Pauschalpreis vereinbart haben.[456] Gleichermaßen kann der Auftragnehmer sich nicht darauf berufen, dass er ein »preisgünstiges« Angebot unterbreitet habe.[457] Auch ein »preisgünstiges Angebot« verpflichtet im Fall der Auftragserteilung – selbstverständlich – zu einer mängelfreien Leistung.

Unabhängig hiervon kommt eine Beteiligung des Auftraggebers an den Mängelbeseitigungskosten des Auftragnehmers in Betracht, wenn der Auftraggeber durch den Zeitpunkt der Nachbesserung Renovierungskosten erspart oder die Lebensdauer der Werkleistung verlängert wird (z.B. Flachdacherneuerung).[458] Wird eine Leistung (hier: Asphaltdecke) mit einer üblichen Nutzungsdauer von 16 Jahren nach rund 8 Jahren im Rahmen einer Mängelbeseitigung vollständig erneuert, so muss sich der Auftraggeber einen 50 %igen Abzug »neu für alt« anrechnen lassen.[459] **257**

Allerdings greift dieser **Abzug »neu für alt«** dann nicht, wenn der Auftragnehmer die Nachbesserung lediglich verzögert hat und dem Auftraggeber letztlich zu keinem Zeitpunkt eine uneingeschränkt nutzungsfähige Leistung zur Verfügung gestanden hat.[460]

In zwei für die Praxis sehr bedeutsamen Entscheidungen vom 28.06.2007[461] hat der BGH auf den Nacherfüllungsanspruch des Auftraggebers den **Grundsatz des Vorteilsausgleichs** angewendet. Beiden BGH-Entscheidungen lagen sog. **258**

455 BGH BauR 1999, 37; OLG Karlsruhe BauR 1999, 1032; OLG Celle BauR 2003, 730.
456 OLG Schleswig BauR 2000, 1201.
457 BGH BauR 2000, 411.
458 OLG Düsseldorf BauR 2002, 802.
459 OLG Dresden BauR 2008, 693.
460 BGH BauR 1984 510; 1989, 606; OLG Karlsruhe BauR 2002, 93.
461 BGH BauR 2007, 1564 und 1567.

Leistungsketten zugrunde, in denen der jeweilige Auftraggeber gegenüber dem jeweiligen Auftragnehmer (Nachunternehmer) Nacherfüllungsansprüche geltend machte, die seitens seines eigenen Auftraggebers (z.B. Bauherr) entweder aufgrund Verjährung oder aufgrund einer zwischenzeitlich getroffenen Vereinbarung nicht mehr durchsetzbar waren. Der BGH hat in diesen beiden Entscheidungen die bisherige Rechtsprechung der **Eigenständigkeit der Vertragsverhältnisse** aufgegeben und entschieden: Steht im Rahmen einer werkvertraglichen Leistungskette fest, dass der Auftragnehmer von seinem Auftraggeber wegen Mängeln am Werk nicht mehr in Anspruch genommen wird, so kann er nach dem Rechtsgedanken der Vorteilsausgleichung gehindert sein, seinerseits Ansprüche wegen dieser Mängel gegen seinen Auftragnehmer (Nachunternehmer) geltend zu machen. Die Verjährung des Bauherrn-Anspruchs gegenüber dem Generalunternehmer hindert diesen also, gegenüber dem Nachunternehmer den unverjährten Nacherfüllungsanspruch geltend zu machen.[462] Der zwischen dem Bauherrn und dem Hauptunternehmer getroffene Vergleich über die Mängelansprüche reduziert den Anspruch des Hauptunternehmers gegenüber dem Nachunternehmer auf den wirtschaftlichen Inhalt dieses Vergleichs.[463]

Der BGH hat diese Rechtsprechung in einem weiteren Urteil vom 10.07.2008[464] fortgesetzt: Ein Bauträger, der vom Erwerber Vorschuss auf Mängelbeseitigungskosten zurückfordern könne, müsse sich diesen Anspruch grundsätzlich nicht nach dem Rechtsgedanken der Vorteilsausgleichung auf seinen (eigenen) Schadensersatzanspruch gegen seinen Auftragnehmer wegen dieser Mängel anrechnen lassen. Eine Anrechnung komme erst in Betracht, wenn er den Rückzahlungsanspruch realisiert habe und feststehe, dass er vom Erwerber künftig wegen dieser Mängel nicht mehr in Anspruch genommen werden könne. Zur Rückforderung eines unverbrauchten Kostenvorschusses vgl. näher Rdn. 259.

b) Selbstvornahme gemäß § 13 Abs. 5 Nr. 2 VOB/B

259 Der Auftraggeber ist gemäß § 13 Abs. 5 Nr. 2 VOB/B zur Selbstvornahme (vgl. oben Rdn. 234) berechtigt, wenn der Auftragnehmer der Aufforderung zur Mängelbeseitigung in einer vom Auftraggeber gesetzten, angemessenen Frist nicht nachgekommen ist. Die Aufforderung des Auftraggebers muss sich auf die Mängelbeseitigung als solche beziehen; die bloße Aufforderung, innerhalb einer bestimmten Frist die Bereitschaft zur Mängelbeseitigung zu erklären, reicht zur Selbstvornahme grundsätzlich nicht aus,[465] ebenso wenig die Auffor-

---

462 BGH BauR 2007, 1564.

463 BGH BauR 2007, 1567; kritisch zu der neuen BGH-Rechtsprechung Aengenvoort, BauR 2008, 16.

464 BGH BauR 2008, 1877.

465 BGH BauR 2000, 98, und OLG Düsseldorf BauR 1999, 1030; vgl. auch Harms, BauR 2004, 745.

derung, binnen einer gesetzten Frist Lösungsvorschläge zu unterbreiten.[466] Angemessen ist eine Frist, die dem Auftragnehmer unter Berücksichtigung von Art, Umfang und Schwierigkeit der Mängelbeseitigung bei zügiger Durchführung die ordnungsgemäße Mängelbeseitigung erlaubt.[467] Bei der Bemessung der Angemessenheit der Nachbesserungsfrist ist zu berücksichtigen, dass der Auftragnehmer, der mangelhaft geleistet hat, zu vermehrten Anstrengungen verpflichtet ist, um den Mangel kurzfristig zu beseitigen.[468] Hat der Auftraggeber sich mit der Entgegennahme angebotener Nachbesserungsleistungen des Auftragnehmers bereits in Annahmeverzug befunden, so wirkt sich dies auf die Angemessenheit der vom Auftraggeber gesetzten Nachbesserungsfrist aus. Denn dem Auftragnehmer ist es nicht zuzumuten, sich gegenüber dem in Annahmeverzug befindlichen Auftraggeber dauernd zur Erbringung der noch ausstehenden Leistung bereit zu halten.[469] Soweit zur Durchführung der Mängelbeseitigung eine Mitwirkungshandlung des Auftraggebers erforderlich ist, muss der Auftraggeber diese dem Auftragnehmer während des Fristablaufs zumindest anbieten.[470]

Nach Ablauf der (angemessenen) Frist erlischt das Nacherfüllungs**recht** des Auftragnehmers[471] und der Auftraggeber kann entweder die Mängel durch eine Drittfirma beseitigen lassen und vom Auftragnehmer **Kostenerstattung** verlangen oder aber vor der Mängelbeseitigung einen **Kostenvorschuss.**[472]

In der Praxis wird häufig übersehen, dass es dem Auftraggeber nach Erhalt des Kostenvorschusses obliegt, in angemessener Frist die Mängelbeseitigung durchzuführen und dem Auftragnehmer eine Abrechnung der tatsächlichen Kosten vorzulegen, da sich hinsichtlich des nicht verbrauchten Vorschusses ein Rückzahlungsanspuch des Auftragnehmers und hinsichtlich zusätzlicher Kosten ein Nachschussanspruch des Auftraggebers ergibt. Die angemessene Frist zur Durchführung der Mängelbeseitigungsarbeiten wird von der Rechtsprechung mit einem halben Jahr, ausnahmsweise auch mit einem ganzen Jahr bemessen.[473] Der Rückzahlungsanspruch des Auftragnehmers hinsichtlich des unverbrauchten Kostenvorschusses unterliegt der üblichen 3-jährigen Verjährungsfrist gemäß §§ 195, 199 Abs. 1 BGB. Unterlässt also der Auftraggeber die Mängelbeseitigung und der Auftragnehmer seinerseits anschließend mehrere Jahre die Rückforderung des (zu Unrecht gezahlten) Kostenvorschus-

---

466 OLG Düsseldorf BauR 2001, 645.
467 Weyer, in: Kapellmann/Messerschmidt, B § 13, Rdn. 248.
468 OLG Düsseldorf BauR 2007, 1254.
469 BGH BauR 2007, 1410.
470 OLG Celle BauR 2008, 2046.
471 BGH BauR 2003, 693; 2004, 501, 503; a.A. OLG Hamm BauR 2005, 1190 und dazu Jansen, BauR 2005, 1089.
472 Vgl. § 637 Abs. 3 BGB und BGH BauR 1993, 96.
473 Vgl. zuletzt OLG Oldenburg BauR 2008, 1641.

ses, so verjährt der Rückzahlungsanspruch und das Geld bleibt beim Auftraggeber.[474]

Stellt sich nach durchgeführter Selbstvornahme heraus, dass der vom Auftragnehmer gezahlte Kostenvorschuss unzureichend war (häufiger Fall), dann kann der Auftraggeber bis zur Höhe der nachgewiesenen Selbstvornahmekosten einen Nachschuss fordern. In einem für die Praxis sehr wichtigen Urteil vom 25.09.2008[475] hat der BGH entschieden, dass ein Urteil, mit dem dem Auftraggeber Vorschuss auf Mängelbeseitigungskosten zugesprochen wird, regelmäßig die Feststellung enthalte, dass der Auftragnehmer zur Tragung der gesamten Mängelbeseitigungskosten verpflichtet sei. Einer gesonderten Feststellungsklage insoweit bedarf es nicht, weshalb der Nachschussanspruch nicht in der ursprünglichen Gewährleistungsfrist verjährt.

Der Kostenerstattungsanspruch umfasst den tatsächlichen Mängelbeseitigungsaufwand auch insoweit, als die Mängelbeseitigung hätte preiswerter ausgeführt werden können.[476]

260 Von der Pflicht zur Fristsetzung gibt es Ausnahmen, die nunmehr – auch für VOB-Verträge – in § 637 Abs. 2 BGB geregelt sind. Hiernach ist eine Fristsetzung zur Mängelbeseitigung entbehrlich, wenn

- der Schuldner die Leistung ernsthaft und endgültig verweigert, § 323 Abs. 2 Nr. 1 BGB;
- der Schuldner die Leistung zu einem im Vertrag bestimmten Termin oder innerhalb einer bestimmten Frist nicht bewirkt und der Gläubiger im Vertrag den Fortbestand seines Leistungsinteresses an die Rechtzeitigkeit der Leistung gebunden hat, § 323 Abs. 2 Nr. 2 BGB;
- besondere Umstände vorliegen, die unter Abwägung der beiderseitigen Interessen den sofortigen Rücktritt (Selbstvornahme) rechtfertigen, § 323 Abs. 2 Nr. 3 BGB;
- die Nacherfüllung fehlgeschlagen oder dem Besteller unzumutbar ist, § 637 Abs. 2 Satz 2 BGB.

261 Die Entbehrlichkeit der Fristsetzung bei endgültiger und ernsthafter Erfüllungsverweigerung war immer schon in der Rechtsprechung anerkannt, wobei im Einzelfall sehr zweifelhaft sein kann, ob ein bestimmtes Verhalten bzw. Erklärungen des Auftragnehmers tatsächlich als ›endgültige und ernsthafte‹ Erfüllungsverweigerung anzusehen sind. Wird ein Mangel in einem anwaltlichen Schriftsatz kategorisch bestritten, so ist eine (nochmalige) Fristsetzung entbehrlich.[477] Das Gleiche gilt, wenn der Auftragnehmer gegenüber dem Mängel-

---

474 So zutreffend OLG Oldenburg BauR 2008, 2051.
475 BGH BauR 2008, 2041.
476 Näher OLG Celle BauR 2004, 1018, und OLG Karlsruhe BauR 2005, 879.
477 BGH BauR 2003, 386; anderer Auffassung OLG Düsseldorf BauR 1999, 1030 und BauR 2001, 646.

anspruch die Einrede der Verjährung erhebt.[478] Klagt der Auftragnehmer in Kenntnis der Mängelrüge des Auftraggebers gleichwohl unbedingt (und nicht Zug um Zug gegen Mängelbeseitigung) auf Zahlung, so kann darin ebenfalls eine endgültige und ernsthafte Erfüllungsverweigerung gesehen werden.[479] Unzumutbarkeit im Sinne von § 637 Abs. 2 Satz 2 BGB liegt beispielsweise dann vor, wenn die behördliche Schließung des Geschäftslokals droht[480] oder wenn der Auftraggeber das Vertrauen in die ordnungsgemäße Vertragserfüllung des Auftragnehmers berechtigt verloren hat;[481] in solchen Fällen kann ausnahmsweise sogar die Erhebung einer Mängelrüge selbst entbehrlich sein.[482]

Nach dem analog anwendbaren Rechtsgedanken des § 323 Abs. 4 BGB kann auch schon **vor Fristablauf** die Selbstvornahme durchgeführt bzw. Schadensersatz verlangt werden, wenn feststeht, dass der Auftragnehmer die Frist nicht einhalten wird.[483]

Eine (weitere) scheinbare Ausnahme von der Pflicht zur Fristsetzung liegt dann vor, wenn eine Nachbesserung objektiv gar nicht möglich ist. In diesem Fall wäre es sinnlose Förmelei, eine nicht mögliche Leistung unter Fristsetzung anzumahnen. Beispiel: Der Auftragnehmer erhält den Auftrag, einen dampfdichten Bodenbelag auf einer ohne ausreichende Dampfsperre ausgeführten, nicht unterkellerten Betonsohle aufzubringen. In diesem Fall kann der Auftraggeber auch ohne Fristsetzung Minderung oder Schadensersatz verlangen.[484]

Auf solche **Ausnahmefälle**, in denen eine Nachfristsetzung entbehrlich sein **262** kann, sollte der Auftraggeber sich nach Möglichkeit aber nicht verlassen, sondern die Formalien einhalten, also eine schriftliche Mängelrüge mit angemessener Frist zur Mängelbeseitigung durch Einschreiben mit Rückschein/Telefax mit Zugangsbestätigung erklären.

Der Bundesgerichtshof hat in einem Grundsatzurteil vom 23.02.2005[485] auch für die Rechtslage nach Inkrafttreten des Schuldrechtsmodernisierungsgesetzes noch einmal klargestellt, dass ein Kostenerstattungsanspruch (bzw. Minderungsanspruch oder Schadensersatzanspruch) erst nach Ablauf einer angemessenen Frist (bzw. bei ausnahmsweiser Entbehrlichkeit der Fristsetzung ge-

---

478 OLG Celle BauR 1999, 763.
479 OLG Rostock BauR 2006, 1481.
480 BGH BauR 2002, 940.
481 Beispiele: ungeeigneter Sanierungsvorschlag des Auftragnehmers; OLG Celle BauR 1994, 250; explodierter Kachelofen, OLG Koblenz BauR 1995, 395.
482 OLG Stuttgart BauR 1996, 717.
483 So schon zum alten Recht BGH BauR 2002, 1847.
484 So auch OLG Düsseldorf BauR 1995, 849 sowie BauR 1997, 312; ähnlich OLG Rostock BauR 1997, 654.
485 BGH BauR 2005, 1021.

mäß den vorstehenden Voraussetzungen) geltend gemacht werden kann, die Nichteinhaltung der »Formalien« also den entsprechenden Anspruch ausschließt.[486]

263 **Praxishinweis zu streitigen Mängeln:**

Häufig ist zwischen Auftraggeber und Auftragnehmer streitig, wer in welchem Umfang für einen Mangel verantwortlich ist. Weigert der Auftragnehmer sich in solchen Fällen, eine Nacherfüllung ohne einen (entgeltlichen) »Reparaturauftrag« durchzuführen, dann bestehen folgende Möglichkeiten:

(1) Der Auftraggeber kann die Forderung des Auftragnehmers nach einem »Reparaturauftrag« ablehnen und (nach Ablauf der Mängelbeseitigungsfrist) die Selbstvornahme veranlassen.

(2) Der Auftraggeber kann mit dem Auftragnehmer vereinbaren, dass der Auftragnehmer zunächst die Nacherfüllung vornimmt und nachträglich geklärt wird, wer für die Kosten aufkommt. In diesem Fall steht dem Auftragnehmer aus dieser Absprache ein Vergütungsanspruch für die Mängelbeseitigungskosten zu, wenn und soweit der Auftragnehmer für den Mangel nicht verantwortlich war.[487] Die Absprache über den »bedingten« Vergütungsanspruch des Auftragnehmers muss jedoch unmissverständlich getroffen werden. Liegt kein konkreter Hinweis darauf vor, dass der Auftraggeber in die Übernahme der Kosten für den Fall eingewilligt hat, dass sich später die fehlende Verantwortlichkeit des Auftragnehmers für Mängel oder Schäden herausstellen sollte, kann ein entsprechender Vertragsabschluss der Parteien nicht angenommen werden.[488]

(3) Der Auftraggeber kann dem Auftragnehmer einen »Reparaturauftrag« erteilen, jedoch unter dem Vorbehalt der Rückforderung für den Fall, dass sich später (nötigenfalls gerichtlich) herausstellt, dass der Auftragnehmer doch für den Mangel verantwortlich war. Diese Lösung ähnelt Lösung 2, jedoch mit dem Unterschied, dass der Auftragnehmer zunächst die vollständige Vergütung beanspruchen kann und der Auftraggeber nachweisen muss, in welchem Umfang der Auftragnehmer für den Mangel verantwortlich war, wenn er die gezahlte Vergütung ganz oder teilweise zurückfordert.

In diesem Fall ist der Auftraggeber auch nicht berechtigt, gegen den Vergütungsanspruch des Auftragnehmers aus dem Reparaturauftrag mit einem gleich hohen Mängelhaftungsanspruch aufzurechnen.[489] Der Auftraggeber muss also zunächst an den Auftragnehmer zahlen und kann an-

---

486 Dies gilt auch für infrage kommende Ansprüche gemäß § 326 Abs. 2 Satz 2 BGB. Die genannte BGH-Entscheidung ist zwar zum Kaufvertrag ergangen, gilt aber gleichermaßen für Werkverträge, vgl. Kniffka, BauR 2005, 1024.

487 BGH BauR 1999, 252.

488 OLG Düsseldorf BauR 2007, 1902.

489 Vgl. OLG Düsseldorf NJW-RR 1995, 402, und OLG-Report 1995, 65.

schließend den Auftragnehmer allenfalls auf Rückzahlung des zu Unrecht gezahlten Werklohns verklagen.

(4) Der Auftragnehmer kann dem Nachbesserungsverlangen des Auftraggebers auch unter dem Vorbehalt der Werklohnberechnung nachkommen.[490]

(5) Hat der Auftraggeber seinerseits ohne weiteres einen »Reparaturauftrag« erteilt, stellt sich aber im Nachhinein heraus, dass es sich in Wahrheit um Mängelbeseitigungsarbeiten handelte, dann kann der Auftragnehmer den vereinbarten Werklohn nur beanspruchen bzw. behalten, wenn die Vereinbarung der Parteien als Vergleich im Sinne von § 779 BGB anzusehen ist oder der Auftraggeber seine Vergütungspflicht in Kenntnis der Streitfrage anerkannt hat.[491]

Die in Rdn. 155 bereits angesprochene Rechtsprechung des BGH zur **Kooperationspflicht** der Bauvertragsparteien kann auch bei streitigen Mängeln eine Rolle spielen: Rügt der Auftraggeber beispielsweise zu Recht den unzureichenden Schallschutz der auftragnehmerseitigen Leistung, ist die konkrete Nachbesserungsmaßnahme unter Berücksichtigung der Vorgaben des Denkmalschutzes jedoch streitig, so muss der Auftraggeber dies mit dem Auftragnehmer erörtern und den Versuch einer gütlichen Einigung unternehmen, wenn der Auftragnehmer generell nachbesserungsbereit ist. Eine ohne diesen Einigungsversuch erklärte Kündigung ist unberechtigt, auch wenn die formalen Voraussetzungen einer Kündigung gemäß § 4 Nr. 7 Abs. 3 i.V.m. § 8 Nr. 3 VOB/B vorlagen.[492]

Sonderproblem: Insolvenz des Auftragnehmers   264

Die Insolvenz des Auftragnehmers führt, wie in Rdn. 154 bereits dargestellt, nicht zur Auflösung des Vertrages. Auch an der Mängelverantwortlichkeit ändert sich durch die Insolvenz nichts.

Der Auftraggeber muss hier **den Insolvenzverwalter** (anstelle des Auftragnehmers) schriftlich zur Mängelbeseitigung unter Fristsetzung auffordern.[493] Möglicherweise beseitigt der Insolvenzverwalter mit noch vorhandenen Arbeitskräften oder durch Beauftragung eines Drittunternehmers die Mängel.

Kommt der Insolvenzverwalter der Pflicht zur Mängelbeseitigung innerhalb   265
der gesetzten Frist nicht nach, so kann der Auftraggeber die Mängelrechte (Kostenvorschuss bzw. -erstattung, Minderung oder Schadensersatz) gegenüber dem Insolvenzverwalter geltend machen. Er kann mit diesen Ansprüchen insbesondere auch gegen einen bereits vorher fälligen Werklohnanspruch des Insolvenzverwalters **aufrechnen**; § 95 Abs. 1 Satz 3 InsO steht dieser Aufrech-

---

490 OLG Celle BauR 2003, 265.
491 OLG Dresden BauR 1999, 1454; OLG Celle BauR 2005, 106.
492 So zutreffend OLG Rostock BauR 2007, 1260.
493 Vgl. z.B. OLG Düsseldorf IBR 1993, 377, und OLG Celle BauR 1995, 856.

nung nicht entgegen.[494] Soweit der Auftraggeber sich nicht durch Aufrechnung gegen eine verbleibende Restwerklohnforderung befriedigen kann, kann er wegen des (überschießenden) Anspruchs auch eine vorhandene Mängelhaftungsbürgschaft in Anspruch nehmen.

Übrigens ist der Auftraggeber entgegen landläufiger Meinung und gängiger Praxis bei Insolvenz des Auftragnehmers **nicht** berechtigt, eine »Sondersicherheit«, also einen über den vereinbarten Sicherheitseinbehalt hinausgehenden Betrag, einzubehalten.[495]

c) Minderung gemäß § 13 Abs. 6 VOB/B

266 Ist die Beseitigung des Mangels unmöglich[496] oder würde sie einen unverhältnismäßig hohen Aufwand erfordern **und** wird sie deshalb vom Auftragnehmer verweigert, so kann der Auftraggeber anstatt der Nacherfüllung (nur) eine Wertminderung verlangen. In Anlehnung an § 638 BGB regelt nunmehr auch § 13 Abs. 6 VOB/B, dass die Wertminderung durch **Gestaltungserklärung** des Auftraggebers geltend gemacht wird. Einer Zustimmung des Auftragnehmers zur Wertminderung bedarf es also nicht, wenn und soweit der Auftraggeber berechtigt eine Wertminderung gemäß § 13 Abs. 6 VOB/B verlangt.

267 Für die Frage der Unverhältnismäßigkeit der Nachbesserungskosten kommt es nicht auf das Verhältnis dieser Kosten zu dem ursprünglichen Herstellungsaufwand an, sondern auf das Wertverhältnis zwischen dem zur Beseitigung erforderlichen Aufwand und dem **Vorteil**, den die **Mängelbeseitigung** dem Auftraggeber gewährt.[497] Hinsichtlich des zur Beseitigung erforderlichen Aufwandes kommt es wiederum auf den Zeitpunkt an, in dem die vertragsgemäße Erfüllung geschuldet war. Eine in späteren Jahren eintretende Erhöhung dieses Aufwandes ist unerheblich, weil der Auftragnehmer in diesem Fall für die Nichtbeseitigung des Mangels belohnt würde.[498]

Beispiel: Der Werklohn für die Fliesenarbeiten betrug 10.000,– €. Es treten großflächig Risse auf. Die Mängelbeseitigung ist nur durch komplette Neuherstellung möglich. Einschließlich der Abbruchkosten und sonstiger Nebenkosten hätten sich die Mängelbeseitigungskosten im Zeitpunkt der Mängelfest-

---

494 So ausdrücklich BGH BauR 2005, 1913 unter Hinweis auf Sinn und Zweck des Aufrechnungsverbotes, eine »Hinauszögerung« der Zahlung bis zur Schaffung der Aufrechnungslage zu verhindern, was bei einem bestehenden Zurückbehaltungsrecht aufgrund von Mängeln generell nicht der Fall sei.

495 Vgl. BGH IBR 1994, 408.

496 Die Insolvenz des Generalunternehmers führt nicht zur (rechtlichen) Unmöglichkeit der Nachbesserung durch den Nachunternehmer, vgl. OLG Düsseldorf BauR 2005, 1342.

497 Vgl. BGH BauR 1997, 638; 2002, 613; OLG Düsseldorf BauR 1993, 82; OLG Köln BauR 2002, 801.

498 Vgl. BGH BauR 1995, 541 und 1996, 858.

stellung auf 15.000,– € belaufen. Fünf Jahre später, als es zum Rechtsstreit gekommen ist, belaufen sich die Kosten auf 22.000,– €.

In diesem Fall kommt es nicht auf das Verhältnis der Nachbesserungskosten zu dem ursprünglichen Herstellungsaufwand an und auch nicht auf die zwischenzeitliche Kostensteigerung von 7.000,– €, sondern allein darauf, ob der maßgebende Aufwand der »zeitgerechten« Mängelbeseitigung (15.000,– €) in einem vernünftigen Verhältnis zu dem Vorteil steht, der dem Bauherrn aus einem mängelfreien Fliesenbelag erwächst.

Vor diesem Hintergrund kann eine Mängelbeseitigung mit unverhältnismäßigem Kostenaufwand verbunden sein, wenn durch die Nachbesserung zwar eine technische und optische Verbesserung erreicht wird, jedoch nach wie vor sichtbare Mängel (z.B. Unebenheiten) verbleiben.[499]

Der Auftraggeber muss bei der Nachbesserung einer Asphaltdecke auf einer Bundesstraße auch keinen »Flickenteppich« durch die bloße Erneuerung der schadhaften Felder hinnehmen, sondern kann eine vollständige Erneuerung der Asphaltdecke verlangen.[500]

In einer wichtigen Grundsatzentscheidung vom 10.04.2008[501] hat der BGH noch einmal klargestellt, dass bei der Beurteilung der Unverhältnismäßigkeit der Mängelbeseitigung das Interesse des Auftraggebers an der vertraglich vereinbarten höherwertigen und risikoärmeren Art der Ausführung nicht deshalb als gering bewertet werden dürfe, weil die tatsächlich erbrachte Leistung den anerkannten Regeln der Technik entspreche. Im konkreten Falle hatte der Auftraggeber den Auftragnehmer mit der Herstellung doppelt beplankter, imprägnierter Trennwände beauftragt. Nach einem Wasserschaden wurde festgestellt, dass der Auftragnehmer vertragswidrig jeweils eine imprägnierte und eine nicht imprägnierte Platte angebracht hatte. Richtigerweise hielt der BGH den Auftragnehmer für verpflichtet, die Trennwände mit jeweils 2 imprägnierten Platten neu herzustellen, auch wenn die Verwendung jeweils einer nicht imprägnierter Platte den anerkannten Regeln der Technik entsprochen habe. Das auf der vertraglichen Vereinbarung der Parteien beruhende Erfüllungsinteresse des Auftraggebers habe Vorrang vor dem Interesse des Auftragnehmers an der Geringhaltung der Sanierungskosten.

Auch bei Schallschutzmängeln im Wohnungsbau kann der Auftraggeber/Käufer grundsätzlich immer die Maßnahmen verlangen, die zur Herstellung eines ordnungsgemäßen Schallschutzes erforderlich sind, auch wenn diese mit einem hohen Aufwand verbunden sind.[502] Ähnliches gilt bei mangelhafter Wärmedämmung und ähnlichen technischen Mängeln.[503]

---

499 OLG Düsseldorf BauR 1999, 404.
500 OLG Dresden BauR 2008, 693.
501 BGH BauR 2008, 1140.
502 OLG Hamm BauR 2001, 1757 m.w.N.
503 OLG Düsseldorf BauR 2001, 1922.

Im Übrigen ist es dem Auftragnehmer in solchen Fällen selbstverständlich freigestellt, den Einwand der Unverhältnismäßigkeit nicht zu erheben. Der Auftragnehmer kann auch völlig unverhältnismäßige Mängelbeseitigungsmaßnahmen durchführen, z.b. aus Imagegründen.

268 Der Minderwert selbst ist regelmäßig nach den Kosten zu berechnen, die an sich für die Mängelbeseitigung erforderlich wären. Ist aber die Nachbesserung unmöglich oder wird sie wegen unverhältnismäßig hoher Kosten verweigert, so würde der Auftragnehmer in diesem Fall Steine statt Brot erhalten. Nach zutreffender Auffassung berechnet sich in solchen Fällen deshalb der Minderwert nur danach, in welcher Höhe die Gesamtleistung durch den Mangel tatsächlich gemindert ist. Nötigenfalls muss dieser Minderwert von einem Sachverständigen geschätzt werden.[504]

Ausnahmsweise besteht eine **Minderungsmöglichkeit** gemäß § 13 Abs. 6 VOB/B auch dann, wenn die **Mängelbeseitigung für den Auftraggeber unzumutbar** ist.[505]

Beispiel: Der Fehler ist nur zu beseitigen durch eine doppelt so teure Ausführung wie ursprünglich vorgesehen. Der Auftraggeber müsste also in erheblichem Umfang Sowieso-Kosten zusätzlich zahlen (dazu oben Rdn. 256 ff.). Dann kann er auch mit einer Minderung vorlieb nehmen.

269 Zum Sonderfall der **Insolvenz des Hauptunternehmers** hat der BGH über § 13 Abs. 6 VOB/B hinaus einen Minderungsanspruch des Hauptunternehmers gegenüber dem Nachunternehmer auch in folgender Konstellation anerkannt: Der Bauherr macht gegenüber dem insolventen Hauptunternehmer einen Nachbesserungsanspruch geltend, der aufgrund der Insolvenz jedoch nur eine (meist wertlose) Insolvenzforderung darstellt. Der Hauptunternehmer könnte hingegen vom Nachunternehmer Nacherfüllung verlangen. Würde er dies tun, so käme die Nacherfüllung dem Bauherrn zugute, der auf diese Weise also seine (wertlose) Insolvenzforderung realisieren würde. Um hier eine Besserstellung des Bauherrn gegenüber anderen Gläubigern des Hauptunternehmers zu vermeiden, billigt der BGH dem Insolvenzverwalter des Hauptunternehmers einen Minderungsanspruch anstatt eines Nacherfüllungsanspruchs gegenüber dem Nachunternehmer zu, der als Geldanspruch (anstatt als Nachbesserungsleistung) der Insolvenzmasse zufließt und damit allen Gläubigern (und nicht nur dem Bauherrn) zugute kommt.[506]

---

504 BGH BauR 2003, 533; auch OLG Düsseldorf BauR 1993, 733 und 1999, 498; zur Nutzwertanalyse für die Minderwertberechnung bei Mängeln vgl. OLG Zweibrücken BauR 2006, 690.

505 Dazu OLG Dresden BauR 2003, 262.

506 BGH BauR 2006, 1884.

d) Schadensersatzanspruch gemäß § 13 Abs. 7 VOB/B

Der durch die VOB/B 2002 in wesentlichen Teilen neu gefasste § 13 Abs. 7 re- **270**
gelt den **Schadensersatzanspruch** des Auftraggebers. Dieser setzt in allen Fällen ein **Verschulden** (Vorsatz oder Fahrlässigkeit) des Auftragnehmers oder
dessen Erfüllungsgehilfen voraus. Je nach der Schwere des Verschuldens einerseits und nach der eingetretenen Rechtsgutverletzung andererseits differenziert § 13 Abs. 7 VOB/B allerdings:

Soweit es durch einen schuldhaft (Vorsatz oder jede Form der Fahrlässigkeit)
verursachten Mangel zu einer Verletzung des Lebens, des Körpers oder der Gesundheit des Auftraggebers gekommen ist, ist der Auftragnehmer uneingeschränkt schadensersatzpflichtig, § 13 Abs. 7 Nr. 1 VOB/B. Ebenso uneingeschränkt schadensersatzpflichtig ist der Auftragnehmer, wenn er einen Mangel
vorsätzlich oder grob fahrlässig verursacht hat, § 13 Abs. 7 Nr. 2 VOB/B.

Mit den Absätzen 1 und 2 trägt § 13 Abs. 7 VOB/B der neu gefassten AGB-Re-
gelung in § 309 Nr. 7 BGB Rechnung, wonach eine Haftungsbeschränkung
(oder gar ein Haftungsausschluss) in solchen Fällen durch AGB unzulässig
ist. Bemerkenswert ist dabei, dass der DVA mit § 13 Abs. 7 Nr. 1 und Nr. 2
VOB/B auch bei isolierter Betrachtungsweise eine AGB-konforme Regelung
geschaffen hat, seiner These einer AGB-Privilegierung der VOB/B ›als Ganzes‹
also selbst offenbar nicht recht traut.

Die früher zweigeteilte Schadensersatzverpflichtung des Auftragnehmers aus **271**
§ 13 Abs. 7 Nr. 1 und Nr. 2 VOB/B a.F. findet sich nun einheitlich in § 13
Abs. 7 Nr. 3 VOB/B. Hiernach ist der Auftragnehmer dem Auftraggeber ›im
Übrigen‹ zum Ersatz des Schadens an der baulichen Anlage verpflichtet,
wenn ein wesentlicher Mangel vorliegt, der die Gebrauchsfähigkeit erheblich
beeinträchtigt und auf ein Verschulden des Auftragnehmers zurückzuführen
ist. Die Worte »im Übrigen« ersetzen das Wort »außerdem« in der früheren
Fassung von § 13 Abs. 7 Nr. 1 VOB/B, womit die VOB zum Ausdruck brachte,
dass der Auftraggeber Schadensersatz nicht anstelle der Nachbesserung fordern konnte, sondern nur, soweit die Nachbesserung die Mängelansprüche
des Auftraggebers nicht abdeckte.[507] Bei dieser Systematik ist es trotz des veränderten Wortlauts geblieben.

Der Schadensersatzanspruch umfasst alle Aufwendungen, die für die ord- **272**
nungsgemäße Herstellung des vom Auftragnehmer vertraglich geschuldeten
Werks erforderlich sind. Er beschränkt sich nicht auf die geringeren Kosten
einer Ersatzlösung, die den vertraglich geschuldeten Erfolg nicht herbei-
führt.[508]

---

507 Vgl. dazu im Einzelnen die 10. Auflage, Rdn. 244.
508 BGH BauR 2003, 1209.

Auch ein anlässlich der Mängelbeseitigung erforderlicher Hotelaufenthalt des Auftraggebers ist als Schaden zu ersetzen,[509] gleichermaßen eine Mietminderung, die der Auftraggeber aufgrund eines Mangels hinnehmen muss.[510]

Den über den Schaden an der baulichen Anlage hinausgehenden Schaden hat der Auftragnehmer gemäß § 13 Abs. 7 Nr. 3 Satz 2 VOB/B zu ersetzen, wenn der Mangel auf einem Verstoß gegen die anerkannten Regeln der Technik beruht, im Fehlen der vertraglich vereinbarten Beschaffenheit besteht oder durch eine Versicherung nach näherer Maßgabe von Buchstabe c) hätte versichert werden können. Die aktuelle Fassung der VOB/B beruht hier zum einen darauf, dass der Begriff der »zugesicherten Eigenschaften« durch denjenigen der »vereinbarten Beschaffenheit« ersetzt worden ist (dazu oben Rdn. 210) und dass aufgrund einer Gesetzesänderung die Allgemeinen Versicherungsbedingungen (Buchstabe c), bisher Buchstabe d)) nicht mehr genehmigt werden müssen, insoweit also eine Anpassung der Vorschrift erforderlich war. Inhaltlich hat sich an der Zweiteilung des Schadensersatzanspruchs ansonsten nichts geändert.

273 Weiterhin gilt:

Wenn bekannte Mängel bei der **Abnahme nicht vorbehalten** werden, erlischt der Nachbesserungs- und Minderungsanspruch. Der **Schadensersatzanspruch bleibt aber erhalten**. Ist der Mangel – wie meist – vom Auftragnehmer verschuldet, dann kann der Auftraggeber also trotz fehlenden Vorbehaltes Schadensersatz im Hinblick auf die Mängelbeseitigungskosten sowie mögliche Folgeschäden verlangen.[511]

e) Aufwendungsersatz gemäß § 284 BGB

274 Das Schuldrechtsmodernisierungsgesetz hat mit § 284 BGB eine Vorschrift geschaffen, die bei den Mängelansprüchen des Bestellers in § 634 Abs. 4 BGB ausdrücklich erwähnt ist, in der VOB/B aber keine Parallele hat. Da § 13 Abs. 5 bis 7 VOB/B keinen ausdrücklichen oder konkludenten Ausschluss dieser Bestimmung beinhaltet, gilt § 284 BGB damit auch für VOB-Verträge.

Inhaltlich regelt § 284 BGB, dass der Gläubiger anstelle des Schadensersatzes statt der Leistung auch Ersatz seiner Aufwendungen verlangen kann, die er im Vertrauen auf den Erhalt der Leistung gemacht hat und billigerweise machen durfte, es sei denn, deren Zweck wäre auch ohne die Pflichtverletzung des Schuldners nicht erreicht worden. Bei solchen vergeblichen Aufwendungen des Gläubigers (z.B. Kosten einer Werbeaktion) behalf die Rechtsprechung sich bisher mit der Rentabilitätsvermutung solcher Aufwendungen, um diese

---

509 BGH BauR 2003, 1211.
510 BGH BauR 2003, 1900, und OLG Hamm BauR 2003, 1417.
511 Vgl. OLG Köln NJW-RR 1993, 211 und näher oben Rdn. 206.

als Schadensersatz erstatten zu können. Solcher Behelfe bedarf es künftig nicht mehr.

6. Verjährungsprobleme

a) Gesetzliche Regelung

Durch das Schuldrechtsmodernisierungsgesetz ist das Verjährungsrecht mit **275** Wirkung zum 1. Januar 2002 erheblich verändert worden. Wir beschränken uns hier auf die wichtigsten, für Bauverträge relevanten Regelungen:

aa) Die **regelmäßige Verjährungsfrist** beträgt nicht mehr, wie früher, 30 Jahre, **276** sondern gemäß § 195 BGB nur noch 3 Jahre. Gemäß § 199 Abs. 1 BGB beginnt die Dreijahresfrist mit dem Schluss des Jahres, in dem einerseits der entsprechende Anspruch entstanden (d.h. fällig geworden) ist, andererseits der Gläubiger von den den Anspruch begründenden Umständen und der Person des Schuldners Kenntnis erlangt hat oder ohne grobe Fahrlässigkeit hätte erlangen müssen.

Diese (neue) gesetzliche Regelverjährung gilt für alle Fälle, in denen nicht ausdrücklich eine andere Verjährungsregelung eingreift.

bb) Die werkvertragliche **Mängelhaftungsfrist** ist in § 634a BGB geregelt. Sie **277** beträgt für Planungs- und Überwachungsleistungen zu Bauwerken sowie Bauleistungen selbst nach wie vor 5 Jahre und beginnt gemäß § 634a Abs. 2 BGB nach wie vor mit der Abnahme. Seit dem Jahr 2002 gilt auch die in § 438 Abs. 1 Nr. 2b BGB auf 5 Jahre verlängerte Mängelhaftungsfrist des Baustofflieferanten, die gemäß § 438 Abs. 2 BGB allerdings bereits mit der Ablieferung der Baustoffe und nicht erst mit der Abnahme der eigentlichen Bauleistung beginnt. Dieser unterschiedliche Fristbeginn ändert aber nichts daran, dass die Rückgriffsmöglichkeiten des Auftragnehmers gegen seinen Baustofflieferanten massiv verbessert worden sind.

cc) **Verschweigt** der Auftragnehmer **Mängel arglistig**, so beträgt die Verjäh- **278** rungsfrist nicht mehr, wie früher, 30 Jahre. Es gilt vielmehr die unter Buchstabe aa) erläuterte Regelfrist von 3 Jahren, mindestens aber die fünfjährige Frist, § 634a Abs. 3 Satz 2 BGB, und höchstens eine zehnjährige Frist gemäß § 199 Abs. 3 und 4 BGB.

Beispiel: Die Abnahme findet am 15.03.2002 statt. Am 17.05.2002 stellt der Auftraggeber fest, dass der Auftragnehmer einen Mangel arglistig verschwiegen hat. Die dreijährige Regelfrist würde am 31.12.2005 enden. Aufgrund der gesetzlichen Regelung endet die Verjährung jedoch frühestens mit Ablauf der »üblichen« Frist von 5 Jahren, also am 15.03.2007.

Aber: Stellt der Auftraggeber den Mangel erst am 16.03.2010 fest und konnte er ihn trotz größter Sorgfalt vorher nicht erkennen, so beträgt die Verjährungsfrist gemäß § 199 Abs. 3 Nr. 1 BGB 10 Jahre, die erst am 15.03.2012 ablaufen.

Das arglistige Verschweigen eines Mangels ist vom BGH beispielsweise in dem Fall angenommen worden, in dem der Auftragnehmer unabgestimmt und in bewusster Abweichung vom Vertrag einen nicht erprobten Baustoff verwendet und den Auftraggeber nicht auf die damit verbundenen Risiken hingewiesen hatte.[512] Nach der Entscheidung des OLG Köln vom 23.03.2007[513] legt die Verwendung eines von den vertraglichen Vereinbarungen im LV abweichenden Materials zur Betonsanierung ohne entsprechende Vereinbarung ein arglistiges Verschweigen des Mangels durch den Auftragnehmer zumindest nahe.

279 dd) **Hemmung** und **Unterbrechung der Verjährung** sind ebenfalls seit dem Jahr 2002 erheblich verändert worden.

Hemmung bedeutet, dass die Frist, während derer die Verjährung des Anspruchs ausgesetzt ist, der Verjährungsfrist hinzugerechnet wird. § 203 BGB bestimmt generell, dass schwebende Verhandlungen zwischen dem Gläubiger und dem Schuldner über den Anspruch oder die den Anspruch begründenden Umstände zu einer Hemmung der Verjährung führen. Die Verjährung tritt in diesem Fall frühestens 3 Monate nach dem Ende der Hemmung ein. Eine Verhandlung in diesem Sinne kann natürlich nur dann angenommen werden, wenn beiderseits ein Meinungsaustausch über den geltend gemachten Anspruch stattfindet, nicht jedoch, wenn der Gläubiger (Auftraggeber) einseitig Ansprüche stellt, der Schuldner (Auftragnehmer) aber nicht oder ablehnend reagiert.[514] Die Verjährungshemmung tritt bereits bei Verhandlungen der Parteien über die (äußeren) Mangelerscheinungen ein, ohne dass die Verhandlungen sich auch auf die Mängelursachen oder -beseitigungsmaßnahmen beziehen müssen.[515]

280 Über diese Regelung hinaus hat das Schuldrechtsmodernisierungsgesetz praktisch alle Tatbestände, die nach früherem Recht zu einer Unterbrechung der Verjährung führten, nur noch als Hemmung geregelt. Das gilt z.B.

- für einen Rechtsstreit (Klage auf Nachbesserung, auf Kostenerstattung wegen durchgeführter Selbstvornahme usw.), § 204 Abs. 1 Nr. 1 BGB;
- den gerichtlichen Mahnbescheid (§ 204 Abs. 1 Nr. 3 BGB);
- die Streitverkündung in einem Gerichtsverfahren (§ 204 Abs. 1 Nr. 6 BGB);
- die Zustellung des Antrags auf Durchführung eines selbstständigen Beweisverfahrens (§ 204 Abs. 1 Nr. 7 BGB).

Wichtig ist in diesem Zusammenhang auch die Bestimmung des § 204 Abs. 2 BGB, wonach die Hemmung in den vorgenannten Fällen 6 Monate nach der rechtskräftigen Entscheidung oder anderweitigen Beendigung des eingeleite-

---

512 Verwendung neuartigen Faserspachtels, BGH BauR 2002, 1401; näher unten Rdn. 289 ff.
513 OLG Köln BauR 2008, 526.
514 BGH BauR 2007, 380, wonach zu Zweifelsfällen auch auf die Rechtsprechung zu § 639 Abs. 2 BGB a.F. zurückgegriffen werden kann.
515 BGH BauR 2008, 514.

ten Verfahrens endet. Gerät das Verfahren allerdings dadurch in Stillstand, dass die Parteien es nicht betreiben, so tritt an die Stelle der Beendigung des Verfahrens die letzte Verfahrenshandlung der Parteien, des Gerichts oder der sonst mit dem Verfahren befassten Stelle. Wird das Verfahren dann erneut betrieben, so tritt die Hemmung auch erneut ein.

Die **Unterbrechung der Verjährung** wird seit dem Schuldrechtsmodernisierungsgesetz etwas plastischer als **Neubeginn der Verjährung** bezeichnet und tritt nach der gesetzlichen Regelung nur noch ausnahmsweise ein. Ein für Bauverträge wichtiger Fall ist in § 212 Abs. 1 Nr. 1 BGB geregelt. Die Anerkennung des Anspruchs durch den Schuldner[516] führt nicht nur zu einer Hemmung, sondern zu einem Neubeginn der Verjährung. Beim VOB-Vertrag führt der Neubeginn der Verjährung nach Anerkenntnis durch den Auftragnehmer zum erneuten Beginn der vereinbarten Frist (z.B. von 5 Jahren) und nicht nur der Regelfrist des § 13 Abs. 4 VOB/B.[517]

281

b) Verjährung der Ansprüche nach § 13 VOB/B

Im Sog des Schuldrechtsmodernisierungsgesetzes sah sich auch der DVA in der VOB/B 2002 zu einer Anpassung der Verjährungsregelungen in der VOB/B veranlasst, die durch die VOB/B 2006 noch einmal geringfügig geändert worden sind:

aa) § 13 Abs. 4 VOB/B bestimmt folgende **Regelverjährungsfristen**:

282

- 4 Jahre für Bauwerke;
- 2 Jahre für sonstige Werkleistungen (z.B. Arbeiten an einem Grundstück) und für die vom Feuer berührten Teile von Feuerungsanlagen;
- 2 Jahre für die Teile von maschinellen und elektrotechnischen/elektronischen Anlagen, bei denen die Wartung Einfluss auf die Sicherheit und Funktionsfähigkeit hat, wenn der Auftraggeber dem Auftragnehmer während der Verjährungsfrist nicht die Wartung übertragen hat;[518]
- 1 Jahr für feuerberührte und abgasdämmende Teile von industriellen Feuerungsanlagen.

Für den Schadensersatzanspruch gemäß § 13 Abs. 7 Nr. 3 VOB/B bestimmt § 13 Abs. 7 Nr. 4 VOB/B unter den dort genannten Voraussetzungen die Geltung der gesetzlichen Verjährungsfrist von 5 Jahren.

Die Frist beginnt mit der Abnahme, bei einer rechtsgeschäftlichen Teilabnahme gemäß § 12 Abs. 2 VOB/B mit dieser Teilabnahme, § 13 Abs. 4 Nr. 3 VOB/B.

---

516 Z.B. durch Abschlagszahlung oder in sonstiger Weise; zur Anerkennung von Mängelansprüchen vgl. BGH BauR 2005, 710, und OLG Celle BauR 2003, 403.
517 So ausdrücklich BGH BauR 2005, 710.
518 Zur nachträglichen Verkürzung der Verjährungsfrist, wenn der Wartungsvertrag vorzeitig gekündigt wird, vgl. OLG Düsseldorf BauR 2004, 97.

283 bb) Für »normale Bauleistungen« ist die Verjährungsfrist seit der VOB/B 2002 gegenüber der früheren Rechtslage also verdoppelt und damit der gesetzlichen Verjährungsfrist von 5 Jahren angenähert worden. Das Zurückbleiben der VOB/B gegenüber dem Gesetz um ein einziges Jahr erscheint jedoch wenig überzeugend. Wie sich aus der Begründung des DVA zur VOB 2002 ergibt, sah sich der DVA einerseits gezwungen, dem Drängen nach einer längeren VOB/B-Verjährung nachzugeben, andererseits aber auch von dem Spielraum Gebrauch zu machen, den das gesetzliche Privilegierung der VOB/B-Verjährung in § 309 Nr. 8 b ff. BGB erhalten hat. Diese Begründung ist nun entfallen, da die Bestimmungen der VOB/B gemäß § 310 Abs. 1 Satz 3 BGB bei der Verwendung gegenüber Unternehmern, der öffentlichen Hand usw. insgesamt privilegiert sind, wenn sie dem Vertrag uneingeschränkt zugrunde liegen. Es bleibt also abzuwarten, ob der DVA die Sonderregelung einer auf 4 Jahre verkürzten Regelverjährungsfrist für VOB/B-Verträge aufrechterhält.

Da in der Praxis bisher schon bei vielen VOB-Verträgen eine fünfjährige Verjährungsfrist vereinbart worden ist, dürfte der Verlängerung der Frist auf 4 Jahre keine allzu große Bedeutung zukommen.

284 cc) Auch die früher als »**Quasi-Verjährungsunterbrechung**« bezeichnete Regelung in § 13 Abs. 5 Nr. 1 Satz 2 und 3 VOB/B ist im Jahr 2002 verändert worden. Der Anspruch auf Beseitigung der gerügten Mängel verjährt hiernach in 2 Jahren, gerechnet vom Zugang des schriftlichen Verlangens an, jedoch nicht vor Ablauf der Regelfristen nach Nr. 4 oder der an ihrer Stelle vereinbarten Frist. Wird ein Mangel also beispielsweise 3,5 Jahre nach der Abnahme schriftlich gerügt, so endet die Verjährungsfrist für die Mängelansprüche bezüglich dieses Mangels erst zwei Jahre später und ist damit länger als die gesetzliche Verjährungsfrist von 5 Jahren gemäß § 634a Abs. 1 Nr. 2 BGB. Vereinbaren die Parteien gemäß § 13 Abs. 4 Nr. 1 VOB/B eine Verjährungsfrist von 5 Jahren für die Mängelansprüche des Auftraggebers, so kann über § 13 Abs. 5 Nr. 1 VOB/B eine Verjährungsfrist von bis zu 7 Jahren – je nach dem Zeitpunkt der schriftlichen Mängelrüge – eintreten. Die Verjährungsverlängerung gemäß § 13 Abs. 5 Nr. 1 Satz 2 VOB/B hält auch bei isolierter Inhaltskontrolle den Anforderungen des AGB-Rechts stand.[519]

Oft wird verkannt, dass nur die **erste** schriftliche Rüge zum Neubeginn der Verjährungsfrist führt.[520] Zu Beweiszwecken sollte die erste schriftliche Mängelrüge deshalb als Einschreiben mit Rückschein/Telefax mit Zugangsnachweis erfolgen.

Beispiel: Die ersten zwei Mängelrügen erfolgen als einfache Schreiben, die dritte Rüge mit Nachfristsetzung einige Monate später als Einschreiben mit Rückschein.

---

519 Vgl. OLG Naumburg BauR 2007, 551; OLG Celle BauR 2008, 353.
520 Zuletzt wieder OLG Düsseldorf BauR 1998, 549.

Man weiß nie, ob die beiden ersten Schreiben dem Auftragnehmer überhaupt zugegangen sind bzw. dieser im Prozess den Zugang bestreiten wird. In solchen Fällen ist die Fristberechnung deshalb sehr unsicher.

Außerdem: Die Mängelrüge muss **gegenüber dem Auftragnehmer** selbst erfolgen. **285**

Beispiel: Der Auftragnehmer befindet sich in Insolvenz; glücklicherweise verfügt der Auftraggeber über eine Mängelhaftungsbürgschaft. Vor Ablauf der Mängelhaftungsfrist rügt der Auftraggeber Mängel gegenüber der Bank und fordert diese zur Zahlung auf. Die Mängelrüge gegenüber der Bank hat keine Wirkungen. Insbesondere führt diese Mängelrüge nicht zu einer Hemmung oder zu einem Neubeginn der Verjährung. Die Bank kann also getrost den Ablauf der Verjährungsfrist abwarten.[521]

Hat der Auftraggeber hingegen rechtzeitig vor Ablauf der Frist Mängel gegenüber dem Auftragnehmer gerügt, dann bleibt ihm die **Mängeleinrede** auch nach eingetretener Verjährung gegenüber dem Restzahlungsanspruch des Auftragnehmers erhalten.[522] In diesem Fall kann der Auftraggeber sich aus einer noch vorhandenen Mängelhaftungsbürgschaft befriedigen, obwohl seine Mängelansprüche an sich verjährt sind.[523] Zur Aufrechterhaltung der Mängeleinrede reicht auch beim VOB/B-Bauvertrag eine **mündliche Mängelrüge**.[524]

dd) Die Nachbesserungsarbeiten unterliegen gemäß § 13 Abs. 5 Nr. 1 Satz 3 **286** VOB/B ihrerseits einer eigenständigen, zweijährigen Verjährungsfrist, die mit der Abnahme der Nachbesserungsleistungen beginnt.[525] In der Regel werden Nachbesserungsarbeiten stillschweigend abgenommen.[526] Ist jedoch im Bauvertrag auch für die Nachbesserungsarbeiten eine förmliche Abnahme vereinbart oder wird diese vom Auftragnehmer verlangt, so beginnt die neue Verjährungsfrist erst mit dieser förmlichen Abnahme.[527]

Während der Nachbesserungsarbeiten ist die Verjährungsfrist gehemmt. Die Hemmung endet erst mit der Abnahme oder der endgültigen Abnahmeverweigerung durch den Auftraggeber.[528] Die neue Zweijahresfrist nach Abnahme bzw. Abnahmeverweigerung kann ihrerseits durch erneute schriftliche Mängelrüge unterbrochen werden.[529]

---

521 BGH NJW 1986, 310.
522 Vgl. BGH BauR 1991, 460.
523 Vgl. BGH BauR 1993, 335 und 337.
524 BGH BauR 2007, 700.
525 BGH BauR 2008, 2039.
526 Dazu oben Rdn. 177.
527 Vgl. OLG Düsseldorf IBR 1994, 13.
528 BGH, a.a.O.
529 Vgl. OLG Hamm BauR 1993, 86.

Das OLG Hamm hat die Bestimmung des § 13 Abs. 5 Nr. 1 Satz 3 VOB/B für AGB-unwirksam gehalten, wenn die VOB/B dem Vertrag nicht als Ganzes zugrunde liege.[530] Der BGH teilt diese Bedenken offenbar nicht, denn er hält die Bestimmung des § 13 Abs. 5 Satz 3 VOB/B für eine »besonders sachgerechte Regelung« im Interesse des Auftraggebers[531] und damit gerade nicht für eine unangemessene Benachteiligung des Auftragnehmers im Sinne des AGB-Rechts.

§ 13 Abs. 5 Nr. 1 Satz 3 VOB/B bestimmt klarstellend, dass die zweijährige Verjährungsfrist für Nachbesserungsleistungen nicht vor Ablauf der Regelfrist von 4 Jahren endet, was eine Selbstverständlichkeit ist und in dem Fall relevant wird, in dem in den ersten beiden Jahren nach der Abnahme Mängelbeseitigungsarbeiten ausgeführt werden.

c) BGB-Werkvertrag

287 Beim BGB-Werkvertrag beträgt die Mängelhaftungsfrist, wie in Buchstabe a) schon erwähnt, nach wie vor 5 Jahre. Eine schriftliche Mängelrüge führt weder zu einem Neubeginn noch zu einer Hemmung der Verjährung, wenn nicht im Sinne von § 203 BGB Verhandlungen der Parteien über den geltend gemachten Anspruch stattfinden.

Nachbesserungsarbeiten unterliegen beim BGB-Bauvertrag keiner gesonderten Verjährung. Ausnahme: Der Auftragnehmer hat den geltend gemachten Nachbesserungsanspruch des Auftraggebers im Sinne von § 212 Abs. 1 Nr. 1 BGB anerkannt, was dann zum Neubeginn der Verjährung führt.

d) Regelfrist

288 Die »reine VOB-Mängelhaftung«, also die früher lediglich zweijährige und jetzt vierjährige Verjährungsfrist für Baumängel, wird in der Praxis regelmäßig durch längere Fristvereinbarungen im Vertrag verdrängt.

Wie sich unmittelbar aus § 13 Nr. 4 Satz 1 VOB/B ergibt, ist es auch ohne weiteres zulässig, die 4-jährige Regelfrist der VOB zu verlängern, z.B. auf die fünfjährige Verjährungsfrist gemäß § 634a BGB[532] oder auf eine Frist von 5 Jahren und 4 Wochen.[533] Allerdings muss im Einzelfall darauf geachtet werden, ob tatsächlich eine »VOB-Mängelhaftung« mit entsprechend verlängerter Frist vereinbart wurde oder, was auch nicht selten vorkommt, eine ›BGB-Mängelhaftung‹, bei der sich die Mängelansprüche des Auftraggebers nach den Regeln des BGB und nicht der VOB/B richten. Im Rahmen der VOB-Mängelhaftung

---

530 Vgl. OLG Hamm IBR 1994, 316.
531 BGH BauR 2008, 2039, 2040.
532 Vgl. BGH BauR 1987, 445.
533 Vgl. OLG Düsseldorf BauR 1995, 111.

ist die Bestimmung des § 13 Abs. 4 Nr. 2, 1. Halbs. zu beachten, wonach die 2-jährige Verjährungsfrist für Teile von maschinellen und elektrotechnischen/ elektronischen Anlagen unter den dort genannten Voraussetzungen auch dann gilt, wenn im Übrigen eine verlängerte Verjährungsfrist vereinbart ist. Für diese Anlagenteile muss also ausdrücklich und gesondert eine längere Frist vereinbart werden, falls das gewünscht ist.

Nach streitiger, aber wohl zutreffender Auffassung stellt eine Verlängerung der VOB-Gewährleistungsfrist **keinen Eingriff in die VOB/B** dar.[534]

e) Verlängerte Haftung für Organisationsverschulden

Vor Inkrafttreten des Schuldrechtsmodernisierungsgesetzes betrug die Haftung des Auftragnehmers für arglistig verschwiegene Mängel 30 Jahre.[535] Arglist setzt grundsätzlich vorsätzliches Handeln des Auftragnehmers voraus. Allerdings hat der BGH die verlängerte Haftung für Arglist auch dann angewendet, wenn der Auftragnehmer in seinem Betrieb nicht organisatorisch sichergestellt hatte, dass im Rahmen einer **Qualitätskontrolle** vor der Abnahme Mängel festgestellt wurden. Konkreter Fall: Der Auftragnehmer errichtete 1968 eine Scheune aus Spannbeton-Fertigteilen, die 1988 teilweise einstürzte. Der Grund lag darin, dass die Pfetten des Flachdachs nicht ausreichend auf den Konsolen auflagen, was vor oder bei der Abnahme niemand vom Auftragnehmer kontrolliert hatte, aber ohne weiteres erkennbar gewesen war. Der BGH verneinte die Verjährung.[536]

289

Inzwischen haben sich zahlreiche Obergerichte mit ähnlichen Fallgestaltungen befasst und dabei teilweise einen groben Organisationsmangel mit der Folge 30-jähriger Haftung bejaht, teilweise aber auch verneint: Das OLG Köln[537] hat sich mit der mangelhaften Organisation des Herstellprozesses befasst, das OLG Oldenburg[538] mit der mangelhaften Betriebsorganisation unter besonderer Berücksichtigung der Überwachung des Herstellprozesses und der Qualitätsüberprüfung vor Abnahme. Das OLG Stuttgart hat im Urteil[539] die 30-jährige Haftung eines Auftragnehmers bestätigt, der keine ausreichende Qualitätskontrolle bei der Herstellung von Spannbetonplatten sichergestellt hatte, sodass offenkundige Mängel unentdeckt blieben. Weitere Fälle aus der neueren Rechtsprechung: OLG Düsseldorf, BauR 1999, 1021; OLG Hamm, BauR 1999, 767; OLG Brandenburg, BauR 1999, 1191; OLG Jena, BauR 2001,

290

534 So richtig OLG Düsseldorf BauR 1995, 111; a.A., aber wenig überzeugend, OLG München IBR 1994, 361; OLG Hamm IBR 1995, 293; OLG Frankfurt/Main BauR 2005, 1939 in Verbindung mit weiteren Klauseln.
535 Beispielsfall dazu: OLG München BauR 1998, 129.
536 BauR 1992, 500.
537 BauR 1995, 107.
538 BauR 1995, 105.
539 BauR 1997, 317.

1124 (30-jährige Haftung auch bei einem VOB-Vertrag möglich, im konkreten Fall aber verneint); OLG Hamm, BauR 2001, 1126 (keine Anwendung der verlängerten Haftung für Organisationsverschulden bei einem Kaufvertrag über eine gebrauchte Eigentumswohnung); auch der BGH hat in einem weiteren Urteil vom 30.11.2004[540] nochmals festgestellt, dass der Werkunternehmer, der das Werk arbeitsteilig herstellen lässt, die organisatorischen Vorraussetzungen schaffen muss, um sachgerecht beurteilen zu können, ob das Werk bei Ablieferung mangelfrei sei. Unterlässt er dies und wäre der Mangel bei richtiger Organisation entdeckt worden, verjähren die Gewährleistungsansprüche des Bestellers wie bei arglistigem Verschweigen eines Mangels.

In einem weiteren wichtigen Urteil zur verlängerten Haftung bei Organisationsverschulden hat der BGH festgehalten: Die Organisationspflicht des Auftragnehmers ist keine vertragliche Verbindlichkeit gegenüber dem Auftraggeber, sondern (lediglich) eine Obliegenheit. Eine Obliegenheitsverletzung kann dem Unternehmer nicht allein deshalb angelastet werden, weil sein Nachunternehmer die Herstellung des ihm übertragenen Werks seinerseits nicht richtig organisiert. Eine Verschuldenszurechnung des Nachunternehmers über § 278 BGB scheidet aus, eben weil die Organisations»pflicht« lediglich eine Obliegenheit ist.[541] Beim Nachunternehmereinsatz genügt der Hauptunternehmer seiner Organisationsobliegenheit also bereits dann, wenn er den Nachunternehmer sorgfältig aussucht. Ein Organisationsverschulden des Nachunternehmers ist dem Hauptunternehmer hingegen nicht zuzurechnen.[542]

Wie unter Buchstabe a) bereits erwähnt, beträgt die Haftung bei arglistigem Verhalten des Auftragnehmers nach dem Schuldrechtsmodernisierungsgesetz nicht mehr 30 Jahre, sondern 3 Jahre ab Kenntnis vom Anspruch und vom Anspruchsgegner, § 634a Abs. 3 BGB, mindestens 4 Jahre (VOB-Vertrag) bzw. 5 Jahre (BGB-Vertrag), maximal 10 Jahre ab Entstehung des Anspruchs, § 199 Abs. 3 Nr. 1 BGB. Folglich ist auch die obergerichtliche Rechtsprechung dahin zu modifizieren, dass das grobe Organisationsverschulden des Auftragnehmers nur noch zum Eintritt der regelmäßigen Verjährungsfrist anstatt der (starren) 5-jährigen Verjährungsfrist führt.

291 Für **Übergangsfälle** aus der Zeit vor dem 31.12.2001 ist die Rechtslage noch etwas komplizierter. Artikel 229 § 6 Abs. 3 und Abs. 4 EGBGB bestimmt, dass bei konkurrierenden Verjährungsvorschriften nach altem und neuem Recht die jeweils kürzere Frist gilt, was natürlich vom Einzelfall abhängt.

Beispiel 1: Dem Auftragnehmer ist grobes Organisationsverschulden anzulasten, die Abnahme hat am 01.03.1992 stattgefunden. Der Auftraggeber ist über den Anspruch und den Schuldner des Anspruchs seit dem 01.01.1998 informiert.

---

540 BGH BauR 2005, 550.
541 BGH BauR 2008, 87.
542 BGH a.a.O.

Nach altem Recht wäre die Verjährung erst im Jahr 2022 eingetreten. Nach neuem Recht hat die 3-jährige Verjährung am 01.01.2002 begonnen und ist am 31.12.2004 geendet. Die neue, kürzere Frist verdrängt also die alte, längere Frist.

Beispiel 2: Wie Beispiel 1, allerdings hat die Abnahme am 30.09.1972 stattgefunden. Anspruch und Anspruchsgegner sind dem Auftraggeber seit dem 15.12.1995 bekannt.

Hier wäre die Verjährung nach altem Recht am 30.9.2002 eingetreten, nach neuem Recht am 31.12.2004. Hier bleibt es bei der alten Verjährung, weil diese früher eintritt als die Verjährung nach neuem Recht.

f) Verzicht auf die Einrede der Verjährung

Der Verzicht auf die Einrede der Verjährung führt dazu, dass die Verjährung **292** zwar möglicherweise eintritt, der Auftragnehmer sich hierauf aber nicht berufen darf, weil er auf die Einrede verzichtet hat. Der Sinn und Zweck besteht regelmäßig darin, dass die Geltendmachung von Mängelhaftungsansprüchen kurz vor Fristablauf und ggf. Verhandlungen der Parteien hierüber nicht unter Zeitdruck geraten im Hinblick auf den kurz bevorstehenden Verjährungseintritt. Ein Rechtsstreit oder ein Beweissicherungsverfahren kann dann häufig zunächst vermieden werden. Der Auftragnehmer sollte einen Verzicht auf die Einrede der Verjährung aber niemals voreilig oder gar unbefristet abgeben, sondern allenfalls befristet auf eine solche Zeit, innerhalb derer normalerweise eine Klärung herbeigeführt werden kann. Sind die Verhandlungen dann immer noch nicht abgeschlossen, kann der Verzicht nötigenfalls auch verlängert werden.

Die wichtigsten Voraussetzungen und Rechtsfragen der Mängelansprüche sind in der nachstehenden

Abbildung 7

zusammengefasst.

Mangel liegt vor bei
- Fehlen der vereinbarten Beschaffenheit
  oder
- Verstoß gegen die anerkannten Regeln der Technik
  oder
- fehlender Eignung für die nach dem Vertrag vorausgesetzte oder die gewöhnliche Verwendung des Werks

Trotz des Vorliegens eines Mangels keine Mängelansprüche, wenn
1. der Mangel beruht auf
   - auftraggeberseitiger Leistungsbeschreibung oder sonstigen Anordnungen des AG
     oder
   - vom AG gelieferten oder bindend vorgeschriebenen Stoffen
     oder
   - mangelhaften Vorleistungen anderer Unternehmer
     und
2. der AN seiner Prüfungs- und (schriftlichen) Hinweispflicht genügt hat

Mängelansprüche **vor** der Abnahme:
1. Nacherfüllungspflicht gemäß § 4 Abs. 7 Satz 1
2. Schadensersatzpflicht, soweit der Mangel verschuldet wurde, § 4 Abs. 7 Satz 2
3. Minderung analog § 13 Abs. 6, wenn Mängelbeseitigung unmöglich, unverhältnismäßig oder unzumutbar
4. Selbstvornahme gemäß § 4 Abs. 7 Satz 3, wenn der Mangel trotz
   - Rüge
   - Fristsetzung mit Kündigungsandrohung und
   - anschließender schriftlicher Kündigungserklärung nicht beseitigt worden ist.
   Achtung:
   Teilkündigung nur begrenzt zulässig.
5. Aufwendungsersatz gemäß § 284 BGB

Mängelansprüche nach der Abnahme:
1. Nacherfüllungspflicht gemäß § 13 Abs. 5 Nr. 1
2. Selbstvornahme, wenn der Mangel trotz Fristsetzung nicht beseitigt wurde. Kündigung nach Abnahme nicht erforderlich.
3. Minderung gemäß § 13 Abs. 6, wenn Mängelbeseitigung unmöglich, unverhältnismäßig oder unzumutbar
4. Schadensersatzpflicht, soweit der Mangel verschuldet wurde **und** die sonstigen Voraussetzungen des § 13 Abs. 7 erfüllt sind.
5. Aufwendungsersatz gemäß § 284 BGB

Abbildung 7: Mängelansprüche nach VOB/B vor und nach der Abnahme

XI. Die Zahlung des Werklohns

1. Die Abschlagszahlung gemäß § 16 Abs. 1 VOB/B[543] – Besonderheiten beim BGB-Vertrag

a) Grundsätzliches

aa) BGB-Werkvertrag

Vor dem 01.05.2000 enthielt das BGB überhaupt keine Regelung über Abschlagszahlungen beim Werkvertrag, d.h., der Auftragnehmer war in vollem Umfang vorleistungspflichtig, da sein Werklohnanspruch insgesamt erst mit der Abnahme fällig wurde, § 641 Abs. 1 BGB. Per 01.05.2000 wurde durch das Gesetz zur Beschleunigung fälliger Zahlungen die Bestimmung des § 632a BGB eingeführt, wonach dem Auftragnehmer eines BGB-Werkvertrages erstmals unter bestimmten Voraussetzungen ein Anspruch auf Abschlagszahlungen zugebilligt wurde. Die gesetzlichen Voraussetzungen waren jedoch in der Praxis kaum zu erfüllen, so dass der Anspruch in der Praxis weitgehend leer lief. Dies hat den Gesetzgeber veranlasst, durch das Forderungssicherungsgesetz per 01.01.2009 eine Neufassung des § 632a BGB vorzulegen, die für alle ab 01.01.2009 abgeschlossenen Verträge Folgendes bestimmt:

293

> *»1) Der Unternehmer kann von dem Besteller für eine vertragsgemäß erbrachte Leistung eine Abschlagszahlung in der Höhe verlangen, in der der Besteller durch die Leistung einen Wertzuwachs erlangt hat. Wegen unwesentlicher Mängel kann die Abschlagszahlung nicht verweigert werden. § 641 Abs. 3 gilt entsprechend. Die Leistungen sind durch eine Aufstellung nachzuweisen, die eine rasche und sichere Beurteilung der Leistungen ermöglichen muss. Die Sätze 1 bis 4 gelten auch für erforderliche Stoffe oder Bauteile, die angeliefert oder eigens angefertigt oder bereitgestellt sind, wenn dem Besteller nach seiner Wahl Eigentum an den Stoffen oder Bauteilen übertragen oder entsprechende Sicherheit hierfür geleistet wird.*
>
> *2) ...*
>
> *3) Ist der Besteller ein Verbraucher und hat der Vertrag die Errichtung oder den Umbau eines Hauses oder eines vergleichbaren Bauwerks zum Gegenstand, ist dem Besteller bei der ersten Abschlagszahlung eine Sicherheit für die rechtzeitige Herstellung des Werks ohne wesentliche Mängel in Höhe von 5 vom 100 des Vergütungsanspruchs zu leisten. Erhöht sich der Vergütungsanspruch infolge von Änderungen oder Ergänzungen des Vertrages um mehr als 10 vom 100, ist dem Besteller bei der nächsten Abschlagszahlung eine weitere Sicherheit in Höhe von 5 vom 100 des zusätzlichen Vergütungsanspruchs zu leisten. Auf Verlangen des Unternehmers ist die Sicherheitsleistung durch Einbehalt dergestalt zu erbringen, dass der Besteller die*

---

543 Vgl. dazu vertiefend Kues/May, BauR 2007, 1137.

Abschlagszahlungen bis zu dem Gesamtbetrag der geschuldeten Sicherheit zurückhält.

4) ...«

294 Die Neufassung von § 632a BGB stellt eine deutliche Verbesserung gegenüber der bisherigen Regelung dar, wonach der Auftragnehmer nur für in sich abgeschlossene Teilleistungen eine Abschlagszahlung verlangen konnte und auch nur dann, wenn der Auftraggeber Eigentum an den erbrachten Teilleistungen erhielt oder aber zumindest eine entsprechende Sicherheit (z.B. Bürgschaft). Die Neufassung orientiert sich nunmehr an der praxisbewährten Bestimmung des § 16 Abs. 1 VOB/B, ohne ihr allerdings in vollem Umfang zu entsprechen. Voraussetzung des gesetzlichen Anspruchs auf eine Abschlagszahlung ist eine vertragsgemäß erbrachte Leistung des Auftragnehmers, durch die der Besteller einen entsprechenden Wertzuwachs erlangt hat. Für die Höhe der Abschlagsforderung kommt es insoweit natürlich auf die anteilige vereinbarte Vergütung und nicht auf einen objektiven Wertzuwachs des Grundstücks an. Insoweit entspricht die Bestimmung also letztlich der VOB/B-Regelung des § 16 Abs. 1 Nr. 1 VOB/B (dazu sogleich Rdn. 296).

Eine deutliche Abweichung zwischen der gesetzlichen Neuregelung und der Regelung in § 16 Abs. 1 VOB/B besteht jedoch hinsichtlich vorhandener Mängel der abgerechneten Teilleistung. Das Gesetz bestimmt hierzu in § 632a Abs. 1 Satz 2, dass wegen unwesentlicher Mängel die Abschlagszahlung nicht verweigert werden darf, was im – naheliegenden – Umkehrschluss bedeutet, dass bei wesentlichen Mängeln die Abschlagszahlung also verweigert werden darf. Gemäß § 632a Abs. 1 Satz 3 BGB gilt jedoch in diesem Zusammenhang § 641 Abs. 3 BGB entsprechend. Gemäß § 641 Abs. 3 BGB kann der Auftraggeber bei vorhandenen Mängeln nach der Fälligkeit des Werklohns die Zahlung eines angemessenen Teils der Vergütung, regelmäßig das Zweifache des Mängelbeseitigungsaufwandes, verweigern (dazu oben Rdn. 253). Bedeutet der etwas missverständliche Text des § 632a Abs. 1 BGB also, dass der Auftraggeber bei wesentlichen Mängeln überhaupt keine Abschlagszahlungen leisten muss und bei unwesentlichen Mängeln auf den doppelten Einbehalt beschränkt ist?

Die klare Antwort lautet: Ja. Aus den Gesetzesmaterialien ergibt sich der eindeutige Wille des Gesetzgebers, dass der Auftraggeber eines BGB-Werkvertrages bei wesentlichen Mängeln keine Abschlagszahlung leisten und (nur) bei unwesentlichen Mängeln auf den doppelten Einbehalt beschränkt ist.[544] Bei Vorliegen eines wesentlichen Mangels (dazu oben Rdn. 193) ist der Auftraggeber eines BGB-Werkvertrages also nicht zur Abschlagszahlung verpflichtet. Bei lediglich unwesentlichen Mängel kann er einen doppelten Mängeleinbehalt vornehmen, der Rest muss als Abschlagszahlung ausgezahlt werden.[545]

---

544 Vgl. dazu Kaiser, Das neue Forderungssicherungsgesetz, 2009, Rdn. 84.
545 So zutreffend Kaiser, a.a.O., Rdn. 98; Hildebrandt, BauR 2009, 1, 7; Palandt/Sprau, BGB, 68. Aufl. 2009, § 632a Rdn. 7.

Auch zu der bisherigen Fassung von § 632a BGB wurde übrigens vereinzelt die Auffassung vertreten, »vertragsgemäße Leistung« setze die Mängelfreiheit voraus.[546]

Neu ist der gesetzliche Sicherungsanspruch zugunsten des Auftraggebers in **295** § 632a Abs. 3 BGB. Soweit der Auftraggeber Verbraucher ist und der Vertrag die Errichtung oder den Umbau eines Hauses oder eines vergleichbaren Bauwerks (z.B. Eigentumswohnung) zum Inhalt hat und der Auftraggeber eine Abschlagszahlung leisten soll, muss der Auftragnehmer dem Auftraggeber bei der ersten Abschlagszahlung Sicherheit in Höhe von 5 % des Vergütungsanspruchs stellen. Erhöht sich der Vergütungsanspruch aufgrund von Nachträgen um mehr als 10 % der ursprünglichen Summe, so muss auch in Höhe von 5 % des Nachtragsvolumens eine weitere Sicherheit gestellt werden. Die Bestimmung enthält Verbraucherschutz reinsten Wassers, könnte sich als gesetzliche Regelung einer Auftraggebersicherheit aber langfristig auch auf gewerbliche Bauverträge und auch auf die Regelung der VOB/B auswirken.

Wie alle Bestimmungen, die durch das Forderungssicherungsgesetz per 01.01.2009 eingeführt worden sind, gilt auch die Neuregelung des § 632a BGB nur für Verträge, die ab dem 01.01.2009 abgeschlossen worden sind. Für alle vorher abgeschlossenen Verträge gilt das alte Recht weiter.[547]

bb) VOB-Vertrag

Gemäß § 16 Abs. 1 Nr. 1 Satz 1 VOB/B (2006) kann der Auftragnehmer Ab- **296** schlagszahlungen in Höhe des Wertes der jeweils nachgewiesenen vertragsgemäßen Leistungen einschließlich der anteiligen Umsatzsteuer entweder in möglichst kurzen Zeitabständen (1. Alternative) oder zu den vereinbarten Zeitpunkten (2. Alternative) verlangen. Im ersten Fall erfolgt die Abschlagszahlung also »nach Baufortschritt«, im zweiten Fall »nach Zahlungsplan«. Die 2. Alternative ist durch die VOB/B 2006 neu eingefügt worden und stellt zweierlei klar: Zum einen ist die Vereinbarung von Zahlungsplänen VOB/B-konform und stellt insbesondere keinen Eingriff in die VOB/B dar, der zur AGB-Kontrolle aller VOB/B-Vorschriften führen würde.[548] Zum anderen können Zahlungspläne entweder nach bestimmten Leistungsmerkmalen (z.B. Zahlungsrate nach Fertigstellung Rohbau) oder nach zeitlichen Merkmalen (z.B. Abschlagszahlungen zum 15. jedes Monats) aufgestellt sein. § 16 Abs. 1 Nr. 1 Satz 1 VOB/B (2006) stellt klar, dass der Auftragnehmer auch im zweiten Fall die Abschlagszahlung nur für die bis dahin vertragsgemäß erbrachte Leistung verlangen kann und nicht losgelöst hiervon. Selbstverständlich können die Parteien etwas anderes vereinbaren, z.B. die Zahlung einer bestimmten

---

546 Vgl. ausdrücklich OLG Schleswig BauR 2007, 1579.
547 Dazu Rdn. 292 bis 294 der 17. Aufl.
548 Dazu näher oben Rdn. 20 ff.

Zahlungsrate zum 15. eines jeden Monats, die dann unabhängig vom entsprechenden Leistungsstand zum Fälligkeitstermin zu zahlen ist.

297 Gemäß § 16 Abs. 1 Nr. 1 Satz 2 VOB/B muss der Auftragnehmer seine Leistungen durch eine prüfbare Aufstellung nachweisen, die eine rasche und sichere Beurteilung der Leistungen ermöglichen muss. Die gleiche Anforderung stellt auch § 632a Abs. 1 Satz 4 BGB im Fall einer gesetzlichen Abschlagszahlung an die Prüfbarkeit der Aufstellung. Aus dem Zweck der Abschlagszahlung, dem Auftragnehmer entsprechend dem Baufortschritt Liquidität zu verschaffen, ergibt sich, dass an die Prüffähigkeit von Abschlagsrechnungen geringere Anforderungen zu stellen sind als an die Prüffähigkeit von Schlussrechnungen.[549] Dieser Zweck verbietet auch, die Fälligkeit einer VOB/B-Abschlagszahlung im Bauvertrag von Faktoren abhängig zu machen, auf deren Eintritt der Auftragnehmer keinen Einfluss hat.[550]

Die Vorlage einer prüfbaren Aufstellung zum »Wert« der erbrachten Leistung ist bei Einheitspreisverträgen verhältnismäßig einfach und bereitet in der Praxis keine allzu großen Probleme. Das Recht auf Abschlagszahlungen steht dem Auftragnehmer aber auch bei allen Formen des Pauschalvertrages zu,[551] damit auch bei einem (komplexen) Global-Pauschalvertrag, dem typischerweise kein Leistungsverzeichnis mit Mengenvorgaben und Einzelpreisen zugrunde liegt.[552] Es versteht sich von selbst, dass in diesem Fall eine »prüfbare Aufstellung« über den Wert der erbrachten Teilleistung im Sinne von § 16 Abs. 1 Nr. 1 Satz 2 VOB/B schwieriger ist als beim Einheitspreisvertrag. In der Praxis hatte sich hier schon vor der Ergänzung der VOB/B 2006 weitgehend die Vereinbarung von Zahlungsplänen durchgesetzt, die an bestimmte, klar fassbare Zahlungsmerkmale anknüpfen.[553]

Im Rahmen von Treu und Glauben kann auch vereinbart werden, dass der Auftragnehmer Abschlagsforderungen erst ab einer bestimmten Höhe (z.B. einer gewissen Mindestsumme der Rechnung) stellen kann.

298 Mit Fertigstellung, Abnahme und Erteilung der Schlussrechnung erlischt grundsätzlich der Anspruch auf Abschlagszahlungen. Jetzt kann der Auftragnehmer – nach vorheriger Stellung der Schlussrechnung – nur noch die Schlusszahlung verlangen.[554] Kann der Auftragnehmer jedoch die Abnahme

---

549 Zuletzt BGH BauR 1997, 468.
550 So zutreffend LG Frankfurt/Main BauR 2008, 842. Im konkreten Fall ging es um Auftragsbedingungen der Deutschen Bahn, wonach Abschlagszahlungen u.a. die Angabe einer SAP-Bestellung, des Streckenabschnitts und der Projekt- bzw. Vorhabennummer voraussetzten.
551 Zu den unterschiedlichen Typen von Pauschalverträgen vgl. oben Rdn. 61.
552 BGH BauR 1991, 81.
553 Näher dazu Langen/Schiffers, Rdn. 2407 und 2467.
554 OLG Hamm BauR 1999, 776; näher Messerschmidt, in: Kapellmann/Messerschmidt, B § 16, Rdn. 97.

oder deren unberechtigte Verweigerung durch den Auftraggeber nicht nachweisen, so kann er selbst im Bauprozess zumindest hilfsweise noch anstelle der Schlusszahlung eine entsprechende Abschlagszahlung verlangen.[555] Gleichermaßen kann der Auftragnehmer nach Auffassung des OLG Köln[556] eine bereits eingeklagte Abschlagsforderung trotz zwischenzeitlicher Erteilung der Schlussrechnung weiterverfolgen.

b) Fälligkeit

aa) BGB-Werkvertrag

Für BGB-Werkverträge bestimmt § 632a BGB nicht, wann der Anspruch des Auftragnehmers auf die Abschlagszahlung fällig wird. § 286 Abs. 3 BGB (dazu nachstehend Rdn. 319) sowie der allgemeinen Bestimmung des § 271 Abs. 1 BGB ist jedoch zu entnehmen, dass die Abschlagsforderung des Auftragnehmers **sofort** und ohne Abschlagsrechnung **fällig** wird,[557] was jedoch den praktischen Bedürfnissen nicht gerecht wird. Denn auch der Auftraggeber eines BGB-Werkvertrages muss ja zumindest wissen, für welche Leistungen und in welcher Höhe der Auftragnehmer eine Abschlagsforderung gemäß § 632a BGB geltend macht. Für diese Prüfung benötigt er eine angemessene Prüfungsfrist. **299**

Durch das Forderungssicherungsgesetz ist mit Wirkung zum 01.01.2009 auch die **Durchgriffsfälligkeit** in § 641 Abs. 2 BGB neu geregelt worden. Die Vorschrift lautet: **300**

> »Die Vergütung des Unternehmers für ein Werk, dessen Herstellung der Besteller einem Dritten versprochen hat, wird spätestens fällig,
> 1. soweit der Besteller von dem Dritten für das versprochene Werk wegen dessen Herstellung seine Vergütung oder Teile davon erhalten hat,
> 2. soweit das Werk des Bestellers von dem Dritten abgenommen worden ist oder als abgenommen gilt oder
> 3. wenn der Unternehmer dem Besteller erfolglos eine angemessene Frist zur Auskunft über die in den Nrn. 1 und 2 bezeichneten Umstände bestimmt hat.
> Hat der Besteller dem Dritten wegen möglicher Mängel des Werks Sicherheit geleistet, gilt Satz 1 nur, wenn der Unternehmer dem Besteller entsprechende Sicherheit leistet.«

An der bisherigen Regelung der Durchgriffsfälligkeit in § 641 Abs. 2 BGB, die für alle bis zum 31.12.2008 abgeschlossenen Bauverträge weiterhin anwendbar ist, wurde vor allem kritisiert, dass die Bestimmung *nur* die (Durchgriffs-)Fäl- **301**

---

555 BGH BauR 2000, 1482, 1484.
556 OLG Köln BauR 2006, 1143.
557 So z.B. Kniffka, ZfBR 2000, 227, 229; Messerschmidt, in: Kapellmann/Messerschmidt, B § 16, Rdn. 24.

ligkeit des Vergütungsanspruchs des Nachunternehmers regelt, sonstige Einwendungen des Auftraggebers, insbesondere Leistungsverweigerungsrechte aus §§ 641 Abs. 3, 320 BGB, aber nicht ausschloss.[558] Auch die gesetzliche Neufassung regelt »nur« die (Durchgriffs-)Fälligkeit und nicht den Ausschluss sonstiger Einwendungen des Auftraggebers. Über die frühere Regelung hinaus wird der Werklohnanspruch des Nachunternehmers aber nicht nur dann fällig, wenn sein Auftraggeber (Generalunternehmer oder Hauptunternehmer) von dessen Auftraggeber den entsprechenden Werklohn (oder Teile davon) erhalten hat (§ 641 Abs. 2 Nr. 1 BGB), sondern auch dann, wenn die Leistung des Haupt- oder Generalunternehmers abgenommen worden ist oder als abgenommen gilt (§ 641 Abs. 2 Nr. 2 BGB) oder sogar dann, wenn der Nachunternehmer dem Hauptunternehmer/Generalunternehmer erfolglos eine angemessene Frist zur Auskunft über die Zahlung/Abnahme des »Hauptauftraggebers« gesetzt hat. Vor allem von der Auskunftspflicht und der daran geknüpften Durchgriffsfälligkeit hat sich der Gesetzgeber eine deutlich erhöhte Effektivität der neuen Bestimmung versprochen, was in der Praxis natürlich abzuwarten bleibt.[559]

bb) VOB-Vertrag

302 Anders als beim BGB-Werkvertrag ist die Abschlagsforderung beim VOB-Vertrag nicht sofort fällig, sondern erst 18 Werktage nach Vorlage einer prüfbaren Aufstellung über die Abschlagsforderung, § 16 Abs. 1 Nr. 1 Satz 2 i.V.m. Nr. 3 VOB/B. Zutreffend trägt die VOB/B damit dem Umstand Rechnung, dass kein Auftraggeber – auch bei verminderten Anforderungen an die Prüfbarkeit der Abschlagsrechnung – diese »sofort« prüfen und »sofort« die Zahlung veranlassen kann.

Mangels abweichender Regelung gelten auch beim VOB-Vertrag die Bestimmungen des § 641 Abs. 2 BGB zur »Durchgriffsfälligkeit« bei nachgeschalteten Vertragsverhältnissen. Hierzu darf auf die vorstehenden Erläuterungen unter Rdn. 299 f. verwiesen werden.

c) Einwendungen und Abzüge des Auftraggebers

aa) Skonto

303 **Skontoabzug** darf gemäß § 16 Abs. 5 Nr. 2 VOB/B nur erfolgen, wenn

- ein Skonto überhaupt im Vertrag vereinbart ist und
- wenn die Voraussetzungen des Skontoabzuges vorliegen.

---

558 So ausdrücklich OLG Nürnberg OLGR 2003, 336; OLG Bamberg BauR 2009, 113.
559 Vgl. die kritischen Äußerungen von Hildebrandt, BauR 2009, 1, 8 f.

Unterschiede zwischen einem BGB-Werkvertrag und einem VOB-Vertrag bestehen hier nicht, so dass die nachstehenden Ausführungen für beide Verträge gelten:

Eine wirksame Skontoabrede setzt zunächst voraus, dass die zulässige **Höhe des Skonto** und eine entsprechende **Skontofrist** vereinbart worden sind.[560] Handelt es sich bei der Skontovereinbarung um eine Individualabrede, so reicht als Skontofrist die Bezugnahme auf die Zahlungsfristen gemäß § 16 VOB/B aus.[561] Handelt es sich bei der Skontoklausel hingegen um eine AGB-Klausel, so bestehen gegen eine Skontofrist von 18 Werktagen bzw. 2 Monaten (für die Schlusszahlung) erhebliche Wirksamkeitsbedenken.

Bestimmt die Skonto-Vereinbarung nicht ausdrücklich, dass es für den Skontoabzug auf den Eingang der Zahlung beim Auftragnehmer ankommt, so reicht zur Wahrung der Skonto-Frist die Vornahme der Zahlungs*handlung*, also die Erteilung des Überweisungsauftrages oder die Absendung des Schecks.[562] Geldschulden sind gemäß § 270 Abs. 1 BGB Schickschulden (und keine Bringschulden).

Die Skontofrist beginnt erst ab Eingang einer prüfbaren (Abschlags- oder Schluss-) Rechnung, wobei der Auftraggeber die mangelnde Prüfbarkeit unverzüglich und innerhalb der Skontofrist rügen muss, wenn er das Recht auf den Skontoabzug behalten will.[563]

Im Übrigen ist bei Skontoklauseln in Bauverträgen häufig streitig, ob Skonto **304** nur abgezogen werden darf, wenn **sämtliche Zahlungen** (einschließlich der Schlusszahlung) in der vereinbarten Skontofrist geleistet werden oder ob jede Zahlung selbstständig skontierfähig ist.

Letztlich kommt es hierzu auf die genaue Formulierung der Skontoklausel an.[564] Die Parteien können – selbstverständlich – wirksam vereinbaren, dass der Auftraggeber hinsichtlich jeder einzelnen Zahlung, die innerhalb der Skontofrist erfolgt, Skonto abziehen darf, unabhängig davon, ob die Skontovoraussetzungen auch hinsichtlich der anderen Zahlungen vorliegen.[565] Lautet die Skontoklausel aber undifferenziert »Zahlung innerhalb 8 Tagen – 2 % Skonto«, dann ergibt die Auslegung dieser Skonto-Vereinbarung regelmäßig, dass der Auftraggeber zu einem Skontoabzug nur berechtigt sein soll, wenn er **alle Zahlungen** innerhalb der vereinbarten Skontofrist vornimmt. Nach Auffassung des OLG Düsseldorf[566] setzt der Skontoabzug überdies voraus, dass der Auftraggeber keine unberechtigten Zahlungskürzungen vornimmt.

---

560 Beck'scher VOB-Kommentar-Motzke, § 16 Nr. 5, Rdn. 16.
561 OLG Karlsruhe BauR 1999, 1028; anderer Auffassung Werner/Pastor, Rdn. 1278.
562 BGH BauR 1998, 398.
563 Näher Messerschmidt, in: Kapellmann/Messerschmidt, B § 16, Rdn. 296 ff.
564 Dazu OLG Karlsruhe BauR 1999, 1028.
565 BGH BauR 2000, 1754.
566 BauR 2000, 729.

Darlegungs- und beweispflichtig für die Berechtigung des Skontoabzugs ist im Übrigen der Auftraggeber.[567]

bb) Mängel

305 Häufig lasten der Teilleistung, wegen derer der Auftragnehmer eine Abschlagszahlung fordert, in mehr oder weniger großem Umfang Mängel an. Hinsichtlich der Mängelrechte klaffen die (bisherige) VOB/B-Regelung und die (neue) gesetzliche Regelung nun auseinander:

Wie in Rdn. 293 f. erläutert, ergibt sich aus der Neuregelung des § 632a Abs. 1 Satz 2 BGB, dass der BGB-Auftraggeber bei wesentlichen Mängeln überhaupt keine Abschlagszahlungen leisten muss, während er bei unwesentlichen Mängeln einen doppelten Mängeleinbehalt vornehmen kann. Beim VOB-Vertrag entspricht es demgegenüber der ständigen Rechtsprechung und der herrschenden Literaturauffassung, dass der VOB-Auftraggeber auch bei wesentlichen Mängeln nur zu einem – früher Dreifachen und jetzt Doppelten, vgl. § 641 Abs. 3 BGB – Mängeleinbehalt berechtigt ist.[568] Im Vergleich zur gesetzlichen Neuregelung wird der Auftragnehmer eines VOB/B-Bauvertrages gegenüber dem Auftragnehmer eines BGB-Vertrages also deutlich privilegiert. Da die gesetzliche Neuregelung gleichzeitig das »gesetzliche Leitbild« im Sinne des AGB-Rechts darstellt, könnte § 16 Abs. 1 VOB/B bei »isolierter Prüfung« damit gesetzeswidrig und somit unwirksam sein.[569] Selbst wenn man dieser Auffassung folgt, wird sich die praktische Auswirkung aber in Grenzen halten. Denn typischerweise ist AGB-Verwender beim Bauvertrag der Auftraggeber, der jedoch keinen Schutz gegen seine eigenen, gesetzeswidrigen Klauseln erhält. Da durch § 16 Abs. 1 VOB/B der Auftragnehmer und nicht der Auftraggeber begünstigt wird, kann der Auftraggeber sich also nicht auf die Unwirksamkeit von § 16 Abs. 1 VOB/B berufen.

cc) Bauabzugsteuer und sonstige Abzüge

306 Gemäß § 48 EStG ist ein Auftraggeber von Bauleistungen, der entweder eine juristische Person des öffentlichen Rechts oder Unternehmer i.S.v. § 3 UStG ist, verpflichtet, für Zahlungen nach dem 31.12.2001 anteiligen Werklohn in Höhe von 15 % einzubehalten und an das Finanzamt des Auftragnehmers abzuführen, wenn der Auftragnehmer keine so genannte Freistellungsbescheinigung vorlegt.[570]

Für sonstige Abzüge des Auftraggebers bestimmt § 16 Abs. 1 Nr. 2 Satz 1 VOB/B, dass Gegenforderungen einbehalten werden können. Als entspre-

---

567 OLG Düsseldorf BauR 2001, 1268.
568 Vgl. z.B. BGH BauR 1991, 81; ergänzend Hildebrandt, BauR 2009, 1, 7 m.w.N.
569 So ausdrücklich Hildebrandt, BauR 2009, 1, 7.
570 Dazu LG Cottbus BauR 2002, 1703.

chende Gegenforderung kommt beispielsweise eine bereits während des Bau-ablaufs verwirkte Vertragsstrafe infrage – vorausgesetzt natürlich, die Vertrags-strafe ist für einen überschrittenen Zwischentermin wirksam vereinbart und die Voraussetzungen der Vertragsstrafe (Terminverzug des Auftragnehmers hinsichtlich eines Zwischentermins) liegen tatsächlich vor.[571]

Auch sonstige Gegenforderungen wie beispielsweise Schadensersatzansprüche für mängelbedingte Mietausfälle gemäß § 4 Abs. 7 Satz 2 VOB/B (dazu oben Rdn. 239) können von der Abschlagsforderung des Auftragnehmers abgezo-gen werden.

Nachweispflichtig dem Grunde wie der Höhe nach für solche Gegenforderun-gen ist jeweils der Auftraggeber.

d) Rechte des Auftragnehmers bei gekürzten oder verweigerten Abschlagszahlungen

aa) Zinsen

(1) BGB-Werkvertrag

Wie schon in Rdn. 107 ausgeführt, beträgt der gesetzliche Zinssatz gemäß § 288 BGB bei Verträgen mit Verbrauchern 5 %-Punkte und ansonsten 8 %-Punkte über dem Basiszinssatz, der gemäß § 247 Abs. 1 BGB seit dem 01.01.2002 3,62 % beträgt. Der Basiszinssatz wird zum 1.1. und 1.7. eines jeden Jahres neu festgesetzt. Seit dem 01.01.2009 beträgt der Basiszinssatz 1,62 %. **307**

Ist der Auftraggeber also Verbraucher, dann beträgt der gesetzliche Verzugszins derzeit 6,62 %. Ist der Auftraggeber kein Verbraucher, dann beträgt der gesetz-liche Verzugszins derzeit sogar 9,62 %.

Ob der Auftraggeber sich in Zahlungsverzug befindet, richtet sich nach § 286 BGB, wobei § 286 Abs. 1 BGB und Abs. 3 BGB nebeneinander stehen. Das be-deutet:

Im Normalfall setzt der Verzug Fälligkeit (dazu oben Rdn. 299 ff.) sowie eine Mahnung des Auftragnehmers **nach** Fälligkeit voraus, schließlich Verschulden des Auftraggebers, das gemäß § 286 Abs. 4 BGB aber vermutet wird.

Alternativ kommt der Auftraggeber gemäß § 286 Abs. 3 BGB spätestens in Verzug, wenn er nicht innerhalb von 30 Tagen nach Fälligkeit und Zugang einer Rechnung oder einer gleichwertigen Zahlungsaufstellung leistet.[572] Dies gilt gegenüber einem Schuldner, der Verbraucher ist, nur, wenn auf diese Folgen in der Rechnung oder Zahlungsaufstellung besonders hingewiesen worden ist.

---

571 Näher dazu Langen, in: Kapellmann/Messerschmidt, B § 11, Rdn. 67 ff.
572 Die Verlängerung dieser Frist auf 90 Tage in AGB ist unwirksam, OLG Köln BauR 2006, 1477.

Der Auftragnehmer eines BGB-Bauvertrages hat also die Wahl zwischen der Begründung des Verzuges durch Mahnung (§ 286 Abs. 1 BGB) oder durch Ablauf der 30-Tages-Frist gemäß § 286 Abs. 3 BGB.

(2) VOB-Vertrag

308 Aufgrund der Sonderbestimmung des § 16 Abs. 5 Nr. 3 VOB/B muss der Auftragnehmer eines VOB-Vertrages die fällige Zahlung unter Setzung einer angemessenen Nachfrist anmahnen. Erst nach Ablauf dieser Nachfrist kommt der Auftraggeber in Zahlungsverzug. Nach der – zweifelhaften – Entscheidung des BGH vom 15.04.2004 endet der Verzug des Auftraggebers mit der Bezahlung einer Abschlagsforderung, sobald der Auftragnehmer (nach Abnahme) die Schlussrechnung erteilt hat.[573]

Auch ohne Mahnung mit Nachfristsetzung gerät der Auftraggeber (ausnahmsweise) in Verzug, wenn er endgültig und ernsthaft die Zahlung verweigert hat (z.B. bei einer Aufrechnung mit einer Gegenforderung[574]).

§ 16 Abs. 5 Nr. 3 VOB/B enthält für VOB-Verträge eine abschließende Sonderregelung, die grundsätzlich vorrangig vor den Bestimmungen des BGB gilt.[575] Durch das ausdrückliche Erfordernis einer Mahnung sowie einer Nachfristsetzung weicht § 16 Abs. 5 Nr. 3 VOB/B nun jedoch deutlich vom gesetzlichen Leitbild des Zahlungsverzuges in § 286 Abs. 1–3 BGB ab. Liegen die Bestimmungen der VOB/B dem Vertrag also – wie häufig – nicht als Ganzes zugrunde, **so verstößt § 16 Abs. 5 Nr. 3 Satz 1 VOB/B bei »isolierter Betrachtung«** mit hoher Wahrscheinlichkeit **gegen § 307 BGB (früher § 9 AGB-Gesetz)** und ist damit unwirksam.[576] Bis zur endgültigen Klärung dieser Frage durch die Rechtsprechung ist dem Auftragnehmer eines VOB-Vertrages anzuraten, die Formalien des § 16 Abs. 5 Nr. 3 VOB/B zu beachten, im Zweifel also nach Fälligkeit der Abschlagsforderung mit Nachfristsetzung zu mahnen. Entweder kommt der Auftraggeber dann (erst) nach Ablauf der Nachfrist in Verzug (bei Wirksamkeit der VOB-Regelung) oder aber schon durch den Zugang der Mahnung (gemäß § 286 Abs. 1 BGB) bzw. spätestens nach Ablauf der 30-Tages-Frist gemäß § 286 Abs. 3 BGB (bei Unwirksamkeit der VOB-Regelung).

309 Bezüglich der Zinshöhe hat die VOB/B sich von der jahrzehntelangen Tradition einer eigenständigen Zinsregelung (Anknüpfung an Lombardsatz, später an den SRF-Zinssatz) verabschiedet und verweist nun in vollem Umfang auf den gesetzlichen Zinssatz des § 288 BGB (dazu Rdn. 307).

---

573 BGH BauR 2004, 1146.
574 OLG Düsseldorf BauR 2003, 1579.
575 Ingenstau/Korbion/U. Locher, VOB/B § 16 Nr. 5, Rdn. 11.
576 Vgl. Kniffka, ZfBR 2000, 227, 228.

Befindet der VOB-Auftraggeber sich also in Zahlungsverzug, so kann der Auftragnehmer – wie beim BGB-Vertrag – Zinsen in Höhe von 8 %-Punkten über dem Basiszinssatz des § 247 Abs. 1 BGB verlangen bzw. in Höhe von 5 %-Punkten über dem Basiszinssatz, wenn der Auftraggeber Verbraucher ist.

Sowohl für BGB- als auch für VOB-Verträge ist auf § 288 Abs. 4 BGB hinzuweisen, wonach ein noch höherer als der ohnehin schon hohe Zinssatz des BGB bzw. der VOB geltend gemacht werden kann, wenn der Auftragnehmer einen höheren Schaden nachweisen kann.

bb) Arbeitseinstellung

(1) BGB-Werkvertrag

Das Recht des Auftragnehmers eines BGB-Werkvertrages, die Arbeiten bis zur Zahlung durch den Auftraggeber einzustellen, ist nicht ausdrücklich gesetzlich geregelt. Dazu besteht auch kein Anlass: Wenn und soweit der Auftragnehmer gemäß § 632a BGB berechtigt eine Abschlagsforderung stellt, kann der Auftragnehmer bei unberechtigter Zahlungsverweigerung des Auftraggebers das allgemeine Leistungsverweigerungsrecht gemäß § 320 BGB ausüben.[577] In jedem Fall zu empfehlen ist dem Auftragnehmer jedoch, die Ausübung des Leistungsverweigerungsrechtes vorher anzudrohen. **310**

(2) VOB-Vertrag

Beim VOB-Vertrag ist das Leistungsverweigerungsrecht des Auftragnehmers in § 16 Abs. 5 Nr. 5 VOB/B ausdrücklich geregelt. Hiernach ist der Auftragnehmer berechtigt, die Arbeiten bis zur Zahlung einzustellen, wenn der Auftraggeber **311**

- eine berechtigte Abschlagsforderung des Auftragnehmers (oder das unbestrittene Guthaben aus der geprüften Schlussrechnung, dazu Rdn. 325)
- trotz Mahnung und Nachfristsetzung und
- trotz Androhung der Arbeitseinstellung[578]

nicht ausgeglichen hat. Die Fassung von § 16 Abs. 5 Nr. 5 VOB/B (2006) stellt nun klar, dass das Recht des Auftragnehmers, die Arbeiten einzustellen, nicht von einer doppelten Fristsetzung abhängt. Der Auftragnehmer ist vielmehr bereits dann zur Einstellung der Arbeiten berechtigt, wenn er die fällige Abschlagsrechnung angemahnt und erfolglos eine Nachfrist zum Zahlungsausgleich mit Androhung der Arbeitseinstellung gesetzt hat. Bei unberechtigten **Kürzungen** des Auftraggebers ist im Einzelfall zu prüfen, ob die Arbeitseinstellung im Verhältnis zum ausstehenden Betrag als unverhältnismäßig erscheint oder nicht.[579]

---

577 Peters, NZBau 2000, 169.
578 Dazu Ingenstau/Korbion/U. Locher, VOB/B § 16 Nr. 5, Rdn. 45.
579 Dazu Ingenstau/Korbion/U. Locher, VOB/B § 16 Nr. 5, Rdn. 44.

cc) Kündigung

(1) BGB-Werkvertrag

312 Die unberechtigte Zahlungsverweigerung des Auftraggebers kann den Auftragnehmer auch beim BGB-Werkvertrag zu einer Kündigung aus wichtigem Grund berechtigen, wenn der Auftragnehmer dem Auftraggeber vorher eine angemessene Nachfrist unter Kündigungsandrohung gesetzt hat.[580] Wegen der Einzelheiten sei auf die Erläuterungen in Rdn. 167 ff. verwiesen.

(2) VOB-Vertrag

313 Der VOB-Auftragnehmer kann den Bauvertrag gemäß § 9 Abs. 1b VOB/B unter den dortigen Voraussetzungen aus wichtigem Grund kündigen. Auf die Ausführungen in Rdn. 166 ff. darf verwiesen werden.

Die wichtigsten Regelungen zur Abschlagszahlung sind in der

Abbildung 8

noch einmal zusammengefasst.

---

580 BGH NJW 2000, 1114.

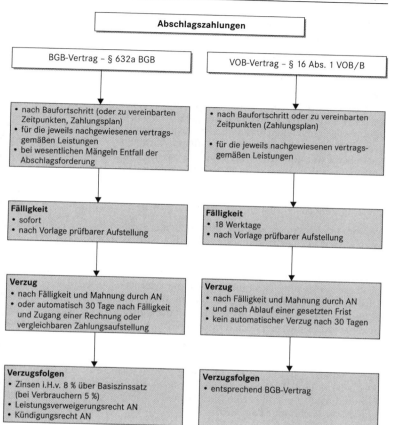

Abbildung 8: Abschlagszahlungen

2. Die Vorauszahlung gemäß § 16 Abs. 2 VOB/B

Die in § 16 Abs. 2 VOB/B geregelte Vorauszahlung ist relativ selten. Sie muss **314** ausdrücklich vereinbart werden. Der Auftragnehmer erhält Werklohn, ohne bis dahin eine entsprechende Gegenleistung erbracht zu haben. Die Vorauszahlung wird, wenn nichts anderes vereinbart ist, seit der Neufassung der VOB 2002 mit 3 %-Punkten über dem Basiszinssatz (also keine Anknüpfung an den SRF-Zinssatz mehr) des § 247 BGB (dazu vorstehend Rdn. 307) verzinst. Die Vorauszahlung ist nach § 16 Abs. 2 Nr. 2 VOB/B auf die Leistung zu verrechnen, für die sie erbracht worden ist.

3. Die Schlusszahlung gemäß § 16 Abs. 3 VOB/B – Besonderheiten beim BGB-Vertrag

a) Erteilung einer prüfbaren Schlussrechnung

aa) BGB-Bauvertrag

315 Beim BGB-Bauvertrag ist die Vorlage einer (prüffähigen) Schlussrechnung kraft Gesetzes an sich nicht erforderlich, um die Fälligkeit der Werklohnforderung herbeizuführen.[581] Auch beim BGB-Bauvertrag kann sich die Rechtsprechung jedoch nicht dem praktischen Bedürfnis verschließen, dass der Auftraggeber erst im Anschluss an eine (prüfbare) Aufstellung des Auftragnehmers feststellen kann, für welche Leistungen er welchen Werklohn zahlen soll. Es entspricht deshalb auch beim BGB-Bauvertrag der inzwischen herrschenden obergerichtlichen Rechtsprechung, dass der Auftragnehmer eine Aufstellung (Rechnung) nebst prüfbarer Belege über den Werklohnanspruch vorlegen muss, um die Fälligkeit seines Werklohnanspruchs herbeizuführen.[582]

Welche Anforderungen an die Prüfbarkeit einer solchen Rechnung zu stellen sind, ist noch weitgehend ungeklärt. Letztlich wird man sich hier an den Vorgaben von § 14 Abs. 1 VOB/B orientieren können.[583]

316 Die Pflicht des BGB-Auftragnehmers, nach Fertigstellung der Arbeiten eine prüfbare Aufstellung (Rechnung) über die geleisteten Arbeiten vorzulegen, wird auch durch die zum 01.05.2000 in Kraft getretene Bestimmung des § 286 Abs. 3 BGB bestätigt. Hiernach gerät der Auftraggeber 30 Tage nach Fälligkeit **und** Zugang einer Rechnung oder einer gleichwertigen Zahlungsaufforderung (automatisch) in Zahlungsverzug (dazu schon oben Rdn. 307).

Hat der Auftragnehmer eines BGB-Bauvertrages sich zur Erteilung einer prüfbaren Schlussrechnung verpflichtet, so gilt auch in diesem Fall die zu § 16 Abs. 3 Nr. 1 VOB/B entwickelte Rechtsprechung, wonach der Auftraggeber Einwendungen gegen die Prüfbarkeit binnen 2 Monaten erheben muss, anderenfalls die Rechnung fällig wird.[584]

---

581 BGH BauR 1981, 199; 1982, 377.

582 OLG Hamm BauR 1997, 656; OLG Frankfurt BauR 1997, 856; OLG Celle BauR 1997, 1052, und 1999, 486; anderer Auffassung OLG Bamberg BauR 2003, 1227; ausführlich dazu Eydner, BauR 2007, 1806 ff.

583 Indirekt bestätigt durch die Entscheidung OLG Düsseldorf BauR 1999, 655, wonach der Auftraggeber analog § 14 Nr. 4 VOB/B unter den dortigen Voraussetzungen berechtigt ist, anstelle des Auftragnehmers die (Schluss-)Rechnung selbst aufzustellen.

584 BGH BauR 2007, 110 und näher dazu unten Rdn. 324.

bb) VOB-Vertrag

Beim VOB-Vertrag ist der Auftragnehmer gemäß § 14 Abs. 1 VOB/B verpflichtet, seine Leistungen prüfbar abzurechnen. Hierzu hat er die Rechnung übersichtlich aufzustellen und dabei die Reihenfolge der Posten einzuhalten sowie die in den Vertragsbestandteilen enthaltenen Bezeichnungen zu verwenden. Wenn dies die Überprüfung der Rechnung nicht wesentlich erschwert, kann es – abweichend von § 14 Abs. 1 Satz 2 VOB/B – im Einzelfall auch zulässig sein, von der Reihenfolge der Positionen im Leistungsverzeichnis abzuweichen.[585] Auch die Bezugnahme auf frühere Abschlagsrechnungen kann ausreichen, wenn in diesen Abschlagsrechnungen die Leistungen jeweils abschließend und prüfbar dargestellt waren.[586] Die zum Nachweis von Art und Umfang der Leistung erforderlichen Mengenberechnungen, Zeichnungen sowie andere Belege sind beizufügen. Änderungen und Ergänzungen des Vertrages sind in der Rechnung besonders kenntlich zu machen und auf Verlangen getrennt abzurechnen.   **317**

Beachtet der Auftragnehmer diese bzw. sonstige im Vertrag enthaltene Festlegungen zur Aufstellung der Schlussrechnung nicht, so ist seine Rechnung nicht prüfbar. Allerdings ist die Prüfbarkeit einer Schlussrechnung kein Selbstzweck. Welche Anforderungen im Einzelfall an die Prüfbarkeit zu stellen sind, ergibt sich vielmehr aus den konkreten Informations- und Kontrollinteressen des Auftraggebers.[587] Dabei muss sich der Auftraggeber die Kenntnisse seines Architekten zurechnen lassen.[588] Hat der Architekt des Auftraggebers die Rechnung als prüfbar bezeichnet und geprüft, so greift der Einwand des Auftraggebers mangelnder Prüfbarkeit nicht.[589] An das Prüfergebnis des Architekten ist der Auftraggeber allerdings nicht gebunden.[590]

Bestehen in einem Rechtsstreit Zweifel hinsichtlich der Prüfbarkeit der Schlussrechnung, muss das Gericht den Auftragnehmer ausdrücklich und konkret auf diese Zweifel hinweisen und ihm Gelegenheit geben, den Prozessvortrag zu ergänzen.[591]

§ 14 Abs. 2 Satz 1 VOB/B sieht im Übrigen möglichst »gemeinsame Feststellungen« der Parteien zum Umfang der Leistungen vor. Eine Pflicht zu einem **gemeinsamen Aufmaß** besteht damit grundsätzlich nicht, es sei denn, im Vertrag ist die Erstellung eines gemeinsamen Aufmaßes vereinbart. Wird das Aufmaß allerdings gemeinsam genommen (wobei der bauleitende Architekt des   **318**

585 OLG Brandenburg BauR 2000, 583.
586 BGH BauR 1999, 1185.
587 BGH BauR 2000, 1485.
588 OLG München BauR 1993, 346.
589 BGH BauR 2002, 468.
590 BGH BauR 2002, 613; 2005, 94.
591 BGH BauR 2007, 110.

Auftraggebers hierzu grundsätzlich bevollmächtigt ist),[592] so sind die gemeinsamen Feststellungen grundsätzlich verbindlich.[593]

Allerdings besteht eine Bindungswirkung nur in tatsächlicher, nicht in rechtlicher Hinsicht. Dem Auftraggeber ist also beispielsweise nicht der Einwand abgeschnitten, die gemeinsam aufgemessene Position sei von einer anderen Leistungsposition umfasst, sie sei in einer vereinbarten Pauschale enthalten oder die aufgemessene Leistung sei vertraglich nicht vereinbart gewesen.[594]

Im Übrigen verweist § 14 Abs. 2 Satz 2 VOB/B auf die Abrechnungsbestimmungen in den Technischen Vertragsbedingungen und den anderen Vertragsunterlagen. Wenn also im Einzelvertrag nichts anderes vereinbart ist, muss der Auftragnehmer die jeweiligen Abrechnungsbestimmungen in Abschnitt 5 der einschlägigen Fach-DIN beachten.

319 Legt der Auftragnehmer keine prüfbare Rechnung (in dem vorbeschriebenen Sinne) vor, so wird sein Anspruch auf Schlusszahlung nicht fällig, so dass der Auftraggeber weder gemäß § 286 Abs. 1 oder 3 BGB noch gemäß § 16 Abs. 5 Nr. 4 VOB/B in Verzug geraten kann. Fälligkeit tritt aber auch bei nicht prüfbaren Rechnungen ein, wenn der Auftraggeber nicht binnen der zweimonatigen Prüfungsfrist des § 16 Abs. 3 Nr. 2 VOB/B Einwendungen gegen die Prüfbarkeit erhebt (näher unten Rdn. 324).

320 § 14 Abs. 3 VOB/B bestimmt, **wann** der Auftragnehmer die (prüfbare) Schlussrechnung vorlegen muss. Wie sich bereits aus dem Text des § 14 Abs. 3 VOB/B ergibt, geschieht dies **nach Fertigstellung** der Leistung, und zwar gestaffelt nach der jeweils vertraglich vereinbarten Ausführungsfrist.

321 Kommt der Auftragnehmer seiner Pflicht zur Vorlage einer (prüfbaren) Schlussrechnung nicht oder nicht rechtzeitig nach, so kann der Auftraggeber unter den Voraussetzungen von § 14 Abs. 4 VOB/B die Schlussrechnung anstelle des Auftragnehmers und auf dessen Kosten aufstellen. Der Auftraggeber muss diese Schlussrechnung natürlich nach Maßgabe der vertraglichen Vereinbarungen aufstellen und dazu ggf. auch ein Aufmaß fertigen, dessen Kosten allerdings zulasten des Auftragnehmers gehen.[595] Da durch eine solche Schlussrechnung jedoch keine Bindungswirkung zulasten des Auftragnehmers eintritt, spielt § 14 Abs. 4 VOB/B in der Praxis keine allzu große Rolle.

592 OLG Hamm BauR 1992, 242.
593 Ingenstau/Korbion/U. Locher, VOB/B § 14 Nr. 2, Rdn. 9.
594 BGH NJW-RR 1992, 727.
595 BGH BauR 2002, 313.

b) Fälligkeit der Schlusszahlung

aa) BGB-Bauvertrag

§ 641 Abs. 1 Satz 1 BGB geht von der (sofortigen) **Fälligkeit** des Vergütungs- **322**
anspruchs **bei der Abnahme** aus.

Der Auftragnehmer ist, wie schon dargelegt (oben Rdn. 315), im Regelfall auch beim BGB-Bauvertrag verpflichtet, eine prüfbare Aufstellung bzw. Rechnung nach Abschluss der Arbeiten vorzulegen. Eine besondere Prüfungsfrist für diese Aufstellung bzw. Rechnung sieht das Gesetz nicht vor. Der BGB-Auftragnehmer muss also die ihm vorgelegte Rechnung/prüfbare Aufstellung unverzüglich nach ihrer Vorlage ausgleichen, was lebensfremd erscheint.

Mit **Fälligkeit** ist der Werklohnanspruch gemäß § 641 Abs. 4 BGB zu verzinsen, allerdings nur in Höhe des Basiszinssatzes gemäß § 247 Abs. 1 BGB (dazu oben Rdn. 307).

In Verzug gerät der Auftraggeber nach Fälligkeit entweder gemäß § 286 Abs. 1 BGB durch eine Mahnung des Auftragnehmers oder aber gemäß § 286 Abs. 3 BGB spätestens 30 Tage nach Fälligkeit automatisch. Zur Höhe des Zinsanspruchs bei Zahlungsverzug darf auf die Erläuterungen in Rdn. 307 verwiesen werden.

bb) VOB-Vertrag

Gemäß § 16 Abs. 3 Nr. 1 VOB/B ist die Schlusszahlung alsbald nach Prüfung **323**
und Feststellung der Schlussrechnung zu leisten, **spätestens** innerhalb von 2 Monaten nach Zugang. Die Prüfung der Schlussrechnung ist nach Möglichkeit zu beschleunigen. Verzögert sie sich, so ist das unbestrittene Guthaben als Abschlagszahlung sofort zu zahlen.

Das bedeutet: Hat der Auftraggeber die Schlussrechnung beispielsweise schon nach 4 Wochen geprüft und festgestellt, so ist damit der Restwerklohnanspruch des Auftragnehmers fällig,[596] und zwar auch hinsichtlich zu Unrecht gestrichener oder gekürzter Rechnungspositionen.[597] Die Prüfung und Abzeichnung der Schlussrechnung durch den Architekten bindet den Auftraggeber aber selbst dann nicht, wenn er das geprüfte Rechnungsexemplar selbst an den Auftragnehmer weitergeleitet hat.[598]

Lässt der Auftraggeber sich mit der Prüfung und Feststellung mehr als 2 Monate Zeit, so tritt unabhängig von der tatsächlichen Prüfung und Feststellung nach Ablauf der 2-Monats-Frist die Fälligkeit ein. 2 Monate sind also die **äußerste Frist.**

---

596 BGH BauR 2006, 993.
597 Vgl. OLG Brandenburg BauR 2003, 1229.
598 BGH BauR 2005, 94.

324 Häufig sieht sich der Auftragnehmer nach Ablauf der **2-Monats-Frist** und mehrfacher Anmahnung des Werklohns oder sogar erst im Rechtsstreit mit dem Einwand des Auftraggebers konfrontiert, die Rechnung sei nicht prüffähig und damit nicht fällig, es würden beispielsweise Unterlagen wie Stahllisten, Lieferscheine usw. fehlen.

Im Anschluss an mehrere BGH-Entscheidungen[599] bestimmt § 16 Abs. 3 Nr. 2 VOB/B (2006) nun, dass Einwendungen gegen die Prüfbarkeit der Schlussrechnung binnen zwei Monaten vom Auftraggeber erhoben werden müssen. Anderenfalls wird der Werklohnanspruch auch dann fällig, wenn die Rechnung objektiv nicht prüfbar ist. Verspätete Einwendungen des Auftraggebers gegen die Prüfbarkeit sind dann nur noch als inhaltliche Einwendungen gegen Grund oder Höhe des Werklohnanspruchs zu berücksichtigen, führen aber nicht mehr zur mangelnden Fälligkeit des Werklohnanspruchs als solchen.

Diese auftragnehmerfreundliche Rechtslage nach VOB/B 2006 wird allerdings durch eine andere Entscheidung des BGH[600] erheblich relativiert. Hiernach kann der Auftraggeber beim VOB-Bauvertrag auch nach Ablauf der zweimonatigen Prüfungs- und Feststellungsfrist nahezu beliebig Einwendungen gegen die Richtigkeit der Schlussrechnung nachschieben. Nur ausnahmsweise kommt nach Auffassung des BGH die Verwirkung solcher »verspäteter« Einwendungen in Betracht.

325 Die Bestimmung von § 16 Abs. 3 Nr. 1 Satz 3 VOB/B, wonach ein »unbestrittenes Guthaben« sofort als Abschlagszahlung zu zahlen ist, läuft in der Praxis meist leer. Ein solches »unbestrittenes Guthaben« liegt beispielsweise dann nicht vor, wenn lediglich einzelne Positionen der Schlussrechnung als solche unstreitig sind.[601] Zu beachten ist hierzu die Regelung des § 16 Abs. 5 Nr. 4 VOB/B: Zahlt der Auftraggeber das fällige unbestrittene Guthaben des Vergütungsanspruchs nicht innerhalb von 2 Monaten nach Zugang der Schlussrechnung, so hat der Auftragnehmer ab diesem Zeitpunkt (ohne Mahnung und Nachfristsetzung) Anspruch auf die gesetzlichen Zinsen gemäß § 288 BGB (vgl. Rdn. 307), wenn er nicht einen (noch) höheren Verzugsschaden nachweist.

Die Absicht des DVA, zumindest die Auszahlung unbestrittener Guthaben aus der Schlusszahlung zu beschleunigen, ist zwar zu begrüßen. In der Praxis ist aber meist die Frage, ob tatsächlich ein solches unbestrittenes Guthaben vorliegt.

326 Die 2-monatige Frist zur Prüfung und Feststellung der Schlussrechnung gilt auch beim Pauschalpreisvertrag, auch wenn beim Pauschalpreisvertrag eigentlich kein Bedürfnis für eine zweimonatige Prüfungsmöglichkeit besteht.[602]

---

599 BGH BauR 2004, 1937; 2006, 517 und 678.
600 BauR 2001, 784.
601 Vgl. BGH BauR 1997, 468.
602 Vgl. Ingenstau/Korbion/U. Locher, VOB/B § 16 Nr. 3, Rdn. 8.

Daneben darf die Fälligkeit des Werklohnanspruchs in Zusätzlichen Vertragsbedingungen nicht von Umständen abhängig gemacht werden, auf die der Auftragnehmer keinen Einfluss hat, z.B. Vorlage einer Mängelfreiheitsbescheinigung des Erwerbers. Solche Klauseln verstoßen gegen § 307 BGB (früher: § 9 AGBG) und sind unwirksam.

Voraussetzungen des Anspruchs auf die Schlusszahlung sind damit: **327**

- Abnahme (vgl. aber oben Rdn. 193)
- prüfbare Schlussrechnung sowie
- Prüfung und Feststellung der Rechnung oder Ablauf der 2-Monats-Frist.

An dieser Stelle sei daran erinnert, dass nach der jetzigen Rechtsprechung des BGH auch bei einem **gekündigten Bauvertrag** die Abnahme Fälligkeitsvoraussetzung für den Werklohnanspruch ist, d.h., auch in diesem Fall gelten zur Fälligkeit des Anspruchs auf die Schlusszahlung keine Besonderheiten mehr gegenüber einem ordnungsgemäß erfüllten Bauvertrag (näher dazu oben Rdn. 174).

Fraglich erscheint, ob die zweimonatige Prüfungs- und Feststellungsfrist gemäß § 16 Abs. 3 Nr. 1 VOB/B bei isolierter Vereinbarung der VOB-Vorschriften AGB-wirksam ist. Dagegen spricht, dass nach dem gesetzlichen Leitbild des § 286 Abs. 3 BGB (auch) die Schlusszahlung spätestens binnen 30 Tagen nach Fälligkeit und Vorlage einer Rechnung bzw. prüfbaren Aufstellung erfolgen muss, andernfalls der Auftraggeber automatisch in Zahlungsverzug gerät. Die Regelung in § 16 Nr. 3 Abs. 1 VOB/B führt also zu einer Verdoppelung der gesetzlichen Zahlungsfrist, ganz abgesehen davon, dass der VOB-Auftragnehmer nach eingetretener Fälligkeit eine Mahnung mit Nachfrist aussprechen muss, um Verzug des Auftraggebers herbeizuführen (dazu schon oben Rdn. 308). **328**

Es spricht also vieles dafür, die 2-monatige Frist zur Prüfung und Feststellung der Schlussrechnung zumindest in Kombination mit dem Erfordernis einer Mahnung und einer Nachfristsetzung als AGB-widrig einzustufen;[603] zur »AGB-Kontrollfähigkeit« der VOB generell siehe oben Rdn. 20.

c) Die Schlusszahlung

Eine besondere Regelung für die Schlusszahlung bei VOB-Verträgen enthält § 16 Abs. 3 Nr. 5 VOB/B. Hiernach muss der Auftragnehmer binnen 24 Werktagen den Vorbehalt erklären und diesen binnen 24 weiterer Werktage begründen, wenn der Auftraggeber entweder eine zu geringe Schlusszahlung leistet **329**

---

603 So ausdrücklich OLG Düsseldorf BauR 2006, 120 122; vgl. auch Rdn. 1, Entscheidung Nr. 2; ebenso OLG Naumburg BauR 2006, 849; Kniffka, ZfBR 2000, 227, 228; wohl auch Peters, NZBau 2002, 113, 117.

oder weitere Zahlungen im Hinblick auf bereits geleistete Zahlungen verweigert.

Reagiert der Auftragnehmer also auf eine als solche gekennzeichnete Schlusszahlung oder die Verweigerung weiterer Zahlungen nicht, dann kann dies für ihn erhebliche Rechtsnachteile bedeuten:

aa) Begriff der Schlusszahlung

330 Die Zahlung des Auftraggebers kann auf dem jeweiligen Zahlungsträger (Überweisungsträger, Scheck) wörtlich oder sinngemäß als Schlusszahlung (Restzahlung, Abschlusszahlung, Restbetrag, Ausgleich der Rechnung vom ... usw.) bezeichnet sein. Entscheidend ist, dass für den Auftragnehmer eindeutig erkennbar zum Ausdruck kommt, dass damit der Anspruch aus der Schlussrechnung abgegolten sein soll; die Schlusszahlung muss eben »als solche gekennzeichnet« sein.

Das gilt beispielsweise auch, wenn dem geprüften Rechnungsexemplar ein Abrechnungsblatt beigefügt ist, aus dem sich weitere Abzüge (Bauwesenversicherung usw.) ergeben und eventuelle Gegenansprüche verrechnet sind. Ist diesem geprüften Rechnungsexemplar samt Abrechnungsblatt dann ein Scheck über die ausstehende Summe beigefügt, dann genügt dies normalerweise als hinreichende Kennzeichnung einer Schlusszahlung. Der Auftragnehmer muss dann reagieren.

bb) Die endgültige Zahlungsverweigerung unter Hinweis auf geleistete Zahlungen steht der Schlusszahlung gleich

331 Voraussetzung ist, dass der Auftraggeber den Auftragnehmer eindeutig darauf hinweist, dass er z.B. wegen der schon geleisteten Zahlungen jede weitere Zahlung ablehnt.[604]

Beispiel aus der Rechtsprechung:[605] Der mit der Rechnungsprüfung und Feststellung betraute Architekt nimmt die Rechnungsprüfung vor und gelangt zu einem Restguthaben des Auftraggebers. Das geprüfte Rechnungsexemplar wird dem Auftragnehmer mit dem Hinweis zugeleitet, dass keine weiteren Zahlungen in Betracht kämen.

Weiteres **Beispiel**: Der Auftragnehmer reicht eine nicht prüfbare Schlussrechnung ein, die vom Auftraggeber jedoch geprüft und gekürzt wird. Der Auftraggeber verweigert weitere Zahlungen im Hinblick auf die erfolgten Kürzungen. Hier war die Werklohnforderung mangels prüfbarer Rechnung an sich nicht fällig, trotzdem greift § 16 Abs. 3 Nr. 2 VOB/B ein.[606]

---

604 OLG Köln BauR 1997, 320.
605 BGH NJW 1987, 775.
606 BGH WM 1987, 762

Aber: Die bloße Zahlungsverweigerung unter Hinweis auf ein Zurückbehaltungsrecht ist nicht als endgültige Zahlungsverweigerung anzusehen.[607]

cc) Vorbehalt

Leistet der Auftraggeber die Schlusszahlung oder verweigert er weitere Zahlungen, so muss der Auftragnehmer binnen 24 Werktagen erklären, dass er sich weitere Ansprüche vorbehalte. Diese Frist beginnt gemäß § 16 Abs. 3 Nr. 5 VOB/B, nachdem der Auftraggeber den Auftragnehmer schriftlich auf die Schlusszahlung bzw. die Zahlungsverweigerung (§ 16 Abs. 3 Nr. 3) **und** die Wirkungen der Fristversäumnis (§ 16 Abs. 3 Nr. 2) hingewiesen hat. **332**

Ist die Werklohnforderung wirksam abgetreten, so muss die Schlusszahlung oder die Zahlungsverweigerung gegenüber dem Abtretungsempfänger erfolgen; diesem obliegt es dann auch, den Vorbehalt zu erklären.[608]

Wichtig ist, dass der Vorbehalt erst **nach** der Schlusszahlung oder der Ablehnung weiterer Zahlungen erklärt wird. Solange der Auftraggeber also untätig ist und nicht zahlt, jedenfalls keine Zahlung verweigert, nutzen noch so viele Mahnungen nichts.

Sobald der Auftraggeber dann die Schlusszahlung vornimmt oder weitere Zahlungen verweigert und auf die Ausschlusswirkung hinweist – auch wenn dies beispielsweise ein Jahr nach Rechnungserteilung erfolgt –, muss der Auftragnehmer innerhalb der 24-Tages-Frist den Vorbehalt erklären.

Der Vorbehalt sollte **immer** schriftlich und durch Einschreiben mit Rückschein/Telefax mit Zugangsnachweis erklärt werden.

Eine Klage auf Werklohn bzw. Beantragung eines Mahnbescheides innerhalb der 24-Tages-Frist reichen ebenfalls aus.

Die 24-Tages-Frist beginnt mit dem Erhalt des Schreibens über die Schlusszahlung und die Wirkungen der Fristversäumnis bzw. die Ablehnung weiterer Zahlungen, § 16 Abs. 3 Nr. 5 i.V.m. Nr. 2 und 3 VOB/B.

Die Vorbehaltserklärung sollte **immer** gegenüber dem Auftraggeber selbst erfolgen, zusätzlich auch gegenüber dem Architekten, der die Rechnungsprüfung vorgenommen hat.

dd) Vorbehaltsbegründung

Der erklärte Vorbehalt muss binnen weiterer 24 Werktage begründet werden. § 16 Abs. 3 Nr. 5 Satz 2 VOB/B (2006) stellt klar, dass die Frist von 24 Werktagen zur Vorbehaltsbegründung erst mit Ablauf der Frist von 24 Werktagen **333**

---

607 Vgl. BGH BauR 1991, 84.
608 Vgl. BGH IBR 1994, 8.

zur Erklärung des Vorbehaltes selbst beginnt. Auch bei einer »vorzeitigen« Erklärung des Vorbehalts (z.B. 10 Werktage nach Erhalt der Schlusszahlung) verbleiben dem Auftragnehmer insgesamt 48 Werktage zur Begründung des Vorbehalts.

Hat der Auftragnehmer dem Auftraggeber eine prüfbare Abrechnung erteilt, die dieser – unberechtigt – gekürzt hat, so ist eine Vorbehaltsbegründung ausnahmsweise entbehrlich.[609]

334 Sinnvoll ist es, in ein und demselben Schreiben sowohl den Vorbehalt zu erklären als auch diesen zu begründen, jedenfalls auf die bereits vorliegende prüfbare Schlussrechnung hinzuweisen, um nicht Gefahr zu laufen, zwar die Frist für die Vorbehaltserklärung einzuhalten, nicht aber die Frist für die Begründung des Vorbehaltes. Eine Vorbehaltsbegründung ist auch dann zwingend erforderlich, wenn der Auftraggeber selbst gemäß § 14 Abs. 4 VOB/B die Schlussrechnung aufgestellt und anschließend die Schlusszahlung geleistet hat. Denn aus dem Vorbehalt gegen seine eigene Schlussrechnung wird für den Auftraggeber nicht deutlich, welche Einwendungen der Auftragnehmer gegen die Schlusszahlung erheben will.[610]

ee) Wirkungen der Fristversäumung

335 Wird der Vorbehalt gar nicht, zu früh oder zu spät erklärt oder begründet, so sind weitere Ansprüche des Auftragnehmers grundsätzlich ausgeschlossen. Der Auftraggeber kann die »Einrede der vorbehaltlosen Annahme der Schlusszahlung« erheben.

Voraussetzung ist, dass der Auftraggeber den Auftragnehmer gemäß § 16 Abs. 3 Nr. 2 VOB/B **über die Schlusszahlung schriftlich unterrichtet** und auf die **Ausschlusswirkung hingewiesen hat.** Auch der Hinweis auf die Ausschlusswirkung muss nach herrschender Auffassung schriftlich erfolgen.[611]

336 Noch nicht endgültig geklärt ist, wie detailliert der Auftraggeber den Auftragnehmer über die Ausschlusswirkung informieren muss.[612] Immerhin hat der BGH aber klargestellt, dass der bloße Hinweis auf die schlusszahlungsgleiche Zahlungsverweigerung nebst Hinweis auf die Ausschlusswirkung in einem prozessualen Schriftverkehr der **Warnfunktion** des § 16 Abs. 3 Nr. 2–5 VOB/B nicht genügt.[613] Auch der bloße »Hinweis auf die Ausschlusswirkung gemäß § 16 Abs. 3 Nr. 2 VOB/B« reicht nicht aus.[614] **Dem Auftraggeber ist hier der »sichere Weg« anzuraten.** Der Auftraggeber sollte den Auftragneh-

609 Vgl. BGH BauR 1998, 613; OLG München BauR 1996, 871.
610 OLG Oldenburg BauR 1992, 83.
611 Vgl. BGH BauR 1999, 396 m.w.N.
612 Vgl. dazu Beck'scher Kommentar/Motzke, § 16 Nr. 3 VOB/B, Rdn. 68 m.w.N.
613 BGH BauR 1999, 396.
614 KG BauR 2000, 575.

mer also darauf hinweisen, dass Nachforderungen des Auftragnehmers ausgeschlossen sind, wenn der Auftragnehmer nicht innerhalb von 24 Werktagen
nach Empfang der Schlusszahlung bzw. der endgültigen Zahlungsverweigerung den Vorbehalt erklärt und diesen binnen weiterer 24 Werktage begründet.

Nach dem eindeutigen Wortlaut von § 16 Abs. 3 Nr. 5 VOB/B müssen die Mitteilung über die Schlusszahlung und die Belehrung über die Ausschlusswirkung in einem **gesonderten Schreiben** erfolgen.[615] Ein Hinweis z.B. auf dem
Überweisungsträger oder Scheck ist nicht ausreichend.[616]

Von der Ausschlusswirkung erfasst sind auch in der Abrechnung **vergessene** **3**
Positionen des LV. Dagegen gelten die Ausschlussfristen gemäß § 16 Nr. 3
Abs. 6 VOB nicht für ein Verlangen nach Richtigstellung der Schlussrechnung
wegen Aufmaß-, Rechen- und Übertragungsfehlern.

Beispiel: Der Auftragnehmer erteilt eine Schlussrechnung über 150.000,– €,
gezahlt sind 100.000,– €. Der Auftraggeber prüft die Rechnung und kürzt diese
auf 140.000,– €. Die Restzahlung in Höhe von 40.000,– € leistet er als Schlusszahlung an den Auftragnehmer und weist diesen auf die Ausschlusswirkung
hin. Drei Monate später stellt der Auftragnehmer fest, dass er eine Position
des LV vollständig vergessen hat und erteilt eine weitere Rechnung über
20.000,– € für diese Position.

Die Nachforderung ist **ausgeschlossen. Aber:** Erteilt der Auftragnehmer dem
Auftraggeber berechtigtermaßen mehrere Schlussrechnungen (z.B. für die Gewerke Heizung und Sanitär getrennt), dann treten die Wirkungen des § 16
Abs. 3 Nr. 2 VOB/B nur hinsichtlich der Schlussrechnung ein, auf die sich
die Schlusszahlung bezieht.

Außerdem: Der von § 16 Abs. 3 VOB/B erfasste Anspruch kann vom Auftragnehmer zwar nicht mehr klageweise durchgesetzt werden, weil ihm die Einrede
der vorbehaltlosen Annahme der Schlusszahlung entgegensteht. Die Aufrechnung gegen sonstige Forderungen des Auftraggebers bleibt aber möglich.[617]

ff) AGB-Unwirksamkeit von § 16 Abs. 3 Nr. 2–5 VOB/B

Die Schlusszahlungseinrede des Auftraggebers stellt eine so schwerwiegende **33**
Einschränkung der Auftragnehmerrechte dar, dass § 16 Abs. 3 Nr. 2–5 VOB/B
trotz der vorstehend erläuterten Einschränkungen (schriftliche Unterrichtung
des Auftragnehmers über die Schlusszahlung und Hinweis auf die Ausschlusswirkung) eine erhebliche Benachteiligung des Auftragnehmers gegenüber dem
gesetzlichen Leitbild darstellt und damit gemäß § 307 BGB AGB-unwirksam
ist, soweit die Bestimmungen der VOB/B dem Vertrag nicht insgesamt und un-

---

615 Vgl. OLG Köln IBR 1994, 364; OLG Dresden BauR 2000, 279.
616 Ingenstau/Korbion/U. Locher, VOB/B § 16 Nr. 3, Rdn. 95.
617 Vgl. Messerschmidt, in: Kapellmann/Messerschmidt, B § 16, Rdn. 224 ff.

eingeschränkt zugrunde liegen.[618] An dieser Rechtsfolge gibt es bei »isolierter Betrachtung« des § 16 Abs. 3 Nr. 2–5 VOB/B auch nichts zu deuteln, da der Gläubiger einer Geldforderung nach keiner gesetzlichen Bestimmung die Durchsetzbarkeit seiner Forderung binnen 24 oder 48 Werktagen riskiert, wenn er sich seine Ansprüche nicht vorbehält. Die vergleichbare gesetzliche Bestimmung besteht in §§ 195, 199 Abs. 1 BGB, wonach der Anspruch frühestens nach 3 Jahren wegen eingetretener Verjährung nicht mehr durchsetzbar ist. Die Bestimmung des § 16 Abs. 3 Nr. 2–5 VOB/B sollte deshalb nach unserer Auffassung ersatzlos abgeschafft werden.

Da die meisten Bauverträge Eingriffe in die VOB/B beinhalten, läuft die Einrede der vorbehaltlosen Annahme der Schlusszahlung in der Praxis damit meist leer.

Zulässig und im Sinne einer auch von § 16 Abs. 3 VOB/B beabsichtigten, schnellen Klärung der wechselseitigen Ansprüche aus einem Bauvorhaben ist eine **Schlusszahlungsvereinbarung** der Parteien. Wenn und soweit die Parteien im Sinne wechselseitigen Nachgebens – § 779 BGB – eine endgültige Klärung ihrer wechselseitigen Ansprüche aus dem Bauvorhaben erzielt haben, sind wechselseitig Nach- oder Rückforderungen unabhängig von den Voraussetzungen des § 16 Abs. 3 Nr. 2 VOB/B ausgeschlossen.[619]

Zur »AGB-Kontrollfähigkeit« der VOB generell siehe oben Rdn. 20.

Voraussetzungen und Rechtsfolgen der Schlusszahlung sind in der nachstehenden

Abbildung 9

noch einmal zusammengefasst.

---

618 BGH BauR 1998, 614; 2002, 775.
619 So ausdrücklich und zutreffend KG Berlin BauR 2007, 1585.

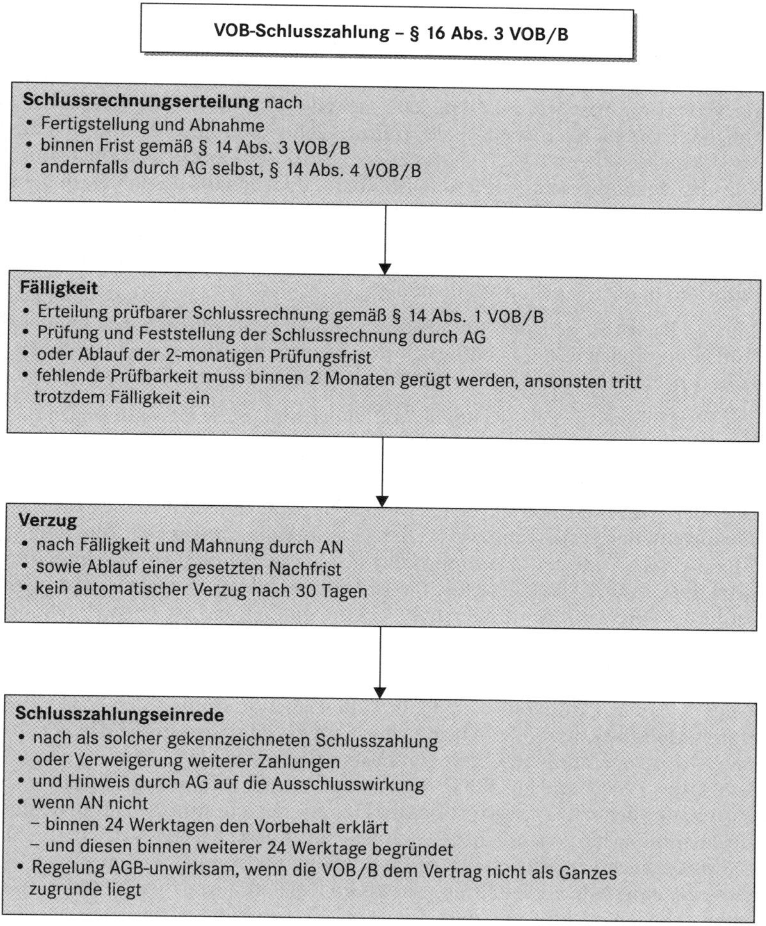

| **VOB-Schlusszahlung – § 16 Abs. 3 VOB/B** |

Schlussrechnungserteilung nach
- Fertigstellung und Abnahme
- binnen Frist gemäß § 14 Abs. 3 VOB/B
- andernfalls durch AG selbst, § 14 Abs. 4 VOB/B

Fälligkeit
- Erteilung prüfbarer Schlussrechnung gemäß § 14 Abs. 1 VOB/B
- Prüfung und Feststellung der Schlussrechnung durch AG
- oder Ablauf der 2-monatigen Prüfungsfrist
- fehlende Prüfbarkeit muss binnen 2 Monaten gerügt werden, ansonsten tritt trotzdem Fälligkeit ein

Verzug
- nach Fälligkeit und Mahnung durch AN
- sowie Ablauf einer gesetzten Nachfrist
- kein automatischer Verzug nach 30 Tagen

Schlusszahlungseinrede
- nach als solcher gekennzeichneten Schlusszahlung
- oder Verweigerung weiterer Zahlungen
- und Hinweis durch AG auf die Ausschlusswirkung
- wenn AN nicht
  – binnen 24 Werktagen den Vorbehalt erklärt
  – und diesen binnen weiterer 24 Werktage begründet
- Regelung AGB-unwirksam, wenn die VOB/B dem Vertrag nicht als Ganzes zugrunde liegt

Abbildung 9: VOB-Schlusszahlung

4. Teilschlusszahlung gemäß § 16 Abs. 4 VOB/B

Im Fall der rechtsgeschäftlichen Teilabnahme nach § 12 Abs. 2 VOB/B können **339** auch Teilschlussrechnungen mit den gleichen Voraussetzungen und Folgen wie die normale Schlussrechnung nach § 16 Abs. 4 VOB/B gestellt werden. Besonderheiten gelten hier nicht.

5. Verjährungsprobleme

340 Das Schuldrechtsmodernisierungsgesetz hat auch hinsichtlich der Verjährung von Werklohnansprüchen deutliche Veränderungen herbeigeführt. Während die Verjährungsfrist bis zum 31.12.2001 entweder 2 Jahre oder 4 Jahre (bei Leistungen für den Gewerbebetrieb des Auftraggebers) betrug, so beläuft sich die Verjährungsfrist gemäß § 195 BGB seit dem 01.01.2002 einheitlich auf 3 Jahre. Die Frist beginnt gemäß § 199 Abs. 1 BGB mit dem Schluss des Jahres, in dem der Anspruch entstanden ist **und** der Gläubiger von den den Anspruch begründenden Umständen und der Person des Schuldners Kenntnis erlangt oder ohne grobe Fahrlässigkeit erlangen müsste. Letzteres ist bei Werklohnansprüchen in aller Regel unproblematisch.

Entstanden im Sinne von § 199 Abs. 1 Nr. 1 BGB bedeutet nach herrschender Auffassung (nach wie vor) **Fälligkeit des Anspruchs**. Hierzu darf auf die Erläuterungen in Rdn. 299 ff. bzw. 322 ff. verwiesen werden.

341 Für Werklohnansprüche wichtig sind darüber hinaus die Bestimmungen der §§ 203, 204 und 212 Abs. 1 Nr. 1 BGB:

Gemäß § 203 BGB führt eine **Verhandlung** zwischen Gläubiger und Schuldner über den Anspruch oder die den Anspruch begründenden Umstände zu einer **Hemmung der Verjährung**, wobei die Verjährung in diesem Fall frühestens 3 Monate nach Ende der Hemmung eintritt. Eine Verhandlung in diesem Sinne setzt aber voraus, dass tatsächlich ein Meinungsaustausch über Grund oder Höhe der Forderung stattfindet und nicht nur eine einseitige Geltendmachung durch den Gläubiger ohne Reaktion des Schuldners oder ein abgelehntes Gesprächsangebot.

Anders als nach früherem Recht führt die Geltendmachung der Forderung durch **Mahnbescheid** oder **Klage** nicht mehr zur Unterbrechung der Verjährung (Unterbrechung bedeutete Neubeginn der Verjährung), sondern gemäß § 204 Abs. 1 Nr. 1 und Nr. 3 BGB »nur noch« zu einer **Hemmung**, also zu einer Aussetzung der Verjährungsfrist für den Hemmungszeitraum. Allerdings endet die Hemmung bei gerichtlicher Geltendmachung gemäß § 204 Abs. 2 BGB erst 6 Monate nach der rechtskräftigen Entscheidung oder anderweitigen Beendigung des eingeleiteten Verfahrens, sodass im Regelfall ausreichende Reaktionsmöglichkeiten nach Beendigung der Hemmung vorhanden sind.

342 § 212 Abs. 1 Nr. 1 BGB bestimmt schließlich, dass die **Anerkennung** des Anspruchs durch den Schuldner zu einem Neubeginn der Verjährung (früher: Unterbrechung der Verjährung) führt. Ein solches Anerkenntnis nimmt das Gesetz beispielsweise bei der Vornahme von Abschlagszahlungen, Zinszahlungen oder Sicherheitsleistungen an, was bei Werklohnforderungen häufig der Fall sein dürfte. Auch eine Saldenbestätigung kann als Anerkenntnis anzusehen sein.[620]

---

620 OLG Düsseldorf BauR 1999, 176.

Wichtig aber: Die bloße Anmahnung der fälligen Forderung durch den Auftragnehmer führt weder zu einem Neubeginn noch zu einer Hemmung der Verjährung. Um der Verjährungseinrede des Auftraggebers auszuweichen, muss der Auftragnehmer also über kurz oder lang und noch innerhalb der laufenden Verjährungsfrist seine Forderung entweder durch Klage oder zumindest durch Mahnbescheid geltend machen oder eine verjährungsverlängernde Vereinbarung mit dem Auftraggeber treffen.

Im **Mahnbescheid** muss der Anspruch so konkret beschrieben werden, dass er **343** von anderen Ansprüchen hinreichend unterschieden werden kann und dem Schuldner eine Verteidigung gegen die Forderung ermöglicht wird.[621] Wird der Anspruch lediglich als »Schadensersatzanspruch« gekennzeichnet, handelt es sich jedoch in Wahrheit um einen Vergütungsanspruch gemäß § 649 BGB (oder § 8 Abs. 1 Nr. 2 VOB/B), so verjährt dieser Vergütungsanspruch, da er nicht Gegenstand des Mahnbescheides ist.[622]

Ähnlich auch BGH BauR 1993, 225: Werden in einem Mahnbescheid **mehrere Rechnungen** geltend gemacht, dann muss aus dem Mahnbescheid erkennbar werden, **welche Rechnung in welcher Höhe** geltend gemacht wird.

Erfolgt die Spezifikation der Einzelforderungen nicht im Mahnbescheid selbst, sondern in einer Anlage zum Mahnbescheid, die aufgrund eines gerichtlichen Versehens aber nicht zusammen mit dem Mahnbescheid zugestellt worden ist, so hat der BGH in einem weiteren Urteil die Unterbrechung (bzw. heute Hemmung) der Verjährung des Anspruchs ausgeschlossen, wodurch das hohe Risiko noch einmal verdeutlicht wird, das mit der verjährungshemmenden Geltendmachung von Werklohnansprüchen per Mahnbescheid verbunden ist.[623]

Ein weiteres Risiko wird durch die Entscheidung des BGH[624] deutlich. Dort **344** hatte der Gläubiger die Forderung im Mahnbescheid wie folgt bezeichnet: »Werkvertrag/Werklieferungsvertrag gemäß Rechnung vom 23.09.1996.« Der Schuldner bestritt später, diese Rechnung erhalten zu haben. Der BGH gab der Verjährungseinrede nur deshalb nicht statt, weil zwischen den Parteien nur ein einziger Werkvertrag zustande gekommen war und der Schuldner deshalb wusste oder wissen musste, welche Forderung gegen ihn geltend gemacht wurde.

Dem Praktiker muss also angesichts dieser Rechtsprechung abgeraten werden, in kritischen Fällen die drohende Verjährung lediglich durch einen gerichtlichen Mahnbescheid hemmen zu wollen. »Sicherer« ist in solchen Fällen eine normale Werklohnklage.

---

621 BGH BauR 2002, 469.
622 Vgl. BGH BauR 1992, 229.
623 BGH BauR 1995, 694.
624 BGH BauR 2002, 469.

XII. Sicherheiten

1. Sicherheiten zu Gunsten des Auftraggebers

345 Der Auftraggeber hat gegenüber dem Auftragnehmer nur dann einen Anspruch auf Sicherheit, wenn dies (wirksam) vereinbart ist. Dies ergibt sich beim BGB-Bauvertrag aus § 232 Abs. 1 BGB, beim VOB-Bauvertrag aus § 17 Abs. 1 Nr. 1 VOB/B. Es gibt also auch beim VOB-Bauvertrag kein »automatisches« Recht des Auftraggebers, Abschlagsrechnungen des Auftragnehmers nur in bestimmter Höhe (typischerweise in Höhe von 90 %) auszubezahlen und den Restbetrag als Sicherheit einzubehalten. Eine Ausnahme von diesem Grundsatz enthält für ab dem 01.01.2009 abgeschlossene Bauverträge nunmehr § 632a Abs. 3 BGB. Für bestimmte Auftraggeber (Verbraucher) und Bauvorhaben (Einfamilienhäuser und Eigentumswohnungen) billigt das Gesetz dem Auftraggeber nun einen generellen Anspruch auf eine Erfüllungssicherheit in Höhe von 5 % der Auftragssumme zu, wenn der Auftragnehmer eine Abschlagszahlung verlangt. Soweit sich das Auftragsvolumen durch Nachträge um mindestens 10 % erhöht, muss auch hinsichtlich der Nachträge eine Sicherheit in Höhe von 5 % gestellt werden. Die Sicherheit kann durch Bankbürgschaft oder durch Zahlungseinbehalt vorgenommen werden. Wegen der Einzelheiten wird auf die Darstellung in Rdn. 293 ff. verwiesen.

Die Höhe der vom Auftragnehmer zu stellenden Sicherheit richtet sich ansonsten nach der Vereinbarung der Parteien. Wird die Sicherungsabrede – wie meist – formularmäßig getroffen, so besteht hinsichtlich der Erfüllungssicherheit eine Obergrenze von 10 % und hinsichtlich der Mängelsicherheit eine Obergrenze von 5 % der Auftrags- oder Abrechnungssumme als bauübliche Sicherheit;[625] individualvertraglich können höhere Sicherheiten vereinbart werden.

Lässt die Vereinbarung offen, ob sich die Sicherheit auf die Brutto- oder Nettosumme bezieht, so gilt im Zweifel die **Bruttosumme.** § 17 Abs. 6 Nr. 1 Satz 2 VOB/B 2006 stellt nun allerdings klar, dass bei Nettorechnungen gemäß § 13b UStG[626] die **Nettosumme** für die Bemessung der Sicherheit maßgebend ist.[627]

Soweit die Parteien wirksam die Gestellung einer Sicherheit durch den Auftragnehmer vereinbart haben, regelt § 17 VOB/B ausführlich die **Arten der Sicherheiten** und deren Handhabung. Die wichtigsten Regelungen:

---

625 Näher dazu Thierau, in: Kapellmann/Messerschmidt, B § 17, Rdn. 85 ff.

626 Gemäß § 13b UStG ist ausnahmsweise der Leistungsempfänger (und nicht der Leistungserbringer) Schuldner der Umsatzsteuer, falls eine Bauleistung für einen Leistungsempfänger erbracht wird, der seinerseits Bauleistungen erbringt (Beispiel: Nachunternehmerleistung gegenüber dem Generalunternehmer).

627 Anderer Ansicht vor der VOB-Änderung Groß, BauR 2005, 1084.

a) Bareinbehalt

In vielen Bauverträgen vereinbaren die Parteien, dass Abschlagsrechnungen **346** des Auftragnehmers nur in Höhe von 90 % ausbezahlt werden. Die restlichen 10 % dürfen vom Auftraggeber als Sicherheit einbehalten werden. Eine Variante besteht darin, dass der Auftragnehmer primär eine Erfüllungssicherheit durch die Bürgschaft eines Bankinstituts oder eines Kreditversicherers stellen soll (dazu nachfolgend Rdn. 351 ff.). Kommt er dieser Verpflichtung nicht nach, so soll der Auftraggeber berechtigt sein, in Höhe der vereinbarten Summe einen Bareinbehalt vorzunehmen.

Die VOB/B regelt die Sicherheit durch Bareinbehalt in § 17 Abs. 5 und Abs. 6 VOB/B. Der in § 17 Abs. 5 VOB/B geregelte **Grundsatz** besagt, dass der Auftragnehmer die Barsicherheit bei einem mit dem Auftraggeber zu vereinbarenden Geldinstitut auf einem so genannten **Sperrkonto** einzuzahlen hat, über das beide Parteien nur gemeinsam verfügen können; etwaige Zinsen stehen dem Auftragnehmer zu. § 17 Nr. 5 Satz 1 VOB/B 2006 stellt hierzu klar, dass ein taugliches Sperrkonto voraussetzt, dass der Auftraggeber und der Auftragnehmer nur **gemeinsam** über das Konto **verfügungsbefugt** sind (sog. »**Und-Konto**«), während es nicht ausreicht, wenn der Auftraggeber allein Kontoinhaber ist und mit der Bank vereinbart, dass intern die Zustimmung des Auftragnehmers für Verfügungen erforderlich ist.

Typischerweise wird in der Praxis jedoch nicht dieser Weg gewählt, sondern **347** der in § 17 Abs. 6 Nr. 1 VOB/B geregelte, wonach der Auftraggeber Bareinbehalte z.B. in Höhe von 10 % von den Abschlagsrechnungen des Auftragnehmers vornimmt. Viele Auftraggeber übersehen jedoch, dass sie diesen Bareinbehalt nicht auf eigenem Konto behalten dürfen, sondern gemäß § 17 Abs. 6 Nr. 1 Satz 2 VOB/B binnen 18 Werktagen nach der Mitteilung über die Höhe des jeweiligen Einbehaltes auf das in § 17 Abs. 5 VOB/B genannte Sperrkonto bei dem vereinbarten Geldinstitut einzahlen müssen. Kommt der Auftraggeber dieser Verpflichtung nicht nach, so kann der Auftragnehmer ihm gemäß § 17 Abs. 6 Nr. 3 Satz 1 VOB/B eine angemessene Nachfrist[628] setzen. Zahlt der Auftraggeber den Bareinbehalt auch innerhalb der Nachfrist nicht auf das Sperrkonto beim vereinbarten (oder noch zu vereinbarenden) Geldinstitut ein, so **erlischt das Recht des Auftraggebers auf Sicherheitsleistung**.[629] Die Nachfrist ist entbehrlich, wenn der Auftraggeber die Einzahlung auf ein Sperrkonto endgültig verweigert hat.[630] Dem Auftragnehmer steht in diesem Fall ein unbedingter Auszahlungsanspruch hinsichtlich des Bareinbehaltes zu, § 17 Abs. 6 Nr. 3 Satz 2 VOB/B. Allerdings kann der Auftraggeber gegen den Auszahlungsanspruch des Auftragnehmers mit

---

628 7 Werktage, vgl. KG BauR 2003, 727.
629 Dazu Thüringer OLG BauR 2004, 1456.
630 BGH BauR 2003, 1559.

Schadensersatzansprüchen aus durchgeführten Mängelbeseitigungsarbeiten aufrechnen.[631]

Streitig ist, ob dem Auftraggeber ein Leistungsverweigerungsrecht gegen den Auszahlungsanspruch des Auftragnehmers im Hinblick auf aktuell vorhandene Mängel zusteht.[632]

In der Praxis »vergessen« viele Auftragnehmer, vom Auftraggeber die Einzahlung des Bareinbehaltes auf ein insolvenzsicheres Sperrkonto zu verlangen oder zumindest die in § 17 Abs. 6 Nr. 3 VOB/B vorgesehene Nachfrist zu setzen. In diesem Fall verhält der Auftraggeber sich zwar vertragswidrig, wenn er den Bareinbehalt auf seinem Konto behält. Sein Sicherungsanspruch als solcher bleibt aber trotzdem erhalten.[633]

348 Eine Besonderheit gilt gemäß § 17 Abs. 6 Nr. 4 VOB/B für **öffentliche Auftraggeber,** was allerdings eine öffentlich-rechtliche Rechtsform des Auftraggebers voraussetzt. Eine juristische Person des Privatrechts ist selbst dann nicht öffentlicher Auftraggeber im Sinne von § 17 Abs. 6 Nr. 4 VOB/B, wenn sämtliche Anteile einer Körperschaft des öffentlichen Rechts gehören.[634] Der öffentliche Auftraggeber ist hiernach berechtigt, den Bareinbehalt unverzinst auf eigenem Verwahrgeldkonto zu behalten. Er unterliegt also nicht der Verpflichtung, den Bareinbehalt auf ein Sperrkonto bei einem vereinbarten Kreditinstitut einzuzahlen und dort erzielte Zinsen an den Auftragnehmer auszukehren.[635]

349 Wichtig ist noch das in § 17 Abs. 3 VOB/B geregelte Wahl- und Austauschrecht des Auftragnehmers: Sein **Wahlrecht** unter den verschiedenen Arten der Sicherheiten wird regelmäßig durch die Vertragsregelung eingeschränkt, wonach er eine bestimmte Art der Sicherheit (z.B. Barsicherheit) schuldet. Das **Austauschrecht** des Auftragnehmers, eine bereits geleistete Sicherheit (z.B. Bareinbehalt) gegen eine andere Sicherheit (z.B. Gestellung einer Bankbürgschaft) auszutauschen, darf durch Allgemeine Geschäftsbedingungen, die in der Praxis meist vorliegen, nicht unangemessen eingeschränkt werden. Eine unangemessene Benachteiligung des Auftragnehmers, die zur Unwirksamkeit der entsprechenden Vertragsklausel führt, liegt z.B. vor, wenn der – private oder öffentliche – Auftragnehmer den Bareinbehalt nur durch eine **Mängelhaftungsbürgschaft auf erstes schriftliches Anfordern**[636] oder durch eine **Bürg-**

631 OLG Karlsruhe BauR 2008, 114.

632 Bejahend KG BauR 2003, 728, verneinend OLG Celle BauR 2003, 906, das dem Auftraggeber aber zumindest eine Aufrechnungsbefugnis zugesteht.

633 Allerdings sieht das OLG München BauR 2007, 130 in der Nichteinzahlung der Sicherheit auf ein Sperrkonto u.U. eine strafbare Untreue.

634 BGH BauR 2007, 1403, siehe Rdn. 1, Entscheidung Nr. 2; näher zum Begriff des öffentlichen Auftraggebers Joussen, BauR 2002, 371.

635 Dazu OLG Naumburg BauR 2003, 909.

636 BGH BauR 1997, 829; 2005, 539; 2005, 1154; 2006, 106; 2006, 374.

schaft nach Muster des Auftraggebers[637] ablösen darf.[638] **Zulässig** ist demgegenüber eine AGB-Klausel, wonach ein Sicherheitseinbehalt i.H.v. 5 % der Bausumme für die Dauer der fünfjährigen Gewährleistungsfrist (nur) durch eine **selbstschuldnerische unbefristete Bürgschaft** abgelöst werden kann.[639] Ist der Auftragnehmer formularmäßig verpflichtet, zur Ablösung des Bareinbehalts eine Bürgschaft zu stellen, die den **Ausschluss des § 768 BGB enthalten muss**, so ist das Austauschrecht des Auftragnehmers nach inzwischen herrschender Rechtsprechung ebenfalls unangemessen eingeschränkt und die **Sicherungsklausel damit insgesamt unwirksam.**[640]

Fraglich ist, ob das Ablösungsrecht des Auftragnehmers in diesem Fall sein **350** Austauschrecht gemäß § 17 Abs. 3 VOB/B abschließend regelt oder ob der Auftragnehmer die Einzahlung des Bareinbehalts auf Sperrkonto gemäß § 17 Abs. 6 VOB/B auch dann fordern kann, wenn er **keine Bürgschaft vorlegt.** Zu der Sicherungsabrede, dass der Bareinbehalt (nur) durch Bürgschaft auf erstes schriftliches Anfordern ablösbar sei, hatte der BGH die Auffassung vertreten, diese Abrede sei abschließend und schließe auch die Einzahlung des Bareinbehalts auf Sperrkonto aus (woraus sich ja gerade die unbillige Benachteiligung des Auftragnehmers ergab).[641] Ist der Bareinbehalt hingegen generell durch eine selbstschuldnerische unbefristete Bürgschaft (ohne erstes schriftliches Anfordern) austauschbar, so ist dieses Austauschrecht nach Auffassung des BGH nicht abschließend. Legt der Auftragnehmer also keine Bankbürgschaft vor, so bleibt der Auftraggeber verpflichtet, den Bareinbehalt auf Sperrkonto einzuzahlen.[642]

Macht der Auftragnehmer von seinem Austauschrecht Gebrauch, so ist der Auftraggeber uneingeschränkt zur Herausgabe der abgelösten Sicherheit (z.B. Auszahlung des Bareinbehaltes oder Freigabe des auf Sperrkonto hinterlegten Betrages) **Zug um Zug** gegen die neue Sicherheit (z.B. Bankbürgschaft) verpflichtet.[643] Er kann insbesondere nicht die Aufrechnung mit streitigen Gegenansprüchen erklären oder ein Zurückbehaltungsrecht wegen angeblicher Mängel geltend machen.[644]

---

637 BGH BauR 2000, 1052.
638 Zu weiteren Beispielen vgl. Thierau, in: Kapellmann/Messerschmidt, B § 17, Rdn. 109 ff.
639 BGH BauR 2004, 325; 2004, 841; 2006, 379; OLG Frankfurt/Main BauR 2005, 1939.
640 Im Anschluss an BGH BauR 2005, 539 = NZBau 2005, 219 so ausdrücklich auch OLG München BauR 2008, 1646 und KG BauR 2009, 512.
641 BGH BauR 2002, 1392; 2006, 106.
642 So ausdrücklich BGH BauR 2006, 379, und ebenso OLG Frankfurt/Main BauR 2005, 1939.
643 Streitig; wie hier Rodemann, BauR 2004, 1539 m.w.N.
644 BGH BauR 1998, 544; 2000, 1501; 2001, 1893; OLG München BauR 2006, 2071.

b) Erfüllungs- und Mängelsicherheitsbürgschaft

351 Die Gestellung einer Erfüllungs- oder Mängelsicherheit in Form einer Bürgschaft ist durch § 17 Abs. 2 und Abs. 4 VOB/B geregelt.

Als Bürge tauglich sind gemäß § 17 Abs. 2 VOB/B Kreditinstitute und Kreditversicherer, sofern diese in der Europäischen Gemeinschaft oder in einem Staat der Vertragsparteien des Abkommens über den europäischen Wirtschaftsraum oder in einem Staat der Vertragsparteien des WTO-Übereinkommens über das öffentliche Beschaffungswesen zugelassen sind.

Gemäß § 17 Abs. 4 VOB/B muss die Bürgschaftserklärung **schriftlich** und unter Verzicht auf die Einrede der Vorausklage gemäß § 771 BGB erteilt werden. Daneben muss die Bürgschaftserklärung **unbefristet** abgegeben werden, was in der Praxis oftmals nicht beachtet und vom Auftraggeber übersehen wird. Akzeptiert der Auftraggeber gleichwohl eine solche **befristete Bürgschaft** und will er den Bürgen nach Ablauf der Bürgschaftsfrist in Anspruch nehmen, so kann sich der Bürge auf den Fristablauf auch dann berufen, wenn der zugrunde liegende Mangelanspruch des Auftraggebers noch nicht verjährt ist.[645] Der Auftraggeber ist also gut beraten, eine solche vertragswidrige Erfüllungs- oder Mängelsicherheitsbürgschaft zurückzuweisen und auf einer vertragsgemäßen unbefristeten Bürgschaft zu bestehen.

352 Die **Verjährung des Bürgschaftsanspruchs** ist für den Auftraggeber in doppelter Hinsicht problematisch.

Zum einen kann der Bürge gemäß § 768 Abs. 1 Satz 1 BGB die dem Hauptschuldner (Auftragnehmer) zustehenden Einreden geltend machen. Ist also der Anspruch gegenüber dem Auftragnehmer (Erfüllungs- oder Mängelanspruch) verjährt, so kann sich auch der Bürge auf die Einrede der Verjährung berufen, selbst wenn der Anspruch aus der Bürgschaft noch nicht verjährt ist.[646] Allerdings bleiben dem Auftraggeber nach ständiger Rechtsprechung des BGH die Rechte aus einer Gewährleistungsbürgschaft auch im Verhältnis zum Bürgen erhalten, wenn er den Mängelanspruch in unverjährter Zeit gegenüber dem Auftragnehmer geltend gemacht hat.[647] Der »sichere« Weg besteht für den Auftraggeber aber darin, in unverjährter Zeit die Verjährungshemmung seiner Ansprüche gegen den Bürgen **und** gegen den Auftragnehmer selbst herbeizuführen, auch wenn der Auftragnehmer zwischenzeitlich vermögenslos sein sollte.[648]

Zum anderen muss der Auftraggeber beachten, dass sein Anspruch gegen den Bürgen in anderer Frist verjährt als sein Gewährleistungsanspruch gegenüber

---

645 Dazu Thierau, in: Kapellmann/Messerschmidt, B § 17, Rdn. 140.
646 Zuletzt BGH BauR 2003, 697; allgemein dazu Kapellmann/Messerschmidt-Thierau, § 17 VOB/B, Rdn. 193.
647 BGH BauR 1993, 337, 338.
648 So zutreffend Kapellmann/Messerschmidt-Thierau, a.a.O.

dem Auftragnehmer. Während für den Gewährleistungsanspruch regelmäßig eine »starre Frist« von 4 Jahren (nach VOB/B, wenn nichts anderes vereinbart ist) oder von 5 Jahren (nach BGB) besteht, verjährt der Anspruch gegen den Bürgen nach »neuem Verjährungsrecht« des Schuldrechtsmodernisierungsgesetzes[649] binnen 3 Jahren, § 195 BGB. Die Frist beginnt gemäß § 199 Abs. 1 BGB mit dem Schluss des Jahres, in dem der Anspruch entstanden ist **und** der Gläubiger von den den Anspruch begründenden Umständen und der Person des Schuldners Kenntnis erlangt oder ohne grobe Fahrlässigkeit erlangen musste.

Da der Bürge nicht auf Nachbesserung, sondern nur auf Geldzahlungen in Anspruch genommen werden kann, wird der Anspruch gegen den Bürgen erst fällig, wenn der Auftraggeber gegenüber dem Auftragnehmer einen auf Geldzahlung gerichteten Anspruch (Kostenvorschussanspruch, Kostenerstattungsanspruch, Schadensersatzanspruch usw.) geltend machen kann, also regelmäßig nach Mängelrüge und Ablauf einer zur Mängelbeseitigung gesetzten Frist. Es war lange streitig, ob der Zahlungsanspruch gegenüber dem Auftragnehmer automatisch auch zur Fälligkeit des Zahlungsanspruchs gegenüber dem Bürgen führt oder ob die Verjährung des Anspruchs gegen den Bürgen erst beginnt, wenn der Auftraggeber den Bürgen – zusätzlich – in Anspruch genommen hat.[650] Der BGH hat durch Urteil vom 29.01.2008[651] zwischenzeitlich die Auffassung verschiedener Oberlandesgerichte[652] bestätigt, wonach mangels abweichender Vereinbarung die Fälligkeit des Zahlungsanspruchs gegen den Auftragnehmer gleichzeitig auch zur Fälligkeit (und damit zum Verjährungsbeginn) des Zahlungsanspruchs gegenüber dem Bürgen führt, eine gesonderte Zahlungsaufforderung gegenüber dem Bürgen also nicht erforderlich ist. In der Praxis kann man damit leben, weil ab diesem Zeitpunkt der Auftraggeber immerhin (mindestens) 3 Jahre Zeit hat, den Bürgen in Anspruch zu nehmen. Wenn der Auftraggeber »auf Nummer Sicher« gehen will, sollte in der vertraglichen Sicherungsabrede **und** in der Bürgschaft vereinbart werden, dass die Zahlungspflicht des Bürgen die ausdrückliche Inanspruchnahme durch den Auftraggeber voraussetzt, so dass eine »unbemerkte« Verjährung der Bürgenhaftung ausgeschlossen ist. Das gilt auch für die Fälligkeit einer Bürgschaft auf erstes Anfordern.[653]

Erstmals in der VOB/B 2002 enthalten ist die Regelung des § 17 Abs. 4 Satz 3, **353** wonach der Auftraggeber als Sicherheit keine **Bürgschaft** fordern kann, die den Bürgen zur Zahlung **auf erstes Anfordern** verpflichtet. Die Regelung der VOB/B trägt einerseits der zwischenzeitlich herausgebildeten Rechtsprechung des BGH (dazu nachstehend), andererseits aber auch der dieser Recht-

---

649 Dazu näher oben Rdn. 340.
650 Zum Meinungsstand vgl. Kapellmann/Messerschmidt-Thierau, a.a.O.
651 BGH BauR 2008, 986, s. Rdn. 1, Entscheidung Nr. 5.
652 KG BauR 2007, 1058; OLG Hamm BauR 2007, 1265.
653 BGH BauR 2008, 1885.

sprechung zugrunde liegenden Gefahr Rechnung, die mit Bürgschaften auf erstes Anfordern verbunden ist. Denn bei dieser besonderen Form der Sicherheit verpflichtet sich der Bürge, auf erstes schriftliches Anfordern des Gläubigers den verbürgten Betrag auszuzahlen, ohne prüfen zu können, ob der der Bürgschaft zugrunde liegende Erfüllungs- oder Mängelhaftungsanspruch überhaupt besteht. Die Frage, ob die Bürgschaft zu Recht in Anspruch genommen wird, wird also auf den Rückforderungsprozess zwischen dem Bürgen bzw. dem Hauptschuldner und dem Gläubiger verlagert[654] und bei zwischenzeitlicher Insolvenz des Gläubigers häufig obsolet. Da an einer solchen bargeldgleichen Sicherheit kein redliches Interesse des Auftraggebers besteht, hat die VOB/B diese besonders gefährliche Form der Bürgschaft zu Recht eliminiert.

354 Für Altfälle bzw. von § 17 Abs. 4 Satz 3 VOB/B abweichende Vertragsklauseln ist die ständige Rechtsprechung des BGH zu beachten. Hiernach benachteiligen formularmäßige, vom Auftraggeber gestellte (Regelfall!) Sicherungsabreden den Auftragnehmer entgegen den Geboten von Treu und Glauben unangemessen, wenn der Auftragnehmer zur Stellung einer **Erfüllungsbürgschaft**[655] oder **Mängelsicherheitsbürgschaft**[656] auf erstes schriftliches Anfordern verpflichtet ist. Dies gilt auch für **öffentliche Auftraggeber,**[657] auch dann, wenn der öffentliche Auftraggeber sich zur Einzahlung auf ein Verwahrgeldkonto verpflichtet.[658] Im Geltungsbereich der VOB/B ist es dem öffentlichen Auftraggeber ohnehin verwehrt, Klauseln zu verwenden, die von § 17 Abs. 4 Satz 3 VOB/B abweichen, § 10 Abs. 2 Nr. 1 Satz1 VOB/A.

355 Da eine geltungserhaltende Reduktion unwirksamer AGB-Klauseln grundsätzlich unzulässig ist, führt die AGB-rechtliche Unwirksamkeit der entsprechenden Sicherungsabreden an sich dazu, dass der Auftraggeber gar keine Sicherheit fordern kann bzw. eine einbehaltene Barsicherheit auszahlen muss, ohne im Gegenzug eine Erfüllungs- oder Mängelsicherheitsbürgschaft zu erhalten. Eine Ausnahme lässt der BGH für bis zum 31.12.2002 abgeschlossene »Altverträge« zu.[659] In diesen Altfällen sei die **unwirksame Sicherungsabrede, eine Vertragserfüllungsbürgschaft auf erstes schriftliches Anfordern** zu stellen, ergänzend dahin auszulegen, dass der Auftraggeber eine »normale«, § 17 Abs. 2 und Abs. 4 VOB/B entsprechende Bürgschaft fordern könne. Liegt dem Auftraggeber in solchen Altfällen bereits eine auf erste Anforderung zahlbare Bürgschaft vor, so muss er diese Bürgschaft nicht Zug um Zug gegen eine »normale« Bürgschaft herausgeben, sondern sich lediglich schriftlich gegenüber dem Bürgen verpflichten, die Bürgschaft nicht auf erstes Anfordern gel-

---

654 Vgl. BGH BauR 2003, 246.
655 BGH BauR 2002, 1239 und 1533; BauR 2008, 995.
656 BGH BauR 1997, 829; 2000, 1052; 2005, 1154.
657 BGH BauR 2004, 1143; 2005, 539.
658 BGH BauR 2006, 374.
659 BGH BauR 2002, 1533; 2004, 1143.

tend zu machen.[660] Eine solche Umdeutung AGB-widriger Sicherungsvereinbarungen gilt aber nicht für **Mängelsicherheitsbürgschaften**. Hierfür hatte der BGH bereits durch Urteil vom 05.06.1997[661] entschieden, dass solche formularmäßigen Sicherungsvereinbarungen unwirksam seien. Die Umdeutung einer solchen AGB-unwirksamen Sicherungsvereinbarung, dass der Auftraggeber eine nicht auf erstes Anfordern zahlbare Mängelsicherheitsbürgschaft fordern kann, scheidet sowohl beim privaten Auftraggeber[662] als auch beim öffentlichen Auftraggeber[663] aus.

Die formularmäßige Vereinbarung einer **Vorauszahlungsbürgschaft auf erstes Anfordern** ist aufgrund des besonderen Sicherungsinteresses des Auftraggebers hingegen zulässig.[664] Die zur Erlangung der Vorauszahlung nach dem Vertrag beizubringende Bürgschaft auf erstes Anfordern ist allerdings dann keine reine Vorauszahlungsbürgschaft (mehr), wenn sie auch noch nach Arbeitsbeginn und bis zur Verrechnung mit fälligen Abschlagsforderungen beim Auftraggeber verbleiben soll. In diesem Fall ist die formularmäßige Sicherungsabrede unwirksam, kann jedoch in Anlehnung an die vorstehend zitierte BGH-Rechtsprechung dahin umgedeutet werden, dass der Auftraggeber eine »normale« Vorauszahlungsbürgschaft fordern kann.[665]

Gemäß § 17 Abs. 8 VOB/B hat der Auftraggeber eine nicht verwertete Sicherheit (Bareinbehalt, Bürgschaft) zum vereinbarten Zeitpunkt zurückzugeben, eine **Erfüllungssicherheit** also nach Abnahme und Stellung der Sicherheit für Mängelansprüche und eine **Mängelsicherheit** nach Ablauf der hierfür vereinbarten Frist. § 17 Abs. 8 Nr. 2 Satz 1 VOB/B enthält für VOB-Verträge die Besonderheit, dass die Mängelsicherheit trotz der in § 13 Abs. 4 Nr. 1 VOB/B auf 4 Jahre verlängerten Verjährungsfrist bereits nach 2 Jahren zurückzugeben ist, wenn im Vertrag nichts anderes vereinbart ist. Zulässig ist also die in den meisten Bauverträgen getroffene Regelung, wonach die Mängelsicherheit erst nach Ablauf der Verjährungsfrist zurückzugeben ist.

Soweit zu diesem Zeitpunkt noch unerledigte Ansprüche vorhanden sind (z.B. noch laufende Mängeluntersuchungen im Rahmen eines gerichtlichen Beweisverfahrens), darf der Auftraggeber einen Teil der Sicherheit einbehalten. Die Höhe des Einbehalts bestimmt sich nach der Höhe seines Leistungsverweigerungsrechts gemäß §§ 320, 641 Abs. 3 BGB (regelmäßig doppelter Mängeleinbehalt).[666] Mit wenig überzeugender Begründung hat das OLG Dresden die

---

660 BGH BauR 2003, 1385; 2004, 500.
661 BauR 1997, 829; bestätigt durch BGH BauR 2002, 1392.
662 BGH BauR 2002, 463; 2005, 1154; ebenso OLG Düsseldorf BauR 2003, 1585; OLG München BauR 2004, 1466; OLG Hamm BauR 2004, 1790.
663 BGH BauR 2005, 539.
664 OLG Düsseldorf BauR 2004, 1319.
665 OLG Düsseldorf a.a.O.
666 BGH BauR 2008, 510.

entsprechende Bestimmung aus § 17 Abs. 8 Nr. 2 Satz 2 VOB/B (2006) bei »isolierter Inhaltskontrolle« für AGB-unwirksam erklärt.[667]

Die Herausgabepflicht bezüglich der Bürgschaft besteht gegenüber dem Auftragnehmer selbst und nicht gegenüber dem Bürgen.[668]

2. Sicherheiten zu Gunsten des Auftragnehmers

a) Vereinbarte Sicherheit

358 Häufig vereinbaren die Bauvertragsparteien nicht nur eine Sicherheit zu Gunsten des Auftraggebers, sondern auch eine solche zu Gunsten des Auftragnehmers, z.B. die wechselseitige Gestellung von Erfüllungsbürgschaften in Höhe von 10 % der Auftragssumme. In diesem Fall ergibt sich der Sicherungsanspruch des Auftragnehmers nach Art und Umfang aus der vertraglichen Absprache. Da § 17 VOB/B nur Sicherheiten zu Gunsten, nicht jedoch zu Lasten des Auftraggebers regelt,[669] kommt bei Sicherheitsleistungen zu Gunsten des Auftragnehmers allenfalls eine analoge Anwendung von § 17 VOB/B infrage. Soweit der vom Auftraggeber vorformulierte Bauvertrag aber beispielsweise vorsieht, dass Auftraggeber und Auftragnehmer sich wechselseitig **Erfüllungsbürgschaften auf erstes Anfordern** in Höhe von 10 % der Auftragssumme gewähren, ist die entsprechende Sicherungsabrede AGB-unwirksam, soweit sie die Verpflichtung des Auftragnehmers betrifft.[670] Da der Auftraggeber jedoch nicht gegen seine eigenen AGB geschützt wird, ist er in diesem Fall seinerseits verpflichtet, dem Auftragnehmer eine auf erste schriftliche Anforderung zahlbare Erfüllungsbürgschaft auszuhändigen.

Soweit der Auftraggeber bezweckt, durch die Vereinbarung einer Erfüllungsbürgschaft (z.B. in Höhe von 10 % der Auftragssumme) weitergehende Sicherungsansprüche des Auftragnehmers ausdrücklich oder inzident auszuschließen, scheitert dieses Unterfangen an § 648a Abs. 7 BGB (dazu nachstehend Rdn. 360). Der Auftragnehmer kann in diesem Fall die vertraglich vereinbarte Zahlungsbürgschaft verlangen und darüber hinausgehend Sicherheit gemäß § 648a BGB.

b) Die Bauhandwerkersicherungshypothek – § 648 BGB

359 Gemäß § 648 BGB kann der Unternehmer eines Bauwerks oder eines einzelnen Teils eines Bauwerks für seine Forderungen aus dem Vertrag die Einräumung einer Sicherungshypothek an dem Baugrundstück des Bestellers verlangen. Ist das Werk noch nicht vollendet, so ist er berechtigt, die Einräumung der Si-

---

667 OLG Dresden BauR 2008, 848.
668 So zutreffend BGH BauR 2009, 97; KG BauR 2006, 386 und OLG Bamberg BauR 2006, 2072; a.A. OLG Düsseldorf NJW-RR 2003, 668.
669 Vgl. Thierau, in: Kapellmann/Messerschmidt, B § 17, Rdn. 16.
670 BGH BauR 2002, 1239 und 1533.

cherungshypothek für einen der geleisteten Arbeit entsprechenden Teil der Vergütung und für die in der Vergütung nicht inbegriffenen Auslagen zu verlangen. § 648 BGB gilt sowohl für den BGB- als auch für den VOB-Bauvertrag.[671]

Sicherungsberechtigt ist jeder Auftragnehmer eines Bauvertrages, also der Fachunternehmer eines bestimmten Fachgewerks gleichermaßen wie der Generalüber- oder -unternehmer im Schlüsselfertigbau, vorausgesetzt, sein Auftraggeber ist auch (Allein- oder Mit-)Eigentümer des Baugrundstücks. Die bloße wirtschaftliche Identität zwischen Auftraggeber und Grundstückseigentümer reicht nur unter besonderen, für den Auftragnehmer schwierig zu beweisenden Umständen aus.[672]

Die Praktikabilität des Sicherungsanspruchs gemäß § 648 BGB leidet nicht nur daran, dass der Auftraggeber oftmals nicht (z.B. bei nachgeschalteten Vertragsverhältnissen) oder nicht mehr (z.B. beim Bauträger) Eigentümer des bebauten Grundstücks ist, sondern auch daran, dass im Grundbuch eingetragene Belastungen die Werthaltigkeit der Sicherungshypothek infrage stellen. § 648 BGB kommt deshalb in der Baupraxis keine allzu große Bedeutung zu.

Macht der Auftragnehmer den Sicherungsanspruch gemäß § 648 BGB berechtigt geltend, so kann er gemäß §§ 648, 885 BGB die Eintragung einer Rang sichernden Vormerkung verlangen, die gemäß §§ 935, 941 ZPO regelmäßig im Wege der einstweiligen Verfügung erwirkt wird.[673]

Soweit der Auftragnehmer eine Sicherungshypothek gemäß § 648 BGB erlangt hat, kann der Auftraggeber diese Sicherungshypothek durch die Gestellung einer Bürgschaft gemäß § 648a BGB ablösen, § 648a Abs. 4 BGB. Umgekehrt: Anspruch aus § 648a BGB entfällt, soweit der Auftragnehmer eine Vormerkung bzw. eine Sicherungshypothek erlangt hat, die mündelsicher oder jedenfalls entsprechend der Rangstelle (und Grundstücksbelastung) gleichwertig einer Zahlungsbürgschaft ist.[674]

c) Die Bauhandwerkersicherung – § 648a BGB

Mit dem am 01.05.1993 in Kraft getretenen Bauhandwerkersicherungsgesetz **360** (§ 648a BGB) hat der Gesetzgeber versucht, die vorstehend aufgezeigten Unzulänglichkeiten des § 648 BGB praxisgerecht auszugleichen. Die Vorschrift hat sich in der Praxis ausgesprochen bewährt. Sie ist durch das Beschleunigungsgesetz vom 01.05.2000 erweitert und durch das Forderungssicherungs-

---

671 Werner/Pastor, Rdn. 182.
672 Dazu OLG Hamm BauR 2007, 721; OLG Düsseldorf BauR 2007, 1590; Werner/Pastor, Rdn. 257 ff. m.w.N.
673 Zu den Einzelheiten vgl. Werner/Pastor, Rdn. 261 ff.
674 OLG Dresden BauR 2008, 1161.

gesetz mit Wirkung zum 01.01.2009 noch einmal wesentlich – zugunsten der Auftragnehmer – verändert worden.

Zusammengefasst bestimmt die Vorschrift:

- Der Auftragnehmer eines Bauvertrages kann vom Auftraggeber in Höhe der **vollen Auftragssumme einschließlich Nachträgen und Nebenforderungen** Sicherheit verlangen, soweit noch keine Zahlungen geleistet oder anderweitige Sicherheiten (z.B. aufgrund vertraglicher Vereinbarung) geleistet worden sind. Dies gilt auch nach der Abnahme.
- Leistet der Auftraggeber die Sicherheit trotz angemessener Fristsetzung nicht, so kann der Auftragnehmer entweder die Leistung verweigern, den Vertrag kündigen oder Klage auf Gestellung der Sicherheit erheben.
- Mängeleinbehalte des Auftraggebers bleiben unberücksichtigt, ebenso kann der Auftraggeber nur mit unbestrittenen oder rechtskräftig festgestellten Forderungen aufrechnen.
- Öffentliche Auftraggeber sowie private Bauherren von Einfamilienhäusern sind von der Pflicht zur Sicherheitsleistung befreit.
- Vereinbarungen (auch Individualvereinbarungen), die zum Nachteil des Auftragnehmers von § 648a Abs. 1–5 BGB abweichen, sind einschränkungslos unwirksam.

361 aa) Anspruchsberechtigt sind **alle Bauhandwerker** im herkömmlichen Sinn einschließlich Generalüber- oder -unternehmer,[675] aber auch Architekten,[676] Ingenieure usw., **nicht** jedoch Baustofflieferanten, obwohl auch bei diesen ähnliche Sicherungsbedürfnisse auftreten können.[677] Erfasst werden vor allem auch **Nachunternehmer**, die ihre Vorleistungen früher praktisch ungeschützt erbringen mussten, da ihr Auftraggeber in aller Regel nicht Grundstückseigentümer war, somit eine Sicherungshypothek von vornherein nicht verlangt werden konnte. § 648a BGB gilt auch im Rahmen des zwischen einer Dach-ARGE und einem ihrer Mitglieder abgeschlossenen Nachunternehmervertrages.[678]

362 Der Auftragnehmer kann Sicherheit **in voller Höhe** des ihm zustehenden Werklohnanspruchs **einschließlich** der **Nachträge und Nebenforderungen** verlangen, wobei die Nebenforderungen pauschal mit 10 % des zu sichernden Vergütungsanspruchs anzusetzen sind. Einbehalte wegen – behaupteter oder tatsächlich vorhandener – Mängel sind unzulässig, ebenso kann der Auftraggeber mit einer Gegenforderung nur aufrechnen, soweit diese unstreitig oder rechtskräftig festgestellt ist. Abzuziehen sind also lediglich bereits geleistete Zahlungen und bereits geleistete Sicherheiten.

---

675 Vgl. OLG Dresden BauR 2006, 1318.
676 OLG Düsseldorf BauR 2005, 416.
677 Vgl. Ingenstau/Korbion/Joussen, Anhang 2 BGB, Rdn. 140.
678 KG BauR 2005, 1035.

Berechnungsbeispiel:

Die Auftragssumme beträgt 650.000,– €. Auftraggeber und Auftragnehmer haben sich wechselseitig Bürgschaften in Höhe von 10 % der Auftragssumme als Erfüllungssicherheit zur Verfügung gestellt. Gezahlt hat der Auftraggeber bereits zwei Abschläge in Höhe von je 100.000,– €. Darüber hinaus macht der Auftraggeber einen berechtigten Nachtrag in Höhe von 50.000,– € geltend. Er kann gemäß § 648a BGB folgende Sicherheit verlangen:

Auftragssumme	650.000,– €
abzgl. gestellter Erfüllungssicherheit	65.000,– €
abzgl. Abschlagszahlungen	200.000,– €
zzgl. berechtigter Nachtrag	50.000,– €
Zwischensumme	435.000,– €
zzgl. 10 % Nebenkosten	43.500,– €
Sicherungsanspruch gesamt	478.500,– €

Abzusichern ist grundsätzlich die **Bruttoforderung**, also die Forderung einschließlich Umsatzsteuer. Soweit allerdings der Auftraggeber als Leistungsempfänger Schuldner der Umsatzsteuerforderung gemäß § 13b UStG ist (z.B. bei Leistungen des Nachunternehmers an den Generalunternehmer),[679] besteht in Höhe der unmittelbar und nur vom Auftraggeber geschuldeten Umsatzsteuer von vornherein kein entsprechender Werklohnanspruch des Auftragnehmers. In diesem Fall kann der Auftragnehmer Sicherheit also nur in Höhe seiner **Nettoforderung** (ohne Umsatzsteuer) verlangen.

bb) Die Art der vom Auftraggeber zu stellenden Sicherheit bestimmt sich nach **363** §§ 232 ff. BGB, wobei in der Praxis meistens Zahlungsbürgschaften oder -garantien eines Kreditinstituts oder Kreditversicherers gestellt werden. § 648a Abs. 2 BGB regelt hierzu, dass die Bürgschaft oder Garantie bestimmen darf, dass Zahlungen nur (und erst) geleistet werden, soweit der Besteller entweder den Vergütungsanspruch des Unternehmers anerkannt hat oder durch vorläufig vollstreckbares Urteil zur Zahlung der Vergütung verurteilt worden ist und die Vollstreckungsvoraussetzungen gegeben sind. **Nicht tauglich** als Sicherheit ist die Abtretung der eigenen Werklohnforderung des **Auftraggebers** gegen seinen Auftraggeber, auch wenn diese Werklohnforderung ihrerseits durch Bürgschaft abgesichert ist.[680] Die Bürgschaft oder Garantie muss im Übrigen unbefristet sein.[681]

Die **Kosten der Sicherheit** (z.B. Bürgschaftskosten) muss der Auftragnehmer in der üblichen Höhe tragen, maximal jedoch bis zu 2 % p.a., § 648a Abs. 3 BGB.

---

679 Näher dazu Groß, BauR 2005, 1084 ff.
680 BGH BauR 2005, 1926.
681 OLG Frankfurt/Main BauR 2003, 412.

364 cc) Der Gesetzgeber hat die Neufassung vom 01.01.2009 genutzt, durch § 648a Abs. 1 Satz 2 und Satz 4 BGB zwei Klarstellungen wie folgt vorzunehmen:

Gemäß § 648a Abs. 1 Satz 2 BGB gilt der Sicherungsanspruch in demselben Umfang auch für Ansprüche, die an die Stelle der Vergütung treten. Der Auftragnehmer kann Sicherheit also nicht nur für seinen originären Vergütungsanspruch (einschließlich Nachträgen und Nebenforderungen) verlangen, sondern beispielsweise auch für einen Schadensersatzanspruch, der nach dem Rücktritt vom Vertrag an die Stelle des Vergütungsanspruchs tritt oder auch für einen Entschädigungsanspruch gemäß § 642 BGB.[682]

Durch den neu eingefügten § 648a Abs. 1 Satz 4 BGB hat sich der Gesetzgeber außerdem der inzwischen ständigen Rechtsprechung des BGH angeschlossen, wonach der Sicherungsanspruch gemäß § 648a BGB **auch nach der Abnahme** besteht.[683] Im geradezu typischen Fall, in dem der Auftraggeber nach Abnahme und Prüfung der Schlussrechnung Restwerklohn aufgrund vorhandener Mängel einbehält, kann also der Auftragnehmer seinerseits die Gestellung einer Sicherheit in Höhe des offenen Werklohns verlangen, bevor er die Mängelbeseitigung durchführt. Kommt der Auftraggeber seiner Verpflichtung zur Stellung der entsprechenden Sicherheit nicht nach, so besteht ein Leistungsverweigerungsrecht nicht nur auf Seiten des Auftraggebers (§§ 320, 641 Abs. 3 BGB, dazu oben Rdn. 252 ff.), sondern auch auf Seiten des Auftragnehmers gemäß § 648a Abs. 5 BGB. Diese **Pattsituation** hatte der BGH schon nach der bisherigen Fassung des § 648a BGB wie folgt aufgelöst: Der Auftragnehmer könne gemäß § 648a Abs. 5 BGB den Vertrag kündigen, damit entfalle der Mängelbeseitigungsanspruch des Auftraggebers und damit auch sein Leistungsverweigerungsrecht. Gleichzeitig sei »automatisch« der Werklohnanspruch des Auftragnehmers um den mangelbedingten Minderwert zu kürzen, d.h., die Mängelbeseitigungskosten sind zulasten des Auftragnehmers vom Werklohn abzuziehen. Der Restbetrag muss ausbezahlt werden.

Bei dieser Lösungsmöglichkeit verbleibt es auch in der Neufassung des § 648a BGB. Allerdings muss der Auftragnehmer den Weg der Kündigung nicht beschreiten. Er kann es auch bei der Pattsituation belassen. Klagt der Auftragnehmer in diesem Fall seinen Werklohn aus der Schlussrechnung (oder der Abschlagsrechnung) ein, so behält der Auftraggeber ein Leistungsverweigerungsrecht im Hinblick auf die vorhandenen Mängel. Bei der Höhe des Leistungsverweigerungsrechts ist nach der Rechtsprechung des BGH[684] allerdings zu berücksichtigen, dass der Auftraggeber trotz Aufforderung keine Sicherheit gestellt hat. Im Klartext bedeutet dies wohl, dass dem Auftraggeber in diesem Fall kein doppeltes, sondern ein nur einfaches Zurückbehaltungsrecht im Hinblick auf die vorhandenen Mängel zusteht.

---

682 Vgl. Hildebrandt, BauR 2009, 1, 11; Palandt/Sprau, § 648a Rdn. 15.
683 So bereits BGH BauR 2004, 826; 2004, 830; 2004, 834; 2004, 1453; 2005, 548; 2005, 555; 2007, 2052; 2007, 2056.
684 BGH BauR 2005, 548, 549.

Da der Auftragnehmer aufgrund fehlender Sicherheit berechtigt ist und bleibt, die Mängelbeseitigung zu verweigern, kann er trotz Fristsetzung nicht in Verzug geraten. Lässt der Auftraggeber die Mängel nach Fristablauf gleichwohl durch eine Drittfirma beseitigen, so kann der Auftraggeber keine Kostenerstattung verlangen.[685] Das Leistungsverweigerungsrecht des Auftragnehmers setzt jedoch voraus, dass er seinerseits (noch) bereit und in der Lage ist, die geltend gemachten Mängel zu beseitigen. Hat der Auftragnehmer die Mängelbeseitigung also z.B. endgültig verweigert, so steht fest, dass er eine abzusichernde Vorleistung nicht erbringen wird. In diesem Fall entfällt sein Leistungsverweigerungsrecht aus § 648a BGB. Maßgeblich ist dabei der Zeitpunkt, in dem er in Verzug geraten ist.[686]

dd) Soweit der Auftraggeber seiner Pflicht zur Gestellung einer Sicherheit **365** nicht nachkommt, sind die Rechte des Auftragnehmers durch die gesetzliche Neufassung erheblich verbessert worden. Der Auftragnehmer hat das **Wahlrecht,** ob er

- seinen Anspruch auf Gestellung der Sicherheit gemäß § 648a Abs. 1 BGB gerichtlich geltend macht, also Klage auf Gestellung der Sicherheit erhebt oder
- die Arbeiten einstellt, nachdem eine dem Auftraggeber gesetzte, angemessene Frist zur Stellung der Sicherheit abgelaufen ist oder
- den Vertrag gemäß § 648a Abs. 5 BGB kündigt.

(1) Nach der bisherigen Fassung des § 648a BGB war der Sicherungsanspruch **366** des Auftragnehmers nicht einklagbar, sondern er konnte nur durch Leistungsverweigerung und nötigenfalls durch Kündigung indirekt durchgesetzt werden. Die fehlende Klagbarkeit des Sicherungsanspruchs war jedoch nur ein scheinbares Manko, da die Arbeitseinstellung und ggf. die anschließende Vertragskündigung durch den Auftragnehmer bei laufender Baustelle ein scharfes und deshalb effektives Schwert des Auftragnehmers darstellten.

Gleichwohl hat der Gesetzgeber sich dazu entschieden, den Sicherungsanspruch aus § 648a BGB nur als einklagbaren Anspruch zu gestalten.[687]

(2) Wie schon nach bisherigem Recht kann der Auftragnehmer die Leistung **367** verweigern, d.h. die Arbeiten einstellen (oder den Ausführungsbeginn unterlassen), wenn er dem Auftraggeber erfolglos eine angemessene Frist zur Leistung der Sicherheit nach § 648a Abs. 1 BGB gesetzt hat.

Das Leistungsverweigerungsrecht des Auftragnehmers aufgrund nicht oder unzureichend gestellter Sicherheit setzt voraus, dass der Auftragnehmer seinerseits zur Erbringung der geschuldeten Leistung bereit und in der Lage ist. Hat der Auftragnehmer also beispielsweise die Leistung endgültig und ernsthaft verweigert, so ist sein Recht zur Leistungserbringung und damit auch

685 BGH BauR 2007, 2057, 2056; OLG Düsseldorf BauR 2005, 572.
686 BGH BauR 2007, 2052, 2056 f.
687 Dazu näher Hildebrandt, BauR 2009, 1, 11; Leinemann, NJW 2008, 3745, 3758.

sein Leistungsverweigerungsrecht entfallen.[688] Hat der Auftraggeber dem Auftragnehmer bereits erfolglos eine Frist zur Mängelbeseitigung gemäß § 4 Abs. 7 Satz 3 VOB/B gesetzt und ist damit sein Kündigungsrecht bereits entstanden, so kann der Auftragnehmer dieses Kündigungsrecht nicht durch die nachträgliche Forderung einer Sicherheit gemäß § 648a BGB vereiteln.[689]

Kritisch ist das Leistungsverweigerungsrecht, wenn der vom Auftragnehmer geltend gemachte Sicherungsanspruch teilweise streitig ist und der Auftraggeber in der unstreitigen Höhe Sicherheit geleistet hat. Insbesondere bei **streitigen Nachträgen** sollte der Auftragnehmer also sorgfältig abwägen, wie »sicher« der von ihm geltend gemachte Nachtragsanspruch nach Grund und Höhe ist. Denn stellt sich im Nachhinein heraus, dass die Nachtragsforderung unbegründet war, sodass der Auftragnehmer insoweit aus der fehlenden Gestellung der Sicherheit auch kein Leistungsverweigerungsrecht ableiten konnte, so kann dies unter Umständen zu einer berechtigten Kündigung des Auftraggebers gemäß § 5 Abs. 4 in Verbindung mit § 8 Abs. 3 VOB/B führen. Allerdings wird der Auftragnehmer durch die Rechtsprechung geschützt: Verlangt der Auftragnehmer eine **überhöhte Sicherheit**, so ist sein Sicherungsverlangen nicht unwirksam, sondern verpflichtet den Auftraggeber, fristgerecht eine Sicherheit in der gerechtfertigten Höhe anzubieten.[690] Nach Auffassung des OLG Hamm gilt das bei überhöhtem Sicherungsverlangen aber nicht, wenn der Auftraggeber die berechtigte Höhe der Sicherheit nur mit unzumutbarem Aufwand ermitteln kann.[691]

Das Leistungsverweigerungsrecht entsteht grundsätzlich erst, wenn die dem Auftraggeber gesetzte, **angemessene Frist** erfolglos abgelaufen ist. Eine Frist von 10 Tagen dürfte in aller Regel ausreichen.[692] Unter den Voraussetzungen von § 323 Abs. 2 BGB bedarf es keiner Fristsetzung seitens des Auftragnehmers, insbesondere, wenn der Auftraggeber bereits endgültig und ernsthaft die Gestellung einer Sicherheit abgelehnt hat.

Auch wenn § 648a Abs. 5 BGB im Rahmen der Fristsetzung keine Androhung der Arbeitseinstellung erfordert, ist dem Auftragnehmer im Sinne der Klarheit (und im Sinne der Kooperationspflicht) gleichwohl anzuraten, die Fristsetzung mit der Androhung zu verbinden, bei fruchtlosem Fristablauf die Arbeiten einzustellen.

---

688 So ausdrücklich für den Fall der verweigerten Mängelbeseitigung, aber generell gültig: BGH BauR 2007, 2052, 2056.

689 OLG Brandenburg BauR 2008, 93.

690 BGH NZBau 2001, 129, 132; OLG Düsseldorf BauR 1999, 47; OLG Dresden BauR 2006, 1318.

691 OLG Hamm BauR 2004, 868.

692 BGH BauR 2005, 1009; Kapellmann/Schiffers, Band 2, Rdn. 1143; 7 Tage können nun zu kurz sein, OLG Naumburg BauR 2003, 556.

Ist die vom Auftragnehmer gesetzte, angemessene Frist abgelaufen, so kann der Auftragnehmer auch doppelt vorgehen: Er kann zum einen die Arbeiten einstellen und zum anderen den Anspruch auf Gestellung der Sicherheit einklagen.[693]

(3) Hat der Auftragnehmer dem Auftraggeber erfolglos eine angemessene Frist **368** zur Gestellung der Sicherheit gesetzt, so kann der Auftragnehmer gemäß § 648a Abs. 5 BGB auch den Vertrag kündigen. Entgegen der früheren Regelung in §§ 648a Abs. 5 und 643 BGB greift insoweit nicht mehr die »automatische Kündigung« nach Ablauf der Nachfrist. Der Auftragnehmer kann also nach fruchtlosem Ablauf der Frist frei entscheiden, ob er trotz fehlender Sicherheit weiterarbeitet, die Arbeiten einstellt oder den Vertrag kündigt. Der Auftragnehmer kann es auch zunächst bei der Arbeitseinstellung belassen und später kündigen. In diesem Fall ist dem Auftragnehmer allerdings anzuraten, vor der Kündigung eine (weitere) Nachfrist zu setzen, um sein bereits entstandenes Kündigungsrecht nicht zu verwirken.

Aufgrund des eindeutigen Wortlauts von § 648a Abs. 5 BGB ist auch im Fall der Kündigung deren vorherige **Androhung nicht erforderlich,**[694] dem vorsichtigen und kooperativen Auftragnehmer allerdings anzuraten. Die Praxis lehrt, dass die Kündigungsandrohung deutlich größere Wirkung entfaltet als eine bloße Fristsetzung, in deren Anschluss – überraschend – gekündigt wird.

Entschließt der Auftragnehmer sich nach fruchtlosem Fristablauf zur Kündigung, so kann er in gleicher Weise abrechnen, als hätte der Auftraggeber ohne Grund gekündigt (dazu oben Rdn. 132 ff.). Der Auftragnehmer kann also für die bis zur Kündigung erbrachten Leistungen die anteilige vertragsmäße Vergütung fordern und für die kündigungsbedingt nicht mehr erbrachten Leistungen die Restvergütung abzüglich der ersparten Aufwendungen. Entsprechend der Neuregelung in § 649 Satz 3 BGB kann der Auftragnehmer auch bei der Kündigung gemäß § 648a Abs. 5 BGB die Restvergütung mit 5 % pauschalieren (dazu oben Rdn. 133).

ee) »Öffentliche Auftraggeber«, also juristische Personen des öffentlichen **369** Rechts und öffentlich-rechtliche Sondervermögen (z.B. Bund, Länder, Gemeinden, Zweckverbände usw.), sind von der Pflicht zur Sicherheitsleistung ausgenommen, weil hier von genereller Zahlungsfähigkeit ausgegangen wird.[695] Aufgrund des Ausnahmecharakters gilt § 648a Abs. 6 Nr. 1 BGB nicht für juristische Personen des Privatrechts, die sich vollständig oder mehrheitlich im Besitz einer juristischen Person des öffentlichen Rechts befinden. Solche öffentlich beherrschten, jedoch privatrechtlich organisierten Auftraggeber

---

693 Hildebrandt, BauR 2009, 1 f. m.w.N.
694 So zutreffend Hildebrandt, BauR 2009, 1, 12; Leinemann, NJW 2008, 3745, 3759.
695 Vgl. Ingenstau/Korbion/Joussen, Anhang 2, Rdn. 191.

unterliegen damit ebenfalls der Verpflichtung aus § 648a BGB.[696] Problematisch sind diese Auftraggeber jedoch insofern, als z.B. bei schlüsselfertiger Vergabe durch einen öffentlichen Auftraggeber der Nachunternehmer des Haupt-Auftragnehmers Sicherheit verlangen kann, obwohl der Haupt-Auftragnehmer seinerseits keine Sicherheit erhält.

Weiter ausgenommen sind natürliche Personen als Auftraggeber von Einfamilienhäusern (mit oder ohne Einliegerwohnung) oder von Eigentumswohnungen.[697]

370 ff) In Kenntnis der Machtverhältnisse zwischen Auftraggeber und Auftragnehmer hat der Gesetzgeber schließlich angeordnet, dass alle für den Auftragnehmer nachteiligen Abweichungen von den vorgenannten Bestimmungen unwirksam sind, § 648a Abs. 7 BGB.

Die Unwirksamkeit erfasst also nicht nur formularmäßige Abweichungen in ZVB usw., sondern auch echte Individualabsprachen.

Der BGH hat im Urteil vom 09.11.2000 klargestellt, dass der Sicherungsanspruch des Auftragnehmers gemäß § 648a BGB selbst dann unverzichtbar ist, wenn die Parteien im Werkvertrag individualvertraglich wechselseitige Sicherheiten vereinbart haben. Selbst dann kann der Auftragnehmer also im Nachhinein noch eine »Auffüllung« bis zur Höhe des vereinbarten Werklohns (einschließlich Nachträgen und Nebenforderungen) verlangen.[698] Dem Auftragnehmer steht es also vom Vertragsabschluss an bis zur (vollständigen) Zahlung durch den Auftraggeber frei, ob, wann und in welchem Umfang (bis zur Höhe noch ausstehender Zahlungen) er Sicherheit fordert.

Zweifelhaft erscheint in diesem Zusammenhang die Entscheidung des OLG Celle:[699] Erteile der Auftraggeber den Auftrag unter ausdrücklichem Ausschluss des § 648a BGB, dem der Auftragnehmer widerspreche, so komme kein Werkvertrag zustande, folglich könne der Auftragnehmer auch keine Sicherheit gemäß § 648a BGB fordern. In solchen Fällen kann dem Auftragnehmer nur angeraten werden, den gemäß § 648a Abs. 7 BGB unwirksamen Ausschluss zu akzeptieren und sich dann im Nachhinein auf die Unwirksamkeit eben dieses Ausschlusses zu berufen.

---

696 So zutreffend ThürOLG BauR 2008, 536.
697 OLG München BauR 2008, 1163.
698 BGH NZBau 2001, 129, 130.
699 BauR 2001, 101.

Anhang

Inhaltsverzeichnis des Anhangs

Voraussichtlicher Text der VOB 2009, Endfassung wird voraussichtlich im Mai 2009 veröffentlicht, Inkrafttreten nicht vor dem 01.07.2009 – siehe Vorwort.

Vergabe- und Vertragsordnung für Bauleistungen (VOB)
Teil A

Allgemeine Bestimmungen für die Vergabe von Bauleistungen DIN 1960 – Stand 25.11.2008 –

Abschnitt 1 Basisparagraphen

§ 1 Bauleistungen

Bauleistungen sind Arbeiten jeder Art, durch die eine bauliche Anlage hergestellt, instand gehalten, geändert oder beseitigt wird.

§ 2 Grundsätze der Vergabe

(1) 1. Bauleistungen werden an fachkundige, leistungsfähige und zuverlässige Unternehmen zu angemessenen Preisen in transparenten Vergabeverfahren vergeben.

    2. Der Wettbewerb soll die Regel sein. Wettbewerbsbeschränkende und unlautere Verhaltensweisen sind zu bekämpfen.

(2) Bei der Vergabe von Bauleistungen darf kein Unternehmen diskriminiert werden.

(3) Es ist anzustreben, die Aufträge so zu erteilen, dass die ganzjährige Bautätigkeit gefördert wird.

(4) Die Durchführung von Vergabeverfahren zum Zwecke der Markterkundung ist unzulässig.

(5) Der Auftraggeber soll erst dann ausschreiben, wenn alle Vergabeunterlagen fertig gestellt sind und wenn innerhalb der angegebenen Fristen mit der Ausführung begonnen werden kann.

§ 3 Arten der Vergabe

(1) Bei Öffentlicher Ausschreibung werden Bauleistungen im vorgeschriebenen Verfahren nach öffentlicher Aufforderung einer unbeschränkten Zahl von Unternehmen zur Einreichung von Angeboten vergeben. Bei Beschränkter Ausschreibung werden Bauleistungen im vorgeschriebenen Verfahren nach Aufforderung einer beschränkten Zahl von Unternehmen zur Einreichung von Angeboten vergeben, gegebenenfalls nach öffentlicher Aufforderung, Teilnahmeanträge zu stellen (Beschränkte Ausschreibung nach Öffentlichem Teilnahmewettbewerb). Bei Freihändiger Vergabe werden Bauleistungen ohne ein förmliches Verfahren vergeben.

(2) Öffentliche Ausschreibung muss stattfinden, soweit nicht die Eigenart der Leistung oder besondere Umstände eine Abweichung rechtfertigen.

(3) Beschränkte Ausschreibung kann erfolgen,

    1. bis zu folgendem Auftragswert der Bauleistung ohne Umsatzsteuer:

      a) 50.000 Euro für Ausbaugewerke (ohne Energie- und Gebäudetechnik), Landschaftsbau und Straßenausstattung,

b) 150.000 Euro für Tief-, Verkehrswege- und Ingenieurbau,

c) 100.000 Euro für alle übrigen Gewerke,

2. wenn eine Öffentliche Ausschreibung kein annehmbares Ergebnis gehabt hat,

3. wenn die Öffentliche Ausschreibung aus anderen Gründen (z.B. Dringlichkeit, Geheimhaltung) unzweckmäßig ist.

(4) Beschränkte Ausschreibung nach Öffentlichem Teilnahmewettbewerb ist zulässig,

1. wenn die Leistung nach ihrer Eigenart nur von einem beschränkten Kreis von Unternehmen in geeigneter Weise ausgeführt werden kann, besonders wenn außergewöhnliche Zuverlässigkeit oder Leistungsfähigkeit (z.B. Erfahrung, technische Einrichtungen oder fachkundige Arbeitskräfte) erforderlich ist,

2. wenn die Bearbeitung des Angebots wegen der Eigenart der Leistung einen außergewöhnlich hohen Aufwand erfordert.

(5) Freihändige Vergabe ist zulässig, wenn die Öffentliche Ausschreibung oder Beschränkte Ausschreibung unzweckmäßig ist, besonders

1. wenn für die Leistung aus besonderen Gründen (z.B. Patentschutz, besondere Erfahrung oder Geräte) nur ein bestimmtes Unternehmen in Betracht kommt,

2. wenn die Leistung besonders dringlich ist,

3. wenn die Leistung nach Art und Umfang vor der Vergabe nicht so eindeutig und erschöpfend festgelegt werden kann, dass hinreichend vergleichbare Angebote erwartet werden können,

4. wenn nach Aufhebung einer Öffentlichen Ausschreibung oder Beschränkten Ausschreibung eine erneute Ausschreibung kein annehmbares Ergebnis verspricht,

5. wenn es aus Gründen der Geheimhaltung erforderlich ist,

6. wenn sich eine kleine Leistung von einer vergebenen größeren Leistung nicht ohne Nachteil trennen lässt.

Freihändige Vergabe kann außerdem bis zu einem Auftragswert von 10.000 Euro ohne Umsatzsteuer erfolgen.

§ 4 Vertragsarten

(1) Bauleistungen sind so zu vergeben, dass die Vergütung nach Leistung bemessen wird (Leistungsvertrag), und zwar:

1. in der Regel zu Einheitspreisen für technisch und wirtschaftlich einheitliche Teilleistungen, deren Menge nach Maß, Gewicht oder Stückzahl vom Auftraggeber in den Vertragsunterlagen anzugeben ist (Einheitspreisvertrag),

2. in geeigneten Fällen für eine Pauschalsumme, wenn die Leistung nach Ausführungsart und Umfang genau bestimmt ist und mit einer Änderung bei der Ausführung nicht zu rechnen ist (Pauschalvertrag).

(2) Abweichend von Abs. 1 können Bauleistungen geringeren Umfangs, die überwiegend Lohnkosten verursachen, im Stundenlohn vergeben werden (Stundenlohnvertrag).

(3) Das Angebotsverfahren ist darauf abzustellen, dass der Bieter die Preise, die er für seine Leistungen fordert, in die Leistungsbeschreibung einzusetzen oder in anderer Weise im Angebot anzugeben hat.

(4) Das Auf- und Abgebotsverfahren, bei dem vom Auftraggeber angegebene Preise dem Auf- und Abgebot der Bieter unterstellt werden, soll nur ausnahmsweise bei regelmäßig wiederkehrenden Unterhaltungsarbeiten, deren Umfang möglichst zu umgrenzen ist, angewandt werden.

§ 5 Vergabe nach Losen, Einheitliche Vergabe

(1) Bauleistungen sollen so vergeben werden, dass eine einheitliche Ausführung und zweifelsfreie umfassende Haftung für Mängelansprüche erreicht wird; sie sollen daher in der Regel mit den zur Leistung gehörigen Lieferungen vergeben werden.

(2) Umfangreiche Bauleistungen sollen möglichst in Lose geteilt und nach Losen vergeben werden (Teillose). Bauleistungen verschiedener Handwerks- oder Gewerbezweige sind in der Regel nach Fachgebieten oder Gewerbezweigen getrennt zu vergeben (Fachlose). Aus wirtschaftlichen oder technischen Gründen dürfen mehrere Fachlose zusammen vergeben werden.

§ 6 Teilnehmer am Wettbewerb

(1) 1. Der Wettbewerb darf nicht auf Unternehmen beschränkt werden, die in bestimmten Regionen oder Orten ansässig sind.

2. Bietergemeinschaften sind Einzelbietern gleichzusetzen, wenn sie die Arbeiten im eigenen Betrieb oder in den Betrieben der Mitglieder ausführen.

3. Justizvollzugsanstalten, Einrichtungen der Jugendhilfe, gemeinnützige Unternehmen und Einrichtungen, Aus- und Fortbildungsstätten und ähnliche Einrichtungen sowie Betriebe der öffentlichen Hand und Verwaltungen sind zum Wettbewerb mit gewerblichen Unternehmen nicht zuzulassen.

(2) 1. Bei Öffentlicher Ausschreibung sind die Unterlagen an alle Bewerber abzugeben, die sich gewerbsmäßig mit der Ausführung von Leistungen der ausgeschriebenen Art befassen.

2. Bei Beschränkter Ausschreibung sollen mehrere, im Allgemeinen mindestens 3 geeignete Bewerber aufgefordert werden.

3. Bei Beschränkter Ausschreibung und Freihändiger Vergabe soll unter den Bewerbern möglichst gewechselt werden.

(3) 1. Zum Nachweis ihrer Eignung ist die Fachkunde, Leistungsfähigkeit und Zuverlässigkeit der Bewerber oder Bieter zu prüfen.

2. Dieser Nachweis kann mit der vom Auftraggeber direkt abrufbaren Eintragung in die allgemein zugängliche Liste des Vereins für die Präqualifikation von Bauunternehmen e.V. (Präqualifikationsverzeichnis) erfolgen und umfasst die folgenden Angaben:

   a) den Umsatz des Unternehmens in den letzten drei abgeschlossenen Geschäftsjahren, soweit er Bauleistungen und andere Leistungen betrifft, die mit der zu vergebenden Leistung vergleichbar sind, unter Einschluss des Anteils bei gemeinsam mit anderen Unternehmen ausgeführten Aufträgen,

   b) die Ausführung von Leistungen in den letzten drei abgeschlossenen Geschäftsjahren, die mit der zu vergebenden Leistung vergleichbar sind,

   c) die Zahl der in den letzten drei abgeschlossenen Geschäftsjahren jahresdurchschnittlich beschäftigten Arbeitskräfte, gegliedert nach Berufsgruppen mit gesondert ausgewiesenem technischen Leitungspersonal,

   d) die Eintragung in das Berufsregister ihres Sitzes oder Wohnsitzes, sowie Angaben,

   e) ob ein Insolvenzverfahren oder ein vergleichbares gesetzlich geregeltes Verfahren eröffnet oder die Eröffnung beantragt worden ist oder der Antrag mangels Masse abgelehnt wurde oder ein Insolvenzplan rechtskräftig bestätigt wurde,

   f) ob sich das Unternehmen in Liquidation befindet,

   g) dass nachweislich keine schwere Verfehlung begangen wurde, die die Zuverlässigkeit als Bewerber in Frage stellt,

   h) dass die Verpflichtung zur Zahlung von Steuern und Abgaben sowie der Beiträge zur gesetzlichen Sozialversicherung ordnungsgemäß erfüllt wurde,

   i) dass sich das Unternehmen bei der Berufsgenossenschaft angemeldet hat.

   Diese Angaben können die Bewerber oder Bieter auch durch Einzelnachweise erbringen. Der Auftraggeber kann dabei vorsehen, dass für einzelne Angaben Eigenerklärungen ausreichend sind. Diese sind von den Bietern, deren Angebote in die engere Wahl kommen, durch entsprechende Bescheinigungen der zuständigen Stellen zu bestätigen.

3. Andere, auf den konkreten Auftrag bezogene zusätzliche, insbesondere für die Prüfung der Fachkunde geeignete Angaben können verlangt werden.

4. Der Auftraggeber wird andere ihm geeignet erscheinende Nachweise der wirtschaftlichen und finanziellen Leistungsfähigkeit zulassen, wenn er feststellt, dass stichhaltige Gründe dafür bestehen.

5. Bei Öffentlicher Ausschreibung sind in der Aufforderung zur Angebotsabgabe die Nachweise zu bezeichnen, deren Vorlage mit dem Angebot verlangt oder deren spätere Anforderung vorbehalten wird. Bei Beschränkter Ausschreibung nach Öffentlichem Teilnahmewettbewerb ist

zu verlangen, dass die Nachweise bereits mit dem Teilnahmeantrag vorgelegt werden.

6. Bei Beschränkter Ausschreibung und Freihändiger Vergabe ist vor der Aufforderung zur Angebotsabgabe die Eignung der Bewerber zu prüfen. Dabei sind die Bewerber auszuwählen, deren Eignung die für die Erfüllung der vertraglichen Verpflichtungen notwendige Sicherheit bietet; dies bedeutet, dass sie die erforderliche Fachkunde, Leistungsfähigkeit und Zuverlässigkeit besitzen und über ausreichende technische und wirtschaftliche Mittel verfügen.

§ 7 Leistungsbeschreibung

Allgemeines

(1) 1. Die Leistung ist eindeutig und so erschöpfend zu beschreiben, dass alle Bewerber die Beschreibung im gleichen Sinne verstehen müssen und ihre Preise sicher und ohne umfangreiche Vorarbeiten berechnen können.

2. Um eine einwandfreie Preisermittlung zu ermöglichen, sind alle sie beeinflussenden Umstände festzustellen und in den Vergabeunterlagen anzugeben.

3. Dem Auftragnehmer darf kein ungewöhnliches Wagnis aufgebürdet werden für Umstände und Ereignisse, auf die er keinen Einfluss hat und deren Einwirkung auf die Preise und Fristen er nicht im Voraus schätzen kann.

4. Bedarfspositionen sind grundsätzlich nicht in die Leistungsbeschreibung aufzunehmen. Angehängte Stundenlohnarbeiten dürfen nur in dem unbedingt erforderlichen Umfang in die Leistungsbeschreibung aufgenommen werden.

5. Erforderlichenfalls sind auch der Zweck und die vorgesehene Beanspruchung der fertigen Leistung anzugeben.

6. Die für die Ausführung der Leistung wesentlichen Verhältnisse der Baustelle, z.B. Boden- und Wasserverhältnisse, sind so zu beschreiben, dass der Bewerber ihre Auswirkungen auf die bauliche Anlage und die Bauausführung hinreichend beurteilen kann.

7. Die »Hinweise für das Aufstellen der Leistungsbeschreibung« in Abschnitt 0 der Allgemeinen Technischen Vertragsbedingungen für Bauleistungen, DIN 18299 ff., sind zu beachten.

(2) Bei der Beschreibung der Leistung sind die verkehrsüblichen Bezeichnungen zu beachten.

Technische Spezifikationen

(3) Die technischen Anforderungen (Spezifikationen – siehe Anhang TS Nr. 1) an den Auftragsgegenstand müssen allen Bietern gleichermaßen zugänglich sein.

(4) Die technischen Spezifikationen sind in den Vergabeunterlagen zu formulieren:

1. entweder unter Bezugnahme auf die in Anhang TS definierten technischen Spezifikationen in der Rangfolge

   a) nationale Normen, mit denen europäische Normen umgesetzt werden,

   b) europäische technische Zulassungen,

   c) gemeinsame technische Spezifikationen,

   d) internationale Normen und andere technische Bezugssysteme, die von den europäischen Normungsgremien erarbeitet wurden oder,

   e) falls solche Normen und Spezifikationen fehlen, nationale Normen, nationale technische Zulassungen oder nationale technische Spezifikationen für die Planung, Berechnung und Ausführung von Bauwerken und den Einsatz von Produkten.

   Jede Bezugnahme ist mit dem Zusatz »oder gleichwertig« zu versehen;

2. oder in Form von Leistungs- oder Funktionsanforderungen, die so genau zu fassen sind, dass sie den Unternehmen ein klares Bild vom Auftragsgegenstand vermitteln und dem Auftraggeber die Erteilung des Zuschlags ermöglichen;

3. oder in Kombination von Nummer 1 und Nummer 2, d.h.

   a) in Form von Leistungs- oder Funktionsanforderungen unter Bezugnahme auf die Spezifikationen gemäß Nummer 1 als Mittel zur Vermutung der Konformität mit diesen Leistungs- oder Funktionsanforderungen;

   b) oder mit Bezugnahme auf die Spezifikationen gemäß Nummer 1 hinsichtlich bestimmter Merkmale und mit Bezugnahme auf die Leistungs- oder Funktionsanforderungen gemäß Nummer 2 hinsichtlich anderer Merkmale.

(5) Verweist der Auftraggeber in der Leistungsbeschreibung auf die in Absatz 4 Nr. 1 genannten Spezifikationen, so darf er ein Angebot nicht mit der Begründung ablehnen, die angebotene Leistung entspräche nicht den herangezogenen Spezifikationen, sofern der Bieter in seinem Angebot dem Auftraggeber nachweist, dass die von ihm vorgeschlagenen Lösungen den Anforderungen der technischen Spezifikation, auf die Bezug genommen wurde, gleichermaßen entsprechen. Als geeignetes Mittel kann eine technische Beschreibung des Herstellers oder ein Prüfbericht einer anerkannten Stelle gelten.

(6) Legt der Auftraggeber die technischen Spezifikationen in Form von Leistungs- oder Funktionsanforderungen fest, so darf er ein Angebot, das einer nationalen Norm entspricht, mit der eine europäische Norm umgesetzt

wird, oder einer europäischen technischen Zulassung, einer gemeinsamen technischen Spezifikation, einer internationalen Norm oder einem technischen Bezugssystem, das von den europäischen Normungsgremien erarbeitet wurde, entspricht, nicht zurückweisen, wenn diese Spezifikationen die geforderten Leistungs- oder Funktionsanforderungen betreffen. Der Bieter muss in seinem Angebot mit geeigneten Mitteln dem Auftraggeber nachweisen, dass die der Norm entsprechende jeweilige Leistung den Leistungs- oder Funktionsanforderungen des Auftraggebers entspricht. Als geeignetes Mittel kann eine technische Beschreibung des Herstellers oder ein Prüfbericht einer anerkannten Stelle gelten.

(7) Schreibt der Auftraggeber Umwelteigenschaften in Form von Leistungs- oder Funktionsanforderungen vor, so kann er die Spezifikationen verwenden, die in europäischen, multinationalen oder anderen Umweltgütezeichen definiert sind, wenn

1. sie sich zur Definition der Merkmale des Auftragsgegenstands eignen,

2. die Anforderungen des Umweltgütezeichens auf Grundlage von wissenschaftlich abgesicherten Informationen ausgearbeitet werden,

3. die Umweltgütezeichen im Rahmen eines Verfahrens erlassen werden, an dem interessierte Kreise – wie z.B. staatliche Stellen, Verbraucher, Hersteller, Händler und Umweltorganisationen – teilnehmen können, und

4. wenn das Umweltgütezeichen für alle Betroffenen zugänglich und verfügbar ist.

Der Auftraggeber kann in den Vergabeunterlagen angeben, dass bei Leistungen, die mit einem Umweltgütezeichen ausgestattet sind, vermutet wird, dass sie den in der Leistungsbeschreibung festgelegten technischen Spezifikationen genügen. Der Auftraggeber muss jedoch auch jedes andere geeignete Beweismittel, wie technische Unterlagen des Herstellers oder Prüfberichte anerkannter Stellen, akzeptieren. Anerkannte Stellen sind die Prüf- und Eichlaboratorien sowie die Inspektions- und Zertifizierungsstellen, die mit den anwendbaren europäischen Normen übereinstimmen. Der Auftraggeber erkennt Bescheinigungen von in anderen Mitgliedstaaten ansässigen anerkannten Stellen an.

(8) Soweit es nicht durch den Auftragsgegenstand gerechtfertigt ist, darf in technischen Spezifikationen nicht auf eine bestimmte Produktion oder Herkunft oder ein besonderes Verfahren oder auf Marken, Patente, Typen eines bestimmten Ursprungs oder einer bestimmten Produktion verwiesen werden, wenn dadurch bestimmte Unternehmen oder bestimmte Produkte begünstigt oder ausgeschlossen werden. Solche Verweise sind jedoch ausnahmsweise zulässig, wenn der Auftragsgegenstand nicht hinreichend genau und allgemein verständlich beschrieben werden kann; solche Verweise sind mit dem Zusatz »oder gleichwertig« zu versehen.

Leistungsbeschreibung mit Leistungsverzeichnis

(9) Die Leistung ist in der Regel durch eine allgemeine Darstellung der Bauaufgabe (Baubeschreibung) und ein in Teilleistungen gegliedertes Leistungsverzeichnis zu beschreiben.

(10) Erforderlichenfalls ist die Leistung auch zeichnerisch oder durch Probestücke darzustellen oder anders zu erklären, z.B. durch Hinweise auf ähnliche Leistungen, durch Mengen- oder statische Berechnungen. Zeichnungen und Proben, die für die Ausführung maßgebend sein sollen, sind eindeutig zu bezeichnen.

(11) Leistungen, die nach den Vertragsbedingungen, den Technischen Vertragsbedingungen oder der gewerblichen Verkehrssitte zu der geforderten Leistung gehören (§ 2 Abs. 1 VOB/B), brauchen nicht besonders aufgeführt zu werden.

(12) Im Leistungsverzeichnis ist die Leistung derart aufzugliedern, dass unter einer Ordnungszahl (Position) nur solche Leistungen aufgenommen werden, die nach ihrer technischen Beschaffenheit und für die Preisbildung als in sich gleichartig anzusehen sind. Ungleichartige Leistungen sollen unter einer Ordnungszahl (Sammelposition) nur zusammengefasst werden, wenn eine Teilleistung gegenüber einer anderen für die Bildung eines Durchschnittspreises ohne nennenswerten Einfluss ist.

Leistungsbeschreibung mit Leistungsprogramm

(13) Wenn es nach Abwägen aller Umstände zweckmäßig ist, abweichend von Absatz 9 zusammen mit der Bauausführung auch den Entwurf für die Leistung dem Wettbewerb zu unterstellen, um die technisch, wirtschaftlich und gestalterisch beste sowie funktionsgerechteste Lösung der Bauaufgabe zu ermitteln, kann die Leistung durch ein Leistungsprogramm dargestellt werden.

(14) 1. Das Leistungsprogramm umfasst eine Beschreibung der Bauaufgabe, aus der die Bewerber alle für die Entwurfsbearbeitung und ihr Angebot maßgebenden Bedingungen und Umstände erkennen können und in der sowohl der Zweck der fertigen Leistung als auch die an sie gestellten technischen, wirtschaftlichen, gestalterischen und funktionsbedingten Anforderungen angegeben sind, sowie gegebenenfalls ein Musterleistungsverzeichnis, in dem die Mengenangaben ganz oder teilweise offen gelassen sind.

2. Die Absätze 10 bis 12 gelten sinngemäß.

(15) Von dem Bieter ist ein Angebot zu verlangen, das außer der Ausführung der Leistung den Entwurf nebst eingehender Erläuterung und eine Darstellung der Bauausführung sowie eine eingehende und zweckmäßig gegliederte Beschreibung der Leistung – gegebenenfalls mit Mengen- und Preisangaben für Teile der Leistung – umfasst. Bei Beschreibung der Leistung mit Mengen- und Preisangaben ist vom Bieter zu verlangen, dass er

1. die Vollständigkeit seiner Angaben, insbesondere die von ihm selbst ermittelten Mengen, entweder ohne Einschränkung oder im Rahmen einer in den Vergabeunterlagen anzugebenden Mengentoleranz vertritt, und dass er
2. etwaige Annahmen, zu denen er in besonderen Fällen gezwungen ist, weil zum Zeitpunkt der Angebotsabgabe einzelne Teilleistungen nach Art und Menge noch nicht bestimmt werden können (z.B. Aushub-, Abbruch- oder Wasserhaltungsarbeiten) – erforderlichenfalls anhand von Plänen und Mengenermittlungen –, begründet.

§ 8 Vergabeunterlagen

(1) Die Vergabeunterlagen bestehen aus
    1. dem Anschreiben (Aufforderung zur Angebotsabgabe), gegebenenfalls Bewerbungsbedingungen (§ 8 Abs. 2) und
    2. den Vertragsunterlagen (§§ 7 und 8 Abs. 3 bis 6).

(2) 1. Das Anschreiben muss alle Angaben nach § 12 Abs. 1 Nr. 2 enthalten, die außer den Vertragsunterlagen für den Entschluss zur Abgabe eines Angebots notwendig sind, sofern sie nicht bereits veröffentlicht wurden.
    2. Der Auftraggeber kann die Bieter auffordern, in ihrem Angebot die Leistungen anzugeben, die sie an Nachunternehmen zu vergeben beabsichtigen.
    3. Der Auftraggeber hat anzugeben:
      a) ob er Nebenangebote nicht zulässt,
      b) ob er Nebenangebote ausnahmsweise nur in Verbindung mit einem Hauptangebot zulässt.
    Von Bietern, die eine Leistung anbieten, deren Ausführung nicht in Allgemeinen Technischen Vertragsbedingungen oder in den Vergabeunterlagen geregelt ist, sind im Angebot entsprechende Angaben über Ausführung und Beschaffenheit dieser Leistung zu verlangen.
    4. Auftraggeber, die ständig Bauleistungen vergeben, sollen die Erfordernisse, die die Bewerber bei der Bearbeitung ihrer Angebote beachten müssen, in den Bewerbungsbedingungen zusammenfassen und dem Anschreiben beifügen.

(3) In den Vergabeunterlagen ist vorzuschreiben, dass die Allgemeinen Vertragsbedingungen für die Ausführung von Bauleistungen (VOB/B) und die Allgemeinen Technischen Vertragsbedingungen für Bauleistungen (VOB/C) Bestandteile des Vertrags werden. Das gilt auch für etwaige Zusätzliche Vertragsbedingungen und etwaige Zusätzliche Technische Vertragsbedingungen, soweit sie Bestandteile des Vertrags werden sollen.

(4) 1. Die Allgemeinen Vertragsbedingungen bleiben grundsätzlich unverändert. Sie können von Auftraggebern, die ständig Bauleistungen vergeben, für die bei ihnen allgemein gegebenen Verhältnisse durch Zusätz-

liche Vertragsbedingungen ergänzt werden. Diese dürfen den Allgemeinen Vertragsbedingungen nicht widersprechen.

2. Für die Erfordernisse des Einzelfalles sind die Allgemeinen Vertragsbedingungen und etwaige Zusätzliche Vertragsbedingungen durch Besondere Vertragsbedingungen zu ergänzen. In diesen sollen sich Abweichungen von den Allgemeinen Vertragsbedingungen auf die Fälle beschränken, in denen dort besondere Vereinbarungen ausdrücklich vorgesehen sind und auch nur soweit es die Eigenart der Leistung und ihre Ausführung erfordern.

(5) Die Allgemeinen Technischen Vertragsbedingungen bleiben grundsätzlich unverändert. Sie können von Auftraggebern, die ständig Bauleistungen vergeben, für die bei ihnen allgemein gegebenen Verhältnisse durch Zusätzliche Technische Vertragsbedingungen ergänzt werden. Für die Erfordernisse des Einzelfalles sind Ergänzungen und Änderungen in der Leistungsbeschreibung festzulegen.

(6) 1. In den Zusätzlichen Vertragsbedingungen oder in den Besonderen Vertragsbedingungen sollen, soweit erforderlich, folgende Punkte geregelt werden:

a) Unterlagen (§ 8 Abs. 9, § 3 Abs. 5 und 6 VOB/B),

b) Benutzung von Lager- und Arbeitsplätzen, Zufahrtswegen, Anschlussgleisen, Wasser- und Energieanschlüssen (§ 4 Abs. 4 VOB/B),

c) Weitervergabe an Nachunternehmen (§ 4 Abs. 8 VOB/B),

d) Ausführungsfristen (§ 9 Abs. 1 bis 4, § 5 VOB/B),

e) Haftung (§ 10 Abs. 2 VOB/B),

f) Vertragsstrafen und Beschleunigungsvergütungen (§ 9 Abs. 5, § 11 VOB/B),

g) Abnahme (§ 12 VOB/B),

h) Vertragsart (§ 4), Abrechnung (§ 14 VOB/B),

i) Stundenlohnarbeiten (§ 15 VOB/B),

j) Zahlungen, Vorauszahlungen (§ 16 VOB/B),

k) Sicherheitsleistung (§ 9 Abs. 7 und 8, § 17 VOB/B),

l) Gerichtsstand (§ 18 Abs. 1 VOB/B),

m) Lohn- und Gehaltsnebenkosten,

n) Änderung der Vertragspreise (§ 9 Abs. 9).

2. Im Einzelfall erforderliche besondere Vereinbarungen über die Mängelansprüche sowie deren Verjährung (§ 9 Abs. 6, § 13 Abs. 1, 4 und 7 VOB/B) und über die Verteilung der Gefahr bei Schäden, die durch Hochwasser, Sturmfluten, Grundwasser, Wind, Schnee, Eis und dergleichen entstehen können (§ 7 VOB/B), sind in den Besonderen Vertragsbedingungen zu treffen. Sind für bestimmte Bauleistungen gleichgelagerte Voraussetzungen im Sinne von § 9 Abs. 6 gegeben, so dürfen die besonderen Vereinbarungen auch in Zusätzlichen Technischen Vertragsbedingungen vorgesehen werden.

(7) 1. Bei Öffentlicher Ausschreibung kann eine Erstattung der Kosten für die Vervielfältigung der Leistungsbeschreibung und der anderen Unterlagen sowie für die Kosten der postalischen Versendung verlangt werden.

    2. Bei Beschränkter Ausschreibung und Freihändiger Vergabe sind alle Unterlagen unentgeltlich abzugeben.

(8) 1. Für die Bearbeitung des Angebots wird keine Entschädigung gewährt. Verlangt jedoch der Auftraggeber, dass der Bewerber Entwürfe, Pläne, Zeichnungen, statische Berechnungen, Mengenberechnungen oder andere Unterlagen ausarbeitet, insbesondere in den Fällen des § 7 Abs. 13 bis 15, so ist einheitlich für alle Bieter in der Ausschreibung eine angemessene Entschädigung festzusetzen. Diese Entschädigung steht jedem Bieter zu, der ein der Ausschreibung entsprechendes Angebot mit den geforderten Unterlagen rechtzeitig eingereicht hat.

    2. Diese Grundsätze gelten für die Freihändige Vergabe entsprechend.

(9) Der Auftraggeber darf Angebotsunterlagen und die in den Angeboten enthaltenen eigenen Vorschläge eines Bieters nur für die Prüfung und Wertung der Angebote (§ 16) verwenden. Eine darüber hinausgehende Verwendung bedarf der vorherigen schriftlichen Vereinbarung.

(10) Sollen Streitigkeiten aus dem Vertrag unter Ausschluss des ordentlichen Rechtswegs im schiedsrichterlichen Verfahren ausgetragen werden, so ist es in besonderer, nur das Schiedsverfahren betreffender Urkunde zu vereinbaren, soweit nicht § 1031 Abs. 2 der Zivilprozessordnung auch eine andere Form der Vereinbarung zulässt.

§ 9 Vertragsbedingungen

Ausführungsfristen

(1) 1. Die Ausführungsfristen sind ausreichend zu bemessen; Jahreszeit, Arbeitsbedingungen und etwaige besondere Schwierigkeiten sind zu berücksichtigen. Für die Bauvorbereitung ist dem Auftragnehmer genügend Zeit zu gewähren.

    2. Außergewöhnlich kurze Fristen sind nur bei besonderer Dringlichkeit vorzusehen.

    3. Soll vereinbart werden, dass mit der Ausführung erst nach Aufforderung zu beginnen ist (§ 5 Nr. 2 VOB/B), so muss die Frist, innerhalb derer die Aufforderung ausgesprochen werden kann, unter billiger Berücksichtigung der für die Ausführung maßgebenden Verhältnisse zumutbar sein; sie ist in den Vergabeunterlagen festzulegen.

(2) 1. Wenn es ein erhebliches Interesse des Auftraggebers erfordert, sind Einzelfristen für in sich abgeschlossene Teile der Leistung zu bestimmen.

    2. Wird ein Bauzeitenplan aufgestellt, damit die Leistungen aller Unternehmen sicher ineinander greifen, so sollen nur die für den Fortgang

der Gesamtarbeit besonders wichtigen Einzelfristen als vertraglich verbindliche Fristen (Vertragsfristen) bezeichnet werden.

(3) Ist für die Einhaltung von Ausführungsfristen die Übergabe von Zeichnungen oder anderen Unterlagen wichtig, so soll hierfür ebenfalls eine Frist festgelegt werden.

(4) Der Auftraggeber darf in den Vertragsunterlagen eine Pauschalierung des Verzugsschadens (§ 5 Abs. 4 VOB/B) vorsehen; sie soll 5 v.H. der Auftragssumme nicht überschreiten. Der Nachweis eines geringeren Schadens ist zuzulassen.

Vertragsstrafen, Beschleunigungsvergütung

(5) Vertragsstrafen für die Überschreitung von Vertragsfristen sind nur zu vereinbaren, wenn die Überschreitung erhebliche Nachteile verursachen kann. Die Strafe ist in angemessenen Grenzen zu halten. Beschleunigungsvergütungen (Prämien) sind nur vorzusehen, wenn die Fertigstellung vor Ablauf der Vertragsfristen erhebliche Vorteile bringt.

Verjährung der Mängelansprüche

(6) Andere Verjährungsfristen als nach § 13 Abs. 4 VOB/B sollen nur vorgesehen werden, wenn dies wegen der Eigenart der Leistung erforderlich ist. In solchen Fällen sind alle Umstände gegeneinander abzuwägen, insbesondere, wann etwaige Mängel wahrscheinlich erkennbar werden und wie weit die Mängelursachen noch nachgewiesen werden können, aber auch die Wirkung auf die Preise und die Notwendigkeit einer billigen Bemessung der Verjährungsfristen für Mängelansprüche.

Sicherheitsleistung

(7) Auf Sicherheitsleistung soll ganz oder teilweise verzichtet werden, wenn Mängel der Leistung voraussichtlich nicht eintreten. Unterschreitet die Auftragssumme 250.000 Euro ohne Umsatzsteuer, ist auf Sicherheitsleistung für die Vertragserfüllung und in der Regel auf Sicherheitsleistung für die Mängelansprüche zu verzichten. Bei Beschränkter Ausschreibung sowie bei Freihändiger Vergabe sollen Sicherheitsleistungen in der Regel nicht verlangt werden

(8) Die Sicherheit soll nicht höher bemessen und ihre Rückgabe nicht für einen späteren Zeitpunkt vorgesehen werden, als nötig ist, um den Auftraggeber vor Schaden zu bewahren. Die Sicherheit für die Erfüllung sämtlicher Verpflichtungen aus dem Vertrag soll 5 v.H. der Auftragssumme nicht überschreiten. Die Sicherheit für Mängelansprüche soll 3 v.H. der Abrechnungssumme nicht überschreiten.

Änderung der Vergütung

(9) Sind wesentliche Änderungen der Preisermittlungsgrundlagen zu erwarten, deren Eintritt oder Ausmaß ungewiss ist, so kann eine angemessene Änderung der Vergütung in den Vertragsunterlagen vorgesehen werden. Die Einzelheiten der Preisänderungen sind festzulegen.

§ 10 Fristen

(1) Für die Bearbeitung und Einreichung der Angebote ist eine ausreichende Angebotsfrist vorzusehen, auch bei Dringlichkeit nicht unter 10 Kalendertagen. Dabei ist insbesondere der zusätzliche Aufwand für die Besichtigung von Baustellen oder die Beschaffung von Unterlagen für die Angebotsbearbeitung zu berücksichtigen.

(2) Die Angebotsfrist läuft ab, sobald im Eröffnungstermin der Verhandlungsleiter mit der Öffnung der Angebote beginnt.

(3) Bis zum Ablauf der Angebotsfrist können Angebote in Textform zurückgezogen werden.

(4) Für die Einreichung von Teilnahmeanträgen bei Beschränkter Ausschreibung nach Öffentlichem Teilnahmewettbewerb ist eine ausreichende Bewerbungsfrist vorzusehen.

(5) Die Zuschlagsfrist beginnt mit dem Eröffnungstermin.

(6) Die Zuschlagsfrist soll so kurz wie möglich und nicht länger bemessen werden, als der Auftraggeber für eine zügige Prüfung und Wertung der Angebote (§ 16) benötigt. Eine längere Zuschlagsfrist als 30 Kalendertage soll nur in begründeten Fällen festgelegt werden. Das Ende der Zuschlagsfrist ist durch Angabe des Kalendertages zu bezeichnen.

(7) Es ist vorzusehen, dass der Bieter bis zum Ablauf der Zuschlagsfrist an sein Angebot gebunden ist.

(8) Die Absätze 5 bis 7 gelten bei Freihändiger Vergabe entsprechend.

§ 11 Grundsätze der Informationsübermittlung

(1) 1. Die Auftraggeber geben in der Bekanntmachung oder den Vergabeunterlagen an, ob Informationen per Post, Telefax, direkt, elektronisch oder durch eine Kombination dieser Kommunikationsmittel übermittelt werden.

2. Das für die elektronische Übermittlung gewählte Netz muss allgemein verfügbar sein und darf den Zugang der Bewerber und Bieter zu den Vergabeverfahren nicht beschränken. Die dafür zu verwendenden Programme und ihre technischen Merkmale müssen allgemein zugänglich, mit allgemein verbreiteten Erzeugnissen der Informations- und Kommunikationstechnologie kompatibel und nichtdiskriminierend sein.

3. Die Auftraggeber haben dafür Sorge zu tragen, dass den interessierten Unternehmen die Informationen über die Spezifikationen der Geräte,

die für die elektronische Übermittlung der Anträge auf Teilnahme und der Angebote erforderlich sind, einschließlich Verschlüsselung zugänglich sind. Außerdem muss gewährleistet sein, dass die in Anhang I genannten Anforderungen erfüllt sind.

(2) Der Auftraggeber kann im Internet ein Beschafferprofil einrichten, in dem allgemeine Informationen wie Kontaktstelle, Telefon- und Faxnummer, Postanschrift und E-Mail-Adresse sowie Angaben über Ausschreibungen, geplante und vergebene Aufträge oder aufgehobene Verfahren veröffentlicht werden können.

§ 12 Bekanntmachung, Versand der Vergabeunterlagen

(1) 1. Öffentliche Ausschreibungen sind bekannt zu machen, z.B. in Tageszeitungen, amtlichen Veröffentlichungsblättern oder auf Internetportalen.

2. Diese Bekanntmachungen sollen folgende Angaben enthalten:

a) Name, Anschrift, Telefon-, Telefaxnummer sowie E-Mail-Adresse des Auftraggebers (Vergabestelle),

b) gewähltes Vergabeverfahren,

c) gegebenenfalls Auftragsvergabe auf elektronischem Wege und Verfahren der Ver- und Entschlüsselung

d) Art des Auftrags,

e) Ort der Ausführung,

f) Art und Umfang der Leistung,

g) Angaben über den Zweck der baulichen Anlage oder des Auftrags, wenn auch Planungsleistungen gefordert werden,

h) falls die bauliche Anlage oder der Auftrag in mehrere Lose aufgeteilt ist, Art und Umfang der einzelnen Lose und Möglichkeit, Angebote für eines, mehrere oder alle Lose einzureichen,

i) Zeitpunkt, bis zu dem die Bauleistungen beendet werden sollen oder Dauer des Bauleistungsauftrags; sofern möglich, Zeitpunkt, zu dem die Bauleistungen begonnen werden sollen,

j) gegebenenfalls Angaben nach § 8 Abs. 2 Nr. 3 zur Zulässigkeit von Nebenangeboten,

k) Name und Anschrift, Telefon- und Faxnummer, E-Mail-Adresse der Stelle, bei der die Vergabeunterlagen und zusätzliche Unterlagen angefordert und eingesehen werden können,

l) gegebenenfalls Höhe und Bedingungen für die Zahlung des Betrags, der für die Unterlagen zu entrichten ist,

m) bei Teilnahmeantrag: Frist für den Eingang der Anträge auf Teilnahme, Anschrift, an die diese Anträge zu richten sind, Tag, an dem die Aufforderungen zur Angebotsabgabe spätestens abgesandt werden,

n) Frist für den Eingang der Angebote,

o) Anschrift, an die die Angebote zu richten sind, gegebenenfalls auch Anschrift, an die Angebote elektronisch zu übermitteln sind,

p) Sprache, in der die Angebote abgefasst sein müssen,

q) Datum, Uhrzeit und Ort des Eröffnungstermins sowie Angabe, welche Personen bei der Eröffnung der Angebote anwesend sein dürfen,

r) gegebenenfalls geforderte Sicherheiten,

s) wesentliche Finanzierungs- und Zahlungsbedingungen und/oder Hinweise auf die maßgeblichen Vorschriften, in denen sie enthalten sind,

t) gegebenenfalls Rechtsform, die die Bietergemeinschaft nach der Auftragsvergabe haben muss,

u) verlangte Nachweise für die Beurteilung der Eignung des Bewerbers oder Bieters,

v) Zuschlagsfrist,

w) Name und Anschrift der Stelle, an die sich der Bewerber oder Bieter zur Nachprüfung behaupteter Verstöße gegen Vergabebestimmungen wenden kann.

(2) 1. Bei Beschränkten Ausschreibungen nach Öffentlichem Teilnahmewettbewerb sind die Unternehmen durch Bekanntmachungen, z.B. in Tageszeitungen, amtlichen Veröffentlichungsblättern oder auf Internetportalen, aufzufordern, ihre Teilnahme am Wettbewerb zu beantragen.

2. Diese Bekanntmachungen sollen die Angaben gemäß § 12 Abs. 1 Nummer 2 enthalten.

(3) Anträge auf Teilnahme sind auch dann zu berücksichtigen, wenn sie durch Telefax oder in sonstiger Weise elektronisch übermittelt werden, sofern die sonstigen Teilnahmebedingungen erfüllt sind.

(4) 1. Die Vergabeunterlagen sind den Bewerbern unverzüglich in geeigneter Weise zu übermitteln.

2. Die Vergabeunterlagen sind bei Beschränkter Ausschreibung und Freihändiger Vergabe an alle ausgewählten Bewerber am selben Tag abzusenden.

(5) Wenn von den für die Preisermittlung wesentlichen Unterlagen keine Vervielfältigungen abgegeben werden können, sind diese in ausreichender Weise zur Einsicht auszulegen.

(6) Die Namen der Bewerber, die Vergabeunterlagen erhalten oder eingesehen haben, sind geheim zu halten.

(7) Erbitten Bewerber zusätzliche sachdienliche Auskünfte über die Vergabeunterlagen, so sind diese Auskünfte allen Bewerbern unverzüglich in gleicher Weise zu erteilen.

§ 13 Form und Inhalt der Angebote

(1) 1. Der Auftraggeber legt fest, in welcher Form die Angebote einzureichen sind. Schriftlich eingereichte Angebote sind immer zuzulassen. Sie müssen unterzeichnet sein. Elektronisch übermittelte Angebote sind nach Wahl des Auftraggebers mit einer fortgeschrittenen elektroni-

schen Signatur nach dem Signaturgesetz und den Anforderungen des Auftraggebers oder mit einer qualifizierten elektronischen Signatur nach dem Signaturgesetz zu versehen.

2. Die Auftraggeber haben die Datenintegrität und die Vertraulichkeit der Angebote auf geeignete Weise zu gewährleisten. Per Post oder direkt übermittelte Angebote sind in einem verschlossenen Umschlag einzureichen, als solche zu kennzeichnen und bis zum Ablauf der für die Einreichung vorgesehenen Frist unter Verschluss zu halten. Bei elektronisch übermittelten Angeboten ist dies durch entsprechende technische Lösungen nach den Anforderungen des Auftraggebers und durch Verschlüsselung sicherzustellen. Die Verschlüsselung muss bis zur Eröffnung des ersten Angebots aufrechterhalten bleiben.

3. Die Angebote müssen die geforderten Preise enthalten.

4. Die Angebote müssen die geforderten Erklärungen enthalten.

5. Änderungen an den Vergabeunterlagen sind unzulässig. Änderungen des Bieters an seinen Eintragungen müssen zweifelsfrei sein.

6. Bieter können für die Angebotsabgabe eine selbstgefertigte Abschrift oder Kurzfassung des Leistungsverzeichnisses benutzen, wenn sie den vom Auftraggeber verfassten Wortlaut des Leistungsverzeichnisses im Angebot als allein verbindlich anerkennen; Kurzfassungen müssen jedoch die Ordnungszahlen (Positionen) vollzählig, in der gleichen Reihenfolge und mit den gleichen Nummern wie in dem vom Auftraggeber verfassten Leistungsverzeichnis, wiedergeben.

7. Muster und Proben der Bieter müssen als zum Angebot gehörig gekennzeichnet sein.

(2) Eine Leistung, die von den vorgesehenen technischen Spezifikationen nach § 7 Abs. 3 abweicht, kann angeboten werden, wenn sie mit dem geforderten Schutzniveau in Bezug auf Sicherheit, Gesundheit und Gebrauchstauglichkeit gleichwertig ist. Die Abweichung muss im Angebot eindeutig bezeichnet sein. Die Gleichwertigkeit ist mit dem Angebot nachzuweisen.

(3) Die Anzahl von Nebenangeboten ist an einer vom Auftraggeber in den Vergabeunterlagen bezeichneten Stelle aufzuführen. Etwaige Nebenangebote müssen auf besonderer Anlage gemacht und als solche deutlich gekennzeichnet werden.

(4) Soweit Preisnachlässe ohne Bedingungen gewährt werden, sind diese an einer vom Auftraggeber in den Vergabeunterlagen bezeichneten Stelle aufzuführen.

(5) Bietergemeinschaften haben die Mitglieder zu benennen sowie eines ihrer Mitglieder als bevollmächtigten Vertreter für den Abschluss und die Durchführung des Vertrags zu bezeichnen. Fehlt die Bezeichnung des bevollmächtigten Vertreters im Angebot, so ist sie vor der Zuschlagserteilung beizubringen.

(6) Der Auftraggeber hat die Anforderungen an den Inhalt der Angebote nach den Absätzen 1 bis 5 in die Vergabeunterlagen aufzunehmen.

§ 14 Öffnung der Angebote, Eröffnungstermin

(1) Bei Ausschreibungen ist für die Öffnung und Verlesung (Eröffnung) der Angebote ein Eröffnungstermin abzuhalten, in dem nur die Bieter und ihre Bevollmächtigten zugegen sein dürfen. Bis zu diesem Termin sind die zugegangenen Angebote auf dem ungeöffneten Umschlag mit Eingangsvermerk zu versehen und unter Verschluss zu halten. Elektronische Angebote sind zu kennzeichnen und verschlüsselt aufzubewahren.

(2) Zur Eröffnung zuzulassen sind nur Angebote, die dem Verhandlungsleiter bei Öffnung des ersten Angebots vorliegen.

   1. Der Verhandlungsleiter stellt fest, ob der Verschluss der schriftlichen Angebote unversehrt ist und die elektronischen Angebote verschlüsselt sind.

   2. Die Angebote werden geöffnet und in allen wesentlichen Teilen im Eröffnungstermin gekennzeichnet. Name und Anschrift der Bieter und die Endbeträge der Angebote oder ihrer einzelnen Abschnitte, ferner andere den Preis betreffende Angaben (wie z.B. Preisnachlässe ohne Bedingungen) werden verlesen. Es wird bekannt gegeben, ob und von wem und in welcher Zahl Nebenangebote eingereicht sind. Weiteres aus dem Inhalt der Angebote soll nicht mitgeteilt werden.

   3. Muster und Proben der Bieter müssen im Termin zur Stelle sein.

(4) 1. Über den Eröffnungstermin ist eine Niederschrift in Schriftform oder in elektronischer Form zu fertigen. Sie ist zu verlesen; in ihr ist zu vermerken, dass sie verlesen und als richtig anerkannt worden ist oder welche Einwendungen erhoben worden sind.

   2. Sie ist vom Verhandlungsleiter zu unterschreiben oder mit einer Signatur nach § 13 Abs. 1 Nr. 1 zu versehen; die anwesenden Bieter und Bevollmächtigten sind berechtigt, mit zu unterzeichnen oder eine Signatur nach § 13 Abs. 1 Nr. 1 anzubringen.

(5) Angebote, die bei der Öffnung des ersten Angebots nicht vorgelegen haben (Absatz 2), sind in der Niederschrift oder in einem Nachtrag besonders aufzuführen. Die Eingangszeiten und die etwa bekannten Gründe, aus denen die Angebote nicht vorgelegen haben, sind zu vermerken. Der Umschlag und andere Beweismittel sind aufzubewahren.

(6) 1. Ein Angebot, das nachweislich vor Ablauf der Angebotsfrist dem Auftraggeber zugegangen war, aber bei Öffnung des ersten Angebots aus vom Bieter nicht zu vertretenden Gründen dem Verhandlungsleiter nicht vorgelegen hat, ist wie ein rechtzeitig vorliegendes Angebot zu behandeln.

   2. Den Bietern ist dieser Sachverhalt unverzüglich in Textform mitzuteilen. In die Mitteilung sind die Feststellung, dass der Verschluss unversehrt war, und die Angaben nach Absatz 3 Nr. 2 aufzunehmen.

   3. Dieses Angebot ist mit allen Angaben in die Niederschrift oder in einen Nachtrag aufzunehmen. Im Übrigen gilt Absatz 5 Satz 2 und 3.

(7) Den Bietern und ihren Bevollmächtigten ist die Einsicht in die Niederschrift und ihre Nachträge (Absätze 5 und 6 sowie § 16 Abs. 5) zu gestatten; den Bietern sind nach Antragstellung die Namen der Bieter sowie die verlesenen und die nachgerechneten Endbeträge der Angebote sowie die Zahl ihrer Nebenangebote nach der rechnerischen Prüfung unverzüglich mitzuteilen. Die Niederschrift darf nicht veröffentlicht werden.

(8) Die Angebote und ihre Anlagen sind sorgfältig zu verwahren und geheim zu halten; dies gilt auch bei Freihändiger Vergabe.

§ 15 Aufklärung des Angebotsinhalts

(1) 1. Bei Ausschreibungen darf der Auftraggeber nach Öffnung der Angebote bis zur Zuschlagserteilung von einem Bieter nur Aufklärung verlangen, um sich über seine Eignung, insbesondere seine technische und wirtschaftliche Leistungsfähigkeit, das Angebot selbst, etwaige Nebenangebote, die geplante Art der Durchführung, etwaige Ursprungsorte oder Bezugsquellen von Stoffen oder Bauteilen und über die Angemessenheit der Preise, wenn nötig durch Einsicht in die vorzulegenden Preisermittlungen (Kalkulationen) zu unterrichten.

2. Die Ergebnisse solcher Aufklärungen sind geheim zu halten. Sie sollen in Textform niedergelegt werden.

(2) Verweigert ein Bieter die geforderten Aufklärungen und Angaben oder lässt er die ihm gesetzte angemessene Frist unbeantwortet verstreichen, so kann sein Angebot unberücksichtigt bleiben.

(3) Verhandlungen, besonders über Änderung der Angebote oder Preise, sind unstatthaft, außer wenn sie bei Nebenangeboten oder Angeboten aufgrund eines Leistungsprogramms nötig sind, um unumgängliche technische Änderungen geringen Umfangs und daraus sich ergebende Änderungen der Preise zu vereinbaren.

§ 16 Prüfung und Wertung der Angebote

Ausschluss

(1) 1. Auszuschließen sind:

    a) Angebote, die im Eröffnungstermin dem Verhandlungsleiter bei Öffnung des ersten Angebots nicht vorgelegen haben, ausgenommen Angebote nach § 14 Abs. 6,

    b) Angebote, die den Bestimmungen des § 13 Abs. 1 Nr. 1, 2 und 5 nicht entsprechen,

    c) Angebote die den Bestimmungen des § 13 Abs. 1 Nr. 3 nicht entsprechen; ausgenommen solche Angebote, bei denen lediglich in einer einzelnen unwesentlichen Position die Angabe des Preises fehlt und durch die Außerachtlassung dieser Position der Wettbewerb und die Wertungsreihenfolge, auch bei Wertung dieser Position mit dem höchsten Wettbewerbspreis, nicht beeinträchtigt werden,

d) Angebote von Bietern, die in Bezug auf die Ausschreibung eine Abrede getroffen haben, die eine unzulässige Wettbewerbsbeschränkung darstellt,

e) Nebenangebote, wenn der Auftraggeber in der Bekanntmachung oder in den Vergabeunterlagen erklärt hat, dass er diese nicht zulässt,

f) Nebenangebote, die dem § 13 Abs. 3 Satz 2 nicht entsprechen,

g) Angebote von Bietern, die im Vergabeverfahren vorsätzlich unzutreffende Erklärungen in Bezug auf ihre Fachkunde, Leistungsfähigkeit und Zuverlässigkeit abgegeben haben.

2. Außerdem können Angebote von Bietern ausgeschlossen werden, wenn

a) ein Insolvenzverfahren oder ein vergleichbares gesetzlich geregeltes Verfahren eröffnet oder die Eröffnung beantragt worden ist oder der Antrag mangels Masse abgelehnt wurde oder ein Insolvenzplan rechtskräftig bestätigt wurde,

b) sich das Unternehmen in Liquidation befindet,

c) nachweislich eine schwere Verfehlung begangen wurde, die die Zuverlässigkeit als Bewerber in Frage stellt,

d) die Verpflichtung zur Zahlung von Steuern und Abgaben sowie der Beiträge zur gesetzlichen Sozialversicherung nicht ordnungsgemäß erfüllt wurde,

e) sich das Unternehmen nicht bei der Berufsgenossenschaft angemeldet hat.

3. Fehlen in einem Angebot geforderte Erklärungen oder Nachweise und wird dieses Angebot nicht entsprechend Nrn. 1 oder 2 ausgeschlossen, verlangt der Auftraggeber die fehlenden Erklärungen oder Nachweise nach. Diese sind spätestens innerhalb von 6 Kalendertagen nach Aufforderung durch den Auftraggeber vorzulegen. Die Frist beginnt am Tag nach der Absendung der Aufforderung durch den Auftraggeber. Werden die Erklärungen oder Nachweise nicht innerhalb der Frist vorgelegt, ist das Angebot auszuschließen.

Eignung

(2) 1. Bei Öffentlicher Ausschreibung ist zunächst die Eignung der Bieter zu prüfen. Dabei sind anhand der vorgelegten Nachweise die Angebote der Bieter auszuwählen, deren Eignung die für die Erfüllung der vertraglichen Verpflichtungen notwendigen Sicherheiten bietet; dies bedeutet, dass sie die erforderliche Fachkunde, Leistungsfähigkeit und Zuverlässigkeit besitzen und über ausreichende technische und wirtschaftliche Mittel verfügen.

2. Bei Beschränkter Ausschreibung und Freihändiger Vergabe sind nur Umstände zu berücksichtigen, die nach Aufforderung zur Angebotsabgabe Zweifel an der Eignung des Bieters begründen (vgl. § 6 Abs. 3 Nr. 6).

Prüfung

(3) Die übrigen Angebote sind rechnerisch, technisch und wirtschaftlich zu prüfen.

(4) 1. Entspricht der Gesamtbetrag einer Ordnungszahl (Position) nicht dem Ergebnis der Multiplikation von Mengenansatz und Einheitspreis, so ist der Einheitspreis maßgebend.

2. Bei Vergabe für eine Pauschalsumme gilt diese ohne Rücksicht auf etwa angegebene Einzelpreise.

3. Nummern 1 und 2 gelten auch bei Freihändiger Vergabe.

(5) Die aufgrund der Prüfung festgestellten Angebotsendsummen sind in der Niederschrift über den Eröffnungstermin zu vermerken.

Wertung

(6) 1. Auf ein Angebot mit einem unangemessen hohen oder niedrigen Preis darf der Zuschlag nicht erteilt werden.

2. Erscheint ein Angebotspreis unangemessen niedrig und ist anhand vorliegender Unterlagen über die Preisermittlung die Angemessenheit nicht zu beurteilen, ist in Textform vom Bieter Aufklärung über die Ermittlung der Preise für die Gesamtleistung oder für Teilleistungen zu verlangen, gegebenenfalls unter Festlegung einer zumutbaren Antwortfrist. Bei der Beurteilung der Angemessenheit sind die Wirtschaftlichkeit des Bauverfahrens, die gewählten technischen Lösungen oder sonstige günstige Ausführungsbedingungen zu berücksichtigen.

3. In die engere Wahl kommen nur solche Angebote, die unter Berücksichtigung rationellen Baubetriebs und sparsamer Wirtschaftsführung eine einwandfreie Ausführung einschließlich Haftung für Mängelansprüche erwarten lassen. Unter diesen Angeboten soll der Zuschlag auf das Angebot erteilt werden, das unter Berücksichtigung aller Gesichtspunkte, wie z.B. Qualität, Preis, technischer Wert, Ästhetik, Zweckmäßigkeit, Umwelteigenschaften, Betriebs- und Folgekosten, Rentabilität, Kundendienst und technische Hilfe oder Ausführungsfrist als das wirtschaftlichste erscheint. Der niedrigste Angebotspreis allein ist nicht entscheidend.

(7) Ein Angebot nach § 13 Abs. 2 ist wie ein Hauptangebot zu werten.

(8) Nebenangebote sind zu werten, es sei denn, der Auftraggeber hat sie in der Bekanntmachung oder in den Vergabeunterlagen nicht zugelassen.

(9) Preisnachlässe ohne Bedingung sind nicht zu werten, wenn sie nicht an der vom Auftraggeber nach § 13 Abs. 4 bezeichneten Stelle aufgeführt sind. Unaufgefordert angebotene Preisnachlässe mit Bedingungen für die Zahlungsfrist (Skonti) werden bei der Wertung der Angebote nicht berücksichtigt.

Freihändige Vergabe

(10) Die Bestimmungen der Absätze 2 und 6 gelten auch bei Freihändiger Vergabe. Absätze 1 Nr. 1 und Abs. 7 bis 9 und § 6 Abs. 1 Nr. 2 sind entsprechend auch bei Freihändiger Vergabe anzuwenden.

§ 17 Aufhebung der Ausschreibung

(1) Die Ausschreibung kann aufgehoben werden, wenn:
1. kein Angebot eingegangen ist, das den Ausschreibungsbedingungen entspricht,
2. die Vergabeunterlagen grundlegend geändert werden müssen,
3. andere schwer wiegende Gründe bestehen.
(2) Die Bewerber und Bieter sind von der Aufhebung der Ausschreibung unter Angabe der Gründe, gegebenenfalls über die Absicht, ein neues Vergabeverfahren einzuleiten, unverzüglich in Textform zu unterrichten.

§ 18 Zuschlag

(1) Der Zuschlag ist möglichst bald, mindestens aber so rechtzeitig zu erteilen, dass dem Bieter die Erklärung noch vor Ablauf der Zuschlagsfrist (§ 10 Abs. 5 bis 8) zugeht.
(2) Werden Erweiterungen, Einschränkungen oder Änderungen vorgenommen oder wird der Zuschlag verspätet erteilt, so ist der Bieter bei Erteilung des Zuschlags aufzufordern, sich unverzüglich über die Annahme zu erklären.

§ 19 Nicht berücksichtigte Bewerbungen und Angebote

(1) Bieter, deren Angebote ausgeschlossen worden sind (§ 16 Abs. 1 Nr. 2), und solche, deren Angebote nicht in die engere Wahl kommen, sollen unverzüglich unterrichtet werden. Die übrigen Bieter sind zu unterrichten, sobald der Zuschlag erteilt worden ist.
(2) Auf Verlangen sind den nicht berücksichtigten Bewerbern oder Bietern innerhalb einer Frist von 15 Kalendertagen nach Eingang ihres in Textform gestellten Antrags die Gründe für die Nichtberücksichtigung ihrer Bewerbung oder ihres Angebots in Textform mitzuteilen, den Bietern auch die Merkmale und Vorteile des Angebots des erfolgreichen Bieters sowie dessen Name.
(3) Nicht berücksichtigte Angebote und Ausarbeitungen der Bieter dürfen nicht für eine neue Vergabe oder für andere Zwecke benutzt werden.
(4) Entwürfe, Ausarbeitungen, Muster und Proben zu nicht berücksichtigten Angeboten sind zurückzugeben, wenn dies im Angebot oder innerhalb von 30 Kalendertagen nach Ablehnung des Angebots verlangt wird.

(5) Auftraggeber informieren fortlaufend Unternehmen auf Internetportalen oder in ihren Beschafferprofilen über beabsichtigte Beschränkte Ausschreibungen nach § 3 Abs. 3 Nummer 1 ab einem voraussichtlichen Auftragswert von 25.000 Euro ohne Umsatzsteuer.
Diese Informationen müssen folgende Angaben enthalten:

1. Name, Anschrift, Telefon-, Faxnummer und E-Mail-Adresse des Auftraggebers,
2. gewähltes Vergabeverfahren, soweit bekannt,
3. Auftragsgegenstand,
4. Ort der Ausführung,
5. Art und voraussichtlicher Umfang der Leistung,
6. voraussichtlicher Zeitraum der Ausführung.

§ 20 Dokumentation

(1) Das Vergabeverfahren ist zeitnah so zu dokumentieren, dass die einzelnen Stufen des Verfahrens, die einzelnen Maßnahmen, die maßgebenden Feststellungen sowie die Begründung der einzelnen Entscheidungen in Textform festgehalten werden. Diese Dokumentation muss mindestens enthalten:

1. Name und Anschrift des Auftraggebers,
2. Art und Umfang der Leistung,
3. Wert des Auftrags,
4. Namen der berücksichtigten Bewerber oder Bieter und Gründe für ihre Auswahl,
5. Namen der nicht berücksichtigten Bewerber oder Bieter und die Gründe für die Ablehnung,
6. Gründe für die Ablehnung von ungewöhnlich niedrigen Angeboten,
7. Name des Auftragnehmers und Gründe für die Erteilung des Zuschlags auf sein Angebot,
8. Anteil der beabsichtigten Weitergabe an Nachunternehmen, soweit bekannt,
9. bei Beschränkter Ausschreibung, Freihändiger Vergabe Gründe für die Wahl des jeweiligen Verfahrens,
10. gegebenenfalls die Gründe, aus denen der Auftraggeber auf die Vergabe eines Auftrags verzichtet hat.

Der Auftraggeber trifft geeignete Maßnahmen, um den Ablauf der mit elektronischen Mitteln durchgeführten Vergabeverfahren zu dokumentieren.

(2) Wird auf die Vorlage zusätzlich zum Angebot verlangter Unterlagen und Nachweise verzichtet, ist dies im Vergabevermerk zu begründen.

(3) Nach Zuschlagserteilung hat der Auftraggeber auf geeignete Weise, z.B. auf Internetportalen oder im Beschafferprofil, zu informieren, wenn bei

1. Beschränkten Ausschreibungen ohne Teilnahmewettbewerb der Auftragswert 25.000 Euro ohne Umsatzsteuer

2. Freihändigen Vergaben der Auftragswert 15.000 Euro ohne Umsatz-steuer

übersteigt. Diese Informationen werden 6 Monate vorgehalten und müs-sen folgende Angaben enthalten:

a) Name, Anschrift, Telefon-, Faxnummer und E-Mail-Adresse des Auftraggebers
b) gewähltes Vergabeverfahren,
c) Auftragsgegenstand,
d) Ort der Ausführung,
e) Name des beauftragten Unternehmens.

§ 21 Nachprüfungsstellen

In der Bekanntmachung und den Vergabeunterlagen sind die Nachprüfungs-stellen mit Anschrift anzugeben, an die sich der Bewerber oder Bieter zur Nachprüfung behaupteter Verstöße gegen die Vergabebestimmungen wenden kann.

§ 22 Baukonzessionen

(1) Baukonzessionen sind Bauaufträge zwischen einem Auftraggeber und einem Unternehmen (Baukonzessionär), bei denen die Gegenleistung für die Bauarbeiten statt in einer Vergütung in dem Recht auf Nutzung der baulichen Anlage, gegebenenfalls zuzüglich der Zahlung eines Preises, besteht.

(2) Für die Vergabe von Baukonzessionen sind die §§ 1 bis 21 sinngemäß an-zuwenden.

Vergabe- und Vertragsordnung für Bauleistungen (VOB)
Teil B

Allgemeine Vertragsbedingungen für die Ausführung von Bauleistungen
DIN 1961 – Stand 25.11.2008 –

§ 1 Art und Umfang der Leistung

(1) Die auszuführende Leistung wird nach Art und Umfang durch den Vertrag bestimmt. Als Bestandteil des Vertrags gelten auch die Allgemeinen Technischen Vertragsbedingungen für Bauleistungen (VOB/C).

(2) Bei Widersprüchen im Vertrag gelten nacheinander:
   a) die Leistungsbeschreibung,
   b) die Besonderen Vertragsbedingungen,
   c) etwaige Zusätzliche Vertragsbedingungen,
   d) etwaige Zusätzliche Technische Vertragsbedingungen,
   e) die Allgemeinen Technischen Vertragsbedingungen für Bauleistungen,
   f) die Allgemeinen Vertragsbedingungen für die Ausführung von Bauleistungen.

(3) Änderungen des Bauentwurfs anzuordnen, bleibt dem Auftraggeber vorbehalten.

(4) Nicht vereinbarte Leistungen, die zur Ausführung der vertraglichen Leistung erforderlich werden, hat der Auftragnehmer auf Verlangen des Auftraggebers mit auszuführen, außer wenn sein Betrieb auf derartige Leistungen nicht eingerichtet ist. Andere Leistungen können dem Auftragnehmer nur mit seiner Zustimmung übertragen werden.

§ 2 Vergütung

(1) Durch die vereinbarten Preise werden alle Leistungen abgegolten, die nach der Leistungsbeschreibung, den Besonderen Vertragsbedingungen, den Zusätzlichen Vertragsbedingungen, den Zusätzlichen Technischen Vertragsbedingungen, den Allgemeinen Technischen Vertragsbedingungen für Bauleistungen und der gewerblichen Verkehrssitte zur vertraglichen Leistung gehören.

(2) Die Vergütung wird nach den vertraglichen Einheitspreisen und den tatsächlich ausgeführten Leistungen berechnet, wenn keine andere Berechnungsart (z.B. durch Pauschalsumme, nach Stundenlohnsätzen, nach Selbstkosten) vereinbart ist.

(3) 1. Weicht die ausgeführte Menge der unter einem Einheitspreis erfassten Leistung oder Teilleistung um nicht mehr als 10 v.H. von dem im Vertrag vorgesehenen Umfang ab, so gilt der vertragliche Einheitspreis.
   2. Für die über 10 v.H. hinausgehende Überschreitung des Mengenansatzes ist auf Verlangen ein neuer Preis unter Berücksichtigung der Mehr- oder Minderkosten zu vereinbaren.

3. Bei einer über 10 v.H. hinausgehenden Unterschreitung des Mengenansatzes ist auf Verlangen der Einheitspreis für die tatsächlich ausgeführte Menge der Leistung oder Teilleistung zu erhöhen, soweit der Auftragnehmer nicht durch Erhöhung der Mengen bei anderen Ordnungszahlen (Positionen) oder in anderer Weise einen Ausgleich erhält. Die Erhöhung des Einheitspreises soll im Wesentlichen dem Mehrbetrag entsprechen, der sich durch Verteilung der Baustelleneinrichtungs- und Baustellengemeinkosten und der Allgemeinen Geschäftskosten auf die verringerte Menge ergibt. Die Umsatzsteuer wird entsprechend dem neuen Preis vergütet.

4. Sind von der unter einem Einheitspreis erfassten Leistung oder Teilleistung andere Leistungen abhängig, für die eine Pauschalsumme vereinbart ist, so kann mit der Änderung des Einheitspreises auch eine angemessene Änderung der Pauschalsumme gefordert werden.

(4) Werden im Vertrag ausbedungene Leistungen des Auftragnehmers vom Auftraggeber selbst übernommen (z.B. Lieferung von Bau-, Bauhilfs- und Betriebsstoffen), so gilt, wenn nichts anderes vereinbart wird, § 8 Nr. 1 Abs. 2 entsprechend.

(5) Werden durch Änderung des Bauentwurfs oder andere Anordnungen des Auftraggebers die Grundlagen des Preises für eine im Vertrag vorgesehene Leistung geändert, so ist ein neuer Preis unter Berücksichtigung der Mehr- oder Minderkosten zu vereinbaren. Die Vereinbarung soll vor der Ausführung getroffen werden.

(6) 1. Wird eine im Vertrag nicht vorgesehene Leistung gefordert, so hat der Auftragnehmer Anspruch auf besondere Vergütung. Er muss jedoch den Anspruch dem Auftraggeber ankündigen, bevor er mit der Ausführung der Leistung beginnt.

2. Die Vergütung bestimmt sich nach den Grundlagen der Preisermittlung für die vertragliche Leistung und den besonderen Kosten der geforderten Leistung. Sie ist möglichst vor Beginn der Ausführung zu vereinbaren.

(7) 1. Ist als Vergütung der Leistung eine Pauschalsumme vereinbart, so bleibt die Vergütung unverändert. Weicht jedoch die ausgeführte Leistung von der vertraglich vorgesehenen Leistung so erheblich ab, dass ein Festhalten an der Pauschalsumme nicht zumutbar ist (§ 313 BGB), so ist auf Verlangen ein Ausgleich unter Berücksichtigung der Mehr- oder Minderkosten zu gewähren. Für die Bemessung des Ausgleichs ist von den Grundlagen der Preisermittlung auszugehen.

2. Die Regelungen der Nr. 4, 5 und 6 gelten auch bei Vereinbarung einer Pauschalsumme.

3. Wenn nichts anderes vereinbart ist, gelten die Absätze 1 und 2 auch für Pauschalsummen, die für Teile der Leistung vereinbart sind; Nummer 3 Abs. 4 bleibt unberührt.

(8) 1. Leistungen, die der Auftragnehmer ohne Auftrag oder unter eigenmächtiger Abweichung vom Auftrag ausführt, werden nicht vergütet.

Der Auftragnehmer hat sie auf Verlangen innerhalb einer angemessenen Frist zu beseitigen; sonst kann es auf seine Kosten geschehen. Er haftet außerdem für andere Schäden, die dem Auftraggeber hieraus entstehen.

2. Eine Vergütung steht dem Auftragnehmer jedoch zu, wenn der Auftraggeber solche Leistungen nachträglich anerkennt. Eine Vergütung steht ihm auch zu, wenn die Leistungen für die Erfüllung des Vertrags notwendig waren, dem mutmaßlichen Willen des Auftraggebers entsprachen und ihm unverzüglich angezeigt wurden. Soweit dem Auftragnehmer eine Vergütung zusteht, gelten die Berechnungsgrundlagen für geänderte oder zusätzliche Leistungen der Nummer 5 oder 6 entsprechend.

3. Die Vorschriften des BGB über die Geschäftsführung ohne Auftrag (§§ 677 ff. BGB) bleiben unberührt.

(9) 1. Verlangt der Auftraggeber Zeichnungen, Berechnungen oder andere Unterlagen, die der Auftragnehmer nach dem Vertrag, besonders den Technischen Vertragsbedingungen oder der gewerblichen Verkehrssitte, nicht zu beschaffen hat, so hat er sie zu vergüten.

2. Lässt er vom Auftragnehmer nicht aufgestellte technische Berechnungen durch den Auftragnehmer nachprüfen, so hat er die Kosten zu tragen.

(10) Stundenlohnarbeiten werden nur vergütet, wenn sie als solche vor ihrem Beginn ausdrücklich vereinbart worden sind (§ 15).

§ 3 Ausführungsunterlagen

(1) Die für die Ausführung nötigen Unterlagen sind dem Auftragnehmer unentgeltlich und rechtzeitig zu übergeben.

(2) Das Abstecken der Hauptachsen der baulichen Anlagen, ebenso der Grenzen des Geländes, das dem Auftragnehmer zur Verfügung gestellt wird, und das Schaffen der notwendigen Höhenfestpunkte in unmittelbarer Nähe der baulichen Anlagen sind Sache des Auftraggebers.

(3) Die vom Auftraggeber zur Verfügung gestellten Geländeaufnahmen und Absteckungen und die übrigen für die Ausführung übergebenen Unterlagen sind für den Auftragnehmer maßgebend. Jedoch hat er sie, soweit es zur ordnungsgemäßen Vertragserfüllung gehört, auf etwaige Unstimmigkeiten zu überprüfen und den Auftraggeber auf entdeckte oder vermutete Mängel hinzuweisen.

(4) Vor Beginn der Arbeiten ist, soweit notwendig, der Zustand der Straßen und Geländeoberfläche, der Vorfluter und Vorflutleitungen, ferner der baulichen Anlagen im Baubereich in einer Niederschrift festzuhalten, die vom Auftraggeber und Auftragnehmer anzuerkennen ist.

(5) Zeichnungen, Berechnungen, Nachprüfungen von Berechnungen oder andere Unterlagen, die der Auftragnehmer nach dem Vertrag, besonders den Technischen Vertragsbedingungen, oder der gewerblichen Verkehrs-

sitte oder auf besonderes Verlangen des Auftraggebers (§ 2 Nr. 9) zu beschaffen hat, sind dem Auftraggeber nach Aufforderung rechtzeitig vorzulegen.

(6) 1. Die in Nummer 5 genannten Unterlagen dürfen ohne Genehmigung
ihres Urhebers nicht veröffentlicht, vervielfältigt, geändert oder für
einen anderen als den vereinbarten Zweck benutzt werden.

2. An DV-Programmen hat der Auftraggeber das Recht zur Nutzung mit
den vereinbarten Leistungsmerkmalen in unveränderter Form auf den
festgelegten Geräten. Der Auftraggeber darf zum Zwecke der Datensi-
cherung zwei Kopien herstellen. Diese müssen alle Identifikations-
merkmale enthalten. Der Verbleib der Kopien ist auf Verlangen nachzuweisen.

3. Der Auftragnehmer bleibt unbeschadet des Nutzungsrechts des Auftraggebers zur Nutzung der Unterlagen und der DV-Programme berechtigt.

§ 4 Ausführung

(1) 1. Der Auftraggeber hat für die Aufrechterhaltung der allgemeinen Ordnung auf der Baustelle zu sorgen und das Zusammenwirken der verschiedenen Unternehmer zu regeln. Er hat die erforderlichen öffentlich-rechtlichen Genehmigungen und Erlaubnisse – z.B. nach dem
Baurecht, dem Straßenverkehrsrecht, dem Wasserrecht, dem Gewer-
berecht – herbeizuführen.

2. Der Auftraggeber hat das Recht, die vertragsgemäße Ausführung der
Leistung zu überwachen. Hierzu hat er Zutritt zu den Arbeitsplätzen,
Werkstätten und Lagerräumen, wo die vertragliche Leistung oder Teile
von ihr hergestellt oder die hierfür bestimmten Stoffe und Bauteile ge-
lagert werden. Auf Verlangen sind ihm die Werkzeichnungen oder andere Ausführungsunterlagen sowie die Ergebnisse von Güteprüfungen
zur Einsicht vorzulegen und die erforderlichen Auskünfte zu erteilen,
wenn hierdurch keine Geschäftsgeheimnisse preisgegeben werden. Als
Geschäftsgeheimnis bezeichnete Auskünfte und Unterlagen hat er ver-
traulich zu behandeln.

3. Der Auftraggeber ist befugt, unter Wahrung der dem Auftragnehmer
zustehenden Leitung (Nummer 2) Anordnungen zu treffen, die zur
vertragsgemäßen Ausführung der Leistung notwendig sind. Die Anordnungen sind grundsätzlich nur dem Auftragnehmer oder seinem
für die Leitung der Ausführung bestellten Vertreter zu erteilen, außer
wenn Gefahr im Verzug ist. Dem Auftraggeber ist mitzuteilen, wer jeweils als Vertreter des Auftragnehmers für die Leitung der Ausführung
bestellt ist.

4. Hält der Auftragnehmer die Anordnungen des Auftraggebers für unberechtigt oder unzweckmäßig, so hat er seine Bedenken geltend zu
machen, die Anordnungen jedoch auf Verlangen auszuführen, wenn

nicht gesetzliche oder behördliche Bestimmungen entgegenstehen. Wenn dadurch eine ungerechtfertigte Erschwerung verursacht wird, hat der Auftraggeber die Mehrkosten zu tragen.

(2) 1. Der Auftragnehmer hat die Leistung unter eigener Verantwortung nach dem Vertrag auszuführen. Dabei hat er die anerkannten Regeln der Technik und die gesetzlichen und behördlichen Bestimmungen zu beachten. Es ist seine Sache, die Ausführung seiner vertraglichen Leistung zu leiten und für Ordnung auf seiner Arbeitsstelle zu sorgen.

2. Er ist für die Erfüllung der gesetzlichen, behördlichen und berufsgenossenschaftlichen Verpflichtungen gegenüber seinen Arbeitnehmern allein verantwortlich. Es ist ausschließlich seine Aufgabe, die Vereinbarungen und Maßnahmen zu treffen, die sein Verhältnis zu den Arbeitnehmern regeln.

(3) Hat der Auftragnehmer Bedenken gegen die vorgesehene Art der Ausführung (auch wegen der Sicherung gegen Unfallgefahren), gegen die Güte der vom Auftraggeber gelieferten Stoffe oder Bauteile oder gegen die Leistungen anderer Unternehmer, so hat er sie dem Auftraggeber unverzüglich – möglichst schon vor Beginn der Arbeiten – schriftlich mitzuteilen; der Auftraggeber bleibt jedoch für seine Angaben, Anordnungen oder Lieferungen verantwortlich.

(4) Der Auftraggeber hat, wenn nichts anderes vereinbart ist, dem Auftragnehmer unentgeltlich zur Benutzung oder Mitbenutzung zu überlassen:
a) die notwendigen Lager- und Arbeitsplätze auf der Baustelle,
b) vorhandene Zufahrtswege und Anschlussgleise,
c) vorhandene Anschlüsse für Wasser und Energie. Die Kosten für den Verbrauch und den Messer oder Zähler trägt der Auftragnehmer, mehrere Auftragnehmer tragen sie anteilig.

(5) Der Auftragnehmer hat die von ihm ausgeführten Leistungen und die ihm für die Ausführung übergebenen Gegenstände bis zur Abnahme vor Beschädigung und Diebstahl zu schützen. Auf Verlangen des Auftraggebers hat er sie vor Winterschäden und Grundwasser zu schützen, ferner Schnee und Eis zu beseitigen. Obliegt ihm die Verpflichtung nach Satz 2 nicht schon nach dem Vertrag, so regelt sich die Vergütung nach § 2 Nr. 6.

(6) Stoffe oder Bauteile, die dem Vertrag oder den Proben nicht entsprechen, sind auf Anordnung des Auftraggebers innerhalb einer von ihm bestimmten Frist von der Baustelle zu entfernen. Geschieht es nicht, so können sie auf Kosten des Auftragnehmers entfernt oder für seine Rechnung veräußert werden.

(7) Leistungen, die schon während der Ausführung als mangelhaft oder vertragswidrig erkannt werden, hat der Auftragnehmer auf eigene Kosten durch mangelfreie zu ersetzen. Hat der Auftragnehmer den Mangel oder die Vertragswidrigkeit zu vertreten, so hat er auch den daraus entstehenden Schaden zu ersetzen. Kommt der Auftragnehmer der Pflicht zur Beseitigung des Mangels nicht nach, so kann ihm der Auftraggeber eine angemessene Frist zur Beseitigung des Mangels setzen und erklären,

dass er ihm nach fruchtlosem Ablauf der Frist den Auftrag entziehe (§ 8 Nr. 3).

(8) 1. Der Auftragnehmer hat die Leistung im eigenen Betrieb auszuführen. Mit schriftlicher Zustimmung des Auftraggebers darf er sie an Nachunternehmer übertragen. Die Zustimmung ist nicht notwendig bei Leistungen, auf die der Betrieb des Auftragnehmers nicht eingerichtet ist. Erbringt der Auftragnehmer ohne schriftliche Zustimmung des Auftraggebers Leistungen nicht im eigenen Betrieb, obwohl sein Betrieb darauf eingerichtet ist, kann der Auftraggeber ihm eine angemessene Frist zur Aufnahme der Leistung im eigenen Betrieb setzen und erklären, dass er ihm nach fruchtlosem Ablauf der Frist den Auftrag entziehe (§ 8 Nr. 3).

2. Der Auftragnehmer hat bei der Weitervergabe von Bauleistungen an Nachunternehmer die Vergabe- und Vertragsordnung für Bauleistungen Teile B und C zugrunde zu legen.

3. Der Auftragnehmer hat die Nachunternehmer dem Auftraggeber auf Verlangen bekannt zu geben.

(9) Werden bei Ausführung der Leistung auf einem Grundstück Gegenstände von Altertums-, Kunst- oder wissenschaftlichem Wert entdeckt, so hat der Auftragnehmer vor jedem weiteren Aufdecken oder Ändern dem Auftraggeber den Fund anzuzeigen und ihm die Gegenstände nach näherer Weisung abzuliefern. Die Vergütung etwaiger Mehrkosten regelt sich nach § 2 Nr. 6. Die Rechte des Entdeckers (§ 984 BGB) hat der Auftraggeber.

(10) Der Zustand von Teilen der Leistung ist auf Verlangen gemeinsam von Auftraggeber und Auftragnehmer festzustellen, wenn diese Teile der Leistung durch die weitere Ausführung der Prüfung und Feststellung entzogen werden. Das Ergebnis ist schriftlich niederzulegen.

§ 5 Ausführungsfristen

(1) Die Ausführung ist nach den verbindlichen Fristen (Vertragsfristen) zu beginnen, angemessen zu fördern und zu vollenden. In einem Bauzeitenplan enthaltene Einzelfristen gelten nur dann als Vertragsfristen, wenn dies im Vertrag ausdrücklich vereinbart ist.

(2) Ist für den Beginn der Ausführung keine Frist vereinbart, so hat der Auftraggeber dem Auftragnehmer auf Verlangen Auskunft über den voraussichtlichen Beginn zu erteilen. Der Auftragnehmer hat innerhalb von 12 Werktagen nach Aufforderung zu beginnen. Der Beginn der Ausführung ist dem Auftraggeber anzuzeigen.

(3) Wenn Arbeitskräfte, Geräte, Gerüste, Stoffe oder Bauteile so unzureichend sind, dass die Ausführungsfristen offenbar nicht eingehalten werden können, muss der Auftragnehmer auf Verlangen unverzüglich Abhilfe schaffen.

(4) Verzögert der Auftragnehmer den Beginn der Ausführung, gerät er mit der Vollendung in Verzug, oder kommt er der in Nummer 3 erwähnten Verpflichtung nicht nach, so kann der Auftraggeber bei Aufrechterhaltung des Vertrages Schadensersatz nach § 6 Nr. 6 verlangen oder dem Auftragnehmer eine angemessene Frist zur Vertragserfüllung setzen und erklären, dass er ihm nach fruchtlosem Ablauf der Frist den Auftrag entziehe (§ 8 Nr. 3).

§ 6 Behinderung und Unterbrechung der Ausführung

(1) Glaubt sich der Auftragnehmer in der ordnungsgemäßen Ausführung der Leistung behindert, so hat er es dem Auftraggeber unverzüglich schriftlich anzuzeigen. Unterlässt er die Anzeige, so hat er nur dann Anspruch auf Berücksichtigung der hindernden Umstände, wenn dem Auftraggeber offenkundig die Tatsache und deren hindernde Wirkung bekannt waren.

(2) 1. Ausführungsfristen werden verlängert, soweit die Behinderung verursacht ist:
   a) durch einen Umstand aus dem Risikobereich des Auftraggebers,
   b) durch Streik oder eine von der Berufsvertretung der Arbeitgeber angeordnete Aussperrung im Betrieb des Auftragnehmers oder in einem unmittelbar für ihn arbeitenden Betrieb,
   c) durch höhere Gewalt oder andere für den Auftragnehmer unabwendbare Umstände.
   2. Witterungseinflüsse während der Ausführungszeit, mit denen bei Abgabe des Angebots normalerweise gerechnet werden musste, gelten nicht als Behinderung.

(3) Der Auftragnehmer hat alles zu tun, was ihm billigerweise zugemutet werden kann, um die Weiterführung der Arbeiten zu ermöglichen. Sobald die hindernden Umstände wegfallen, hat er ohne weiteres und unverzüglich die Arbeiten wieder aufzunehmen und den Auftraggeber davon zu benachrichtigen.

(4) Die Fristverlängerung wird berechnet nach der Dauer der Behinderung mit einem Zuschlag für die Wiederaufnahme der Arbeiten und die etwaige Verschiebung in eine ungünstigere Jahreszeit.

(5) Wird die Ausführung für voraussichtlich längere Dauer unterbrochen, ohne dass die Leistung dauernd unmöglich wird, so sind die ausgeführten Leistungen nach den Vertragspreisen abzurechnen und außerdem die Kosten zu vergüten, die dem Auftragnehmer bereits entstanden und in den Vertragspreisen des nicht ausgeführten Teils der Leistung enthalten sind.

(6) Sind die hindernden Umstände von einem Vertragsteil zu vertreten, so hat der andere Teil Anspruch auf Ersatz des nachweislich entstandenen Schadens, des entgangenen Gewinns aber nur bei Vorsatz oder grober Fahrlässigkeit. Im Übrigen bleibt der Anspruch des Auftragnehmers auf angemessene Entschädigung nach § 642 BGB unberührt, sofern die Anzeige nach

Nr. 1 Satz 1 erfolgt oder wenn Offenkundigkeit nach Nr. 1 Satz 2 gegeben ist.

(7) Dauert eine Unterbrechung länger als 3 Monate, so kann jeder Teil nach Ablauf dieser Zeit den Vertrag schriftlich kündigen. Die Abrechnung regelt sich nach den Nummern 5 und 6; wenn der Auftragnehmer die Unterbrechung nicht zu vertreten hat, sind auch die Kosten der Baustellenräumung zu vergüten, soweit sie nicht in der Vergütung für die bereits ausgeführten Leistungen enthalten sind.

§ 7 Verteilung der Gefahr

(1) Wird die ganz oder teilweise ausgeführte Leistung vor der Abnahme durch höhere Gewalt, Krieg, Aufruhr oder andere objektiv unabwendbare vom Auftragnehmer nicht zu vertretende Umstände beschädigt oder zerstört, so hat dieser für die ausgeführten Teile der Leistung die Ansprüche nach § 6 Nr. 5; für andere Schäden besteht keine gegenseitige Ersatzpflicht.

(2) Zu der ganz oder teilweise ausgeführten Leistung gehören alle mit der baulichen Anlage unmittelbar verbundenen, in ihre Substanz eingegangenen Leistungen, unabhängig von deren Fertigstellungsgrad.

(3) Zu der ganz oder teilweise ausgeführten Leistung gehören nicht die noch nicht eingebauten Stoffe und Bauteile sowie die Baustelleneinrichtung und Absteckungen. Zu der ganz oder teilweise ausgeführten Leistung gehören ebenfalls nicht Baubehelfe, z.B. Gerüste, auch wenn diese als Besondere Leistung oder selbstständig vergeben sind.

§ 8 Kündigung durch den Auftraggeber

(1) 1. Der Auftraggeber kann bis zur Vollendung der Leistung jederzeit den Vertrag kündigen.

2. Dem Auftragnehmer steht die vereinbarte Vergütung zu. Er muss sich jedoch anrechnen lassen, was er infolge der Aufhebung des Vertrags an Kosten erspart oder durch anderweitige Verwendung seiner Arbeitskraft und seines Betriebs erwirbt oder zu erwerben böswillig unterlässt (§ 649 BGB).

(2) 1. Der Auftraggeber kann den Vertrag kündigen, wenn der Auftragnehmer seine Zahlungen einstellt, von ihm oder zulässigerweise vom Auftraggeber oder einem anderen Gläubiger das Insolvenzverfahren (§§ 14 und 15 InsO) beziehungsweise ein vergleichbares gesetzliches Verfahren beantragt ist, ein solches Verfahren eröffnet wird oder dessen Eröffnung mangels Masse abgelehnt wird.

2. Die ausgeführten Leistungen sind nach § 6 Nr. 5 abzurechnen. Der Auftraggeber kann Schadensersatz wegen Nichterfüllung des Restes verlangen.

(3) 1. Der Auftraggeber kann den Vertrag kündigen, wenn in den Fällen des § 4 Nr. 7 und 8 Abs. 1 und des § 5 Nr. 4 die gesetzte Frist fruchtlos abge-

laufen ist (Entziehung des Auftrags). Die Entziehung des Auftrags kann auf einen in sich abgeschlossenen Teil der vertraglichen Leistung beschränkt werden.

2. Nach der Entziehung des Auftrags ist der Auftraggeber berechtigt, den noch nicht vollendeten Teil der Leistung zu Lasten des Auftragnehmers durch einen Dritten ausführen zu lassen, doch bleiben seine Ansprüche auf Ersatz des etwa entstehenden weiteren Schadens bestehen. Er ist auch berechtigt, auf die weitere Ausführung zu verzichten und Schadensersatz wegen Nichterfüllung zu verlangen, wenn die Ausführung aus den Gründen, die zur Entziehung des Auftrags geführt haben, für ihn kein Interesse mehr hat.

3. Für die Weiterführung der Arbeiten kann der Auftraggeber Geräte, Gerüste, auf der Baustelle vorhandene andere Einrichtungen und angelieferte Stoffe und Bauteile gegen angemessene Vergütung in Anspruch nehmen.

4. Der Auftraggeber hat dem Auftragnehmer eine Aufstellung über die entstandenen Mehrkosten und über seine anderen Ansprüche spätestens binnen 12 Werktagen nach Abrechnung mit dem Dritten zuzusenden.

(4) Der Auftraggeber kann den Auftrag entziehen, wenn der Auftragnehmer aus Anlass der Vergabe eine Abrede getroffen hatte, die eine unzulässige Wettbewerbsbeschränkung darstellt. Die Kündigung ist innerhalb von 12 Werktagen nach Bekanntwerden des Kündigungsgrundes auszusprechen. Nummer 3 gilt entsprechend.

(5) Die Kündigung ist schriftlich zu erklären.

(6) Der Auftragnehmer kann Aufmaß und Abnahme der von ihm ausgeführten Leistungen alsbald nach der Kündigung verlangen; er hat unverzüglich eine prüfbare Rechnung über die ausgeführten Leistungen vorzulegen.

(7) Eine wegen Verzugs verwirkte, nach Zeit bemessene Vertragsstrafe kann nur für die Zeit bis zum Tag der Kündigung des Vertrags gefordert werden.

§ 9 Kündigung durch den Auftragnehmer

(1) Der Auftragnehmer kann den Vertrag kündigen:
   a) wenn der Auftraggeber eine ihm obliegende Handlung unterlässt und dadurch den Auftragnehmer außerstande setzt, die Leistung auszuführen (Annahmeverzug nach §§ 293 ff. BGB),
   b) wenn der Auftraggeber eine fällige Zahlung nicht leistet oder sonst in Schuldnerverzug gerät.

(2) Die Kündigung ist schriftlich zu erklären. Sie ist erst zulässig, wenn der Auftragnehmer dem Auftraggeber ohne Erfolg eine angemessene Frist zur Vertragserfüllung gesetzt und erklärt hat, dass er nach fruchtlosem Ablauf der Frist den Vertrag kündigen werde.

(3) Die bisherigen Leistungen sind nach den Vertragspreisen abzurechnen. Außerdem hat der Auftragnehmer Anspruch auf angemessene Entschädi-

gung nach § 642 BGB; etwaige weitergehende Ansprüche des Auftragnehmers bleiben unberührt.

§ 10 Haftung der Vertragsparteien

(1) Die Vertragsparteien haften einander für eigenes Verschulden sowie für das Verschulden ihrer gesetzlichen Vertreter und der Personen, deren sie sich zur Erfüllung ihrer Verbindlichkeiten bedienen (§§ 276, 278 BGB).

(2) 1. Entsteht einem Dritten im Zusammenhang mit der Leistung ein Schaden, für den auf Grund gesetzlicher Haftpflichtbestimmungen beide Vertragsparteien haften, so gelten für den Ausgleich zwischen den Vertragsparteien die allgemeinen gesetzlichen Bestimmungen, soweit im Einzelfall nichts anderes vereinbart ist. Soweit der Schaden des Dritten nur die Folge einer Maßnahme ist, die der Auftraggeber in dieser Form angeordnet hat, trägt er den Schaden allein, wenn ihn der Auftragnehmer auf die mit der angeordneten Ausführung verbundene Gefahr nach § 4 Nr. 3 hingewiesen hat.

2. Der Auftragnehmer trägt den Schaden allein, soweit er ihn durch Versicherung seiner gesetzlichen Haftpflicht gedeckt hat oder durch eine solche zu tarifmäßigen, nicht auf außergewöhnliche Verhältnisse abgestellten Prämien und Prämienzuschlägen bei einem im Inland zum Geschäftsbetrieb zugelassenen Versicherer hätte decken können.

(3) Ist der Auftragnehmer einem Dritten nach den §§ 823 ff. BGB zu Schadensersatz verpflichtet wegen unbefugten Betretens oder Beschädigung angrenzender Grundstücke, wegen Entnahme oder Auflagerung von Boden oder anderen Gegenständen außerhalb der vom Auftraggeber dazu angewiesenen Flächen oder wegen der Folgen eigenmächtiger Versperrung von Wegen oder Wasserläufen, so trägt er im Verhältnis zum Auftraggeber den Schaden allein.

(4) Für die Verletzung gewerblicher Schutzrechte haftet im Verhältnis der Vertragsparteien zueinander der Auftragnehmer allein, wenn er selbst das geschützte Verfahren oder die Verwendung geschützter Gegenstände angeboten oder wenn der Auftraggeber die Verwendung vorgeschrieben und auf das Schutzrecht hingewiesen hat.

(5) Ist eine Vertragspartei gegenüber der anderen nach den Nummern 2, 3 oder 4 von der Ausgleichspflicht befreit, so gilt diese Befreiung auch zugunsten ihrer gesetzlichen Vertreter und Erfüllungsgehilfen, wenn sie nicht vorsätzlich oder grob fahrlässig gehandelt haben.

(6) Soweit eine Vertragspartei von dem Dritten für einen Schaden in Anspruch genommen wird, den nach den Nummern 2, 3 oder 4 die andere Vertragspartei zu tragen hat, kann sie verlangen, dass ihre Vertragspartei sie von der Verbindlichkeit gegenüber dem Dritten befreit. Sie darf den Anspruch des Dritten nicht anerkennen oder befriedigen, ohne der anderen Vertragspartei vorher Gelegenheit zur Äußerung gegeben zu haben.

§ 11 Vertragsstrafe

(1) Wenn Vertragsstrafen vereinbart sind, gelten die §§ 339 bis 345 BGB.

(2) Ist die Vertragsstrafe für den Fall vereinbart, dass der Auftragnehmer nicht in der vorgesehenen Frist erfüllt, so wird sie fällig, wenn der Auftragnehmer in Verzug gerät.

(3) Ist die Vertragsstrafe nach Tagen bemessen, so zählen nur Werktage; ist sie nach Wochen bemessen, so wird jeder Werktag angefangener Wochen als 1/6 Woche gerechnet.

(4) Hat der Auftraggeber die Leistung abgenommen, so kann er die Strafe nur verlangen, wenn er dies bei der Abnahme vorbehalten hat.

§ 12 Abnahme

(1) Verlangt der Auftragnehmer nach der Fertigstellung – gegebenenfalls auch vor Ablauf der vereinbarten Ausführungsfrist – die Abnahme der Leistung, so hat sie der Auftraggeber binnen 12 Werktagen durchzuführen; eine andere Frist kann vereinbart werden.

(2) Auf Verlangen sind in sich abgeschlossene Teile der Leistung besonders abzunehmen.

(3) Wegen wesentlicher Mängel kann die Abnahme bis zur Beseitigung verweigert werden.

(4) 1. Eine förmliche Abnahme hat stattzufinden, wenn eine Vertragspartei es verlangt. Jede Partei kann auf ihre Kosten einen Sachverständigen zuziehen. Der Befund ist in gemeinsamer Verhandlung schriftlich niederzulegen. In die Niederschrift sind etwaige Vorbehalte wegen bekannter Mängel und wegen Vertragsstrafen aufzunehmen, ebenso etwaige Einwendungen des Auftragnehmers. Jede Partei erhält eine Ausfertigung.

    2. Die förmliche Abnahme kann in Abwesenheit des Auftragnehmers stattfinden, wenn der Termin vereinbart war oder der Auftraggeber mit genügender Frist dazu eingeladen hatte. Das Ergebnis der Abnahme ist dem Auftragnehmer alsbald mitzuteilen.

(5) 1. Wird keine Abnahme verlangt, so gilt die Leistung als abgenommen mit Ablauf von 12 Werktagen nach schriftlicher Mitteilung über die Fertigstellung der Leistung.

    2. Wird keine Abnahme verlangt und hat der Auftraggeber die Leistung oder einen Teil der Leistung in Benutzung genommen, so gilt die Abnahme nach Ablauf von 6 Werktagen nach Beginn der Benutzung als erfolgt, wenn nichts anderes vereinbart ist. Die Benutzung von Teilen einer baulichen Anlage zur Weiterführung der Arbeiten gilt nicht als Abnahme.

    3. Vorbehalte wegen bekannter Mängel oder wegen Vertragsstrafen hat der Auftraggeber spätestens zu den in den Absätzen 1 und 2 bezeichneten Zeitpunkten geltend zu machen.

(6) Mit der Abnahme geht die Gefahr auf den Auftraggeber über, soweit er sie nicht schon nach § 7 trägt.

§ 13 Mängelansprüche

(1) Der Auftragnehmer hat dem Auftraggeber seine Leistung zum Zeitpunkt der Abnahme frei von Sachmängeln zu verschaffen. Die Leistung ist zur Zeit der Abnahme frei von Sachmängeln, wenn sie die vereinbarte Beschaffenheit hat und den anerkannten Regeln der Technik entspricht. Ist die Beschaffenheit nicht vereinbart, so ist die Leistung zur Zeit der Abnahme frei von Sachmängeln,

a) wenn sie sich für die nach dem Vertrag vorausgesetzte, sonst

b) für die gewöhnliche Verwendung eignet und eine Beschaffenheit aufweist, die bei Werken der gleichen Art üblich ist und die der Auftraggeber nach der Art der Leistung erwarten kann.

(2) Bei Leistungen nach Probe gelten die Eigenschaften der Probe als vereinbarte Beschaffenheit, soweit nicht Abweichungen nach der Verkehrssitte als bedeutungslos anzusehen sind. Dies gilt auch für Proben, die erst nach Vertragsabschluss als solche anerkannt sind.

(3) Ist ein Mangel zurückzuführen auf die Leistungsbeschreibung oder auf Anordnungen des Auftraggebers, auf die von diesem gelieferten oder vorgeschriebenen Stoffe oder Bauteile oder die Beschaffenheit der Vorleistung eines anderen Unternehmers, haftet der Auftragnehmer, es sei denn, er hat die ihm nach § 4 Nr. 3 obliegende Mitteilung gemacht.

(4) 1. Ist für Mängelansprüche keine Verjährungsfrist im Vertrag vereinbart, so beträgt sie für Bauwerke 4 Jahre, für andere Werke, deren Erfolg in der Herstellung, Wartung oder Veränderung einer Sache besteht, und für die vom Feuer berührten Teile von Feuerungsanlagen 2 Jahre. Abweichend von Satz 1 beträgt die Verjährungsfrist für feuerberührte und abgasdämmende Teile von industriellen Feuerungsanlagen 1 Jahr.

2. Ist für Teile von maschinellen und elektrotechnischen/elektronischen Anlagen, bei denen die Wartung Einfluss auf Sicherheit und Funktionsfähigkeit hat, nichts anderes vereinbart, beträgt für diese Anlagenteile die Verjährungsfrist für Mängelansprüche abweichend von Abs. 1 zwei Jahre, wenn der Auftraggeber sich dafür entschieden hat, dem Auftragnehmer die Wartung für die Dauer der Verjährungsfrist nicht zu übertragen; dies gilt auch, wenn für weitere Leistungen eine andere Verjährungsfrist vereinbart ist.

3. Die Frist beginnt mit der Abnahme der gesamten Leistung; nur für in sich abgeschlossene Teile der Leistung beginnt sie mit der Teilabnahme (§ 12 Nr. 2).

(5) 1. Der Auftragnehmer ist verpflichtet, alle während der Verjährungsfrist hervortretenden Mängel, die auf vertragswidrige Leistung zurückzuführen sind, auf seine Kosten zu beseitigen, wenn es der Auftraggeber

vor Ablauf der Frist schriftlich verlangt. Der Anspruch auf Beseitigung der gerügten Mängel verjährt in 2 Jahren, gerechnet vom Zugang des schriftlichen Verlangens an, jedoch nicht vor Ablauf der Regelfristen nach Nummer 4 oder der an ihrer Stelle vereinbarten Frist. Nach Abnahme der Mängelbeseitigungsleistung beginnt für diese Leistung eine Verjährungsfrist von 2 Jahren neu, die jedoch nicht vor Ablauf der Regelfristen nach Nummer 4 oder der an ihrer Stelle vereinbarten Frist endet.

2. Kommt der Auftragnehmer der Aufforderung zur Mängelbeseitigung in einer vom Auftraggeber gesetzten angemessenen Frist nicht nach, so kann der Auftraggeber die Mängel auf Kosten des Auftragnehmers beseitigen lassen.

(6) Ist die Beseitigung des Mangels für den Auftraggeber unzumutbar oder ist sie unmöglich oder würde sie einen unverhältnismäßig hohen Aufwand erfordern und wird sie deshalb vom Auftragnehmer verweigert, so kann der Auftraggeber durch Erklärung gegenüber dem Auftragnehmer die Vergütung mindern (§ 638 BGB).

(7) 1. Der Auftragnehmer haftet bei schuldhaft verursachten Mängeln für Schäden aus der Verletzung des Lebens, des Körpers oder der Gesundheit.

2. Bei vorsätzlich oder grob fahrlässig verursachten Mängeln haftet er für alle Schäden.

3. Im Übrigen ist dem Auftraggeber der Schaden an der baulichen Anlage zu ersetzen, zu deren Herstellung, Instandhaltung oder Änderung die Leistung dient, wenn ein wesentlicher Mangel vorliegt, der die Gebrauchsfähigkeit erheblich beeinträchtigt und auf ein Verschulden des Auftragnehmers zurückzuführen ist. Einen darüber hinausgehenden Schaden hat der Auftragnehmer nur dann zu ersetzen,

a) wenn der Mangel auf einem Verstoß gegen die anerkannten Regeln der Technik beruht,

b) wenn der Mangel in dem Fehlen einer vertraglich vereinbarten Beschaffenheit besteht oder

c) soweit der Auftragnehmer den Schaden durch Versicherung seiner gesetzlichen Haftpflicht gedeckt hat oder durch eine solche zu tarifmäßigen, nicht auf außergewöhnliche Verhältnisse abgestellten Prämien und Prämienzuschlägen bei einem im Inland zum Geschäftsbetrieb zugelassenen Versicherer hätte decken können.

4. Abweichend von Nummer 4 gelten die gesetzlichen Verjährungsfristen, soweit sich der Auftragnehmer nach Absatz 3 durch Versicherung geschützt hat oder hätte schützen können oder soweit ein besonderer Versicherungsschutz vereinbart ist.

5. Eine Einschränkung oder Erweiterung der Haftung kann in begründeten Sonderfällen vereinbart werden.

§ 14 Abrechnung

(1) Der Auftragnehmer hat seine Leistungen prüfbar abzurechnen. Er hat die Rechnungen übersichtlich aufzustellen und dabei die Reihenfolge der Posten einzuhalten und die in den Vertragsbestandteilen enthaltenen Bezeichnungen zu verwenden. Die zum Nachweis von Art und Umfang der Leistung erforderlichen Mengenberechnungen, Zeichnungen und andere Belege sind beizufügen. Änderungen und Ergänzungen des Vertrags sind in der Rechnung besonders kenntlich zu machen; sie sind auf Verlangen getrennt abzurechnen.

(2) Die für die Abrechnung notwendigen Feststellungen sind dem Fortgang der Leistung entsprechend möglichst gemeinsam vorzunehmen. Die Abrechnungsbestimmungen in den Technischen Vertragsbedingungen und den anderen Vertragsunterlagen sind zu beachten. Für Leistungen, die bei Weiterführung der Arbeiten nur schwer feststellbar sind, hat der Auftragnehmer rechtzeitig gemeinsame Feststellungen zu beantragen.

(3) Die Schlussrechnung muss bei Leistungen mit einer vertraglichen Ausführungsfrist von höchstens 3 Monaten spätestens 12 Werktage nach Fertigstellung eingereicht werden, wenn nichts anderes vereinbart ist; diese Frist wird um je 6 Werktage für je weitere 3 Monate Ausführungsfrist verlängert.

(4) Reicht der Auftragnehmer eine prüfbare Rechnung nicht ein, obwohl ihm der Auftraggeber dafür eine angemessene Frist gesetzt hat, so kann sie der Auftraggeber selbst auf Kosten des Auftragnehmers aufstellen.

§ 15 Stundenlohnarbeiten

(1) 1. Stundenlohnarbeiten werden nach den vertraglichen Vereinbarungen abgerechnet.

2. Soweit für die Vergütung keine Vereinbarungen getroffen worden sind, gilt die ortsübliche Vergütung. Ist diese nicht zu ermitteln, so werden die Aufwendungen des Auftragnehmers für Lohn- und Gehaltskosten der Baustelle, Lohn- und Gehaltsnebenkosten der Baustelle, Stoffkosten der Baustelle, Kosten der Einrichtungen, Geräte, Maschinen und maschinellen Anlagen der Baustelle, Fracht-, Fuhr- und Ladekosten, Sozialkassenbeiträge und Sonderkosten, die bei wirtschaftlicher Betriebsführung entstehen, mit angemessenen Zuschlägen für Gemeinkosten und Gewinn (einschließlich allgemeinem Unternehmerwagnis) zuzüglich Umsatzsteuer vergütet.

(2) Verlangt der Auftraggeber, dass die Stundenlohnarbeiten durch einen Polier oder eine andere Aufsichtsperson beaufsichtigt werden, oder ist die Aufsicht nach den einschlägigen Unfallverhütungsvorschriften notwendig, so gilt Nummer 1 entsprechend.

(3) Dem Auftraggeber ist die Ausführung von Stundenlohnarbeiten vor Beginn anzuzeigen. Über die geleisteten Arbeitsstunden und den dabei erforderlichen, besonders zu vergütenden Aufwand für den Verbrauch von

Stoffen, für Vorhaltung von Einrichtungen, Geräten, Maschinen und maschinellen Anlagen, für Frachten, Fuhr- und Ladeleistungen sowie etwaige Sonderkosten sind, wenn nichts anderes vereinbart ist, je nach der Verkehrssitte werktäglich oder wöchentlich Listen (Stundenlohnzettel) einzureichen. Der Auftraggeber hat die von ihm bescheinigten Stundenlohnzettel unverzüglich, spätestens jedoch innerhalb von 6 Werktagen nach Zugang, zurückzugeben. Dabei kann er Einwendungen auf den Stundenlohnzetteln oder gesondert schriftlich erheben. Nicht fristgemäß zurückgegebene Stundenlohnzettel gelten als anerkannt.

(4) Stundenlohnrechnungen sind alsbald nach Abschluss der Stundenlohnarbeiten, längstens jedoch in Abständen von 4 Wochen, einzureichen. Für die Zahlung gilt § 16.

(5) Wenn Stundenlohnarbeiten zwar vereinbart waren, über den Umfang der Stundenlohnleistungen aber mangels rechtzeitiger Vorlage der Stundenlohnzettel Zweifel bestehen, so kann der Auftraggeber verlangen, dass für die nachweisbar ausgeführten Leistungen eine Vergütung vereinbart wird, die nach Maßgabe von Nummer 1 Abs. 2 für einen wirtschaftlich vertretbaren Aufwand an Arbeitszeit und Verbrauch von Stoffen, für Vorhaltung von Einrichtungen, Geräten, Maschinen und maschinellen Anlagen, für Frachten, Fuhr- und Ladeleistungen sowie etwaige Sonderkosten ermittelt wird.

§ 16 Zahlung

(1) 1. Abschlagszahlungen sind auf Antrag in möglichst kurzen Zeitabständen oder zu den vereinbarten Zeitpunkten zu gewähren, und zwar in Höhe des Wertes der jeweils nachgewiesenen vertragsgemäßen Leistungen einschließlich des ausgewiesenen, darauf entfallenden Umsatzsteuerbetrages. Die Leistungen sind durch eine prüfbare Aufstellung nachzuweisen, die eine rasche und sichere Beurteilung der Leistungen ermöglichen muss. Als Leistungen gelten hierbei auch die für die geforderte Leistung eigens angefertigten und bereitgestellten Bauteile sowie die auf der Baustelle angelieferten Stoffe und Bauteile, wenn dem Auftraggeber nach seiner Wahl das Eigentum an ihnen übertragen ist oder entsprechende Sicherheit gegeben wird.

2. Gegenforderungen können einbehalten werden. Andere Einbehalte sind nur in den im Vertrag und in den gesetzlichen Bestimmungen vorgesehenen Fällen zulässig.

3. Ansprüche auf Abschlagszahlungen werden binnen 18 Werktagen nach Zugang der Aufstellung fällig.

4. Die Abschlagszahlungen sind ohne Einfluss auf die Haftung des Auftragnehmers; sie gelten nicht als Abnahme von Teilen der Leistung.

(2) 1. Vorauszahlungen können auch nach Vertragsabschluss vereinbart werden; hierfür ist auf Verlangen des Auftraggebers ausreichende Sicherheit zu leisten. Diese Vorauszahlungen sind, sofern nichts anderes ver-

einbart wird, mit 3 v.H. über dem Basiszinssatz des § 247 BGB zu verzinsen.

2. Vorauszahlungen sind auf die nächstfälligen Zahlungen anzurechnen, soweit damit Leistungen abzugelten sind, für welche die Vorauszahlungen gewährt worden sind.

(3) 1. Der Anspruch auf die Schlusszahlung wird alsbald nach Prüfung und Feststellung der vom Auftragnehmer vorgelegten Schlussrechnung fällig, spätestens innerhalb von 2 Monaten nach Zugang. Werden Einwendungen gegen die Prüfbarkeit unter Angabe der Gründe hierfür nicht spätestens innerhalb von 2 Monaten nach Zugang der Schlussrechnung erhoben, so kann der Auftraggeber sich nicht mehr auf die fehlende Prüfbarkeit berufen. Die Prüfung der Schlussrechnung ist nach Möglichkeit zu beschleunigen. Verzögert sie sich, so ist das unbestrittene Guthaben als Abschlagszahlung sofort zu zahlen.

2. Die vorbehaltlose Annahme der Schlusszahlung schließt Nachforderungen aus, wenn der Auftragnehmer über die Schlusszahlung schriftlich unterrichtet und auf die Ausschlusswirkung hingewiesen wurde.

3. Einer Schlusszahlung steht es gleich, wenn der Auftraggeber unter Hinweis auf geleistete Zahlungen weitere Zahlungen endgültig und schriftlich ablehnt.

4. Auch früher gestellte, aber unerledigte Forderungen werden ausgeschlossen, wenn sie nicht nochmals vorbehalten werden.

5. Ein Vorbehalt ist innerhalb von 24 Werktagen nach Zugang der Mitteilung nach den Absätzen 2 und 3 über die Schlusszahlung zu erklären. Er wird hinfällig, wenn nicht innerhalb von weiteren 24 Werktagen – beginnend am Tag nach Ablauf der in Satz 1 genannten 24 Werktage – eine prüfbare Rechnung über die vorbehaltenen Forderungen eingereicht oder, wenn das nicht möglich ist, der Vorbehalt eingehend begründet wird.

6. Die Ausschlussfristen gelten nicht für ein Verlangen nach Richtigstellung der Schlussrechnung und -zahlung wegen Aufmaß-, Rechenund Übertragungsfehlern.

(4) In sich abgeschlossene Teile der Leistung können nach Teilabnahme ohne Rücksicht auf die Vollendung der übrigen Leistungen endgültig festgestellt und bezahlt werden.

(5) 1. Alle Zahlungen sind aufs äußerste zu beschleunigen.

2. Nicht vereinbarte Skontoabzüge sind unzulässig.

3. Zahlt der Auftraggeber bei Fälligkeit nicht, so kann ihm der Auftragnehmer eine angemessene Nachfrist setzen. Zahlt er auch innerhalb der Nachfrist nicht, so hat der Auftragnehmer vom Ende der Nachfrist an Anspruch auf Zinsen in Höhe der in § 288 BGB angegebenen Zinssätze, wenn er nicht einen höheren Verzugsschaden nachweist.

4. Zahlt der Auftraggeber das fällige unbestrittene Guthaben nicht innerhalb von 2 Monaten nach Zugang der Schlussrechnung, so hat der Auftragnehmer für dieses Guthaben abweichend von Absatz 3 (ohne Nach-

fristsetzung) ab diesem Zeitpunkt Anspruch auf Zinsen in Höhe der in § 288 BGB angegebenen Zinssätze, wenn er nicht einen höheren Verzugsschaden nachweist.

5. Der Auftragnehmer darf in den Fällen der Absätze 3 und 4 die Arbeiten bis zur Zahlung einstellen, sofern die dem Auftraggeber zuvor gesetzte angemessene Nachfrist erfolglos verstrichen ist.

(6) Der Auftraggeber ist berechtigt, zur Erfüllung seiner Verpflichtungen aus den Nummern 1 bis 5 Zahlungen an Gläubiger des Auftragnehmers zu leisten, soweit sie an der Ausführung der vertraglichen Leistung des Auftragnehmers aufgrund eines mit diesem abgeschlossenen Dienst- oder Werkvertrags beteiligt sind, wegen Zahlungsverzugs des Auftragnehmers die Fortsetzung ihrer Leistung zu Recht verweigern und die Direktzahlung die Fortsetzung der Leistung sicherstellen soll. Der Auftragnehmer ist verpflichtet, sich auf Verlangen des Auftraggebers innerhalb einer von diesem gesetzten Frist darüber zu erklären, ob und inwieweit er die Forderungen seiner Gläubiger anerkennt; wird diese Erklärung nicht rechtzeitig abgegeben, so gelten die Voraussetzungen für die Direktzahlung als anerkannt.

§ 17 Sicherheitsleistung

(1) 1. Wenn Sicherheitsleistung vereinbart ist, gelten die §§ 232 bis 240 BGB, soweit sich aus den nachstehenden Bestimmungen nichts anderes ergibt.

2. Die Sicherheit dient dazu, die vertragsgemäße Ausführung der Leistung und die Mängelansprüche sicherzustellen.

(2) Wenn im Vertrag nichts anderes vereinbart ist, kann Sicherheit durch Einbehalt oder Hinterlegung von Geld oder durch Bürgschaft eines Kreditinstituts oder Kreditversicherers geleistet werden, sofern das Kreditinstitut oder der Kreditversicherer

– in der Europäischen Gemeinschaft oder

– in einem Staat der Vertragsparteien des Abkommens über den Europäischen Wirtschaftsraum oder

– in einem Staat der Vertragsparteien des WTO-Übereinkommens über das öffentliche Beschaffungswesen

zugelassen ist.

(3) Der Auftragnehmer hat die Wahl unter den verschiedenen Arten der Sicherheit; er kann eine Sicherheit durch eine andere ersetzen.

(4) Bei Sicherheitsleistung durch Bürgschaft ist Voraussetzung, dass der Auftraggeber den Bürgen als tauglich anerkannt hat. Die Bürgschaftserklärung ist schriftlich unter Verzicht auf die Einrede der Vorausklage abzugeben (§ 771 BGB); sie darf nicht auf bestimmte Zeit begrenzt sein und muss nach Vorschrift des Auftraggebers ausgestellt sein. Der Auftraggeber kann als Sicherheit keine Bürgschaft fordern, die den Bürgen zur Zahlung auf erstes Anfordern verpflichtet.

(5) Wird Sicherheit durch Hinterlegung von Geld geleistet, so hat der Auftragnehmer den Betrag bei einem zu vereinbarenden Geldinstitut auf ein Sperrkonto einzuzahlen, über das beide nur gemeinsam verfügen können (»Und-Konto«). Etwaige Zinsen stehen dem Auftragnehmer zu.

(6) 1. Soll der Auftraggeber vereinbarungsgemäß die Sicherheit in Teilbeträgen von seinen Zahlungen einbehalten, so darf er jeweils die Zahlung um höchstens 10 v.H. kürzen, bis die vereinbarte Sicherheitssumme erreicht ist. Sofern Rechnungen ohne Umsatzsteuer gemäß § 13b UStG gestellt werden, bleibt die Umsatzsteuer bei der Berechnung des Sicherheitseinbehalts unberücksichtigt. Den jeweils einbehaltenen Betrag hat er dem Auftragnehmer mitzuteilen und binnen 18 Werktagen nach dieser Mitteilung auf ein Sperrkonto bei dem vereinbarten Geldinstitut einzuzahlen. Gleichzeitig muss er veranlassen, dass dieses Geldinstitut den Auftragnehmer von der Einzahlung des Sicherheitsbetrags benachrichtigt. Nummer 5 gilt entsprechend.

2. Bei kleineren oder kurzfristigen Aufträgen ist es zulässig, dass der Auftraggeber den einbehaltenen Sicherheitsbetrag erst bei der Schlusszahlung auf ein Sperrkonto einzahlt.

3. Zahlt der Auftraggeber den einbehaltenen Betrag nicht rechtzeitig ein, so kann ihm der Auftragnehmer hierfür eine angemessene Nachfrist setzen. Lässt der Auftraggeber auch diese verstreichen, so kann der Auftragnehmer die sofortige Auszahlung des einbehaltenen Betrags verlangen und braucht dann keine Sicherheit mehr zu leisten.

4. Öffentliche Auftraggeber sind berechtigt, den als Sicherheit einbehaltenen Betrag auf eigenes Verwahrgeldkonto zu nehmen; der Betrag wird nicht verzinst.

(7) Der Auftragnehmer hat die Sicherheit binnen 18 Werktagen nach Vertragsabschluss zu leisten, wenn nichts anderes vereinbart ist. Soweit er diese Verpflichtung nicht erfüllt hat, ist der Auftraggeber berechtigt, vom Guthaben des Auftragnehmers einen Betrag in Höhe der vereinbarten Sicherheit einzubehalten. Im Übrigen gelten die Nummern 5 und 6 außer Abs. 1 Satz 1 entsprechend.

(8) 1. Der Auftraggeber hat eine nicht verwertete Sicherheit für die Vertragserfüllung zum vereinbarten Zeitpunkt, spätestens nach Abnahme und Stellung der Sicherheit für Mängelansprüche zurückzugeben, es sei denn, dass Ansprüche des Auftraggebers, die nicht von der gestellten Sicherheit für Mängelansprüche umfasst sind, noch nicht erfüllt sind. Dann darf er für diese Vertragserfüllungsansprüche einen entsprechenden Teil der Sicherheit zurückhalten.

2. Der Auftraggeber hat eine nicht verwertete Sicherheit für Mängelansprüche nach Ablauf von 2 Jahren zurückzugeben, sofern kein anderer Rückgabezeitpunkt vereinbart worden ist. Soweit jedoch zu diesem Zeitpunkt seine geltend gemachten Ansprüche noch nicht erfüllt sind, darf er einen entsprechenden Teil der Sicherheit zurückhalten.

§ 18 Streitigkeiten

(1) Liegen die Voraussetzungen für eine Gerichtsstandvereinbarung nach § 38 Zivilprozessordnung vor, richtet sich der Gerichtsstand für Streitigkeiten aus dem Vertrag nach dem Sitz der für die Prozessvertretung des Auftraggebers zuständigen Stelle, wenn nichts anderes vereinbart ist. Sie ist dem Auftragnehmer auf Verlangen mitzuteilen.

(2) 1. Entstehen bei Verträgen mit Behörden Meinungsverschiedenheiten, so soll der Auftragnehmer zunächst die der auftraggebenden Stelle unmittelbar vorgesetzte Stelle anrufen. Diese soll dem Auftragnehmer Gelegenheit zur mündlichen Aussprache geben und ihn möglichst innerhalb von 2 Monaten nach der Anrufung schriftlich bescheiden und dabei auf die Rechtsfolgen des Satzes 3 hinweisen. Die Entscheidung gilt als anerkannt, wenn der Auftragnehmer nicht innerhalb von 3 Monaten nach Eingang des Bescheides schriftlich Einspruch beim Auftraggeber erhebt und dieser ihn auf die Ausschlussfrist hingewiesen hat.

   2. Mit dem Eingang des schriftlichen Antrages auf Durchführung eines Verfahrens nach Absatz 1 wird die Verjährung des in diesem Antrag geltend gemachten Anspruchs gehemmt. Wollen Auftraggeber oder Auftragnehmer das Verfahren nicht weiter betreiben, teilen sie dies dem jeweils anderen Teil schriftlich mit. Die Hemmung endet 3 Monate nach Zugang des schriftlichen Bescheides oder der Mitteilung nach Satz 2.

(3) Daneben kann ein Verfahren zur Streitbeilegung vereinbart werden. Die Vereinbarung sollte mit Vertragsabschluss erfolgen.

(4) Bei Meinungsverschiedenheiten über die Eigenschaft von Stoffen und Bauteilen, für die allgemein gültige Prüfungsverfahren bestehen, und über die Zulässigkeit oder Zuverlässigkeit der bei der Prüfung verwendeten Maschinen oder angewendeten Prüfungsverfahren kann jede Vertragspartei nach vorheriger Benachrichtigung der anderen Vertragspartei die materialtechnische Untersuchung durch eine staatliche oder staatlich anerkannte Materialprüfungsstelle vornehmen lassen; deren Feststellungen sind verbindlich. Die Kosten trägt der unterliegende Teil.

(5) Streitfälle berechtigen den Auftragnehmer nicht, die Arbeiten einzustellen.

VOB Teil C

Allgemeine Technische Vertragsbedingungen für Bauleistungen (ATV)
Allgemeine Regelungen für Bauarbeiten jeder Art – DIN 18 299
Ausgabe Oktober 2006

(Im Rahmen der Neufassung der VOB wird es auch eine neue Ausgabe der DIN 18 299 geben, die aber zum Zeitpunkt der Veröffentlichung noch nicht vorlag)

Inhalt

0   *Hinweise für das Aufstellen der Leistungsbeschreibung*
1   Geltungsbereich
2   Stoffe, Bauteile
3   Ausführung
4   Nebenleistungen, Besondere Leistungen
5   Abrechnung

0 Hinweise für das Aufstellen der Leistungsbeschreibung

Diese Hinweise für das Aufstellen der Leistungsbeschreibung gelten für Bauarbeiten jeder Art; sie werden ergänzt durch die auf die einzelnen Leistungsbereiche bezogenen Hinweise in den ATV DIN 18 300 bis ATV DIN 18 459, Abschnitt 0. Die Beachtung dieser Hinweise ist Voraussetzung für eine ordnungsgemäße Leistungsbeschreibung gemäß § 9 VOB/A.

»In die Vorbemerkungen zum Leistungsverzeichnis ist aufzunehmen:

Soweit in der Leistungsbeschreibung auf Technische Spezifikationen, z.B. nationale Normen, mit denen Europäische Normen umgesetzt werden, europäische technische Zulassungen, gemeinsame technische Spezifikationen, internationale Normen, Bezug genommen wird, werden auch ohne den ausdrücklichen Zusatz: ›oder gleichwertig‹, immer gleichwertige Technische Spezifikationen in Bezug genommen.«

Die Hinweise werden nicht Vertragsbestandteil.

In der Leistungsbeschreibung sind nach den Erfordernissen des Einzelfalls insbesondere anzugeben:

0.1   Angaben zur Baustelle

0.1.1   *Lage der Baustelle, Umgebungsbedingungen, Zufahrtsmöglichkeiten und Beschaffenheit der Zufahrt sowie etwaige Einschränkungen bei ihrer Benutzung.*

0.1.2   *Besondere Belastungen aus Immissionen sowie besondere klimatische oder betriebliche Bedingungen.*

0.1.3   *Art und Lage der baulichen Anlagen, z.B. auch Anzahl und Höhe der Geschosse.*

0.1.4 *Verkehrsverhältnisse auf der Baustelle, insbesondere Verkehrsbeschränkungen.*

0.1.5 *Für den Verkehr freizuhaltende Flächen.*

0.1.6 *Art, Lage, Maße und Nutzbarkeit von Transporteinrichtungen und Transportwegen, z.B. Montageöffnungen.*

0.1.7 *Lage, Art, Anschlusswert und Bedingungen für das Überlassen von Anschlüssen für Wasser, Energie und Abwasser.*

0.1.8 *Lage und Ausmaß der dem Auftragnehmer für die Ausführung seiner Leistungen zur Benutzung oder Mitbenutzung überlassenen Flächen und Räume.*

0.1.9 *Bodenverhältnisse, Baugrund und seine Tragfähigkeit. Ergebnisse von Bodenuntersuchungen.*

0.1.10 *Hydrologische Werte von Grundwasser und Gewässern. Art, Lage, Abfluss, Abflussvermögen und Hochwasserverhältnisse von Vorflutern. Ergebnisse von Wasseranalysen.*

0.1.11 *Besondere umweltrechtliche Vorschriften.*

0.1.12 *Besondere Vorgaben für die Entsorgung, z.B. Beschränkungen für die Beseitigung von Abwasser und Abfall.*

0.1.13 *Schutzgebiete oder Schutzzeiten im Bereich der Baustelle, z.B. wegen Forderungen des Gewässer-, Boden-, Natur-, Landschafts- oder Immissionsschutzes; vorliegende Fachgutachten oder dergleichen.*

0.1.14 *Art und Umfang des Schutzes von Bäumen, Pflanzenbeständen, Vegetationsflächen, Verkehrsflächen, Bauteilen, Bauwerken, Grenzsteinen und dergleichen im Bereich der Baustelle.*

0.1.15 *Im Baugelände vorhandene Anlagen, insbesondere Abwasser- und Versorgungsleitungen.*

0.1.16 *Bekannte oder vermutete Hindernisse im Bereich der Baustelle, z.B. Leitungen, Kabel, Dräne, Kanäle, Bauwerksreste und, soweit bekannt, deren Eigentümer.*

0.1.17 *Vermutete Kampfmittel im Bereich der Baustelle, Ergebnisse von Erkundungs- oder Beräumungsmaßnahmen.*

0.1.18 *Gegebenenfalls gemäß der Baustellenverordnung getroffene Maßnahmen.*

0.1.19 *Besondere Anordnungen, Vorschriften und Maßnahmen der Eigentümer oder der anderen Weisungsberechtigten von Leitungen, Kabeln, Dränen, Kanälen, Straßen, Wegen, Gewässern, Gleisen, Zäunen und dergleichen im Bereich der Baustelle.*

0.1.20 Art und Umfang von Schadstoffbelastungen, z.B. des Bodens, der Gewässer, der Luft, der Stoffe und Bauteile; vorliegende Fachgutachten oder dergleichen.

0.1.21 Art und Zeit der vom Auftraggeber veranlassten Vorarbeiten.

0.1.22 Arbeiten anderer Unternehmer auf der Baustelle.

0.2 Angaben zur Ausführung

0.2.1 Vorgesehene Arbeitsabschnitte, Arbeitsunterbrechungen und Arbeitsbeschränkungen nach Art, Ort und Zeit sowie Abhängigkeit von Leistungen anderer.

0.2.2 Besondere Erschwernisse während der Ausführung, z.B. Arbeiten in Räumen, in denen der Betrieb weiterläuft, Arbeiten im Bereich von Verkehrswegen, oder bei außergewöhnlichen äußeren Einflüssen.

0.2.3 Besondere Anforderungen für Arbeiten in kontaminierten Bereichen, gegebenenfalls besondere Anordnungen für Schutz- und Sicherheitsmaßnahmen.

0.2.4 Besondere Anforderungen an die Baustelleneinrichtung und Entsorgungseinrichtungen, z.B. Behälter für die getrennte Erfassung.

0.2.5 Besonderheiten der Regelung und Sicherung des Verkehrs, gegebenenfalls auch, wieweit der Auftraggeber die Durchführung der erforderlichen Maßnahmen übernimmt.

0.2.6 Besondere Anforderungen an das Auf- und Abbauen sowie Vorhalten von Gerüsten.

0.2.7 Mitbenutzung fremder Gerüste, Hebezeuge, Aufzüge, Aufenthalts- und Lagerräume, Einrichtungen und dergleichen durch den Auftragnehmer.

0.2.8 Wie lange, für welche Arbeiten und gegebenenfalls für welche Beanspruchung der Auftragnehmer Gerüste, Hebezeuge, Aufzüge, Aufenthalts- und Lagerräume, Einrichtungen und dergleichen für andere Unternehmer vorzuhalten hat.

0.2.9 Verwendung oder Mitverwendung von wiederaufbereiteten (Recycling-) Stoffen.

0.2.10 Anforderungen an wiederaufbereitete (Recycling-)Stoffe und an nicht genormte Stoffe und Bauteile.

0.2.11 Besondere Anforderungen an Art, Güte und Umweltverträglichkeit der Stoffe und Bauteile, auch z.B. an die schnelle biologische Abbaubarkeit von Hilfsstoffen.

0.2.12 Art und Umfang der vom Auftraggeber verlangten Eignungs- und Gütenachweise.

0.2.13 Unter welchen Bedingungen auf der Baustelle gewonnene Stoffe verwendet werden dürfen oder müssen oder einer anderen Verwertung zuzuführen sind.

0.2.14 Art, Zusammensetzung und Menge der aus dem Bereich des Auftraggebers zu entsorgenden Böden, Stoffe und Bauteile; Art der Verwertung oder bei Abfall die Entsorgungsanlage; Anforderungen an die Nachweise über Transporte,
Entsorgung und die vom Auftraggeber zu tragenden Entsorgungskosten.

0.2.15 Art, Anzahl, Menge oder Masse der Stoffe und Bauteile, die vom Auftraggeber beigestellt werden, sowie Art, genaue Bezeichnung des Ortes und Zeit
ihrer Übergabe.

0.2.16 In welchem Umfang der Auftraggeber Abladen, Lagern und Transport
von Stoffen und Bauteilen übernimmt oder dafür dem Auftragnehmer Geräte
oder Arbeitskräfte zur Verfügung stellt.

0.2.17 Leistungen für andere Unternehmer.

0.2.18 Mitwirken beim Einstellen von Anlageteilen und bei der Inbetriebnahme
von Anlagen im Zusammenwirken mit anderen Beteiligten, z.B. mit dem Auftragnehmer für die Gebäudeautomation.

0.2.19 Benutzung von Teilen der Leistung vor der Abnahme.

0.2.20 Übertragung der Wartung während der Dauer der Verjährungsfrist für
die Gewährleistungsansprüche für maschinelle und elektrotechnische sowie elektronische Anlagen oder Teile davon, bei denen die Wartung Einfluss auf die Sicherheit und die Funktionsfähigkeit hat (vergleiche § 13 Nr. 4 Abs. 2 VOB/B), durch
einen besonderen Wartungsvertrag.

0.2.21 Abrechnung nach bestimmten Zeichnungen oder Tabellen.

0.3 **Einzelangaben bei Abweichungen von den ATV**

0.3.1 Wenn andere als die in den ATV DIN 18 299 bis ATV DIN 18 459 vorgesehenen Regelungen getroffen werden sollen, sind diese in der Leistungsbeschreibung eindeutig und im Einzelnen anzugeben.

0.3.2 Abweichende Regelungen von der ATV DIN 18 299 können insbesondere
in Betracht kommen bei

Abschnitt 2.1.1,	wenn die Lieferung von Stoffen und Bauteilen nicht zur Leis-tung gehören soll,
Abschnitt 2.2,	wenn nur ungebrauchte Stoffe und Bauteile vorgehalten werden dürfen,
Abschnitt 2.3.1,	wenn auch gebrauchte Stoffe und Bauteile geliefert werden dürfen.

0.4 **Einzelangaben zu Nebenleistungen und Besonderen
Leistungen**

0.4.1 **Nebenleistungen**

Nebenleistungen (Abschnitt 4.1 aller ATV) sind in der Leistungsbeschreibung nur
zu erwähnen, wenn sie ausnahmsweise selbständig vergütet werden sollen. Eine

ausdrückliche Erwähnung ist geboten, wenn die Kosten der Nebenleistung von erheblicher Bedeutung für die Preisbildung sind; in diesen Fällen sind besondere Ordnungszahlen (Positionen) vorzusehen.

Dies kommt insbesondere für das Einrichten und Räumen der Baustelle in Betracht.

0.4.2 Besondere Leistungen

Werden Besondere Leistungen (Abschnitt 4.2 aller ATV) verlangt, ist dies in der Leistungsbeschreibung anzugeben; gegebenenfalls sind hierfür besondere Ordnungszahlen (Positionen) vorzusehen.

0.5 Abrechnungseinheiten

Im Leistungsverzeichnis sind die Abrechnungseinheiten für die Teilleistungen (Positionen) gemäß Abschnitt 0.5 der jeweiligen ATV anzugeben.

1 Geltungsbereich

Die ATV DIN 18 299 »Allgemeine Regelungen für Bauarbeiten jeder Art« gilt für alle Bauarbeiten, auch für solche, für die keine ATV in VOB/C – ATV DIN 18 300 bis ATV DIN 18 459 – bestehen.

Abweichende Regelungen in den ATV DIN 18 300 bis ATV DIN 18 459 haben Vorrang.

2 Stoffe, Bauteile

2.1 Allgemeines

2.1.1 Die Leistungen umfassen auch die Lieferung der dazugehörigen Stoffe und Bauteile einschließlich Abladen und Lagern auf der Baustelle.

2.1.2 Stoffe und Bauteile, die vom Auftraggeber beigestellt werden, hat der Auftragnehmer rechtzeitig beim Auftraggeber anzufordern.

2.1.3 Stoffe und Bauteile müssen für den jeweiligen Verwendungszweck geeignet und aufeinander abgestimmt sein.

2.2 Vorhalten

Stoffe und Bauteile, die der Auftragnehmer nur vorzuhalten hat, die also nicht in das Bauwerk eingehen, dürfen nach Wahl des Auftragnehmers gebraucht oder ungebraucht sein.

2.3 Liefern

2.3.1 Stoffe und Bauteile, die der Auftragnehmer zu liefern und einzubauen hat, die also in das Bauwerk eingehen, müssen ungebraucht sein. Wiederaufbereitete (Recycling-)Stoffe gelten als ungebraucht, wenn sie Abschnitt 2.1.3 entsprechen.

2.3.2 Stoffe und Bauteile, für die DIN-Normen bestehen, müssen den DIN-Güte- und DIN-Maßbestimmungen entsprechen.

2.3.3 Stoffe und Bauteile, die nach den deutschen behördlichen Vorschriften einer Zulassung bedürfen, müssen amtlich zugelassen sein und den Bestimmungen ihrer Zulassung entsprechen.

2.3.4 Stoffe und Bauteile, für die bestimmte technische Spezifikationen in der Leistungsbeschreibung nicht genannt sind, dürfen auch verwendet werden, wenn sie Normen, technischen Vorschriften oder sonstigen Bestimmungen anderer Staaten entsprechen, sofern das geforderte Schutzniveau in Bezug auf Sicherheit, Gesundheit und Gebrauchstauglichkeit gleichermaßen dauerhaft erreicht wird.

Sofern für Stoffe und Bauteile eine Überwachungs-, Prüfzeichenpflicht oder der Nachweis der Brauchbarkeit, z.B. durch allgemeine bauaufsichtliche Zulassung, allgemein vorgesehen ist, kann von einer Gleichwertigkeit nur ausgegangen werden, wenn die Stoffe und Bauteile ein Überwachungs- oder Prüfzeichen tragen oder für sie der genannte Brauchbarkeitsnachweis erbracht ist.

3 Ausführung

3.1 Wenn Verkehrs-, Versorgungs- und Entsorgungsanlagen im Bereich des Baugeländes liegen, sind die Vorschriften und Anordnungen der zuständigen Stellen zu beachten. Kann die Lage dieser Anlagen nicht angegeben werden, ist sie zu erkunden. Solche Maßnahmen sind Besondere Leistungen (siehe Abschnitt 4.2.1).

3.2 Die für die Aufrechterhaltung des Verkehrs bestimmten Flächen sind freizuhalten. Der Zugang zu Einrichtungen der Versorgungs- und Entsorgungsbetriebe, der Feuerwehr, der Post und Bahn, zu Vermessungspunkten und dergleichen darf nicht mehr als durch die Ausführung unvermeidlich behindert werden.

3.3 Werden Schadstoffe angetroffen, z.B. in Böden, Gewässern oder Bauteilen, ist der Auftraggeber unverzüglich zu unterrichten. Bei Gefahr im Verzug hat der Auftragnehmer unverzüglich die notwendigen Sicherungsmaßnahmen zu treffen. Die weiteren Maßnahmen sind gemeinsam festzulegen. Die getroffenen und die weiteren Maßnahmen sind Besondere Leistungen (siehe Abschnitt 4.2.1).

4 Nebenleistungen, Besondere Leistungen

4.1 Nebenleistungen

Nebenleistungen sind Leistungen, die auch ohne Erwähnung im Vertrag zur vertraglichen Leistung gehören (§ 2 Nr. 1 VOB/B).

Nebenleistungen sind demnach insbesondere:

4.1.1 Einrichten und Räumen der Baustelle einschließlich der Geräte und dergleichen.

4.1.2 Vorhalten der Baustelleneinrichtung einschließlich der Geräte und dergleichen.

4.1.3 Messungen für das Ausführen und Abrechnen der Arbeiten einschließlich des Vorhaltens der Messgeräte, Lehren, Absteckzeichen und dergleichen, des Erhaltens der Lehren und Absteckzeichen während der Bauausführung und des Stellens der Arbeitskräfte, jedoch nicht Leistungen nach § 3 Nr. 2 VOB/B.

4.1.4 Schutz- und Sicherheitsmaßnahmen nach den Unfallverhütungsvorschriften und den behördlichen Bestimmungen, ausgenommen Leistungen nach Abschnitt 4.2.5.

4.1.5 Beleuchten, Beheizen und Reinigen der Aufenthalts- und Sanitärräume für die Beschäftigten des Auftragnehmers.

4.1.6 Heranbringen von Wasser und Energie von den vom Auftraggeber auf der Baustelle zur Verfügung gestellten Anschlussstellen zu den Verwendungsstellen.

4.1.7 Liefern der Betriebsstoffe.

4.1.8 Vorhalten der Kleingeräte und Werkzeuge.

4.1.9 Befördern aller Stoffe und Bauteile, auch wenn sie vom Auftraggeber beigestellt sind, von den Lagerstellen auf der Baustelle oder von den in der Leistungsbeschreibung angegebenen Übergabestellen zu den Verwendungsstellen und etwaiges Rückbefördern.

4.1.10 Sichern der Arbeiten gegen Niederschlagswasser, mit dem normalerweise gerechnet werden muss, und seine etwa erforderliche Beseitigung.

4.1.11 Entsorgen von Abfall aus dem Bereich des Auftragnehmers sowie Beseitigen der Verunreinigungen, die von den Arbeiten des Auftragnehmers herrühren.

4.1.12 Entsorgen von Abfall aus dem Bereich des Auftraggebers bis zu einer Menge von 1 m³, soweit der Abfall nicht schadstoffbelastet ist.

4.2 Besondere Leistungen

Besondere Leistungen sind Leistungen, die nicht Nebenleistungen nach Abschnitt 4.1 sind und nur dann zur vertraglichen Leistung gehören, wenn sie in der Leistungsbeschreibung besonders erwähnt sind. Besondere Leistungen sind z.B.:

4.2.1 Maßnahmen nach den Abschnitten 3.1 und 3.3.

4.2.2 Beaufsichtigen der Leistungen anderer Unternehmer.

4.2.3 Erfüllen von Aufgaben des Auftraggebers (Bauherrn) hinsichtlich der Planung der Ausführung des Bauvorhabens oder der Koordinierung gemäß Baustellenverordnung.

4.2.4 Sicherungsmaßnahmen zur Unfallverhütung für Leistungen anderer Unternehmer.

4.2.5 Besondere Schutz- und Sicherheitsmaßnahmen bei Arbeiten in kontaminierten Bereichen, z.B. messtechnische Überwachung, spezifische Zusatzgeräte für Baumaschinen und Anlagen, abgeschottete Arbeitsbereiche.

4.2.6 Besondere Schutzmaßnahmen gegen Witterungsschäden, Hochwasser und Grundwasser, ausgenommen Leistungen nach Abschnitt 4.1.10.

4.2.7 Versicherung der Leistung bis zur Abnahme zugunsten des Auftraggebers oder Versicherung eines außergewöhnlichen Haftpflichtwagnisses.

4.2.8 Besondere Prüfung von Stoffen und Bauteilen, die der Auftraggeber liefert.

4.2.9 Aufstellen, Vorhalten, Betreiben und Beseitigen von Einrichtungen zur Sicherung und Aufrechterhaltung des Verkehrs auf der Baustelle, z.B. Bauzäune, Schutzgerüste, Hilfsbauwerke, Beleuchtungen, Leiteinrichtungen.

4.2.10 Aufstellen, Vorhalten, Betreiben und Beseitigen von Einrichtungen außerhalb der Baustelle zur Umleitung, Regelung und Sicherung des öffentlichen und Anliegerverkehrs, sowie das Einholen der hierfür erforderlichen verkehrsrechtlichen Genehmigungen und Anordnungen nach der StVO.

4.2.11 Bereitstellen von Teilen der Baustelleneinrichtung für andere Unternehmer oder den Auftraggeber.

4.2.12 Besondere Maßnahmen aus Gründen des Umweltschutzes sowie der Landes- und Denkmalpflege.

4.2.13 Entsorgen von Abfall über die Leistungen nach den Abschnitten 4.1.11 und 4.1.12 hinaus.

4.2.14 Besonderer Schutz der Leistung, der vom Auftraggeber für eine vorzeitige Benutzung verlangt wird, seine Unterhaltung und spätere Beseitigung.

4.2.15 Beseitigen von Hindernissen.

4.2.16 Zusätzliche Maßnahmen für die Weiterarbeit bei Frost und Schnee, soweit sie dem Auftragnehmer nicht ohnehin obliegen.

4.2.17 Besondere Maßnahmen zum Schutz und zur Sicherung gefährdeter baulicher Anlagen und benachbarter Grundstücke.

4.2.18 Sichern von Leitungen, Kabeln, Dränen, Kanälen, Grenzsteinen, Bäumen, Pflanzen und dergleichen.

5 Abrechnung

Die Leistung ist aus Zeichnungen zu ermitteln, soweit die ausgeführte Leistung diesen Zeichnungen entspricht. Sind solche Zeichnungen nicht vorhanden, ist die Leistung aufzumessen.

Verzeichnis der DIN-Normen

DIN 1960	VOB Vergabe- und Vertragsordnung für Bauleistungen; Teil A: Allgemeine Bestimmungen für die Vergabe von Bauleistungen
DIN 1961	VOB Vergabe- und Vertragsordnung für Bauleistungen; Teil B: Allgemeine Vertragsbedingungen für die Ausführung von Bauleistungen
	VOB Teil C: Allgemeine Technische Vertragsbedingungen für Bauleistungen (ATV)
DIN 18 299	VOB Teil C: Allgemeine Regelungen für Bauarbeiten jeder Art
DIN 18 300	VOB Teil C: Erdarbeiten
DIN 18 301	VOB Teil C: Bohrarbeiten
DIN 18 302	VOB Teil C: Arbeiten zum Ausbau von Bohrungen
DIN 18 303	VOB Teil C: Verbauarbeiten
DIN 18 304	VOB Teil C: Ramm-, Rüttel- und Pressarbeiten
DIN 18 305	VOB Teil C: Wasserhaltungsarbeiten
DIN 18 306	VOB Teil C: Entwässerungskanalarbeiten
DIN 18 307	VOB Teil C: Druckrohrleitungsarbeiten außerhalb von Gebäuden
DIN 18 308	VOB Teil C: Dränarbeiten
DIN 18 309	VOB Teil C: Einpressarbeiten
DIN 18 310	VOB Teil C: Sicherungsarbeiten an Gewässern, Deichen und Küstendünen
DIN 18 311	VOB Teil C: Nassbaggerarbeiten
DIN 18 312	VOB Teil C: Untertagebauarbeiten
DIN 18 313	VOB Teil C: Schlitzwandarbeiten mit stützenden Flüssigkeiten
DIN 18 314	VOB Teil C: Spritzbetonarbeiten
DIN 18 315	VOB Teil C: Verkehrswegebauarbeiten – Oberbauschichten ohne Bindemittel
DIN 18 316	VOB Teil C: Verkehrswegebauarbeiten – Oberbauschichten mit hydraulischen Bindemitteln
DIN 18 317	VOB Teil C: Verkehrswegebauarbeiten – Oberbauschichten aus Asphalt
DIN 18 318	VOB Teil C: Verkehrswegebauarbeiten – Pflasterdecken und Plattenbeläge in ungebundener Ausführung, Einfassungen
DIN 18 319	VOB Teil C: Rohrvortriebsarbeiten
DIN 18 320	VOB Teil C: Landschaftsbauarbeiten
DIN 18 321	VOB Teil C: Düsenstrahlarbeiten
DIN 18 322	VOB Teil C: Kabelleitungstiefbauarbeiten
DIN 18 325	VOB Teil C: Gleisbauarbeiten
DIN 18 330	VOB Teil C: Mauerarbeiten

DIN 18 331	VOB Teil C:	Betonarbeiten
DIN 18 332	VOB Teil C:	Naturwerksteinarbeiten
DIN 18 333	VOB Teil C:	Betonwerksteinarbeiten
DIN 18 334	VOB Teil C:	Zimmer- und Holzbauarbeiten
DIN 18 335	VOB Teil C:	Stahlbauarbeiten
DIN 18 336	VOB Teil C:	Abdichtungsarbeiten
DIN 18 338	VOB Teil C:	Dachdeckungs- und Dachabdichtungsarbeiten
DIN 18 339	VOB Teil C:	Klempnerarbeiten
DIN 18 340	VOB Teil C:	Trockenbauarbeiten
DIN 18 345	VOB Teil C:	Wärmedämm-Verbundsysteme
DIN 18 349	VOB Teil C:	Betonerhaltungsarbeiten
DIN 18 350	VOB Teil C:	Putz- und Stuckarbeiten
DIN 18 351	VOB Teil C:	Vorgehängte hinterlüftete Fassaden
DIN 18 352	VOB Teil C:	Fliesen- und Plattenarbeiten
DIN 18 353	VOB Teil C:	Estricharbeiten
DIN 18 354	VOB Teil C:	Gussasphaltarbeiten
DIN 18 355	VOB Teil C:	Tischlerarbeiten
DIN 18 356	VOB Teil C:	Parkettarbeiten
DIN 18 357	VOB Teil C:	Beschlagarbeiten
DIN 18 358	VOB Teil C:	Rollladenarbeiten
DIN 18 360	VOB Teil C:	Metallbauarbeiten
DIN 18 361	VOB Teil C:	Verglasungsarbeiten
DIN 18 363	VOB Teil C:	Maler- und Lackierarbeiten – Beschichtungen
DIN 18 364	VOB Teil C:	Korrosionsschutzarbeiten an Stahlbauten
DIN 18 365	VOB Teil C:	Bodenbelagsarbeiten
DIN 18 366	VOB Teil C:	Tapezierarbeiten
DIN 18 367	VOB Teil C:	Holzpflasterarbeiten
DIN 18 379	VOB Teil C:	Raumlufttechnische Anlagen
DIN 18 380	VOB Teil C:	Heizanlagen und zentrale Wassererwärmungsanlagen
DIN 18 381	VOB Teil C:	Gas-, Wasser- und Entwässerungsanlagen innerhalb von Gebäuden
DIN 18 382	VOB Teil C:	Nieder- und Mittelspannungsanlagen mit Nennspannungen bis 36 kV
DIN 18 384	VOB Teil C:	Blitzschutzanlagen
DIN 18 385	VOB Teil C:	Förderanlagen, Aufzugsanlagen, Fahrtreppen und Fahrsteige
DIN 18 386	VOB Teil C:	Gebäudeautomation
DIN 18 421	VOB Teil C:	Dämmarbeiten an technischen Anlagen
DIN 18 451	VOB Teil C:	Gerüstarbeiten
DIN 18 459	VOB Teil C:	Abbruch- und Rückbauarbeiten

Stichwortverzeichnis

(Die Zahlen verweisen auf die jeweiligen Randnummern)